21世纪高等学校产教融合、校企合作教材

跨境电子商务理论与实务

主　　编　周荣荣　狄昌娅
副 主 编　刘玉健　于翠萍
编写人员　程珊珊　张小玲　袁明兰
　　　　　郭　颖　金　晶　顾琳芳

东南大学出版社
·南京·

图书在版编目（CIP）数据

跨境电子商务理论与实务 / 周荣荣,狄昌娅主编. -- 南京：东南大学出版社，2024.12
ISBN 978-7-5766-1035-2

Ⅰ.①跨…　Ⅱ.①周…②狄…　Ⅲ.①电子商务-商业经营-教材　Ⅳ.①F713.365.2

中国国家版本馆 CIP 数据核字(2023)第 253919 号

○ 本书可为任课教师提供简单的 PPT 课件，请联系周荣荣(Zhourr 12@163.com)，或刘庆楚(LQchu234@163.com)

（注意：本课件仅供教师备课参考，且不视为本书的一部分）

跨境电子商务理论与实务
KUAJING DIANZI SHANGWU LILUN YU SHIWU

主　　编	周荣荣　狄昌娅
出版发行	东南大学出版社
出 版 人	白云飞
社　　址	南京四牌楼 2 号　邮编：210096　电话：025-83793330
网　　址	http://www.seupress.com
电子邮件	press@seupress.com
经　　销	全国各地新华书店
印　　刷	丹阳兴华印务有限公司
开　　本	787mm×1092mm　1/16
印　　张	21
字　　数	538 千字
版　　次	2024 年 12 月第 1 版
印　　次	2024 年 12 月第 1 次印刷
书　　号	ISBN 978-7-5766-1035-2
定　　价	78.00 元

本社图书若有印装质量问题，请直接与营销部联系。电话(传真)：025-83791830。

责任编辑：刘庆楚　　责任校对：张万莹　　封面设计：王　玥　　责任印制：周荣虎

前　　言

随着新一轮科技革命的到来，越来越多的传统外贸企业需要向跨境电子商务（简称"跨境电商"）企业转型，跨境电商是电子商务发展的趋势。为适应数字经济与数字贸易加快发展的新形势及市场对专业人才的需求，编撰出版《跨境电子商务理论与实务》一书。本教材注重跨境电商理论与实践的结合，将思政教育融入全书各章，并注重将跨境电商实战型人才培养融入教材，不仅系统梳理了跨境电商的商业模式、生态体系、相关法律法规等基础知识点，而且通过详细讲解主流平台操作要点、站外数据采集与分析方法等内容，梳理了跨境电商实际操作中各个环节的流程与实务知识，还通过总结跨境电商营销推广、数据运营和风险防范的经典做法，提炼了跨境电商从业人员应具备的基本技能，并注重知识拓展，致力于促进学生稳步学习与从业人员提高能力，具有较强的系统性、先进性和指导性。全书内容如下：

第一章：导论；第二章：跨境电子商务概述；第三章：跨境电商基本理论；第四章：跨境电商平台选择；第五章：跨境电商选品管理；第六章：跨境电商视觉营销管理；第七章：跨境电商商品呈现；第八章：跨境电商营销推广；第九章：数据采集与分析；第十章：跨境电商供应链管理；第十一章：跨境电商支付；第十二章：跨境电商物流与通关；第十三章：跨境电商海外仓管理；第十四章：跨境电商相关法律法规、政策及其他规定；第十五章：跨境电商风险及管理。

本书按照"立德树人"根本任务，在每个部分融入课程思政元素，以润物无声的形式帮助学生和读者，更全面地把握跨境电商知识体系及实务操作要点。本书可以作为本科高等院校、高职高专院校国际经济与贸易、国际商务、商务英语、电子商务等相关专业的教材，也可作为从业人员自学参考书及培训教材。

编　者

2024 年 12 月

目 录

第一章 导论 ·· 001
  学习目标 ··· 001
  引导案例 ··· 001
  第一节 跨境电子商务的发展背景 ·· 002
    一、全球经济一体化趋势日趋加深 ··· 002
    二、传统国际贸易增长呈现疲软态势 ··· 003
    三、相关基础设施的发展与完善 ·· 003
    四、政府与政策红利的驱动 ··· 003
    五、境内电子商务发展日趋成熟 ·· 004
  第二节 跨境电子商务的发展概况 ·· 005
    一、全球跨境电子商务的发展现状 ··· 005
    二、中国跨境电子商务的发展现状 ··· 007
  第三节 跨境电子商务的发展历程 ·· 010
    一、跨境电子商务 1.0 阶段(1999—2003 年) ··································· 010
    二、跨境电子商务 2.0 阶段(2004—2012 年) ··································· 011
    三、跨境电子商务 3.0 阶段(2013 年至今) ······································ 012
  第四节 跨境电子商务发展的意义与作用 ·· 013
    一、跨境电子商务发展的意义 ··· 013
    二、跨境电子商务发展的作用 ··· 014
  复习思考题 ·· 017

第二章 跨境电子商务概述 ·· 019
  学习目标 ··· 019
  引导案例 ··· 019
  第一节 跨境电商的内涵及特征 ··· 020
    一、跨境电商的内涵 ··· 020
    二、跨境电商的分类 ··· 027
    三、跨境电商的基本特征 ··· 028
  第二节 跨境电商的模式 ·· 029
    一、跨境电商的商业模式 ··· 029
    二、平台的运营方式 ··· 038

第三节　跨境电商业务流程 ·· 041
    一、跨境电商进口业务流程 ··· 041
    二、跨境电商出口业务流程 ··· 042
  复习思考题 ··· 042

第三章　跨境电商基本理论 ·· 044
  学习目标 ··· 044
  引导案例 ··· 044
  第一节　跨境电商基本理论 ·· 045
    一、比较优势理论 ··· 045
    二、交易成本理论与跨境电子商务 ··· 047
  第二节　数字经济视域下跨境电子商务的网络关系理论 ································· 049
    一、数字经济与跨境电商 ··· 049
    二、网络外部性理论 ··· 050
    三、价值网理论 ··· 051
    四、网络贸易理论 ··· 053
  复习思考题 ··· 055

第四章　跨境电商平台选择 ·· 056
  学习目标 ··· 056
  引导案例 ··· 056
  第一节　跨境电商平台分类 ·· 057
    一、跨境电商平台的内涵 ··· 057
    二、跨境电商平台的分类 ··· 057
  第二节　跨境电商平台运行 ·· 062
    一、亚马逊 ··· 062
    二、全球速卖通 ··· 065
    三、独立站 ··· 066
    四、TikTok ··· 070
  复习思考题 ··· 073

第五章　跨境电商选品管理 ·· 074
  学习目标 ··· 074
  引导案例 ··· 074
  第一节　跨境电商的选品管理 ·· 075
    一、跨境电商选品概述 ··· 075
    二、跨境电商选品分析 ··· 076

三、跨境电商选品方式 ·· 080
　　四、跨境电商选品渠道 ·· 083
第二节　跨境电商选品工具 ·· 085
　　一、Google Trend ·· 085
　　二、Google Ads ··· 086
　　三、Jungle Scout ··· 086
　　四、Keepa ··· 086
　　五、Merchant Words ·· 086
　　六、Unicorn Smasher ··· 086
　　七、Camel Camel Camel ·· 087
　　八、Scope Seller Labs ·· 087
　　九、AMZ Scout ··· 087
　　十、Cash Cow Pro ··· 087
　　十一、Amachete ·· 087
　　十二、新外贸机器人 ·· 088
第三节　跨境电商选品的质量管理 ·· 088
　　一、跨境电商选品的质量管理特点 ··· 088
　　二、跨境电商选品的质量管理体系 ··· 089
复习思考题 ·· 091

第六章　跨境电商视觉营销管理 ··· 092
学习目标 ·· 092
引导案例 ·· 092
第一节　视觉营销 ··· 092
　　一、视觉营销概述 ··· 092
　　二、视觉营销应用 ··· 094
　　三、店家的视觉营销技能 ·· 096
第二节　视觉营销中产品详情页打造 ·· 097
　　一、详情页打造的基础 ·· 097
　　二、详情页的规范化布局 ·· 098
　　三、产品详情页优化 ·· 099
复习思考题 ·· 103

第七章　跨境电商商品呈现 ··· 105
学习目标 ·· 105
引导案例 ·· 105

第一节　跨境电商商品呈现 ………………………………………………… 106
　　一、跨境电商商品类目 ………………………………………………… 106
　　二、跨境电商商品属性 ………………………………………………… 112
　　三、跨境电商商品标题 ………………………………………………… 113
　　四、跨境电商商品描述 ………………………………………………… 117
第二节　跨境电商商品页面 ………………………………………………… 119
　　一、商品主副图 ……………………………………………………… 119
　　二、商品主图、副图的规范性要求 …………………………………… 120
　　三、跨境电商产品详情页 ……………………………………………… 122
第三节　跨境电商定价策略 ………………………………………………… 126
　　一、跨境电商商品的价格构成 ………………………………………… 126
　　二、跨境电商商品定价的影响因素 …………………………………… 130
　　三、跨境电商商品的定价策略 ………………………………………… 131
复习思考题 …………………………………………………………………… 134

第八章　跨境电商营销推广 …………………………………………… 135
学习目标 ……………………………………………………………………… 135
引导案例 ……………………………………………………………………… 135
第一节　跨境电商运营策略 ………………………………………………… 136
　　一、树立品牌意识 ……………………………………………………… 136
　　二、灵活选取物流公司和支付系统 …………………………………… 136
　　三、与境外电商企业合作 ……………………………………………… 137
　　四、建设高质量品牌营销团队 ………………………………………… 137
　　五、打造更好的用户体验 ……………………………………………… 137
第二节　跨境电商站内引流 ………………………………………………… 137
　　一、亚马逊 ……………………………………………………………… 137
　　二、速卖通 ……………………………………………………………… 139
第三节　跨境电商站外引流 ………………………………………………… 143
　　一、搜索引擎营销 ……………………………………………………… 143
　　二、谷歌营销 …………………………………………………………… 149
　　三、脸书营销 …………………………………………………………… 152
复习思考题 …………………………………………………………………… 157

第九章　数据采集与分析 ………………………………………………… 158
学习目标 ……………………………………………………………………… 158
引导案例 ……………………………………………………………………… 158

第一节 行业数据采集与分析 ………………………………………………… 163
　一、市场需求分析 …………………………………………………………… 163
　二、目标客户分析 …………………………………………………………… 165
第二节 竞品数据采集与分析 ………………………………………………… 165
　一、竞争对手识别 …………………………………………………………… 165
　二、竞店分析 ………………………………………………………………… 167
　三、竞品分析 ………………………………………………………………… 169
第三节 运营数据采集与分析 ………………………………………………… 171
　一、亚马逊业务报告中的运营数据 ………………………………………… 171
　二、产品（单品）重要数据 ………………………………………………… 174
　三、广告运营数据 …………………………………………………………… 176
复习思考题 ……………………………………………………………………… 177

第十章 跨境电商供应链管理 ……………………………………………… 180
学习目标 ………………………………………………………………………… 180
引导案例 ………………………………………………………………………… 180
第一节 供应链管理概述 ……………………………………………………… 181
　一、供应链及供应链管理 …………………………………………………… 181
　二、供应链的类型及主要特征 ……………………………………………… 183
　三、供应链管理的目标 ……………………………………………………… 185
第二节 跨境电商供应链的相关概念 ………………………………………… 186
　一、跨境电商供应链的概念 ………………………………………………… 186
　二、跨境电商供应链的基本特点 …………………………………………… 186
　三、跨境电商供应链发展及优化建议 ……………………………………… 187
　四、跨境电商供应链的协同发展研究 ……………………………………… 188
第三节 跨境电商采购流程 …………………………………………………… 190
　一、跨境电商供应链涉及的环节 …………………………………………… 190
　二、跨境电商采购流程 ……………………………………………………… 190
　三、跨境电商采购存在的问题 ……………………………………………… 190
第四节 跨境电商进销存、出口管理 ………………………………………… 191
　一、进销存管理模块 ………………………………………………………… 191
　二、出口货运管理 …………………………………………………………… 192
复习思考题 ……………………………………………………………………… 193

第十一章 跨境电商支付 …………………………………………………… 197
学习目标 ………………………………………………………………………… 197

引导案例 · 197
第一节　跨境电商支付概述 · 197
　一、跨境支付的内涵 · 197
　二、跨境电商支付业务类型 · 198
　三、跨境电商支付的发展现状 · 198
　四、跨境电商第三方支付 · 198
第二节　跨境电商支付方式 · 199
　一、电汇 · 199
　二、西联汇款 · 199
　三、速汇金 · 199
　四、信用卡支付 · 200
　五、PayPal · 201
　六、国际支付宝 · 202
　七、Payoneer · 203
　八、Cashpay · 203
第三节　跨境电商人民币结算 · 205
　一、人民币国际化与跨境人民币结算的发展 · 205
　二、人民币国际化的特点 · 207
　三、使用人民币结算的有利之处 · 208
　四、跨境人民币结算面临新机遇 · 208
　五、有序推进跨境人民币结算的措施 · 209
第四节　跨境电商支付风险与防范 · 211
　一、跨境电商支付风险种类 · 211
　二、跨境电商支付风险防范 · 212
复习思考题 · 213

第十二章　跨境电商物流与通关 · 215

学习目标 · 215
引导案例 · 215
第一节　跨境电商物流概述 · 216
　一、跨境电商物流的定义与特点 · 216
　二、跨境电商物流在跨境电商业务中的地位 · 217
　三、跨境电商物流模式 · 219
第二节　跨境电商物流操作流程 · 229
　一、跨境电商物流的操作流程 · 229
　二、邮政国际小包物流操作流程 · 229

三、第三方海外仓物流模式操作流程　230
　　四、FBA物流操作流程　231
第三节　跨境电商保险　231
　　一、真品保险　231
　　二、订单保　232
　　三、跨境电商生态保险　232
　　四、无忧跨境电商出口保险　233
第四节　跨境电商通关模式　233
　　一、跨境电商通关的监管方式　233
　　二、跨境电商"9610"通关模式　233
　　三、跨境电商"9710"通关模式　234
　　四、跨境电商"9810"通关模式　234
　　五、跨境电商"1210"通关模式　234
　　六、跨境电商"1039"通关模式　235
第五节　跨境电商检验检疫　236
　　一、跨境电商清单管理制度　237
　　二、构建跨境电商风险监控和质量追溯体系　237
　　三、关检融合　238
复习思考题　238

第十三章　跨境电商海外仓管理　240
学习目标　240
引导案例　240
第一节　跨境电商海外仓管理概述　241
　　一、海外仓的兴起　241
　　二、海外仓的定义　243
　　三、海外仓的功能　244
　　四、海外仓对跨境物流的影响　244
第二节　跨境电商海外仓选择　245
　　一、海外仓模式选择　245
　　二、海外仓的优缺点　248
　　三、海外仓模式选择的影响因素　251
第三节　跨境电商海外仓操作流程　252
　　一、海外仓选品　252
　　二、海外仓的运作流程　254
　　三、海外仓服务　255

第四节　跨境电商海外仓发展面临的问题及对策 ⋯⋯⋯⋯⋯⋯⋯⋯⋯⋯⋯⋯ 256
　　一、海外仓业务发展存在的问题 ⋯⋯⋯⋯⋯⋯⋯⋯⋯⋯⋯⋯⋯⋯⋯⋯⋯ 256
　　二、海外仓业务拓展的措施 ⋯⋯⋯⋯⋯⋯⋯⋯⋯⋯⋯⋯⋯⋯⋯⋯⋯⋯⋯ 259
　　三、中国优秀海外仓企业实践经验总结 ⋯⋯⋯⋯⋯⋯⋯⋯⋯⋯⋯⋯⋯ 260
复习思考题 ⋯⋯⋯⋯⋯⋯⋯⋯⋯⋯⋯⋯⋯⋯⋯⋯⋯⋯⋯⋯⋯⋯⋯⋯⋯⋯⋯⋯⋯ 263

第十四章　跨境电商相关法律法规、政策及规定 ⋯⋯⋯⋯⋯⋯⋯⋯⋯⋯ 267

学习目标 ⋯⋯⋯⋯⋯⋯⋯⋯⋯⋯⋯⋯⋯⋯⋯⋯⋯⋯⋯⋯⋯⋯⋯⋯⋯⋯⋯⋯⋯⋯ 267
引导案例 ⋯⋯⋯⋯⋯⋯⋯⋯⋯⋯⋯⋯⋯⋯⋯⋯⋯⋯⋯⋯⋯⋯⋯⋯⋯⋯⋯⋯⋯ 267
第一节　跨境电商相关法律法规的意义及主要内容 ⋯⋯⋯⋯⋯⋯⋯⋯⋯⋯ 269
　　一、跨境电商相关法律法规的背景及意义 ⋯⋯⋯⋯⋯⋯⋯⋯⋯⋯⋯⋯ 269
　　二、跨境电商相关法律法规及规则的主要内容 ⋯⋯⋯⋯⋯⋯⋯⋯⋯⋯ 270
第二节　跨境电商相关法律法规及规则范围 ⋯⋯⋯⋯⋯⋯⋯⋯⋯⋯⋯⋯⋯ 271
　　一、跨境电商贸易、商务、运输相关法律法规及规则 ⋯⋯⋯⋯⋯⋯⋯ 271
　　二、跨境电商监管(通关、商检、外汇、税收等)相关法律法规 ⋯⋯⋯ 273
　　三、电子商务相关法律法规 ⋯⋯⋯⋯⋯⋯⋯⋯⋯⋯⋯⋯⋯⋯⋯⋯⋯⋯ 275
第三节　国外跨境电商相关法律法规体系 ⋯⋯⋯⋯⋯⋯⋯⋯⋯⋯⋯⋯⋯⋯ 276
　　一、发达国家及组织跨境电商法律体系现状 ⋯⋯⋯⋯⋯⋯⋯⋯⋯⋯⋯ 276
　　二、主要国际组织和国际法有关跨境电商的规则 ⋯⋯⋯⋯⋯⋯⋯⋯⋯ 279
第四节　中国跨境电商的相关政策 ⋯⋯⋯⋯⋯⋯⋯⋯⋯⋯⋯⋯⋯⋯⋯⋯⋯ 282
　　一、跨境电商行业管理体系 ⋯⋯⋯⋯⋯⋯⋯⋯⋯⋯⋯⋯⋯⋯⋯⋯⋯⋯ 282
　　二、跨境电商行业管理相关政策 ⋯⋯⋯⋯⋯⋯⋯⋯⋯⋯⋯⋯⋯⋯⋯⋯ 282
复习思考题 ⋯⋯⋯⋯⋯⋯⋯⋯⋯⋯⋯⋯⋯⋯⋯⋯⋯⋯⋯⋯⋯⋯⋯⋯⋯⋯⋯⋯⋯ 292

第十五章　跨境电商风险及管理 ⋯⋯⋯⋯⋯⋯⋯⋯⋯⋯⋯⋯⋯⋯⋯⋯⋯⋯ 294

学习目标 ⋯⋯⋯⋯⋯⋯⋯⋯⋯⋯⋯⋯⋯⋯⋯⋯⋯⋯⋯⋯⋯⋯⋯⋯⋯⋯⋯⋯⋯⋯ 294
引导案例 ⋯⋯⋯⋯⋯⋯⋯⋯⋯⋯⋯⋯⋯⋯⋯⋯⋯⋯⋯⋯⋯⋯⋯⋯⋯⋯⋯⋯⋯ 294
第一节　跨境电商风险概述 ⋯⋯⋯⋯⋯⋯⋯⋯⋯⋯⋯⋯⋯⋯⋯⋯⋯⋯⋯⋯⋯ 295
　　一、跨境电商风险的内涵 ⋯⋯⋯⋯⋯⋯⋯⋯⋯⋯⋯⋯⋯⋯⋯⋯⋯⋯⋯ 295
　　二、跨境电商风险的类型 ⋯⋯⋯⋯⋯⋯⋯⋯⋯⋯⋯⋯⋯⋯⋯⋯⋯⋯⋯ 295
第二节　跨境电商的汇率风险 ⋯⋯⋯⋯⋯⋯⋯⋯⋯⋯⋯⋯⋯⋯⋯⋯⋯⋯⋯⋯ 303
　　一、跨境电商汇率风险的含义 ⋯⋯⋯⋯⋯⋯⋯⋯⋯⋯⋯⋯⋯⋯⋯⋯⋯ 303
　　二、跨境电商在外汇管理层面需要界定的问题 ⋯⋯⋯⋯⋯⋯⋯⋯⋯⋯ 303
　　三、跨境电商支付发展给外汇管理带来的挑战 ⋯⋯⋯⋯⋯⋯⋯⋯⋯⋯ 303
　　四、适应跨境电商发展,改进外汇管理政策 ⋯⋯⋯⋯⋯⋯⋯⋯⋯⋯⋯ 304
第三节　跨境电商的物流风险 ⋯⋯⋯⋯⋯⋯⋯⋯⋯⋯⋯⋯⋯⋯⋯⋯⋯⋯⋯⋯ 305

一、跨境电商物流风险的定义及特点 …………………………………………… 305
　　二、跨境电商物流风险类型 …………………………………………………… 306
　　三、跨境电商物流风险的应对措施 …………………………………………… 307
　第四节　跨境电商风险的影响因素及管理 ………………………………………… 309
　　一、外部影响因素 ……………………………………………………………… 309
　　二、内部自身的影响因素 ……………………………………………………… 311
　　三、跨境电商风险控制的措施 ………………………………………………… 312
　复习思考题 …………………………………………………………………………… 313

参考文献 …………………………………………………………………………… 315

第一章 导 论

▶ 学习目标

了解跨境电商的发展背景;理解跨境电商的发展概况,对全球跨境电商发展和我国跨境电商发展有清晰的认识;掌握跨境电商发展的历程,掌握跨境电商不同阶段的发展特点;理解跨境电商发展的意义与作用,尤其是跨境电商对我国外贸发展的重要意义。

▶ 引导案例

跨境电商市场活力巨大

跨境电商是当前发展速度最快、潜力最大、带动作用最强的外贸新业态。面对复杂多变的贸易环境,跨境电商显示出巨大的市场活力和增长韧性,已成为我国外贸高质量发展的有生力量和新的重要抓手。

电子商务研究中心数据显示,2017—2023 年,我国跨境电商进出口规模增长 10 余倍。2023 年,我国跨境电商进出口金额达 2.38 万亿元,增长 15.6%。其中,出口金额 1.83 万亿元,增长 19.6%;进口金额达到 5 483 亿元,增长 3.9%。

从商品类型看,九成以上的跨境电商货物为消费品。进口商品主要包括美妆及洗护用品、医药保健与母婴产品及生鲜食品等;出口商品种类更加丰富,正逐步从服饰鞋包、家居家纺等劳动密集型产品向电子数码、智能家居等技术密集型产品升级。

从企业主体看,跨境电商大幅降低了国际贸易的专业化门槛,使一大批"不会做、做不起、不能做"的小微主体成为新型贸易经营者。2022 年底,各综试区跨境电商相关企业约 20 万家,其中被认定为高新技术企业的超过 9 300 家。

随着业态创新不断深化,跨境电商出现许多新特征。一是独立站发展迅猛。企业自行建设、具有独立域名、用于开展电商业务的网站,能够有效降低运营成本,开展精准营销,提升品牌价值。二是"社交平台+电商"新业态方兴未艾。Facebook(脸书)、Instagram(照片墙)、TikTok 等社交媒体平台日益成为跨境电商重要的购买和营销渠道。三是海外仓建设呈现强劲增长势头。商务部数据显示,截至 2021 年底,我国海外仓布局数量超过 2 000 个,总面积超过 1 600 万平方米,其中 90% 分布在北美、欧洲和亚洲市场,形成了辐射全球的海外仓服务网络。四是多种业态融合发展,外贸功能进一步集成联动。例如,义乌开展跨境电商保税进口新业务,开创"市场采购+跨境电商"出口新模式,杭州率先探索"保税进口+零售加工"新模式等,为外贸创新发展增添了新活力。

资料来源:中国经济网,http://www.ce.cn/xwzx/gnsz/gdxw/202210/30/t20221030_38199637.shtml

第一节　跨境电子商务的发展背景

跨境电子商务(简称"跨境电商")是电子商务应用过程中较为高级的形态,是指不同国家和地区的交易双方,通过互联网以邮件或者快递等形式通关,将传统贸易中的展示、洽谈和成交环节数字化,从而实现产品进出口的新型贸易方式。跨境电子商务作为推动经济一体化、贸易全球化的技术基础,具有非常重要的战略意义。对于企业来说,跨境电子商务构建的开放、多维、立体的多边经贸合作模式,极大地拓宽了企业进入国际市场的路径,极大地促进了多边资源的优化配置与企业间的互利共赢;对于消费者来说,跨境电子商务使他们可以非常便利地获取其他国家的信息并买到物美价廉的商品。

跨境电子商务有望成为对冲出口增速下降的利器。随着国际贸易条件的恶化以及欧洲国家、日本需求的持续疲软,中国出口贸易增速出现了下台阶式的减缓。而近年来,以跨境电子商务为代表的新型贸易的发展脚步正在逐渐加快,并有望成为中国贸易乃至整个经济的新增长引擎。

作为一种新兴的商业交易模式,电子商务正在从单一关境内部的交易服务延伸为跨越关境的全球化交易服务,跨境电子商务正成长为全球商品与服务的重要流通方式。这种商品交易新形式的兴起,是在经济全球化、贸易一体化与电子商务发展到新阶段下,由多种因素综合作用驱动形成的。目前,中国电子商务蓬勃发展,已成为全球市场的重要力量。以中小企业为主的中国跨境电子商务市场同样呈现出迅猛发展态势,以其强大的生命力不断发展壮大。

一、全球经济一体化趋势日趋加深

在全球经济一体化的形势下,电子商务迅猛发展。同时,电子商务也促进了经济全球化,这为跨境电商的发展提供了有力的支持。自20世纪70年代以来,随着跨国公司的全球扩张,生产要素和活动在全球范围内开始重组。生产组织活动的全球化带来了经济发展的全球化,同时也带来了对相应生产性服务业的全球需求,服务业开始全球化,全球化发展进入新阶段。而经过一定阶段的高速发展,新兴经济体生产和消费能力提升,表现出对发达地区消费品的需求。这样,全球生产、消费、市场一体化趋势愈加明显。国际组织和各国政府也积极推动相关规则的制定,国家(地区)间大量签订自由贸易协定,通过推动贸易便利化来提高贸易过程中的效率。全球信息和商品等流动更加自由,贸易全球化进一步发展,跨境贸易日益频繁。

在经济全球化的推动之下,国家(地区)之间的贸易合作和交流不断地加快速度和频率。为更好地在经济全球化背景之下形成共同促进的经济局面,各个国家(地区)针对国际经济与贸易出台了大量的政策。各个国家(地区)根据自身的经济实力,扩大贸易规模,加强经济往来,不断地提高自由贸易的水平。在经济全球化的浪潮中,国际贸易形式发生了变化。跨境电子商务等多元化的贸易模式降低了企业的生产成本和运营成本,扩大了企业的生产经营范围,促进了信息交流。

二、传统国际贸易增长呈现疲软态势

2008年全球金融危机的爆发,给各国的经济带来了沉重的打击。后金融危机时代,全球范围内传统国际贸易呈现增长疲软的态势。以中国为例,中国近几年经济增速放缓。经济新常态的提出,体现了中央对当前中国经济发展的判断和认识,中国经济已进入新常态阶段也成为共识。中国近几年传统外贸增长乏力,尤其是2015年,传统进口与出口均出现负增长,这与高速增长的跨境电商形成显著反差。尽管中国经济增速放缓,但是经济新常态下的结构调整,将为跨境电商的发展提供机遇。

近年来,随着互联网技术的进步和数字经济的发展,国际贸易发生了重大变革,跨境电商从无到有并快速发展。特别是党的十八大以来,我国跨境电商发展势头强劲,不仅激发了外贸主体的活力,拓展了外贸发展空间,同时也提升了外贸运行效率,稳定了外贸产业链供应链,实现了产业数字化和贸易数字化的融合。据海关统计,我国跨境电商进出口规模近5年来增长超过10倍。跨境电商占外贸的比重由2015年的不到1%增长到2023年的5.7%。新冠疫情爆发后,为应对疫情冲击,数字经济出现新的应用场景。各国和各地区消费者线上需求不断增长,为跨境电商发展提供了机会。数据显示,2020年,我国跨境电商进出口规模达1.62万亿元人民币,增长25.7%。2023年,我国跨境电商进出口规模达2.38万亿元人民币,增长15.6%,并实现连续高速增长。

三、相关基础设施的发展与完善

基础设施是跨境电商发展的基石。网络、技术、物流、支付等相关基础设施与资源的建设与完善,推动了跨境电商的快速发展。

与互联网络、移动网络相关联的网络基础设施推动了互联网普及率的提升,打通了跨境电商的国际销售渠道。支付工具及技术、金融网络与设施等方面的布局完善了跨境电商所需的支付载体,技术创新及配套服务的完善扩充了跨境电商的在线交易功能。随着相关信息技术的不断完善,以 PayPal(贝宝)为代表的国际性第三方在线支付平台在全球范围内被广泛使用。新兴第三方在线支付平台不断涌现,各类传统金融、支付机构迅速开发网上支付业务,使得跨境电商所依托的跨境支付模式日趋成熟。

以物流网点、交通运输为代表的物流基础设施的大力发展,满足了跨境电商的商品流通需求。个人计算机(Personal Computer,PC)的性能提升以及价格走低和智能手机的普及,推动了电商网络以及移动网络的发展。

四、政府与政策红利的驱动

政府与政策的推力是巨大的,甚至能够起到决定性与导向性作用。在跨境电商成为全球热点后,各国政府纷纷开始重视跨境电商市场,出台了一系列政策推动其发展。跨境电商在政策红利的驱动下，进一步加快了发展步伐。以中国为例，近些年来，政府出台诸多政策，旨在推动跨境电商的发展。在印度，政府实施的新自由主义经济政策，涉及印度的财政、货币、物价及外资等多个领域，为服务业的发展创造了环境。在澳大利亚，政府鼓励中小企业通过跨境电商渠道开拓海外市场，并通过中国电商平台"京东商城"与"1号店"进行促销试验。

近年来，我国对跨境电商的支持力度不断加大。2015年6月，国务院办公厅印发《关于促进跨境电子商务健康快速发展的指导意见》。2020年5月，国家外汇管理局发布《国家外汇管理局关于支持贸易新业态发展的通知》；6月，海关总署发布《关于开展跨境电子商务企业对企业出口监管试点的公告》。2022年，商务部鼓励传统外贸企业、跨境电商企业、物流企业共同参与海外仓的建设，加快各项标准的制定工作，通过提高数字化水平促进海外仓的高质量发展，助力出口跨境电商发展。

我国跨境电商在国际合作方面也是成果丰硕。"十三五"期间，我国与22个国家建立"丝路电商"双边合作机制，致力于构建高水平电子商务国际规则体系。我国积极拓展和深化"丝路电商"国际合作，截至2023年底，已与29个国家建立双边电子商务合作机制，与18个国家签署数字经济投资合作备忘录。

五、境内电子商务发展日趋成熟

境内电子商务主要是在境内进行的电子商务交易，而跨境电子商务是和不同国家和地区的客户进行的电子商务交易。虽然二者在地域和形式上存在一定的差异，但它们的商务模式大同小异。境内电子商务的充分发展对跨境电子商务起到了一个先行者的作用，其很多经验和模式都是跨境电子商务可以直接借鉴的。

近年来，我国电子商务发展取得了显著成就。从规模来看，《2023中国电商市场数据报告》显示：我国电子商务交易总额由2018年的31.63万亿元增长至2023年的50.57万亿元，实物商品网上零售额占社会消费品零售总额的比重超过四分之一，我国连续11年成为全球最大网络零售市场。2019—2023年，我国电子商务从业人数从4700万增加至7000多万；电商新业态、新模式创造了大量新职业、新岗位，成为重要的"社会稳定器"；电子商务成为数字化转型新引擎；化工、建材等一批交易额过千亿元的B2B平台涌现；国家电子商务示范基地带动形成服装、家具等30余个特色化数字产业带。这些数据充分说明，电子商务已经全面融入我国生产生活各领域，成为提升人民生活品质和推动经济社会发展的重要力量。我国电子商务营商环境不断优化，电子商务已经成为数字经济中发展规模最大、覆盖范围最广、创业创新最为活跃的组成部分，在服务构建新发展格局中发挥了积极作用。

与此同时，我国电子商务发展仍然面临不规范、不充分、不平衡的问题，平台企业垄断和不公平竞争问题凸显，企业核心竞争力不强，外部宏观环境发生着复杂深刻的变化，电子商务高质量发展机遇和挑战并存。

随着互联网和电子商务在各国的发展，人们对网购不再陌生和排斥。由于各国信息交流日益方便、快捷，消费者能够轻松地在互联网上搜索来自世界各地的商品信息，为实现跨境电子商务提供了良好的条件。

第二节　跨境电子商务的发展概况

跨境电子商务是基于互联网发展起来的,其所打造的是一个由网址和密码组成的虚拟但客观存在的世界。网络空间独特的价值标准和行为模式深刻地影响着跨境电子商务,使其不同于传统的交易方式而呈现出自己的特点。跨境电子商务是一种全新的贸易方式,它打破了地域分离,缩短了信息流动时间,使生产和消费更为贴近,降低了物流、资金流及信息流的传输处理成本,是对传统贸易方式的一次彻底革命。随着跨境电子商务产业环境的变化,跨境电商也逐步走入公众的视野。

当前,我国所有制造行业正在加速洗牌和变革。外贸摩擦越来越频繁,加速了外贸黄金时代的结束。"十二五"期间,电子商务被列为战略性新兴产业的重要组成部分,已成为信息化建设的重心。相应地,中小企业的发展问题也得到了更多的关注。面对如此利好条件,在线外贸已然是大势所趋。电子商务正在经历一个彻底的转型,从"黄页式"的信息平台转向交易平台。跨境交易平台提供海外推广、交易支持、在线物流、在线支付、售后服务、信用体系和纠纷处理等整合服务。

一、全球跨境电子商务的发展现状

全球互联网用户保持着增长态势,从 2016 年的 35 亿提升到 2021 年的 47.58 亿。2023 年,全球互联网用户总数约为 53 亿,占全球总人口的约 65%。同时,互联网推动了更多跨境货物和服务贸易,使更多消费者和企业摆脱了国家边界限制。借助于互联网技术的快速提升,跨境电商呈现出爆发式增长。2018 年以来,全球跨境电商行业不断发展。目前,在市场层面,欧美地区仍是跨境电商最主要的市场;中东地区使用跨境电商进行网购的消费者占中东地区网购者的比例最高,服饰、鞋、帽是消费者通过跨境电商购买最多的品类;西欧是欧洲最大的电子商务市场,在欧洲各国中,马其顿地区和葡萄牙跨境网购普及率最高;跨境电商在澳大利亚也蓬勃发展,澳大利亚网购者青睐跨境购买英美产品;在拉丁美洲,巴西电商发展较成熟,阿根廷电商发展迅猛。

(一)欧洲跨境电子商务发展现状

欧洲地区已成为全球最大的跨境电子商务市场,2020 年,欧洲跨境电商的总营业额为 1 460 亿欧元,同比增长 35%。2022 年,欧洲跨境电商市场规模达 1 794 亿欧元。统计数据显示,欧洲人有四分之一的网购是跨境进行的。其中,卢森堡人跨境网购最多,荷兰人跨境网购最少,比利时跨境电商营业额仍呈快速增长的态势,最大的电商市场在德国。在欧洲跨境电商排名前 16 名中,卢森堡位居第一,其中一个重要原因就是卢森堡很高的网络普及率,94%的居民活跃在网上。购物平台主要集中在亚马逊(Amazon)德国站和法国站,以及当地平台 Zalando、Asos、Veepee、Fnac,消费品类主要是衣服、鞋子和配饰。

欧洲电子商务市场一般可以分为北部成熟的市场、南部增长迅速的市场和东部新兴市场。移动设备的应用增加了电子银行和电子支付的使用,改变了移动支付的发展前景,一定程度上刺激了跨境电子商务的发展,也给消费者提供了更多购买跨境商品和跨境服务的可能性。欧洲是世界上最有潜力的跨境电子商务地区,并且最有希望成为发展最快的跨境电子商务地区。但同时,欧洲各国法律和监管体系存在差异,给零售商带来了更高的成本,同时也破坏了消费者对跨境电子商务的信任。欧洲立法的多样性也阻碍了欧洲跨境电子商务的进一步发展。欧洲的商家认为,如果能够利用多渠道机会在线销售跨境物品,他们的销售额会大幅增长。

促进在线交易的增长,目前已成为欧盟的经常性议题。为了达到这一目标,欧盟设立了统一数字市场来消除技术和法律的障碍。早在2007年,欧盟立法合作者通过了一项支付服务指导意见。该意见明确一项新的认证制度,以鼓励非银行机构进入支付市场;建立了一个有着高透明度的共同的支付标准;在欧盟及其他地区倡导最大限度使用欧元和其他欧洲货币支付;针对一些成员国,在供应商和消费者之间引进一种快速责任制来对消费者进行保护。为了更好地保护和促进跨境电子商务市场,欧盟委员会将这些都移植到了法律中。

(二)北美洲跨境电子商务发展现状

北美市场体量巨大并且发展成熟,依然是十分优质的目标市场。2020年,按照购买力平价计算的人均GDP,美国为6.35万美元;加拿大为4.66万美元,约为第二高消费地区欧洲的1.75倍,且远高于世界平均水平1.76万美元。2022年,按购买力平价计算,美国人均GDP达7.65万美元,加拿大人均GDP为5.83万美元。也就是说,北美市场的人均购买力基本覆盖了所有领域和层级的商品,北美电商卖家的选择会非常多样。同时,北美市场成熟度高,电商销售也处于较为领先地位。

2022年,美国在线零售额(不包括旅游在内)达到1.09万亿美元,比2021年增长11%;美国电子商务市场的年收入从2017年的4 588亿美元增至2022年的9 861亿美元;消费者的年平均网购支出也在大幅增加,从2017年的2 100美元增加到2022年的3 700美元。加拿大的电子商务增长速度比美国更快。市场研究机构eMarketer的数据显示,2022年,加拿大的在线买家数量超过了2 600万;预计到2025年,加拿大电子商务销售额将达到1 047.7亿美元。在用户层面,根据数据分析机构Statista的调查,美国电商用户占总人口的比例从2017年的66%攀升至2022年的近80%,其中,消费主力的年龄在25~34岁之间,占所有电商用户的20%以上。2022年,加拿大有超过2 700万电商用户,占总人口的75%。北美电商用户不仅占总人口的比例高,消费主力较为年轻化,而且仍处于一个快速增长的时期。

在在线零售领域,美国是世界上最大的市场,超过半数的美国商户都从国外接受订单。美国的跨境电子商务涵盖各个商品类别。目前,美国的跨境电子商务消费中,服装、电子产品及家庭用品的销售增长率较高。

虽然加拿大的互联网、手机和银行服务的普及率很高,但加拿大地广人稀,物流制约了加拿大偏远地区跨境电子商务的发展。加拿大也是美国跨境电子商务的重要市场之一,因为其税率比美国更加优惠。加拿大信用卡的渗透率也非常高,大部分在线支付都是信用卡支付,紧随其后的是PayPal支付。这些因素都促进了加拿大跨境电子商务的发展。

(三)亚洲跨境电子商务发展现状

在亚洲,日本和韩国跨境电子商务的发展独树一帜。由于互联网渗透率很高,网络购物和"海淘"在日本和韩国也非常普遍。

日本电子商务起步虽晚,但发展迅速,市场规模居世界前列。日本拥有成熟电子商务市场的所有特征:互联网和宽带用户普及率高,在线购物者比例高,人均在线支出高。作为一个世界经济强国,日本无疑是一个潜力巨大的消费市场。2023年,日本B2C电商市场交易额达1 540亿美元,是仅次于中国和美国的全球第三大电商市场。

韩国电子商务的迅猛发展,主要得益于其世界领先的信息通信基础设施、规范高效的物流网络以及安全便捷的支付方式。韩国统计厅数据显示,2023年,韩国在线购物销售额达1 708亿美元,同比增长8.3%;2023年,韩国互联网用户总数已达5 056万,互联网普及率达98%;2023年,网上购物交易额达20.36万亿韩元;2023年跨境电商进口额为6.76万亿韩元。

在人口众多的印度,互联网普及率相对较低。印度的网络状况十分多样化,城镇和农村的情况相差悬殊。尽管如此,印度在线交易量的基数仍然很大,移动终端在线交易占据主导地位。当前,印度互联网渗透率正在急速上升,跨境电子商务发展机会巨大。随着4G和5G技术的应用,印度网络交易额必将迅猛增长。

马来西亚也是亚洲具有较强跨境电子商务发展潜力的国家,该国超过半数的人口都上网。

通过分析发现,全球电子商务呈现出传统强国仍居主导地位、新兴市场快速增长及跨境电子商务发展潜力巨大等主要特征。

二、中国跨境电子商务的发展现状

2021年,我国外贸进出口规模达到了6.05万亿美元,首次突破6万亿美元关口,达到历史高点。尽管我国对外贸易取得了显著成绩,但也面临着风险和挑战。具体而言,一方面,世界贸易增长不确定性增大。2008年国际金融危机后,经济全球化进入调整期,跨境贸易和投资明显减弱。受全球经济增长减缓、国际金融市场波动和发达国家货币政策调整等因素的影响,全球需求持续减弱,地缘政治复杂多变,不稳定不确定因素明显增多。另一方面,从内部发展环境看,我国低要素成本的传统竞争优势不断削弱,综合要素成本快速上升,产业创新能力相对薄弱,参与国际规则制定的能力有待提升,营商环境需进一步改善。鉴于外部市场环境的不确定性,国内劳动力、资源、能源等要素成本和资产价格明显上涨,贸易摩擦不断加剧,中国传统进出口贸易面临的挑战不断加大。随着"互联网+"时代的来临,跨境电子商务已成为对冲出口增速放缓的利器。

相关资料显示,2022年跨境电商产业链中的主要卖家包括:出口跨境电商类,如阿里巴巴国际站、敦煌网、中国制造网、宝信环球、大龙、大健云仓、亚马逊全球开店、eBay(易趣)、全球速卖通、Wish(购物趣)、Shopee(虾皮)、安克创新、PatPat、SHEIN(希音)、有棵树、跨境通宝、华凯易佰、通拓、遨森、赛维、兰亭集势、三态股份、傲基、致欧等;进口跨境电商类,如天猫国际、京东国际、淘淘羊、熊猫生活、洋葱集团、行云集团、宝贝格子、55 海淘、亚马逊海外购、海拍客、KK 集团、海带、识季、笨土豆等;跨境电商服务商类,如卓志集团、世贸通、纵腾集团、递四方、飞盒跨境、芒果海外仓、PayPal、PingPong、LianLian(连连支付)、Payoneer(派安盈)、首信易支付、领星、店匠、易仓科技、客优云、积加、思亿欧、力盟科技等。

(一)跨境电商市场规模分析

跨境电子商务凸显了中国制造的优势。如果 2003 年被称为电子商务元年,那么 2013 年则是跨境电子商务元年,大量传统外贸工厂、企业和本土品牌商开始进入外贸电子商务领域。2013 年,中国跨境电子商务市场规模达到 3.15 万亿元,增长率为 31.3%。如图 1-1 所示,2015 年,中国跨境电子商务市场规模为 5.4 万亿元;2016 年,中国跨境电子商务市场规模达 6.7 万亿元;2022 年,中国跨境电子商务仍保持快速增长,跨境电商市场规模达 15.7 万亿元。新冠疫情以来,跨境电商成为支持"外循环"的重要引擎。跨境电商的发展带动整个产业链条发生变化,以跨境电商为代表的贸易数字化转型或将给产业带来深远的影响。第十三届全国人民代表大会第五次会议表决通过的《政府工作报告》中明确提出:"加快发展外贸新业态、新模式,充分发挥跨境电商作用,支持建设一批海外仓。"中国近年来力促跨境电子商务的发展,出台了更多旨在扶持传统外贸企业借助互联网渠道实现转型升级的政策。

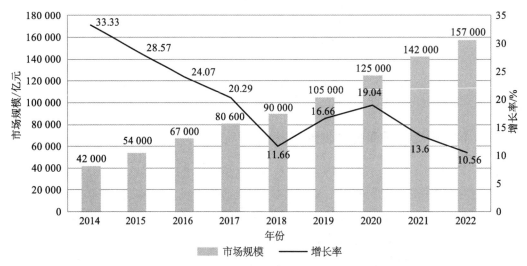

图 1-1 2014—2022 年中国跨境电商市场规模与增长率

(数据来源:海关总署,艾媒数据中心)

(二)跨境电商进出口结构分析

从跨境电商进出口结构来看,跨境出口电子商务的比例长期高于跨境进口电子商务的比例,中国跨境电子商务的发展始终以出口为主、进口为辅。2013—2022 年,我国跨境出口电商交易规模从 2013 年的 2.7 万亿元增长至 2022 年的 12.3 万亿元;我国跨境进口电商交易规模从 2013 年的 0.45 万亿元增长至 2022 年的 3.4 万亿元。2023 年,出口电商正加速从野蛮生长向精耕细作转变。目前,进口与出口跨境电商市场在政策鼓励、税收优惠等助推下已初步成熟,市场核心驱动力是需求及生产端对海外的领先。2023 年,进口消费加速线上化,越来越多的海外中小品牌,通过跨境电商出口的模式,把"海淘优品"带进中国,满足中国消费者的需求。

(三) 跨境电商模式结构分析

从跨境电商模式结构来看,2022年,中国跨境电商的交易模式中,跨境电商B2B交易占比为75.6%,跨境电商B2C交易占比为24.4%,前者占据主导地位和绝对优势。B2B模式具有更大的发展潜力,特别是通过推动制造型企业上线来促进外贸综合服务企业和现代物流企业转型,生产和销售端共同发力,这将成为跨境电子商务发展的主要动力。目前,出口跨境电商B2B在线采购已逐步成为全球采购主流趋势,对贸易经济带动面较大。同时,出口跨境电商B2C销售形式正向更多国家渗透,从欧美日韩发达市场逐步渗透到东南亚新兴市场。出口跨境电商B2C的销售渠道主要分为大型多国电商平台、海外本土电商平台、独立站三类。2022年,我国跨境电商渗透率(跨境电商交易额占货物进出口总额的比例)达37.3%,较2017年提高8.3个百分点。未来,随着跨境物流、跨境支付等关键环节的进一步完善,以及跨境电子商务企业盈利能力的进一步提升,中国跨境电子商务将迎来黄金发展期。

(四) 跨境电商的发展趋势

虽然我国跨境电子商务发展起步比较晚,同发达国家相比还存在较大差距,但在政府、企业和消费者的共同推动下,我国跨境电子商务将在进一步规范的环境中得到更加快速的发展,并呈现以下四个方面的趋势。

1. 产品品类和销售市场更加多元化

随着跨境电商的发展,跨境电商交易产品向多品类延伸,交易对象向多区域拓展。从销售产品品类看,跨境电商企业销售的产品从服装、3C电子、计算机及配件、家居园艺、珠宝、汽车配件、食品药品等方便运输的产品向家居、汽车等大型产品扩展。不断拓展销售品类已成为跨境电商企业业务扩张的重要手段。销售品类的不断拓展,不仅使得中国产品和全球消费者的日常生活联系得更加紧密,而且有助于跨境电商企业抓住最具消费力的全球跨境网购群体。

从销售目标市场看,以美国、英国、德国、澳大利亚为代表的成熟市场,由于具有跨境网购观念普及、消费习惯成熟、整体商业文明规范程度较高、物流配套设施完善等优势,在未来仍是跨境电商零售出口产业的主要目标市场,且将持续保持快速增长。与此同时,不断崛起的新兴市场正成为跨境电商零售出口产业的新动力:俄罗斯、巴西、印度等国家的本土电商企业并不发达,但他们的消费需求旺盛,中国制造的产品物美价廉,在这些国家的市场上优势巨大。大量企业也在拓展东南亚市场。印度尼西亚是东南亚人口最多的国家,具有巨大的消费潜力,目前,eBay、亚马逊、日本乐天等电商平台巨头都已进入印尼市场。在中东欧、拉丁美洲、中东和非洲等地区,电子商务的渗透率虽然还较低,但有巨大的发展潜力。

2. 交易结构上,跨境电商B2C占比提升,B2B和B2C协同发展

跨境电商B2C这种业务模式现已逐渐受到企业重视,近两年出现了爆发式增长,究其原因,主要是跨境电商B2C具有一些明显的优势。相较于传统跨境模式,B2C模式可以跳过传统贸易的所有中间环节,打造从工厂到终端消费者的最短路径,从而使企业赚取高额利润。国内不再满足于做代工的工贸型企业和中国品牌商可以利用跨境电商试水"走出去"战略,熟悉和适应海外市场,将中国制造、中国设计的产品带向全球以开辟新的战线。在B2C模式下,企业直接面对终端消费者,有利于更好地把握市场需求,为客户提供个性化的定制服务。

3. 交易方式上,移动互联网成为跨境电商发展的重要推动力

移动互联网技术的进步使线上与线下商务之间的界限逐渐模糊,以互联、无缝、多屏为核心的"全渠道"购物方式将快速发展。从B2C方面看,移动互联网使消费者能够随时、随地、随心购物,极大地拉动了市场需求,增加了跨境零售电商企业出口的机会。从B2B方面看,全球贸易小额、碎片化发展的趋势明显。移动互联网可以让跨国交易无缝完成,让卖家随时随地做生意。白天,卖家可以在仓库或工厂用手机上传产品图片,实现立时销售;晚上,卖家可以回复询盘、接收订单。基于移动互联网,买卖双方的沟通变得非常便捷。

4. 产业生态更为完善,各环节协同发展

跨境电子商务涵盖物流、信息流、资金流、单证流。随着跨境电子商务经济的不断发展,软件公司、代运营公司、在线支付公司、物流公司等配套企业都开始围绕跨境电商企业集聚,其服务内容涵盖网店装修、图片翻译描述、网站运营、营销、物流、退换货、金融服务、质检、保险等,整个行业生态体系越来越健全,分工更清晰,并逐渐呈现出生态化的特征。目前,我国跨境电商服务业已经初具规模,有力地推动了跨境电商行业的快速发展。

> **课程思政**
>
> 跨境电商已经成为国际贸易领域极具竞争力的新业态、新模式、新引擎,是落实"一带一路"倡议的重要抓手,也是推进贸易强国建设、提升国际地位和影响力的重要路径。跨境电商企业出海,应提升产品质量、创新力、竞争力,遵守海外当地贸易规则,注重高质量发展。中国跨境电商发展不仅需要"政策红利",更需要创新制度和强化监管。企业应规范自身行为,承担社会责任,与多方共同打造跨境电商贸易的良好产业生态,为中国跨境电商创造更多"生态红利"。

第三节 跨境电子商务的发展历程

2011年9月起,"跨境电商"这个名词才在媒体上出现,之前多使用"外贸电商"这一术语。跨境电商是沿着传统外贸→外贸电商→跨境电商的演变轨迹而呈现的。

一、跨境电子商务1.0阶段(1999—2003年)

跨境电商1.0阶段的主要商业模式是网上展示、线下交易的外贸信息服务模式。跨境电商1.0阶段,第三方平台主要的功能是为企业信息以及产品提供网络展示平台,并不在网络上涉及任何交易环节。此时的盈利模式主要是向展示信息的企业收取会员费(如年服务

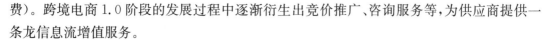

费)。跨境电商1.0阶段的发展过程中逐渐衍生出竞价推广、咨询服务等,为供应商提供一条龙信息流增值服务。

在跨境电商1.0阶段,阿里巴巴国际站、环球资源是典型的代表性平台。阿里巴巴国际站成立于1999年,其业务以网络信息服务为主、线下会议交易为辅,是中国最大的外贸信息黄页平台之一。环球资源于1971年成立,前身为亚洲资源网,是亚洲较早的贸易市场信息提供者,并于2000年4月28日在纳斯达克证券交易所上市。在此期间,中国制造网、韩国EC21网、KellySearch(开利搜索)等大量以供需信息交易为主的跨境电商平台出现。跨境电商1.0阶段虽然通过互联网解决了贸易信息面向世界买家的难题,但是依然无法完成在线交易,仅完成外贸电商产业链中的信息流整合。

二、跨境电子商务2.0阶段(2004—2012年)

这个阶段,跨境电商平台开始摆脱纯信息黄页的展示,实现线下交易、支付、物流等流程的电子化,逐步实现在线交易。与跨境电商1.0阶段相比,跨境电商2.0阶段更能体现电子商务的本质。其借助电子商务平台,通过整合服务、资源,有效打通了上下游供应链,包括B2B平台及B2C平台两种模式。跨境电商2.0阶段,B2B平台模式是跨境电商主流模式,通过直接对接中小企业商户实现产业链的进一步缩短,提升商品销售的利润空间。

在跨境电商2.0阶段,第三方平台实现了营收的多元化,同时实现后向收费,将"会员收费"改为以"收取交易佣金"为主,即按成交效果来收取佣金,还通过在平台上进行营销推广、开展支付服务、开展物流服务等获得增值收益。这个阶段大致又可以细分为三个时期。

(一)2004—2006年

在这个时期,一批留学生在eBay、亚马逊上通过售卖游戏币,赚到了人生的第一桶金。2006年后,网络游戏没那么流行了。随后,2007年,eBay宣布不再从事虚拟的游戏币交易,这个阶段也随之终止。王树彤从卓越网离职后于2004年创办敦煌网,敦煌网主打小额在线批发。2006年,以eBay起家的Deal Extreme(即后来的DX)上线,以销售电子产品为主。2007年,兰亭集势上线,兰亭集势是中国第一家有风投参与、以自营为主的外贸电商平台。这个时期,平台电商开始活跃。

(二)2007—2010年

2007年,eBay.cn(eBay中国)上线,其主营外贸的B2C跨境电商。当时,跨境电子商务还只是一个概念,敦煌网、兰亭集势等也刚起步。显然eBay希望利用自己在国际市场上的先发优势来吸引中国商家。事实证明,eBay这次作出了正确的选择。几乎在淘宝夺下境内在线零售市场的同时,eBay夺取了跨境电商市场。2008年,全球金融危机全面催生和成就了中国外贸B2C行业。那一年,美国最大的3 000家进口商在中国市场采购中所占的市场份额下降了10%。同时,越来越多的进口商开始尝试以小额度多频次的形式来规避风险。但更深层的原因在于,互联网降低了信息不对称,提升了世界扁平化的程度。网络支付工具PayPal的流行及物流渠道的完善,打破了网络贸易全球化的壁垒。且与境内电子商务尚在起步阶段不同,欧美发达国家电子商务环境已甚为成熟。在线贸易类型的中小企业数量众多,为外贸电子商务提供了极佳的用户基础。

以跨境小额交易为主要业务的跨境电商开始更具诱惑力和爆发力,价格低廉的中国制造商品在国外往往以数倍于成本的价格出售,这无疑为绕过诸多中间环节的网上贸易提供了足够的利润空间。跨境电商利润一般比境内电商高10%~20%,个别产品利润可达100%。市场的爆发令eBay、敦煌网等跨境小额交易平台的交易数据猛增:eBay中国平台2009年的交易额为7~8亿美元,比上年提高一倍;敦煌网上的交易额以每月20%的速度增长,2009年的交易额达3亿美元。电子商务平台成为境内企业走向世界的新窗口。在传统外贸市场受到金融危机打击后,境内大量剩余产品正在寻找各种新的销售渠道。这时,跨境电商的主要做法有两种:一种是成为亚马逊或eBay上的大卖家,另一种就是建立独立网站。前者比较适合中小企业和创业者。但随着规模的壮大或资本的介入,一些更有雄心的外贸B2C卖家则愿意直接脱离eBay和敦煌网,建立批发兼零售的独立网站,如兰亭集势、Chinavasion(兴隆兴)等。这类网站通常需要充足的资金支持以及丰富的在线营销经验,但其优势同样明显:一是不需要再支付交易费用给平台,而且容易整合采购、物流等环节,产生规模效应,利润空间更高;二是减少了平台环节后,更容易赢得买家的信赖,比如交易出现纠纷时,买家和卖家的直接沟通比通过交易平台的第三方沟通更为快捷方便。

(三) **2011—2012年**

2011年后,"跨境电商"开始为大家所熟知,国家也开始重视,并出台相关法规。各地区政府加强对跨境电商的扶持力度,使得市场竞争越来越激烈,有传统行业转型进入,线下供应商、物流商、服务商,并且越来越多"阿里系"的卖家涌入跨境电商平台速卖通。经过前一轮的"野蛮生长",中国跨境电商开始出现比较激烈的竞争。仅仅深圳一地,短短几年内就涌现出千余家外贸B2C企业。

很多潜在的问题也随之暴露。最突出的是国际上对仿品和假货的抵制越来越严厉。谷歌(Google)开始对仿牌关键字进行封杀。亚马逊、eBay、PayPal等都对仿牌零容忍。

除了"山寨",成本急剧增加也成了一道难解的题。做B2C,搜索引擎的排名前后相当重要。近年来,谷歌的关键字优化搜索价格越来越高,外国人支付时习惯使用的PayPal,每笔交易也要产生4%左右的交易费,这在利润压缩的背景下是个不小的数目。人民币升值,也直接带来了产品成本的增加。而同行拼价,进一步恶化了营商环境。例如,一件婚纱,过去成本为300元人民币,以300美元卖给美国人;现在,一件婚纱成本为800元人民币,却以200美元卖出去。这种恶性竞争挤压了行业的生存空间。此外,还有来自人才缺乏的压力。

三、跨境电子商务3.0阶段(2013年至今)

2013年成为跨境电商重要的转型年,跨境电商全产业链都出现了商业模式的变化。随着跨境电商的转型,跨境电商3.0"大时代"随之到来。首先,跨境电商3.0阶段,具有大型工厂上线、B类买家成规模、大中额订单比例提升、大型服务商加入和移动用户量爆发五方面特征。其次,跨境电商3.0阶段,服务全面升级,平台承载能力更强,全产业链服务在线化也是一个重要特征。在跨境电商3.0阶段,用户群体由创业草根向工厂、外贸公司转变,且其具有极强的生产设计管理能力,平台销售产品由网商、二手货源向一手货源好产品转变。3.0阶段的主要卖家群体正处于从传统外贸业务向跨境电商业务艰难转型的时期,生产模式由大生产线向柔性制造转变,且对代运营和产业链配套服务的需求较大。最后,3.0阶段的主要平台模式也由C2C、B2C向B2B、M2B(生产商直接面对经销商)模式转变,批发商与买家的中大额交易成为平台的主要订单。

第四节 跨境电子商务发展的意义与作用

一、跨境电子商务发展的意义

跨境电商的崛起对国际(地区间)贸易产生了积极的影响,其也成为行业发展的中流砥柱。与传统贸易相比,跨境电商能有效地节约制造费用,缩减中间程序,加快制造业变革的步伐,促进贸易模式的转型升级,从而提升产品的国际竞争力,改善现下外贸行业的发展形势。

(一)推动传统外贸企业转型升级

受全球经济增长放缓的影响,外贸发展状况整体欠佳。以中国为例,进出口贸易交易额增长缓慢,传统外贸企业遇到前所未有的困境。而大力发展跨境电商,有助于在成本和效率层面增强各国(地区)的进出口竞争优势,提高外贸企业的利润率。同时,随着电商渠道的深入拓展,企业和最终消费者之间能建立更畅通的信息交流平台,这对企业及时掌握市场需求、调整产品结构、提升产品品质、树立产品品牌、建立电商信用体系有重要作用,能进一步增强外贸的整体竞争力,稳定外贸增长。

(二)促进各国产业结构优化升级

跨境电商的发展,直接推动了配送、电子支付、电子认证、信息内容服务等现代服务业和相关电子信息制造业的发展。目前,我国一批知名电商平台、物流企业、本土第三方支付企业加快崛起。跨境电商已引发生产方式、产业组织方式的变革。面对多样化、多层次、个性化的境外消费者需求,企业必须以消费者为中心,加强合作创新,构建完善的服务体系,在提升产品制造工艺、质量的同时,加强研发设计、品牌宣传力度,重构价值链和产业链,最大限度地促进资源优化配置。

(三)推动企业应对全球贸易新格局

跨境电商带给各国(地区)出口导向型企业的不仅仅是一条外贸销售渠道,也不只是全新的产业链利润分配格局,而是实现品牌升级,推动附加值沿微笑曲线向两端拓展,实现产业模式转变的绝佳机会。当前,各国(地区)许多企业的产品性能和服务的质量很好,但不为境外消费者所知。跨境电商能够有效打破渠道垄断,减少中间环节,节约交易成本,缩短交易时间,为各国(地区)企业提升品牌的知名度提供了有效途径,尤其是给一些"小而美"的中小企业创造了新的发展空间,催生出更多的具有国际竞争力的"隐形冠军"。

二、跨境电子商务发展的作用

(一)跨境电商与国家

1. 抑制灰色渠道,拉动消费回流

目前,网购保税进口已在全国范围内开展。跨境电商通过阳光化的通关模式,引导出境购物消费资金回流,同时将原有大规模的"海淘"拉回国内消费,拉动内需增长,推动消费升级,促进了地方经济的发展。天猫国际、网易考拉、洋码头、小红书、京东全球购等跨境电商进口平台的发展,为消费者提供了更多的商品选择。此外,它们通过跨境新零售完成了商业模式的整体升级,实现了线上线下新零售一体化运营。尤其是郑州探索的"跨境电商+新零售"现场自提模式,使跨境电商实现了"立等可取",更好地满足了消费者的个性需求和消费体验。

2. 开放倒逼改革,推动产业升级

随着中国人均收入的提高、生活水平的改善,大众的消费偏好逐渐向多样化、高品质、个性化转变。但中国的有效供给不足,供给与需求错配。而跨境电商搭建了一个开放、自由的平台,将更安全、更丰富、更优质的国外产品提供给消费者,以更低的价格带给消费者更多的选择,让世界范围内同一产业的企业在更加激烈的竞争中实现优胜劣汰,从而统一国内国际两个市场。为了在竞争中生存并脱颖而出,企业必须通过降低成本、改进工艺、创新技术等方式提升自己的核心竞争力,最终开发出可与优质海外商品相媲美甚至赶超海外商品的本国产品。跨境电商加剧了市场竞争,让那些拥有较强创新能力、学习能力的国内企业率先完成产品创新和企业转型,使得企业在国内收复了一部分被进口产品占有的市场份额。"开放倒逼发展",企业自发完成革新拓展,产业逐步完成转型升级,从而推动经济快速发展。

3. 延伸产业链条,创造就业岗位

跨境电商产业涵盖制造、仓储、物流、支付、信息网络、外贸综合服务等多个领域与环节,产业链长,创造了大量新的就业岗位,有效带动了就业增长,成为大众创业、万众创新的热点。电商岗位不是对传统零售行业就业的简单替代,而是促进了传统就业方式的升级。此外,大量"传统产业+数字化"的跨界领域以及数字技术带动的新商业模式,也催生了许多新的就业机会。

4. 培育贸易新业态,走向贸易强国

自2013年以来,中国已成为全球货物贸易第一大国。但在全球价值链和产业链中,我国依然处在"微笑曲线"的中下端,因此我国还不是贸易强国。习近平总书记在党的十九大报告中强调,"拓展对外贸易,培育贸易新业态新模式,推进贸易强国建设"。跨境电商作为最重要的贸易新业态新模式,借助新技术变革和普惠共享模式正全面优化传统贸易流程,改善贸易生态环境,调整贸易结构,已经形成了一定的产业集群和交易规模,进而不断优化全球产业布局,不断提高全球资源配置能力,重塑我国在全球价值链、产业链和贸易链中的地位,推动我国从贸易大国逐步转向贸易强国。

5. 施展经济外交,体现大国担当

近年来,我国的跨境电商发展迅速,已覆盖绝大多数国家和地区。2017—2023年,我国跨境电商行业渗透率分别为29%、29.5%、33.29%、38.86%、36.32%、37.32%、40.35%。从世界经济角度看,中国借助跨境电商等模式在全球范围内的"买买买"是一种强大的正能量,可以提高中国经济外交的综合能力。如2018年网易考拉在中国(上海)国际进口博览会期间与110多家品牌商达成合作,签订订单金额接近200亿元人民币。网易考拉的"强势"只是中国跨境电商进口市场繁荣利好的一个缩影。中国积极主动扩大进口,使中国的发展成果和红利更多地惠及全球。这是中国承担国际责任和改善国际关系的一个重要举措,对形成中国外交关系新格局和助推大国地位发挥了重要作用。

(二)跨境电商与企业

1. 获得更高利润

不论是跨国大企业还是中小微企业,它们参与国际贸易的目标都是实现利润最大化。而跨境电商模式为企业提供了实现上述目标的途径。依托跨境电商平台,众多生产商绕过了传统贸易模式下的进口商、批发商、零售商等渠道垄断,可以直接面对最终消费者,有效减少了中间环节造成的流转成本,扩大了自身的利润空间。此外,生产商能直面消费者,掌握消费端变化的第一手资料,并凭借自身扁平化的组织结构对搜集到的消费反馈快速作出反应,及时对产品进行迭代更新,不断满足消费者多样化、个性化的新需求,以此提升自身利润水平。

2. 增加贸易机会

普惠贸易时代,中小微企业可依托跨境电商平台平等地参与全球贸易。跨境电商平台赋能中小微外贸企业,帮助企业减少信息、宣传、沟通、物流、支付等交易成本。企业可将精力与资金投入新产品的设计研发、生产制造、营销等全产业链体系建设,打造自身品牌,提升自身核心竞争力,从而实现在全球价值链中从低端向中高端的攀升。特别是一些发展中国家的中小企业,可以获得与发达国家中小企业相同的机会参与全球价值链,通过提高自身在全球价值链中的参与水平,增加高附加值产品和服务的出口,在价值链中获取更大的份额。

3. 实现定制化生产(C2M)

在新消费时代,随着消费产业升级,传统商业模式已经不适用,新的消费关系是:消费者需要什么,生产者就生产什么。这是一个逆向生产的过程,从而诱导产生了一种新的模式——C2M(Customer to Manufactory,顾客对工厂)模式,即工厂可以快速、小批量、定制化地生产每一个消费者需要的东西。C2M模式实现了顾客与工厂的直接连接,省去高耗的中间流通加价环节,使制造商、设计师能与顾客直接连接,为顾客提供优质、个性且专属的产品。这种模式将消费者规模巨大且相互割裂、零散的消费需求整合在一起,以整体、规律、可操作的形式将需求提供给生产商,从而将"零售"转化为"集采",大幅提高了工厂的生产效率和资产、资金的周转能力,实现定制化、拉动式的柔性化生产供应。C2M模式克服了传统商业模式供需脱节、供需分离的弊端,使供给和需求被打通,促使生产商实现产销对路,将供给与需求有效地整合起来,提高整个供给结构的质量。

> **课程思政**
>
> 在全球经济一体化的背景下,国际经贸合作日益密切,使各国企业都面临着严峻挑战,同时也带来了更多发展机遇。企业只有把握国际经贸发展的趋势,作出前瞻性的决策,充分利用国家政策,与时俱进地创新经济模式,才能在国际经济竞争中占据有利形势。

(三) 跨境电商与消费者

跨境电商对于消费者而言,带来的最大便利就是提高了消费者福利。首先,跨境电商打破了传统进口渠道的限制,使我国越来越多的消费者不用走出国门就可以通过跨境电商平台享受到与海外"同步同质同价"的商品,极大丰富了消费者的商品选择。其次,通过保税备货模式,企业可以提前将商品备货到保税仓,待消费者下单后,直接从国内保税仓发货,极大提高了订单的履行速度,优化了消费者的购物体验。再次,相比于海淘、代购等,跨境电商提供了商品质量保障,并有退换货服务,维护了消费者权益。最后,跨境电商增加了进口渠道,形成了多渠道的进口态势,推动建立更加开放的市场,从而激发企业的创新动力,为市场带来更多性价比高的产品和更加人性化的服务。这些都给消费者带来了更高的满意度、更多的福利。

(四) 跨境电商与全球贸易规则

1. 开启全球普惠贸易新格局

互联网的普及、数字信息技术的发展,及各种电子商务平台的出现,改变了人类的生活方式与思维方式,也带来了商业模式、产品及市场结构的变化。国际贸易迎来新的发展机遇,出现了"普惠"的特点。普惠贸易是指各种规模的贸易主体,尤其是贸易弱势群体(中小微企业和消费者),能够广泛参与全球贸易并获得贸易利益,形成一个互利、共赢的生态圈。一方面,被传统贸易忽视的中小微型企业及个体商户能参与国际贸易并从中获益;另一方面,消费者参与到国际贸易中来,与全球的生产商/贸易商直接沟通,获得更加多样化、个性化的产品和服务,以实现全球性的消费。跨境电商探索出来的新模式、新流程不仅契合了全球普惠贸易的趋势,更进一步推动了普惠贸易的深入发展,使贸易秩序更加公平。

2. 推动建立国际贸易新规则

目前,国际贸易通行的世界贸易组织(World Trade Organization,WTO)规则体系中缺少针对跨境电商的服务管理体系。中国是遇到此类问题最严重的国家,因此于2012年启动跨境电商试点以寻求问题的解决方案。郑州试点率先创新1210(B2B2C)监管服务模式,在顺应B2C消费趋势的基础上,通过引进中间综合监管及服务平台的管理解决了政府管理和市场便利化的双重难题,实现了高效安全监管、税收应收尽收、企业降本增效。我国在跨境电商监管规则方面的探索走在了世界前列。近年来,跨境电商飞速发展也提供了实践样本,为形成全球贸易新规则创造了条件。我国提出了电子世界贸易组织(EWTO)贸易规则,即在WTO规则框架下,利用原有的万国邮政联盟(Universal Postal Union,UPU)体系,将"UPU+WTO"优化完善后形成互联网时代的EWTO贸易体系,以推动全球贸易的规则体系进入传统贸易和跨境电商规则体系共生共融的时代。

复习思考题

一、思考题

1. 简述跨境电商的发展背景。
2. 简述我国跨境电商的发展现状。
3. 我国跨境电商经历了哪些发展阶段?
4. 简述跨境电商发展的意义。
5. 对于企业来说,发展跨境电商的主要作用是什么?

二、案例分析

广州比速网络科技有限公司的转型之路

有人把2013年称为跨境电商的"元年",从那之后便开启了出口贸易的"新纪元"。广州比速网络科技有限公司首席执行官赖总仅用三年时间使公司从岌岌可危的传统贸易商蜕变为年销数千万美元的亚马逊新晋大卖家。能看到多远的过去,就能抵达多远的未来,或许我们能从他的故事里受到一定启发。

转型之殇——传统外贸行业危机四伏

2009—2012年,广州作为中国老牌的外贸之都,在全球贸易的舞台还具有一定影响力,传统外贸的行情也还不错。到了2013年,在广州、深圳以及福建、江苏、浙江的驱动下,跨境电商行业得到蓬勃发展。与此相反,传统外贸行业却不容乐观:订单量急剧萎缩,同行间竞争激烈,同质化问题严重,利润空间不断被压缩。

赖总指出,过去传统外贸是中外信息不对称,贸易商得以从中抽取丰厚的利润。但随着信息逐渐透明化,外国采购商开始对中间商的"服务费"有所要求,他们甚至跳过中间环节直接对接制造商。加之当时全球经济大环境的影响,中国的人力成本上升,一些劳动密集型的制造业也在往海外迁移,这会导致传统外贸总体订单量减少。"原先占我们50%业绩的两个大客户订单骤减,导致公司业务量断崖式下跌。"赖总回忆道。

一方面,来自传统外贸自身生存的压力,另一方面,来自跨境电商卖家风生水起的刺激,使赖总明白,必须寻找新的出路,大胆尝试寻求突破的可能。

转型之路——艰难险阻,"雷区"遍布

尽管个人做出了要转型、要改变的决定,但是并不是公司所有人都看好新事物的发展,而且涉猎并不熟悉的领域也要承担相应的风险。内部决策不统一,改革便无法进行,这是很多传统外贸在转型初期会遭遇的"通病"。

赖总介绍,不少外贸公司转型初期都会急于求成、盲目铺货,甚至选择多平台多账号多管齐下。但并不是什么好卖就要卖什么,这往往触及第一个"雷区"——产品开发。或许大多数人会认为传统外贸转型的难点在于掌握电商运营技术,赖总则认为,产品开发才是难题,而且是直接决定转型是否成功的关键。国内外买家的消费观念相去甚远,喜爱的产品可能也是千差万别,因此选品要依赖平台大数据谨慎进行。一旦选品策略出现失误,即使后期运营战术再精湛也无济于事。

另外，不少外贸公司初创电商部门时，要么招不到人，要么抱怨留不住人，人才培养和团队建设同样关乎转型成功与否。对于成立不久、尚未稳定上路的电商部门，员工关系处理、人才培养和股权机制等相对于其他公司可能更加重要。

转型之果——破茧而出，小白逆袭成大卖

赖总以"每个时代都有属于这个时代的机遇，只要你拥有一颗坚定的求变之心，就可以迎来胜利曙光"的理念，在电商各项"试错"成本提升的压力下，仍坚定转型发展跨境电商的信心。

从"我"做起，他一个人撑起包含财务、产品采购、运营、美工、物流、营销职能的电商部门。半年后，业务量实现井喷式增长，再招人组建团队，并不断壮大电商队伍，甚至最后完全砍断传统外贸业务。

不了解行业深浅，便专注于亚马逊平台一步步试探，深耕一个品类再逐步延伸。产品开发不盲目跟风，基于平台大数据挖掘、分析，寻找适合消费市场且具有一定利润空间的产品。有时候少就是多，少类目、少平台使消费者得以更多关注产品本身，这样产品方向准确，品控把握到位，十分有利于后期品牌的形成。

人才难招就学会内部转化，建立内部培训机制，对从事传统业务的原班人马进行职能培训。以往运营可能注重如何投客户所好，而电商运营更加注重数据采集、分析。一张白纸的新人好培养，一般不空降管理层，除非部门发展需要。

困难于他，未曾比任何人少。但在当时，转型势在必行。赖总怀揣着创新求变的信念一步一步走到大卖家的位置，并成功孵化多个海外品牌。

问题：

(1) 广州比速网络科技有限公司在转型为跨境电商卖家的道路上遇到的主要困难是什么？

(2) 请结合以上案例深入分析，对于传统外贸企业而言，在转型做跨境电商业务时的主要注意事项有哪些。

第二章　跨境电子商务概述

学习目标

掌握跨境电商的内涵;理解跨境电商与一般贸易的区别和联系,跨境电商B2B模式与跨境零售的区别,跨境电商与境内电商的区别;掌握跨境电商的特征;理解跨境电商的四种主要商业模式;理解跨境电商平台运营方式;了解跨境电商进出口业务基本流程。

引导案例

唯品国际——自营进口跨境电商

在选品方式方面,唯品国际采用产地直采境外货源方式,为用户"采正品"保驾护航,同时结合"买手＋大数据",为用户"挑有品"出谋划策。买手团队通过"产地直采自营正品免邮包税"的策略,在全球10个国家和地区(截至2018年)设立买手团队建立选品优势,并通过规模采购建立价格优势。在物流环节方面,唯品国际依托遍布国内外的保税仓和海外仓的快速配送优势以及"三单对接"高效通关模式,在接到用户订单后12小时极速发货,并通过遍布全国的自建物流体系高速运输实现快速送达。在售后服务方面,唯品国际实行7天无理由放心退货,并且退货流程全部在中国境内完成。退款快、操作简便,让消费者的跨境网购省力省心,让消费者享受到跟国内购物一样的快速体验和安心保障。

跨境电商 B2C 模式

代表公司:京东、顺丰以及各种从传统行业转型做跨境电商的企业。

越来越多的巨头开始加入跨境电商的行列,竞争可谓异常激烈。B2C模式要求高,资金、团队、货源、物流,少一个环节都不行。

跨境电商和国内电商不同,前者要解决的问题太多,不光要做好本土的电商运营,还要解决物流仓储、货源采购,以及需要庞大的良性现金流,这些不是普通从业者能做到的。

优点:采购价格低,容易以便宜的价格吸引消费者,因为跨境海淘的本质就是提供"既便宜又好"的性价比高的商品,价格低廉是很重要的一个特质。商品质量容易把控,售后难度不高,客诉率不高。由于物流统一,在时效上更容易控制,商品能以最短的时间到达消费者手里。由于有足够的资金支持,在品类上又可以横向铺得很开,比较容易丰富产品线。

缺点:经济成本高,俗称"烧钱"。虽然有商品的利差,但由于人员成本、物流成本、货款等,支出成本过高而盈利微薄,收益与支出并不对等。模式"过重",门槛太高。

资料来源:参考网经社与中国物流与采购网相关资料编辑(2024年12月20日)

第一节　跨境电商的内涵及特征

一、跨境电商的内涵

（一）何谓跨境电商

跨境电商发展历程仍较短，以下列举部分专家、机构有代表性的观点。

跨境电商是指不同关境的交易主体，通过电子商务平台达成交易，进行支付结算，并通过跨境物流送达商品、完成交易的一种国际（地区间）贸易活动。跨境电子商务是一种新型的贸易方式，它依靠互联网和国际（地区间）物流直接对接终端，满足客户需求。

跨境电商是指处于不同国家和地区的交易主体，以电子商务平台为媒介，以信息技术、网络技术、支付技术等为技术支撑，通过互联网实现商品的陈列、展示、浏览、比价、下单、处理、支付、客服等活动，通过线下的跨境物流实现商品从卖方流向买方及最后的商品配送以及与之相关的其他活动。这是一种新型的电子商务应用模式。

跨境电商是指分属不同国家（地区）的交易主体，通过电子商务手段将传统进出口贸易中的展示、洽谈和成交环节电子化，通过跨境物流、异地仓储送达商品并完成交易的一种国际（地区间）商业活动。

阿里研究院①提出，跨境电商有广义和狭义之分。其中，广义的跨境电商是指分属不同关境的交易主体，通过电子商务手段达成交易的跨境进出口贸易活动。狭义的跨境电商特指跨境网络零售，指分属不同关境的交易主体通过电子商务平台达成交易，进行跨境支付结算，通过跨境物流送达商品，并完成交易的一种国际（地区间）贸易新业态。跨境网络零售是互联网发展到一定阶段所产生的新型贸易形态。

艾瑞咨询②提出，跨境电商有广义和狭义之分。从狭义上看，跨境电商实际上基本等同于跨境零售。跨境零售指分属于不同关境的交易主体，借助计算机网络达成交易，进行支付结算，并采用快件、小包等行邮的方式通过跨境物流将商品送至消费者手中的交易过程。

跨境电商在国际上流行的说法叫 cross-border e-commerce，主要指跨境零售，基本上针对个人消费者。从严格意义上说，随着跨境电商的发展，跨境零售消费者中也会有一部分进行碎片化小额买卖的 B 类商家用户。但现实中，很难严格区分 B 类商家和 C 类个人消费者。总体来看，这部分针对 B 类商家的销售也归属于跨境零售部分。从广义上看，跨境电商是指分属不同关境的交易主体，通过电子商务的手段将传统进出口贸易中的展示、洽谈和成交环节电子化，并通过跨境物流送达商品、完成交易的一种国际（地区间）商业活动。从更广的意义上看，跨境电商是指电子商务在进出口贸易中的应用，是传统国际（地区间）贸易商务

---

① 阿里研究院.贸易的未来：跨境电商连接世界：2016 中国跨境电商发展报告[R].2016.
② 艾瑞咨询.2022 年中国跨境电商服务行业趋势报告[R].2022.

流程的电子化、数字化和网络化。它涉及许多方面,包括货物的电子贸易、在线数据传递、电子资金划拨、电子货运单证等内容。从这个意义上讲,在国际(地区间)贸易环节中,只要涉及电子商务应用的都可以纳入跨境电商统计范畴。

综上所述,对于跨境电商的内涵界定,本书认为,跨境电子商务简称"跨境电商",是指分属不同国家和地区的交易主体,通过电子商务平台实现商品交易的各项活动,并通过跨境物流实现商品从卖家流向买家,以及相关的其他活动的一种新型电子商务应用模式。跨境电商源于电子商务,属于电子商务范畴,是电子商务的一种新型应用模式。跨境电商既包括海淘、代购、跨境零售,又包括跨境B2B模式等,凡是借助电子商务模式实现跨越关境的商业活动都归属于跨境电商的范畴。

> **课程思政**
>
> 　　当前,中国已经进入新发展阶段,确立了"以国内大循环为主体,国内国际双循环相互促进"的新发展格局。跨境电商一直处于对外开放的前沿,中国通过跨境电商领域的主动开放政策,向全球充分释放中国市场消费和中国制造供给的红利。这既有利于中国通过跨境电商扩大进口,促进贸易平衡发展,让更多全球优质商品进入中国市场,满足国内消费升级的需求;也有利于鼓励更多的中国商品、中国品牌、中国服务通过跨境电商走出去,挖掘中国制造、中国供应链优势并开拓全球市场,把更多的消费福利带给全球消费者。可以说,跨境电商已经成为推动中国实现高水平开放的前沿领域和构建国内国际双循环新发展格局的关键节点。

(二)跨境电商与一般贸易

一般贸易与跨境电商都属于跨境贸易方式。一般贸易是传统的国际贸易方式,在我国国际贸易中占有相当大的比重。跨境电商是在互联网时代伴随"碎片化、小额化、高频次"的跨境贸易而产生的新形势和新业态,是国际贸易的创新发展。目前,跨境电商的B2C模式是对国际贸易的补充,未来有望成为国际贸易中一种新型的贸易主流方式。

1. 跨境电商与一般贸易的区别

二者的本质区别在于,一般贸易主要是生产端导向,通过进口初级产品、中间产品来支持国内相关产业的进一步生产和加工;而跨境电商是消费端导向,其产品更强调满足消费者个性化、及时性的需求。除了这一本质区别外,两种贸易方式在贸易主体、客体和贸易流程等方面都存在较大差异。

(1)贸易主体不同

从大公司到中小企业。一般贸易的主要商品品类为矿产能源、粮食、医疗用品和机器零件等,这些商品批量大、整体价值偏大,这就决定了从事一般贸易的主体均是资金规模庞大的公司。以前,中小企业在参与国际贸易时,长期面临着信息获取不完全、海关程序烦琐、信用甄别困难、贸易融资不足等问题。而数字技术帮助中小企业打破时间、空间和文化的限制,并在线完成交易、支付、通关、物流等一系列环节,大大降低了其参与国际贸易的门槛,提升了其参与国际贸易的能力,使之成为全球跨境电商的主力军。总之,在跨境电商时代,中小企业和个人占据更大的比重。即使一些靠近消费端的大型零售商也存在组织形式轻资产、小型化的趋势,与一般贸易在贸易主体方面仍存在差异。

(2) 贸易商品不同

从生产导向的生产型产品到市场导向的生活消费品。一般贸易的商品以生产为导向,以初级产品和中间产品为主,主要商品品类为矿产能源、粮食、医疗用品和机器零件等。而跨境电商的商品是以市场为导向的,多为生活消费品,商品品类以母婴用品类、食品保健类、化妆个护类、服装鞋帽类和家居百货类等为主,重在满足消费者"日益增长的美好生活需要"。由此可以看出,一般贸易与跨境电商商品品类间的重合较少。从近几年的经营情况看,跨境电商平台经营的80%以上的品类或品牌此前从未通过一般贸易进入过中国市场。即使针对普通消费品,一般贸易和跨境电商进出口的商品也不尽相同。一般贸易企业大多选择市场需求量大、消费者普遍认同的大众商品,商品种类少,难以满足个性化、小规模的消费需求。而跨境电商非常重视消费者差异化、多样化需求,给了长尾产品更大的发展空间。其产品品类的丰富程度远远超过一般贸易,为消费者提供了更多的选择和机会。

(3) 贸易形态不同

从集装箱到小包裹。2014年,比尔·盖茨曾盛赞过一本书——《集装箱改变世界》。他认为,海运集装箱在塑造全球经济的过程中起着非常重要的作用,集装箱打通了全世界,"集装箱革命只有在所有的箱子都建成兼容的形状和大小之后才开始腾飞,这意味着它们可以通过来自不同公司的船舶、卡车和火车来运输"。传统的一般贸易都涉及大宗商品,基本选择海运集装箱运输,容量大,但速度慢。随着贸易碎片化时代的到来,国际贸易"长尾化"带来的影响愈发明显,国际贸易形态出现小型化、多样化、个人化的特征。在2018年2月9日召开的首届世界海关跨境电商大会上,阿里巴巴董事局时任主席马云表示,未来贸易会彻底地变革,过去的贸易是集装箱,未来的贸易将会是小件快运,未来的贸易不是B2C,而是C2B新模式,以消费者为主导。

(4) 贸易链条不同

贸易链条从链状转变为扁平化。一般贸易的整个产业链条很长,包括生产商、出口商、进口商、渠道商、批发商、零售商,最后才是世界各地的消费者。在这一模式下,中间环节的流通中介获得了对外贸易中的最大利润。跨境电商模式打破了过去的渠道垄断,其贸易链条更加扁平化。贸易链条缩短,使商品直接从生产商到消费者手中,中间流通环节越来越少,节省生产、贸易成本,扩大生产商的利润空间,也降低了商品价格,让利广大消费者。此外,在这种较为扁平化的贸易方式下,由于中间环节的减少,生产商几乎直接面对消费者,可以及时收到来自消费端的反馈,从而重视对整个供应链的管理,有利于产品的优化创新以及企业的升级改造。

(5) 监管原则不同

一般贸易执行货物监管原则,因此一般贸易进口流程十分复杂,需要合同、发票、提单、装箱单和原产地证等众多单证,特定商品还需前置审批和注册备案。所以,市场上众多婴幼儿奶粉、化妆品和保健品等快速迭代升级产品通过一般贸易很难进口。跨境电商零售进口不同于一般贸易，主要是满足国内居民品质化、多元化消费需求，必须是直接面对消费者且仅限于个人自用。基于这一前提，2018年11月，商务部等六部门下发的《关于完善跨境电子商务零售进口监管有关工作的通知》，明确对跨境电商零售进口商品按照个人自用进境物品进行监管，不执行首次进口许可批件、注册或备案要求。

（6）交易模式不同

一般贸易只有B2B一种商业模式，而跨境电商包括B2B、B2C、B2B2C、C2C等商业模式。

（7）征信模式不同

一般贸易以提单为交付信用凭证，是买家信用模式，即银行、保险等金融机构为买家提供债权人担保并得到债务人认同的交易模式。跨境电商是完全的以第三方协同保障作为交付凭证，是全信用模式，即第三方物流及交易平台方为卖家信用提供保障，支付平台为买卖两家信用提供保障。

（8）准入方式不同

一般贸易模式下，一国商品进入他国需要遵守WTO贸易规则，涉及关税、非关税壁垒（配额、外汇管制）、技术性壁垒等。美国前总统奥巴马执政期间，针对别国企业和产品，尤其是针对中国企业和产品进行的反倾销、反补贴（"双反"）调查层出不穷，动用限制别国企业和产品的"一般301条款""特别301条款""超级301条款"等采取报复性措施也时有发生。2017年，特朗普上任美国总统后，主动挑起中美贸易争端，以美国对中国贸易逆差过多为借口，对中国出口美国的商品加征关税，不断扩大商品制裁清单目录，并加征10%～20%的关税。特朗普上任总统后，对中国跨境电商出口邮政渠道也开始进行精准打击，宣布启动退出万国邮政联盟体系，取消国际邮政折扣，阻止外国商品以较低的邮费进入美国。加拿大、英国、澳大利亚、新西兰主要联盟国家也开始纷纷上涨邮费，对中国的跨境电商出口造成了较大影响。

（9）风险主体责任不同

一般贸易风险承担主体是境内进口商，进口商/代理商必须向海关报关和纳税，贸易商品必须经检验检疫机构检验合格后方可上市销售。跨境电商的风险承担主体是境外跨境电商经营者（商品的货权所有人）和境内第三方跨境电商平台。2018年，商务部等六部门下发的《关于完善跨境电子商务零售进口监管有关工作的通知》，明确了跨境电商各参与主体的责任。比如跨境电商企业要承担商品质量安全的主体责任、消费者权益保障责任以及建立健全网购保税进口商品质量追溯体系等责任。但跨境电商平台需要履行"先行赔付"责任，即若消费者在平台上购买的商品出现质量问题，平台要先予以赔付，然后平台再向卖家追索。因此，跨境电商企业一般需要在各大平台缴纳质保金。

2. 跨境电商与一般贸易的联系

跨境电商虽在一定程度上替代了传统的一般贸易，但同时也将触角伸到了一般贸易所不能及的地方，与一般贸易进口形成相互补充、相互促进的关系。

（1）替代作用

对一般贸易进口消费品的部分替代。交易过程的中间流通环节较多，交易成本高，导致一般贸易进口产品的价格比较高。而跨境电商大幅减少了交易的中间流通环节,甚至能够实现生产商和消费者的直接对接,大大降低了交易成本,所以最终到达消费者手中的商品的价格比一般贸易商品的价格更低。同样的商品,更低的价格自然对消费者具有更高的吸引力,因此跨境电商商品在一定程度上替代了传统一般贸易进口消费品也顺理成章。

值得说明的是,跨境电商商品对一般贸易进口消费品的部分替代,并不意味着对一般贸易进口形成大规模的冲击和打压。这种替代仅仅是淘汰了一般贸易中的不符合市场趋势和消费者需求的部分,而非对一般贸易进口的冲击和完全替代。

对传统进口商和零售商的部分替代。跨境电商在一定程度上替代了传统一般贸易进口中的部分零售商和进口商。如自营类跨境电商平台全面介入整个交易流程,包括交易前的商品选择、供应商谈判,交易中的网站运营,继而作为销售者直接面对消费者,甚至交易完成后的物流派送等,在一定程度上替代了一般贸易中的进口商及传统零售商。而平台类跨境电商的作用就是作为上游卖方和下游买方之间的桥梁,促进整个国际贸易供应链的完成,它替代的是一般贸易中的中间商角色。

(2) 补充作用

跨境电商不仅没有对一般贸易造成较大冲击,而且是一般贸易的重要补充,极大丰富了一般贸易的商品品类、参与主体和贸易渠道。

商品品类上的补充。一般贸易以再生产和再加工的初级产品和中间产品为主,跨境电商以生活消费品为主,所以两种贸易方式进口的商品各有侧重且重合较少。跨境电商对传统一般贸易商品形成了很好的补充,丰富了消费者的商品选择范围,满足了消费者多元化和个性化的购物需求。

贸易主体上的补充。跨境电商的参与主体是依托各大跨境电商平台的中小企业,它们在传统的一般贸易方式下很难参与到国际贸易中。而随着大型跨境电商平台服务生态的不断完善,更多的中小企业参与到跨境电商中来,极大改变了传统一般贸易下以资产规模庞大和有特殊进出口渠道的企业为主体的情况,从而促进了对外贸易的整体健康发展。

贸易渠道上的补充。外国商品进入我国的渠道主要包括以下几种:一般贸易、境外消费、海淘、私人代购、跨境电商、走私渠道等。跨境电商作为一种新型的消费方式,深受大众喜爱。与一般贸易渠道相比,跨境电商在物流时效性、商品丰富度、税收方面具有一定的优越性,更能满足消费者多样化需求。相较于境外消费,跨境电商不受时间、空间的限制,更加方便和快捷;相较于海淘、代购等灰色渠道以及走私渠道,跨境电商渠道是完全合法的,不存在法律方面的风险,同时更能保障商品的品质和安全。跨境电商提供了一种新的海外商品进入国内市场的通道,是对一般贸易渠道的有益补充。

(3) 促进作用

跨境电商和一般贸易能相互促进发展。通过消费习惯的培养以及低成本、低风险"测试"商品等,跨境电商能够形成更大的国内外市场,为一般贸易提供更多机会,建立更为公平健康的市场环境,从而促进一般贸易的发展。

跨境电商培养消费者习惯,为一般贸易打开更大的市场。跨境电商以消费端为导向,能更好地根据消费者偏好引进国外优质商品(即使是一些小众长尾商品也能进入中国市场),并以较低成本培养消费者习惯。待消费习惯培养起来之后,消费者对该商品的需求将稳定增加,从而为大批量的一般贸易打开了更大的市场,促进一般贸易进口的发展。

跨境电商低风险试水,为一般贸易探索更多的机会。在传统一般贸易模式下,一方面,小众商品进口数量少、品类多,通过一般贸易进口的单品成本较高;另一方面,从未进入他国市场的品牌,未必深受消费者欢迎,首次进入他国市场便采取大规模出口的方式,可能面临较大的不确定性风险。而跨境电商为这些品牌提供了低成本、低风险试水他国市场的方式。在通过品牌和产品测试后,挑选表现优异的产品并使其通过一般贸易方式进入他国市场,通过"一般贸易+跨境电商"的双通路满足消费者更广泛的需求。由此可见,跨境电商选拔了符合市场需求的国外品牌和商品,并促进了这些品牌和商品的一般贸易进口。

跨境电商提供更公平健康的市场环境。一方面,跨境电商打破了传统一般贸易单一的渠道,使得众多的中小企业也能和资金雄厚的大企业同台竞技,参与到国际贸易中,并且形成一种竞争态势,从而促进了整个市场的健康发展。另一方面,跨境电商大大挤压了海淘、代购等灰色渠道的生存空间,并逐步将灰色渠道引导到阳光合法的道路上,使得经灰色渠道进来的商品大幅减少,从而减少了其对一般贸易的干扰。基于此,整个市场的竞争变得更加公开,从而促进消费市场更为健康地发展。

知识链接

跨境电商新引擎　助力外贸加速行

作为外贸新引擎,近年来,跨境电商持续为推动贸易强国建设注入新动能。2022年,中国跨境电商继续保持平稳较快增长势头,交出了一份令人满意的答卷。

受访专家认为,尽管面临国内外重重考验,但中国跨境电商依然在推动外贸保稳提质、转型升级等过程中发挥了重要作用。放眼未来,跨境电商将为更多中国企业创造新的发展机遇。

政策助力　保障平稳发展

对外经济贸易大学国际经济贸易学院教授王健在接受《国际商报》记者采访时表示,2022年跨境电商可谓充满考验。"全球贸易恢复水平不如预期,亚马逊等电商平台的调整严重影响到中国商家,叠加欧洲能源危机、全球供应链不畅等,中国跨境电商面临巨大挑战。"

但是2022年,中国跨境电商继续保持平稳较快增长势头,展现出十足的韧性和动能。据海关统计,5年来,中国跨境电商进出口规模增长近10倍。这主要是得益于一系列政策的支持——《"十四五"商务发展规划》《"十四五"数字经济发展规划》相继出台,均对跨境电商健康持续创新发展作出谋划;2022年1月,国家发展改革委发布的《"十四五"现代流通体系建设规划》指出,深入推进跨境电商综合试验区建设,研究调整跨境电商零售进口商品清单范围,支持发展保税进口、企业对企业(B2B)出口模式,鼓励跨境电商平台完善功能。

值得一提的是，跨境电商综合试验区也在不断扩围。

加速转型　把握全新机遇

党的二十大报告提出，加快构建以国内大循环为主体、国内国际双循环相互促进的新发展格局。业界普遍认为，发展跨境电商可进一步增强国内大市场的全球吸引力，有效释放国内强大供应链的生产力，持续增强中国协同国内国际两个市场、两种资源的能力。

受益于跨境电商创造的"轻量化"出海机会，众多中小企业捕捉到开拓海外市场的新机遇。在2022年卡塔尔世界杯足球赛期间，超过1000万件中国义乌周边生产的商品，通过跨境出口电商平台速卖通卖往全球各地，代表"中国制造"参与了本届世界杯。据义乌体育用品协会估算，在整个卡塔尔世界杯周边商品的市场份额中，"义乌制造"大约占70%。

"速卖通平台让我们很便捷地与世界各地的买家建立起联系，帮助我们更好地把握本届世界杯庞大的市场需求。"一位来自义乌的体育用品公司负责人告诉《国际商报》记者。

跨境电商发挥的重要作用远不止于此。王健表示，跨境电商在中国外贸转型升级过程中发挥着重要作用——推动传统外贸同物联网、大数据、人工智能等前沿技术相结合，带动中国制造业转型升级，帮助中国企业建立品牌优势，提升产品附加值，进一步降低成本，激发创新活力。

资料来源：中国商务新闻网，2022年12月31日

（三）跨境电商B2B与跨境零售

目前，跨境电商主要分为以企业为交易对象的跨境B2B电商和以消费者为交易对象的跨境零售电商两种类型。

1. 跨境B2B（企业对企业）电商

跨境B2B电商是指分属不同关境的企业，通过电子商务平台实现商品交易的各项活动，并通过跨境物流实现商品从卖家流向买家，以及相关的其他活动的一种新型电子商务应用模式，现已经纳入海关一般贸易统计。

2. 跨境零售电商

跨境零售电商包括跨境B2C（企业对消费者）电商和跨境C2C（个人对个人）电商。其中，跨境B2C电商是指分属不同关境的企业直接面对消费者个人开展在线产品或服务销售，在电子商务平台上实现商品交易的各项活动，并通过跨境物流实现商品从卖家流向买家，以及相关的其他活动的一种新型电子商务应用模式。跨境C2C电商是指分属不同关境的个人卖方对个人买家开展在线产品或服务销售，个人卖家与个人买家在电子商务平台上实现商品交易的各项活动，并通过跨境物流实现商品从卖家流向买家，以及相关的其他活动的一种新型电子商务应用模式。

在跨境电商市场中，跨境电商B2B交易占据绝对优势。跨境零售电商直面终端客户，目前在跨境电商中所占比重较低，但是近年来，其增长速度不容小觑。

（四）跨境电商与境内电商的差异

1. 交易主体差异

境内电商的交易主体一般在同一国家（地区），如境内企业对企业、境内企业对个人或

者境内个人对个人。跨境电商的交易主体突破了同一关境的界限,可能是境内企业对境外企业、境内企业对境外个人或者境内个人对境外个人。跨境电商的交易主体遍及全球,他们有不同的消费习惯、文化差异、生活习俗,这要求跨境电商卖家对各国流量引入、各国推广营销、国外消费者行为、国际品牌建设等有更深入的了解。所以,跨境电商的复杂性远超境内电商。

2. 支付环节差异

由于境内电商交易主体同属一个关境,商品交易时涉及的支付环节仍属于同一关境,商品交易使用同一币种即可实现,也不会涉及跨境支付业务。由于跨境电商交易主体不在同一关境,商品交易需要通过跨境支付方式来实现,通常会涉及不同国家和地区,使用不同币种,还涉及不同国家和地区的金融政策以及不同货币的汇率问题。

3. 物流环节差异

境内电商只涉及同一国家和地区内的物流与配送,以快递方式将货物送达消费者,路途近、到货速度快、货物损坏概率低。跨境电商则需要通过跨境物流来实现。因为涉及不同国家和地区,跨境物流不仅涉及输出关境与商检、输入关境与商检,还涉及输入国家和地区的物流与配送。此外,退换货而产生的逆向物流更是一种严峻的挑战。

4. 适用规则差异

跨境电商比境内电商所需要适应的规则更多、更细、更复杂,特别是平台规则。跨境电商除了借助境内的平台经营,还可能在国外平台上开展交易,各个平台均有不同的操作规则。跨境电商以国际(地区间)一般贸易协定和双边或多边贸易协定为基础,要求贸易主体及时了解国际(地区)贸易体系、规则,进出口管制、关税细则,政策的变化,对进出口形势也要有更强的理解和分析能力。

5. 交易风险差异

跨境电商所涉及的环境要远复杂于境内电商,交易双方的政治、技术、经济、文化、社会等各方面的环境都会对跨境电商造成影响。境内电子商务行为发生在同一个国家(地区),交易双方对商标、品牌等知识产权有统一的认识,侵权引起的纠纷较少。即使产生纠纷,处理时间也较短,处理方式也较为简单。

二、跨境电商的分类

学者们基于不同的视角划分电子商务类型,如迪姆尔斯将电子商务划分为电子商店、电子采购、虚拟社区等,伦普金等提出了委托佣金模式、商品加价模式、咨询中介模式、收费服务模式等7种类型。此外,对电子商务类型的划分还有基于价值链的分类、混合分类、基于原模式的分类、基于新旧模式的分类、基于控制方的分类、基于网络商务公用的分类以及基于企业对企业(B2B)和企业对消费者(B2C)的分类等多种方式。

对于跨境电商,比较常见的分类,按照交易模式,主要可以分为B2B跨境电商、B2C跨境电商、C2C跨境电商和O2O(线上到线下)跨境电商;按照商品流向,可以分为进口跨境电商和出口跨境电商。

三、跨境电商的基本特征

（一）全球性

基于网络诞生的跨境电子商务具有全球性和非中心化的特性。电子商务与传统交易方式相比，一个重要区别在于，电子商务是一种无地理边界的交易，而传统交易具有地理边界。互联网用户不需要考虑国界就可以把产品尤其是高附加值产品和服务提交到市场中。网络全球性特征带来的积极影响是信息可实现最大程度的共享；消极影响是用户必须面临因文化、政治和法律的不同而产生的风险。

（二）无形性

互联网的发展，使数字化产品和服务的传输盛行。而数字化传输是通过不同类型的媒介，如数据、声音和图像在全球化网络环境中集中而进行的，这些媒介在网络中以计算机数据代码的形式出现，是无形的。电子商务是数字化传输活动的一种特殊形式。基于数字化传输活动的特性，数字化产品和服务也必然具有无形性。电子商务中，无形产品可以替代实物成为交易的对象。以书籍为例，传统的纸质书籍，其排版、印刷、销售和购买被看成产品的生产、销售。而在电子商务交易中，消费者只要购买网上数据的使用权便可以使用书中的知识和信息。

（三）匿名性

由于跨境电子商务具有非中心化和全球性的特性，因此用户的身份和其所处的地理位置很难识别。在线交易的消费者无须显示自己的真实身份和地理位置，就可以正常进行交易。在虚拟社会里，隐匿身份的便利迅即导致自由与责任的不对称。人们在这里可以享受最大的自由，却只承担最小的责任，甚至干脆逃避责任。

（四）即时性

对于网络而言，信息传输的速度和地理距离无关。传统交易模式下，信息交流方式如信函、电报、传真等，在信息的发送与接收间存在着长短不同的时间差。而电子商务中的信息交流，无论实际时空距离的远近，一方发送信息与另一方接收信息几乎是同时的。某些数字化产品（如音像制品、软件等）的交易，还可以即时结清，订货、付款、交货都可以在瞬间完成。电子商务交易的即时性，提高了人们交往和交易的效率，免去了传统交易的中介环节。

（五）无纸化

电子商务主要采取无纸化操作的方式，这是以电子商务形式进行交易的主要特征。在电子商务中，电子通信记录取代了一系列的纸面交易文件。由于用户发送和接收的电子信息以比特信（Bitmessage）的形式存在和传送，因此，整个信息发送和接收的过程实现了无纸化。无纸化使信息传递摆脱了纸张的限制。

（六）快速演进

跨境电子商务正处在迅速发展时期，其网络设施和相应软件协议的未来发展具有很大的不确定性。网络必将以前所未有的速度和无法预知的方式不断演进，基于互联网的电子商务活动也处在瞬息万变的过程中。短短的几十年中，电子交易经历了从电子数据交换到电子商务零售业兴起的过程，而数字化产品和服务更是花样出新，不断地改变着人们的生活。

第二节　跨境电商的模式

一、跨境电商的商业模式

根据跨境电子商务企业在跨境商品交易流通中所处的环节和采用的商业模式,跨境电子商务的商业模式主要可分为 B2B、B2C、C2C 以及 O2O 等。

(一)跨境电子商务 B2B

1. 跨境电子商务 B2B 的概念

跨境电子商务 B2B：B2B 是英文 Business-to-Business 的缩写,是指商家对商家的跨境电子商务,即不同国家企业与企业之间通过互联网进行产品、服务及信息的交换。从广义层面看,跨境电子商务 B2B 指互联网化的企业对企业的跨境贸易活动,也即"互联网＋传统国际贸易"。从狭义层面看,跨境电子商务 B2B 指基于电子商务信息平台或交易平台的企业对企业的跨境贸易活动。提到跨境电子商务 B2B,一般都是使用其狭义概念。跨境电子商务 B2B 不仅仅是建立一个网上的买卖者群体,它也为企业之间的战略合作提供了基础。网络使得信息通行无阻,企业之间可以通过网络在市场、产品或经营等方面开展互补互惠的合作,形成水平或垂直形式的业务整合,以更大的规模、更强的实力、更经济的运作真正达到全球运筹管理的目标。

> **知识链接**
>
> **阿里巴巴国际站**
>
> 阿里巴巴国际站成立于 1999 年,是阿里巴巴集团的第一个业务板块,已成为推动外贸数字化的主力平台。它累计服务 200 多个国家和地区的超过 2 600 万活跃企业买家。它通过向海外买家展示、推广供应商的企业和产品,进而获得贸易商机和订单,是出口企业拓展国际贸易的首选网络平台之一。
>
> 作为全球最大的 B2B 跨境电商平台,阿里巴巴国际站物流已覆盖全球 200 多个国家和地区,与生态合作伙伴融合共振,通过数字化重新定义全球货运标准。"门到门"服务能力是其重点方向之一：货物从工厂运到境内港口并报关,通过海陆空进入境外港口,清关、完税,最后完成末端配送。
>
> **发展阶段**
>
> 阿里巴巴国际站的业务发展经历了三个阶段：
>
> 第一阶段,阿里巴巴国际站的定位是"365 天永不落幕的广交会",为大宗贸易做产品信息的展示。
>
> 第二阶段,阿里巴巴国际站收购一达通为商家提供通关等方面的便利化服务,并在这个过程中开始沉淀数据。

第三阶段,阿里巴巴国际站使此前沉淀的数据形成闭环,即数字化重构跨境贸易。

企业文化

阿里巴巴国际站致力于让中小企业成为跨国公司,打造更公平、绿色、可持续的贸易规则,提供更简单、可信、有保障的生意平台。阿里巴巴国际站始终以创新技术为内核,高效链接生意全链路,用数字能力普惠广大外贸中小企业,加速全球贸易行业数字化转型升级。

阿里巴巴国际站,让世界更小,生意更大。

阿里巴巴国际站定位:全国中小企业的网上贸易市场。

阿里巴巴的梦想:通过发展新的生意方式创造一个截然不同的世界。

阿里巴巴的使命:让天下没有难做的生意。

资料来源:百度百科

2. 跨境电子商务 B2B 的模式类型

(1) 垂直 B2B 模式

垂直 B2B 模式中,可分为上游和下游两个方向。生产商或零售商可以与上游的供应商形成供货关系;生产商与下游的经销商可以形成销货关系。简单地说,这种模式下的 B2B 网站类似于在线商店,这一类网站其实就是企业网站,是企业直接在网上开设的虚拟商店。通过这样的网站,企业可以大力宣传自己的产品,用更快捷、更全面的手段让更多的客户了解企业的产品,促进交易。

(2) 平台 B2B 模式

面向中间交易市场的平台 B2B 模式,将各个行业中相近的交易过程集中到一个场所,为企业的采购方和供应方提供了一个交易的机会。这一类网站既不是拥有产品的企业,也不是经营商品的商家,它只提供一个平台,在网上将销售商和采购商汇集在一起,采购商可以在平台上查到销售商和销售商品的有关信息。

(3) 自建 B2B 模式

自建 B2B 模式是指跨国公司或全球龙头企业基于自身的信息化建设,搭建以自身产品供应链为核心的行业化电子商务平台。行业龙头企业通过自身的电子商务平台,串联起行业整条产业链,供应链上下游企业通过该平台实现资讯发布、沟通和交易。但此类电子商务平台过于封闭,缺少产业链的深度整合。

(4) 关联 B2B 模式

关联 B2B 模式是指行业为了提升电子商务交易平台信息的广泛程度和准确性,整合平台 B2B 模式和垂直 B2B 模式而建立起来的跨行业电子商务平台。平台 B2B 模式的优势在于内容更广,垂直 B2B 模式的优势在于内容更深,两者之间是竞争与合作的关系。平台 B2B 模式与垂直 B2B 模式未来将趋于融合,而融合的方向有两个:一个是像网盛科技的"小门户+联盟"的模式;另一个就是关联 B2B 模式,即介于垂直 B2B 模式和平台 B2B 模式之间的一种模式,其平台上的行业之间具有很强的关联性,行业之间的合作非常密切,是水平和垂直层面的完美结合,目的是为同一客户提供一套整合的行业解决方案,这种模式也可以称为大垂直模式,而这种模式也将成为未来的主流模式。关联B2B模式平台作为大垂直平台,其优势非常明显,即除具有垂直模式内容深的优势以外,还将两个密切相关的行业整合在一起,大大增加了行业间相互贸易的可能性,平台对用户的价值也得到了大幅提升。

(二)跨境电子商务B2C

1. 跨境电子商务B2C的概念

B2C是英文Business-to-Customer的缩写。跨境电子商务B2C是跨境电子商务中一种非常重要的商业模式,该模式是指一国企业通过互联网和电子信息技术向国外消费者提供商品和服务的商务活动。这是一种新型的国际贸易形式,同传统国际贸易的交易过程相似,包括交易前的准备、交易谈判和合同签订、合同的履行和后期服务等过程。跨境电子商务B2C,又称外贸B2C、小额外贸电子商务,采用国际航空小包和国际快递等方式将国内的产品或服务直接销售给国外消费者。

> **知识链接**
>
> ### 中国已成为全球最大的B2C跨境电商交易市场
>
> 中国已成为全球最大的B2C跨境电商交易市场,全球超26%的相关交易在此发生。
>
> **跨境电商加速发展**
>
> 在广东,一批跨境电商货物仅用10分钟,便完成了从申报到放行的审核流程,业务创新接连不断;在山东,一个个跨境电商服务中心项目落地,打造经济增长新引擎;在浙江,跨境电商企业发展势头强劲,又一家公司踏上首次公开募股上市之路……近年来,围绕跨境电商,各地新动作、新成果不断,成为外贸领域当之无愧的焦点。
>
> 中国已是全球最大的B2C跨境电商交易市场。市场主体的积极探索、政策的持续支持以及疫情的影响,让跨境电商的发展被长期看好。未来,全球更多蓝海市场还有待开拓。
>
> 跨境电商的发展,在许多平台企业中体现明显。中国跨境电商平台速卖通的数据显示,过去一年,该平台上家电、家居产品销售额均有超过50%的增长,其中3C产品、消费类电子产品、智能家居用品等表现尤其突出。
>
> 全球速卖通总经理王明强认为,一方面,疫情让全球消费呈现明显的"线下转线上"趋势,各国的电商渗透率在过去的一年多时间内都有大幅上升。另一方面,海外制造业受到疫情冲击,中国制造业成为全球消费市场的重要支柱。2020年,"中国制造"占据优势的行业几乎都在跨境出口领域取得了飞速增长。
>
> 全球化智库近日发布的《B2C跨境电商平台"出海"研究报告》显示,中国和美国目前是全球跨境电商的主要平台方所在国,也是全球跨境电商交易的主要市场。以B2C(企业到消费者)交易模式为例,据全球跨境电商主要支付机构PayPal统计,全球约有26%的B2C跨境电商交易发生在中国大陆,美国以21%、英国以14%、德国以10%和日本以5%的占比分别排名第二到第五名。
>
> 据联合国贸易和发展会议的统计,在2018年,中国已是全球B2C跨境电商出口第一大

经济体,美国为第二,两国合计占据全球 B2C 跨境电商销售总额的 45.8%。

前景广阔仍是增量市场

跨境电商飞速发展的背后,是众多中小企业纷纷"出海"的探索。

中国国际电子商务中心电子商务首席专家李鸣涛认为,无论是面向最终消费者的跨境零售还是面向采购商的 B2B(企业到企业)跨境电商,都呈现出快速发展的态势。未来伴随全球物流、支付、贸易便利化条件的持续改善及全球数字化进程的加速,跨境电子商务面临更大的发展机遇。

在业内看来,跨境电商零售仍是增量市场,未来发展空间广阔。王明强认为,除了西欧、俄罗斯等重点国家市场之外,全球还有很多国家市场是跨境电商的蓝海。如速卖通数据显示,在巴西市场,近 6 个月以来物流成本已降近 20%,清关速度平均提升 1.2 天,重点区域可实现"跨境 12 日达"。"速卖通在新兴市场的开拓进度,就证明了跨境电商还有广阔天地大有可为。"

资料来源:《人民日报》(海外版),2021 年 7 月 13 日

2. 跨境电商 B2C 的模式类型

(1) 直发/直运平台模式,又称为 Drop Shipping 模式。在这一模式下,电商平台将接收的消费者订单信息发给批发商或厂商,后者则按照订单信息以零售的形式对消费者发送货物。

由于供货商是品牌商、批发商或厂商,因此直发/直运平台模式是一种典型的 B2C 模式,也可以理解为第三方 B2C 模式(参照国内的天猫商城)。直发/直运平台的部分利润来自商品零售价和批发价之间的差额。

该模式的优势是对跨境供应链的涉入较深,后续发展潜力较大。直发/直运平台模式在寻找供货商时是与可靠的海外供应商直接谈判签订跨境零售供货协议。为了解决跨境物流环节的问题,这类电子商务平台会选择自建国际物流系统(如洋码头)或者与特定国家的邮政、物流系统达成战略合作关系(如天猫国际)。该模式的劣势是招商缓慢,前期流量相对不足,前期所需资金体量较大。该模式的代表性企业有天猫国际(综合)、洋码头(北美)、跨境通(上海自贸试验区)、海豚村(欧洲)、一帆海购网(日本)等。

(2) 自营跨境 B2C 模式。在该模式下,多数商品都需要平台自己备货,因此这应该是所有模式中最重要的一类。自营 B2C 模式分为垂直型和综合型两类。

① 垂直型自营跨境 B2C 平台。其是指平台在选择自营品类时会集中于某个特定的范畴,如食品、奢侈品、化妆品、服饰等。

该模式的主要优势是供应链管理能力相对较强,其劣势是前期需要较大的资金支持。代表企业有中粮我买网(食品)、蜜芽(母婴)、寺库网(奢侈品)、莎莎网(化妆品)、草莓网(化妆品)等。

② 综合型自营跨境 B2C 平台。综合型自营跨境 B2C 平台的典型企业有亚马逊和 1 号店。亚马逊和 1 号店先后宣布落户上海自贸试验区开展进口电子商务业务。它们所出售的商品以保税进口或者海外直邮的方式入境。

该模式的主要优势是跨境供应链管理能力强,后备资金充裕,有较为完善的跨境物流解决方案;其劣势是业务发展会受到行业政策变动的显著影响。

3. 跨境电商 B2C 的优劣势

(1) 跨境电商 B2C 的优势

① 跨境电子商务 B2C 使得中间商变为零售商、推销员变为采购员。传统外贸的前向供应链是进口商、批发商、渠道商、分销商,最后是零售商。跨境电子商务 B2C 模式则把中间商的环节延伸到零售环节,打破了原来的国外渠道如进口商、批发商、分销商甚至零售商的垄断。它面对的客户群不单是消费者,还有个体批发商和个体零售商。传统外贸采用的是"先推销,后采购,客户工厂已挂钩"的模式,跨境电子商务 B2C 模式使得中间商成了买家而不用再和工厂竞争,且使国外买家多了一个竞争者,工厂多了一条渠道,并使原来的推销员成了采购员。在工厂面前,买方议价能力提高了,完全可以让工厂自己去竞争,消费者就可以从容不迫地从中挑选质量好、价格低、交货及时的工厂。

② 跨境电子商务 B2C 促进商业模式更快转型。杭州全麦公司是一家成功的跨境电子商务企业,但公司成立之初并不是主营服装跨境销售业务,而是一家信息技术公司。原来公司的主业是为中国供应商提供销售平台,类似于敦煌网的第三方电子商务交易平台等服务型企业。后来,该公司由平台变成以供应链管理为中心的电子商务零售企业。一家非专业外贸公司能够迅速地改变原有的商业模式进入外贸领域,并取得骄人的业绩,就是凭借跨境电子商务 B2C 模式实现的。

③ 跨境电子商务 B2C 使得单一出口变为全球出口。跨境电子商务 B2C 模式属于小额外贸,面向全球,出口的产品和面向的国际市场都呈多元化趋势。产品和市场多元化大大降低了国际市场变化对跨境交易的影响。全球市场机会远远多过任何一个单一市场的机会。跨境电子商务 B2C 面向市场多元化的特点使得某一个或几个国家经济衰退影响交易额的现象大大减少。

④ 跨境电子商务 B2C 价格竞争力强且利润空间大。由于跨境电子商务 B2C 模式下的零售直接面对国外消费者,即使物流成本偏高,但是相对于本地的实体店零售价仍有很大的竞争力。以兰亭集势最具优势的婚纱产品为例,兰亭集势卖到国外的婚纱价位为 200~300 美元,相对于国外市场上定制婚纱约 1 000 美元而言非常便宜,所以在国外市场上大受欢迎。另外,跨境电子商务 B2C 的利润率普遍更高,其原因在于跨境电子商务 B2C 省掉了原来国外中间商的很多中间环节的费用。

⑤ 跨境电子商务 B2C 符合定制化消费趋势。当前,电子商务的发展正在逐步由 B2C 向 C2B 转变。所谓 C2B,就是消费者向零售商定制产品,再由零售商委托加工商为消费者生产。这是互联网的个性化文化向商业领域渗透的表现,即所谓的"长尾理论"。以兰亭集势为例,消费者可以根据自己的喜好定制个性化婚纱。兰亭集势收到订单后的 15 天内就可以完成婚纱的制作,由快递将所制婚纱送往全世界任何地方,一般只需 3~5 天。消费者在 20 天内就可以收到为自己量身定制的产品。

⑥ 跨境电子商务 B2C 使得企业资金周转快且汇率风险小。跨境电子商务 B2C 模式的

最大优势是买家在网购时是预付全部货款的。商品发出以后，卖家没有任何收不到货款的风险，而且能及时收到货款。这样可以大大减轻企业的资金负担，提高企业的经济效益。另外，还有一个可以避免的风险就是汇率风险。跨境电子商务B2C的即时交易、即时支付完全避免了这种结构性风险给出口企业带来的经济损失。

(2) 跨境电商B2C的劣势

① 物流成本高昂。跨境电商B2C模式主要面向个人消费者，产品运输以小批量、多批次的国际快递物流为主要方式。一般情况下，其跨境物流成本大概是国外本地物流成本的两倍以上。

② 对产品类别产生一定的限制。由于物流成本高昂，跨境电商B2C模式下企业经营的主要产品一般是服装类和3C电子产品，如易宝公司经营的就是3C类产品，兰亭集势经营的是婚纱。因为这类产品包裹体积小，相对的附加值较高。但对于家具、百货、箱包、户外休闲、运动、旅游产品以及较重的机械、五金等产品来说，其物流成本会影响销售，这对于大型出口企业全方位出口产品线的打造局限性很大。

③ 售后服务缺失。跨境电商B2C面对消费者的最大困境是售后服务。国外消费者特别是欧美地区的消费者，有一套完整的零售售后体系。"无理由退货"是他们的消费习惯和消费文化。但是，跨境网购商品由于跨越国境必然涉及跨境物流、报关和税收等复杂的流程，这使退货变得极为复杂，同时也影响了消费者对质优价低的中国制造产品的消费热情。

④ 综合型人才缺乏。跨境电商B2C对人才结构要求非常高，缺乏综合型人才。首先是具有产品行业背景的专家，他们应具备行业产品的国际国内市场专业知识。其次是语言专家，特别是小语种，如法语、西班牙语和葡萄牙语等。这些语言是非洲和南美洲一些国家的官方语言。虽然是小语种，但是其覆盖的市场区域辽阔。再次是国际化专业人才。所谓国际化专业人才，是指具有所在国文化、习俗、语言和法律等专业知识的人才，这样就能帮助电子商务平台了解当地消费者的思维方式和生活方式。最后是供应链管理专家。所有电子商务平台的成功都是供应链管理的成功。全球零售产品的方案制定、采购、生产、运输、库存、出口和物流配送等一系列环节都需要专业的供应链管理人才。

课程思政

跨境电商B2B模式与B2C模式有着较大的区别，B2C模式关注的重点在终端客户身上，面向的是个体客户的商业行为，而B2B模式关注的重点是企业之间的贸易往来。面向的群体不同就意味着营销策略、关注重点、平台选择等方面都不一样。做跨境电商，选择B2B模式还是B2C模式需要根据自己所拥有的资源而定。B2B模式更适合厂家资源，对于产品的选择和定价都具有一定的优势。B2C模式更适合流量资源，多渠道的曝光更有利于产品的起势。但对于创业者来说，B2C模式创业难度较大，因为前期需要大量资金和库存。

（三）跨境电商 C2C

C2C 是英文 Customer-to-Customer 的缩写，指分属不同关境的个人卖方对个人买方在线销售产品和服务，是主要通过第三方交易平台实现个人对个人的电子交易活动。C2C 的平台效应可以满足碎片化的用户个性化需求，并形成规模。但 C2C 模式其具有固有的痛点，即 C2C 平台销售的商品真假难辨，在获取消费者信任方面还有很长的路要走。另外，C2C 模式服务体验的掌控度差，个人代购存在法律政策风险。具有代表性的 C2C 跨境电商平台有洋码头、淘宝全球购、海蜜等。淘宝上的个人海外代购店铺、洋码头上的海外买手频道，都是 C2C 模式的典型代表。这个模式最大的特点就是国外买手或出境的个人商家，可以点对点采购消费者需要的商品，由此带来 C2C 模式最大的优势——品类繁多、需求精准。

1. 海外代购模式的概念

简称"海代"的海外代购模式是继"海淘"之后第二个被消费者熟知的跨国网购概念。简单地说，海外代购就是身在海外的个人/商户为有需求的另一国家的消费者在当地采购所需商品，并通过跨国物流将商品送至消费者手中的模式。

2. 海外代购模式的类型

从业务形态来看，海外代购模式可以分为两类。

（1）海外代购平台。海外代购平台的运营重点在于尽可能多地吸引符合要求的第三方卖家入驻，平台自身不会深度涉入采购、销售及跨境物流环节。入驻平台的卖家一般都是有海外采购能力或者跨境贸易能力的小商家或个人，他们会定期或根据消费者订单集中采购特定商品，在收到消费者订单后通过转运或直邮将商品发往消费者手中。海外代购平台走的是典型的跨境电商 C2C 平台路线。代购平台通过向入驻卖家收取入场费、交易费和增值服务费等获取利润。

该模式的优势是为消费者提供了较为丰富的海外产品品类选项，用户流量较大。其劣势是消费者对入驻商户的真实资质持怀疑态度，交易环节的信用问题可能是 C2C 海代平台目前最需要解决的问题之一；对跨境供应链的涉入较浅，或难以建立充分的竞争优势。其典型代表是洋码头、淘宝全球购、美国购物网和易趣全球集市等。

以美国购物网为例。美国购物网成立于 2005 年 11 月，是一家专营网上代购业务的大型电子商务平台，也是国内较早致力于网络代购业务的互联网公司，是目前中国最大、最专业的代购网站之一，是中国第一家可以帮助客户免除美国消费税的商家。美国购物网可以代购国外品牌服饰、箱包、运动鞋、保健品、化妆品、名表首饰、户外装备、家具、母婴用品等商品，相比于国内专柜同品牌、同型号商品可以节省高达 50% 的费用，能让客户在省钱的同时买到一些国内未上市的新品。代购的商品由美国发货直接寄至客户手中。人民币支付和双语客服在线服务，轻松化解众多跨境购物支付难题，并为客户提供完善的售后服务，实现无障碍跨国购物。代购的美国商品从美国发货后，若清关无异常，10~20 个工作日即可直达客户手中。美国购物网采购的商品主要有四大来源：美国官网、大型百货商场、品牌专卖店及美国工厂直供。

（2）微信朋友圈海外代购。微信朋友圈海外代购是依靠熟人或半熟人社交关系从移动社交平台自主生长出来的原始商业形态。虽然社交关系对交易的安全性和商品的真实性起到了一定的背书作用，但受骗的例子并不在少数。随着海关政策的收紧，监管部门对朋友圈个人代购的定性很可能会从灰色贸易转为走私性质。未来在海外代购市场格局完成整合后，这种原始模式恐怕难以为继。

（四）跨境电商O2O

1. 跨境电商O2O的概念

跨境电商O2O(Online to Offline)主要作用于商品消费领域，其将线下的商业机会与互联网结合，让互联网成为线下交易的前台，实现实体资源和虚拟资源的互通互用。

跨境电商O2O分为两大类：B2B跨境电商O2O和B2C跨境电商O2O。前者以出口为主，后者又分为跨境电商进口O2O和跨境电商出口O2O。目前，B2B跨境电商O2O中的佼佼者有广交会电子商务平台。广交会电子商务平台是广交会官方唯一的电子商务平台，与广交会数据同源、资源共享。广交会电子商务O2O实质是"电商＋广交会"。广交会电商掌握广交会60多年来积累下来的采购商。借助互联网，广交会电商突破了广交会"现场看样成交"的局限，实现了全年365天在线展示商品。由于相当数量的采购商尤其是亚洲、非洲、拉丁美洲的采购商不信任纯线上交易模式，广交会电商通过线上展示和线下交流的方式实现O2O闭环，摆脱了跨境电商B2B纯线上模式不被信任的弊端。B2C跨境电商的O2O主要集中于进口电商领域，顾客到实体店体验商品，然后在网上下单。

2. 跨境电商O2O的基本商业模式

跨境电商O2O的基本商业模式为：消费者在网上下单后，电商企业从境外采购商品（也可先采购），然后将商品运至保税区仓库仓储，在保税区仓库直接分拣、发货，直至消费者收货或完成体验。

跨境电商O2O的购物流程为：客户注册会员后，在线或在实体店挑选商品并记录货号或抽取条形码，自行下单或到收银台下单。电商企业根据客户所提交订单的信息生成订单运单后，向海关申报放行然后从保税区直接发货至指定地点，整个流程耗时跟普通的网上购物流程差不多。

3. 跨境电商O2O模式的核心竞争力

跨境电商O2O模式的核心竞争力是"O2O渠道＋商品＋物流＋融资"，主要有三方面内容。

（1）在跨境电子商务体验店设立专柜进行销售，包括各商场百货。

（2）设立跨境电商O2O前店后库（保税仓储），通过在每个区设立保税仓库并和电子商务、海关、税务、外汇管理部门、物流、快递等相连接，使整个购物流程可以在短时间内完成；在货物进口环节，主要采取保税进口，可兼用直购进口的方式进行操作，即选择"整进散出集报"模式。这种模式可为进口电商企业缩短通关时间，降低物流成本，提升利润空间，解决灰色通关问题。

（3）成立"O2O投资管理联盟公司"平台，该平台上游是海外供应商、保税区商贸企业、电商企业,下游则是体验店、客户营销渠道、社会、公司、家庭等,公司股东将由商贸企业、电商企业、物流通关机构、投资人等组成,O2O公司作为经营人具体负责项目的执行。

4. 跨境电商O2O模式的发展优势

跨境电商O2O模式具有多个优势,如打通了大众消费渠道;品牌店扩大了销售规模;更多的商品展示与竞争,可以让客户享受到实惠;购买时间更短,售后服务更方便;销售渠道、环节缩短,形式多样化,B2B、B2C等模式均可销售;采购商、电商企业、实体店、客户受益;创造就业、税收,受地方政府欢迎;跨境产品体验店带来实体店人流增加、销售增加、品牌影响力提升。

(1)降低成本。一是进境物品进口税代替一般进口贸易的关税,降低了进货成本;二是集中进行商品采购,降低物流成本;三是货物在境内关外存储,消费者下订单后,短时间内即可配送到达,提升了物流速度。成本的下降,使跨境电商O2O模式下的商品较一般贸易进口商品存在价格优势,可以提升商家竞争力。

(2)商品预检验。样品先行送检,货物到达口岸后,享受一站式仓储、物流、清关标准化服务,3~5天可以进入保税区上架销售,这大幅缩短了通关时间。货物存储在保税仓,先卖后定期清关,减轻了商家资金周转压力。

(3)国家检验检疫等部门出具官方溯源认证。商品进境时按照进口商品要求进行检检疫及海关查验,确保品质,以提升商家竞争力,并强化口岸监管。

(4)为国内消费者跨境网络购物开辟一条透明、阳光、便利的通道,形成进口电子商务基地,提升地方进口贸易总量。

5. 跨境电商O2O模式的发展劣势

(1)市场竞争加剧。一方面,海淘市场规模日趋扩大,但质疑声不断;另一方面,来自线上的竞争压力不可小觑。各个线上平台几乎天天都在搞促销活动,特别是从税改后各家平台对价格方面的涨幅调控力度不难看出,习惯了打折促销的消费者对商品价格依旧敏感。在商品价格相同的情况下,线下活动覆盖面单一、涉及的对象有地理上的限制,成为制约O2O模式的障碍。

(2)供应链成难点。进口跨境O2O体验店无论是自营还是加盟,绝大多数货源均来自供应链企业,对货源端没有掌控能力。一旦国外货源端出现问题或是库存滞销,O2O模式将面临困局。

(3)受到购物体验的制约。走进线下跨境O2O体验店会发现,很多商品能看也能买,就是没办法立刻取货,且必须在商场下载软件、注册、扫码、结算、审核、等待配送,这一系列环节和我们日常购物中货款两清的消费体验有着很大差异。不过也有跨境体验店为了增强顾客购物体验,推出部分完税商品,使顾客可以当场购买提货,但这部分体验却因为商品价格变高很难和一般的进口商品零售店铺拉开差距。

(4)体验馆的选址是关键。目前,主流选址多集中在城市中心临街店铺、购物商场、社区门店、保税区内部。但业内人士表示,这些选址都非最理想的。从人流量来看,城市中心临街店铺和购物商场有高人流量,消费水平也比较高,但是场地成本成了问题;社区门店消费频次高,但是局限于日常用品,且更多的都是便利店模式,需要当场提货,客单价低;保税区店铺距离市中心远,辐射范围不足,若是单独为了体验而驱车前去,购物体验相对较差。

知识链接

天猫国际跨境O2O体验中心落户天津

天津自贸区自启动以来发展迅速,天猫将眼光盯在此处显示了其独到的商业远见。2016年1月10日,天猫国际与天津自贸区共同宣布,双方正式打造"保税仓+现场购"的模式,启动位于天津于家堡的跨境O2O体验中心,为北方地区消费者带来一场来自全球精选进口年货的饕餮盛宴。

该体验店分为美国馆、日本馆、韩国馆、欧洲馆、澳新馆、港台东南亚地区馆共6个热门进口国家地区体验馆。对于首次尝试购买海外商品的用户来说,线下体验中心能让他们亲身体验各国进口尖货,不仅能够增强进口消费实物观感,还可以更方便地购买。该体验店第一期现场展示的千余件商品均从天猫国际入驻的各国品牌中精选而来,价格保持和线上同价。

此外,为方便北京地区消费者前来购买,京津城际高铁特设了可直达体验中心的"环球购号",从北京到天津于家堡仅45分钟,为更多希望体验跨境购物的两地消费者及游客提供了购买便利。

作为此次天猫国际的合作方,天津于家堡全球购是天津自贸区内政府、海关、商业运营管理单位、通关物流企业共同为境内外商贸客户构建的专属商业平台。该平台负责人、于家堡商业街管委会主任张忠坦言,作为跨境电商第一平台,天猫国际品牌自营的商业模式吸引了众多海外品牌和大型零售百货。他表示,只有在这样规模的基础上探索跨境O2O模式才有价值,也希望双方能共同打造出成功的创新商业模式,在商品跨境服务体验、全球商品文化交流方面展开深入合作,优势互补,资源共享,实现共赢。

资料来源:亿恩网,2016年1月12日

二、平台的运营方式

按照平台运营方式,跨境电商可分为平台型跨境电商和自营型跨境电商。

(一)平台型跨境电商

平台型跨境电商通过线上搭建商城,整合物流、支付、运营等服务资源,吸引商家入驻,为商家提供跨境电商交易服务。同时,平台以收取商家佣金以及增值服务费作为主要盈利模式。代表企业:速卖通等。

1. 主要特征

平台型跨境电商的主要特征表现为:

(1)交易主体提供商品交易的跨境电子商务平台,并不参与商品的购买与销售等相应交易环节;(2)国外品牌商、制造商、经销商、网店店主等入驻该跨境电商平台开展商品的展示、销售等活动;(3)商家云集,商品种类丰富。

2. 优势与劣势

平台型跨境电商的优势与劣势也较为鲜明。

(1) 优势表现为：①商品货源广泛；②商品种类繁多；③支付方式便捷；④平台规模较大，网站流量较大。

(2) 劣势表现为：①跨境物流、过关境与商检等环节缺乏自有的稳定渠道，服务质量不高；②商品质量保障性差，易出现各类质量问题，导致消费者信任度偏低。

平台型跨境电商能更好地开发与运营电子商务平台。由于不从事商品的采购、销售等工作，其运营重点更聚焦于网站流量的挖掘、前期招商、关键辅助服务环节等。

3. 业务内容

平台型跨境电商的关键业务流程在于前期的建立平台网站、吸引浏览、引导商家入驻。平台型跨境电商的日常业务重点在于平台管理，包括对商家、商品、消费者与平台自身的管理，以确保平台的正常运行，维护商家的形象，保证商品的质量；举行各类市场活动推动商品销售，保持与消费者的沟通，进而提升商家、消费者的满意度；提供一些关联服务，旨在弥补入驻平台商家的服务短板与劣势，如支付、客服、物流、监管等工作环节。这些都成为吸引平台流量、增加商家入驻数量、确保商品质量与消费者满意度的重要服务内容(见图 2-1)。

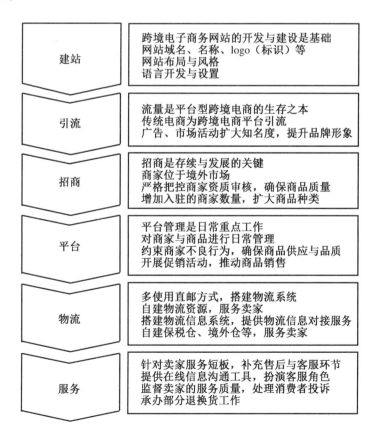

图 2-1　平台型跨境电商的业务内容

结合交易主体类型,分析平台型跨境电商业务流程。跨境电商B2B模式虽然单笔交易规模较大,但使用频率不高,与人们日常消费关联度不大,此处不再对其进行详细探究,而主要介绍平台型跨境电商中的B2C平台型跨境电商与C2C平台型跨境电商。

B2C平台型跨境电商在网站流量、商品品类方面具有显著的优势,但是在品牌招商方面存在一定的难度,需要在规模与质量之间进行平衡。规模较大的商家数量较少,加上平台型跨境电商企业之间的竞争与资源争夺,导致较大规模的商家引入难度较高;小规模的商家虽然数量较多,但是平台又面临商家与商品质量把控的难题。

C2C平台型跨境电商最大的优势在于商品种类丰富。但由于入驻商家为个人且数量庞大,C2C平台型跨境电商对卖家与商品的控制能力偏弱,容易引发商品质量等方面的风险,这也是消费者对C2C类电商平台信任度偏低的主要原因。

(二)自营型跨境电商

自营型跨境电商通过在线上搭建平台,整合供应商资源并以较低的进价采购商品,然后以较高的售价出售商品,主要以商品差价作为盈利。代表企业:兰亭集势等。

1. 主要特征

自营型跨境电商主要特征表现为:①开发与运营跨境电子商务平台,并作为商品购买主体从境外采购商品与备货;②涉及商品供应、销售到售后整条供应链。

2. 优势与劣势

(1) 主要优势有:①电商平台与商品都是自营的,掌控能力较强;②商品质量保障性高,商家信誉度好,消费者信任度高;③货源较稳定;④跨境物流、过关境与商检等环节资源稳定;⑤跨境支付便捷。

(2) 主要劣势有:①整体运营成本高;②资源需求多;③运营风险高;④资金压力大;⑤商品滞销、退换货等问题显著。

3. 业务内容

自营型跨境电商企业不同于平台型跨境电商企业,而类似于传统的零售企业,只是将商品交易场所从线下转移到线上。自营型跨境电商企业需要全面参与商品的整个供应链,包括所销售商品的选择、供应商开发与谈判、电商平台的运营等,并深度介入物流、客服与售后服务等环节(见图2-2)。

从交易主体属性看,自营型跨境电商属于B2C模式,故本书不再基于交易主体属性对其进行细分,而结合商品种类的多寡将其细分为综合自营型跨境电商与垂直自营型跨境电商。

综合自营型跨境电商的商品来源多与品牌商较接近,商品质量较好,加上省去了中间环节的诸多成本,其商品在价格上优势显著。但是,其商品数量要远少于综合平台型跨境电商,且其商品品类扩展难度较高,成本增加比较显著。

垂直自营型跨境电商的最大优势在于其对利基市场的定位与深挖,对目标群体的了解与服务的深入,在商品选取能力与销售转化率方面均表现优秀。其市场定位是利基市场,决定了其商品品类单一,并受政策性因素的影响较大。再加上垂直自营型跨境电商企业在规

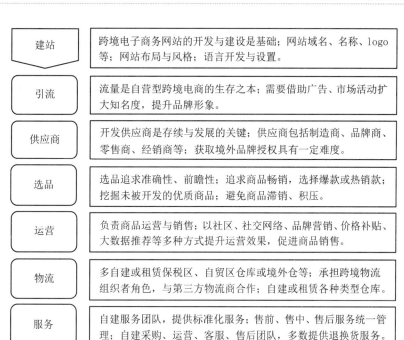

图 2-2　自营型跨境电商的业务内容

模、实力、流量与管理水平等方面均表现较弱,所以在与商品供应商尤其一些大型品牌商合作方面存在一定的难度,导致其商品价格的优势要弱于综合自营型跨境电商企业。

第三节　跨境电商业务流程

相对于同一国家(地区)而言,按照商品进出口类型,跨境电商业务可以分为跨境出口业务与跨境进口业务,业务属性不同,业务流程也不同。下面以商品进出口形成的跨境电商进口业务与跨境电商出口业务为例,介绍跨境电商的具体业务流程。

一、跨境电商进口业务流程

从跨境电商进口业务流程看,跨境电商企业通过事前备案,对企业信息、商品信息进行备案,将生产的商品在跨境电商平台上进行在线展示。当境内消费者成功支付订单后,跨境电商企业将订单信息发送至服务平台进行申报;支付企业将订单支付信息发送至服务平台进行申报;跨境物流企业在成功预订舱后,将对应的与跨境贸易相关的舱单信息(含运单信息)发送至服务平台进行申报。服务平台集齐三单信息后,自动生成清单供有报关报检资质的企业进行申报。清单经审核后,若无异常,则放行进入终端配送环节,最终送至消费者或企业手中。有的跨境电商企业直接与第三方综合服务平台合作,让第三方综合服务平台代办物流、通关、商检等,从而完成整个跨境电商交易的过程。流程如图 2-3 所示。

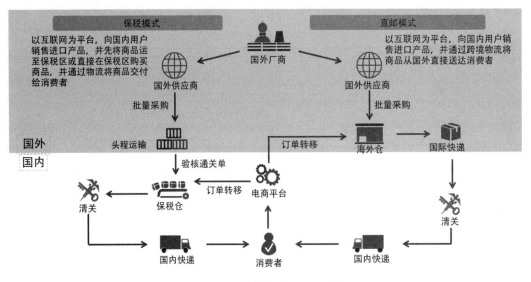

图 2-3 跨境电商进口业务流程

二、跨境电商出口业务流程

跨境电商出口业务的流程除了与进口业务流程的方向相反外,其他内容基本相同。国内消费者或商户在跨境电商平台上选购商品并进行支付,平台合作的物流公司办理物品的出境和入境清关手续,完成国际运输和国内配送,将商品送至国内消费者或商户手中。流程如图 2-4 所示。

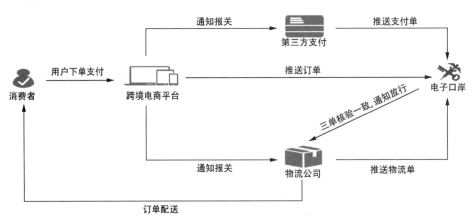

图 2-4 跨境电商出口业务流程

复习思考题

一、思考题

1. 什么是跨境电商?
2. 跨境电商与一般贸易的区别和联系是什么?

3. 跨境电商的基本特征有哪些?
4. 跨境电商B2B模式的优势与劣势分别是什么?
5. 跨境电商B2C模式的优势与劣势分别是什么?
6. 平台型跨境电商的优势与劣势分别是什么?
7. 自营型跨境电商的优势与劣势分别是什么?

二、实训题

1. 假如你是个体经营者,你现在想把自己的商品出口,你会选择何种方式来实现?
2. 调查当地有哪些跨境电子商务企业,以及当地跨境电子商务的发展规模与发展前景。

第三章 跨境电商基本理论

▶▶ 学习目标

理解跨境电商基本理论;理解比较优势理论与跨境电商发展;理解数字经济对跨境电商发展产生影响的理论基础。

▶▶ 引导案例

自贸港建设背景下的跨境电商"新商机"

2020年6月1日,中共中央、国务院印发《海南自由贸易港建设总体方案》(以下简称《总体方案》),全面系统部署海南自贸港建设。海南自贸港无论是早期制度设计,还是封关运作后的制度设计,都有大量的优惠政策和功能安排,可以直接惠及跨境电商。在自贸港政策支撑下,海南的跨境电商赢得比内地更好的发展条件,电商企业可从中获得很多商机。

(一)功能区域升级形成的优势

在自贸港封关运作之前,海南和内地一样,主要依托国家批准的跨境电商功能区域来开展业务。目前,海口、三亚是跨境电商综合试验区,有"两平台、六体系"的支撑,可以适用无票免税、核定征收企业所得税等优惠政策。海南全岛都被认定为跨境电商零售进口试点范围,可以开展零售进口模式业务。《总体方案》提出,海南会增设海关特殊监管区域。加上现有的海口综合保税区、洋浦保税港区,海南开展跨境电商网购保税进口模式、区域出口模式的"点"是非常多的。自贸港封关运作后,海南成为全岛自贸港,覆盖原有功能区域。这意味着海南全岛可以不受限制地开展所有跨境电商类型模式,相比于内地没有了区域限制。

(二)税收和贸易管制政策的优势

目前,跨境电商受税收和贸易管制政策影响很大。如大贸类型,也就是B2B业务,参照一般贸易进出口管理,税收和许可证件一个也不能少。

在海南,情况就不同了。在自贸港"零关税"和"一线"放开的情况下,海南先按正面清单,再按负面清单,对大多数商品免关税,进口环节税转到零售环节征销售税。这就意味着海南进口的跨境电商商品,没有税收负担、品目限制、额度控制,价格低于内地,种类优于内地,对于岛内居民和国内外游客的吸引力巨大。电商企业在海南进口商品并销售,盈利空间巨大。

(三)贸易自由便利的优势

海南实行自由便利的贸易政策,意味着可形成连接国内外、自成体系的市场。电商企业可以更好地从国际、国内、自产三个渠道备货,货物供给非常充足。在自贸港内,区内电商和跨境电商实际没有差别,内贸外贸一体化方便企业无差别经营。

海南还有企业所得税和个人所得税"两个15%"的优惠政策,能有效降低成本。结合内地已经实施的"无票免税""核定征收"等税收优惠,电商企业能够全面享受政策支持。

海南关于旅游业、现代服务业、金融业开放的政策,也对跨境电商形成有效支撑,可提供旅游购物、物流仓储、金融支付等方面的功能支持。

(四)国际旅游消费中心建设的优势

海南自贸港有一个战略定位,就是建设国际旅游消费中心。这是非常适合跨境电商的定位,能够打开很多新的商机。

(五)海南营商环境的优势

在自贸港框架内,作为对外开放窗口,海南的营商环境会有很大的提升,达到国际水平,各方面的配套措施都会有很大改善。所以,电商企业所诉求或者所担心的条件,都能够很好地得到满足。

资料来源:《海南日报》,2020 年 7 月 15 日

第一节　跨境电商基本理论

一、比较优势理论

(一)比较优势理论的产生

大卫·李嘉图在其代表作《政治经济学及赋税原理》中论述了比较成本贸易理论,也称为"比较优势理论"。他指出,贸易的关键在于产品生产技术的比较差异,以及由此产生的成本相对差异。具体来说,具备比较优势的产品应集中生产并出口,而具备比较劣势的产品则应依靠进口。比较优势理论在我国自改革开放以来就不断被借鉴,经不断转型、创新发展,形成了适合当前我国国际贸易经济发展的"新方法"。

(二)比较优势理论对我国的影响和启发

比较优势理论是国际贸易理论的基础,它说明了跨国贸易形成的根本原因,推动了现代跨国贸易理论的深入发展,同时也指明了贸易的发展方向。比较优势理论对发展中国家来说,有着较强的适用性。我国始终坚持比较优势的理论原则,利用劳动力要素优势造就了对外贸易的迅猛发展,实现了对外经济规模迅速增长,积累了必备经验、技术和资金。从全球贸易发展程度来看,劳动密集型产品的比较优势转化为贸易竞争优势不是必然的。劳动密集型产品的需求弹性低、附加价值小,因此在跨国贸易分工中往往处于从属与被动的劣势位置,因而更容易陷入"比较优势陷阱",产生所谓的"贫困性增长"。信息技术、人力资源当前已成为比较优势理论的新因素,因此,重视信息技术发展、人力资本的汇集是必要的,也是我国国际贸易竞争优势的核心驱动力。

(三)比较优势理论在跨境电商经济中的新发展

1. 跨境电商模式的比较优势

(1)全球化:以网络平台为基础的跨境电商模式具有全球化特点。和一般跨国商业模

式相比,跨境电商的交易不受地域、时间、地点限制,可在互联网上实现交易、支付、结算、物流等全流程操作。

(2) 便捷性:互联网的发展以数字化为基础。数字信息技术能够让跨国交易更为"容易",贸易双方仅通过互联网即可进行沟通交流、查看、下订单、付款等操作,无须当面交易,极大地提升了贸易便利化程度。

(3) 虚拟性:在网络交易过程中,大量的交易信息、产品信息被存储在数据库中,纸质订单、签约记录等方式则被取代。同时,网络交易还可以实现信息的即时传递,弥补了纸质传递信息的缺点,为跨国贸易提供了标准化交易渠道,促进了全球贸易的融合进程。

(4) 低价化:企业利用网络展示产品相关信息,节省了实体店运营成本费用。这些成本费用的节约也将体现在跨境电商贸易的低价优势上,使经过网络渠道成交的货物可以拥有更低的售价,为贸易双方节省时间和金钱成本。

(5) 实时性:网络交易不受时间的限制,商家24小时在线,解决了交易时差的问题。在交易过程中,订货、付款、交货这些行为都可以实时不间断地进行。跨境电商相对于传统的国际贸易而言,可使交易活动效率提升至全新高度。

(6) 多样性:互联网的多元化进程在不断推进,云计算、区块链、元宇宙等数字技术的发展也将为跨境电商提供更多可能。

2. 跨境电子商务经济中比较优势的动态性发展

无论以哪种国际贸易理论为依据,在国际贸易过程当中,所有收益的产生均与生产要素相关联。而各国生产要素和资源不能自由流动,所以传统比较优势带有静态特征,存在局限性。如今的跨境电商发展颠覆了传统理念,提供了更加符合国际贸易市场发展的动态属性。人们普遍认为,国际劳动生产率的提升可能改变世界各国原有的比较优势或相对成本。且随着国际贸易分工与布局的变化,在动态化比较优势理论指导下的跨境电商可以带动进出口企业劳动生产率的提高,并利用资源优势积累经验和资金,不断发展新技术,形成新的比较优势,实现对外贸易经济的良性循环。

(四) 比较优势理论与跨境电子商务经济相适应

1. 相互促进共同发展

我国对外贸易发展的基础和指导战略来源于比较优势理论。21世纪以来,社会逐渐实现了经济、产业结构转型。但从目前来看,未来相当长一段时间内,比较优势理论在我国经济贸易发展中仍是必然选择。随着比较优势理论的不断进化,国际贸易竞争模式也开始与之相适应,并逐步转变。我国跨境电商从萌芽到成熟恰恰体现了其与比较优势理论相互适应的过程。

2. 催生新贸易模式的动力

比较优势理论在我国对外贸易发展中具有重要作用,促进了我国产业结构的不断升级与完善。而跨境电商则完成了对既有经营模式的颠覆与再造,已成为新的贸易模式和贸易业态,是产业结构优化的重要推手。

3. 获得新的"比较优势"

我国提倡企业"走出去","走出去"企业利用比较优势,助力我国构筑"国内国际双循环相互促进的新发展格局",不断引进海外资金、技术、资源,通过国内劳动力优势,实现劳动密集型产业结构的转型升级,获得新的"比较优势"。

4. 精准定位下的比较优势

跨境电商企业想要在行业中"如鱼得水",需要时刻自省,找到自身优势,确立战略发展方向。跨境电商经营者应打造供应链优势,不断优化企业内部结构,对采购、运营、物流管理进行优化和发展,找准自身定位,集中精力提高运营效率,树立品牌效应,为比较优势的发展壮大持续"输血"。

5. 比较优势下的可持续发展

我国当下还处在发展中国家之列,劳动密集型制造业以相对低廉的劳动力成本对生产要素进行加工及对原料进行研发、制造。低价商品很快能在国际贸易中获得竞争优势,企业运用这些竞争优势,通过专业化和规模化发展,使生产工艺、技术能力提高,并以此推动产业结构优化升级。

二、交易成本理论与跨境电子商务

(一)交易成本理论

与比较优势理论关注比较优势决定专业化分工进而引起的贸易模式不同,交易成本理论关注交易环节的成本对贸易的影响。交易成本理论,也称为"交易费用理论",是用比较制度分析方法研究经济组织制度的理论。英国经济学家罗纳德·科斯 1937 年在《企业的性质》一文中提出交易成本理论,该理论围绕交易费用节约这一中心思想,把交易作为分析单位,找出区分不同交易的因素,然后分析什么样的交易应该用什么样的组织体制来协调。

科斯认为,交易成本是获得准确市场信息所需要的费用,以及谈判和签订经常性契约的费用。也就是说,交易成本由信息搜寻成本、谈判成本、缔约成本、监督履约情况的成本、处理可能发生的违约行为的成本等构成。总体而言,交易成本又可以简单分为:搜寻成本,即搜集商品信息与交易对象信息的成本;信息成本,即取得交易对象信息以及与交易对象进行信息交换所需的成本;议价成本,即针对契约、价格、质量讨价还价的成本;决策成本,即作相关决策与签订契约所需的内部成本;监督成本,即监督交易对象是否依照契约内容进行交易的成本,例如追踪产品、监督、验货等成本;违约成本,即违约时所需付出的事后成本。交易双方的人性因素(包括有限理性、投机主义以及信任问题等)、不确定的与复杂的交易环境因素(包括不可预期、信息不对称等)交互影响下所产生的市场失灵现象造成交易困难,进而导致交易成本发生变化。

(二)跨境电商的交易成本

与传统的国际贸易不同,跨境电子商务的去中介化效应以及弱化地理距离限制的作用有助于交易成本的有效降低。

1. 去中介化效应

传统的国际贸易中,贸易中介发挥着重要作用。贸易中介的存在,一定程度上可以降低信息不对称引起的贸易成本。然而随着时代的进步,基于互联网技术发展而兴起的电子商务,为厂商与消费者搭建了更加直接有效的平台,在削弱信息不对称程度方面更具优势,改变了以往需要贸易中介才能更好地参与国际贸易的现实,产生了所谓的贸易去中介化现象。

电子商务的去中介化效应主要是指:互联网技术的发展使得交易过程更加便捷与高效,致使传统贸易中的贸易中介越来越难以发挥作用而逐渐退出市场。信息技术的发展极大地降低了搜索成本与协调成本,从而威胁传统的中介市场。同时,传统的交易模式随着信息技术的广泛应用而逐步改变。在电子商务时代,厂商直接与消费者交易,避免了通过中介交易产生的一系列费用,这也会重塑产品价值链。跨境电子商务对传统贸易中介的冲击,体现在互联网技术的发展可以让生产商与最终消费者直接对接,减少了交易环节。传统贸易中介的匹配信息、提供商品劳务信息等功能越来越不重要。

此外,跨境电商平台在降低市场门槛、灵活满足消费者需求、克服地理距离及社会文化障碍、推广新技术与新产品方面有天然的优势。也有人将这种电子商务平台视为应运而生的新型贸易中介。

2. 弱化地理距离限制的作用

传统贸易中,距离是限制双边贸易发展的关键因素,因地理距离产生的一系列成本也是贸易成本的重要组成部分。地理距离一般对国家之间的贸易往来有负面影响,互联网技术的发展对贸易发展有明显的促进作用,特别是基于互联网高速发展的跨境电商弱化了地理距离对贸易的负面影响。互联网技术使得搜寻成本降低,跨境电商受制于地理距离的程度明显小于传统国际贸易线下交易的形式。与之相对应的是,与语言相关的贸易成本会增加,并带来包裹递送、在线支付等新贸易成本。因此,跨境电商网站设计的优化、快递服务便捷程度的提高以及复合型专业化跨境电商人才的培养,对缩短跨境电商消费者的心理距离和时间距离有重要作用。

如上所述,贸易中介可以在一定程度上降低信息不对称引起的贸易成本(宣传成本、搜寻成本、合同订立成本等),而跨境电商的发展会使这种贸易成本产生更为颠覆性的改变,跨境电商平台在降低信息不对称方面,比传统贸易中的中介有更大的优势。去中介化意味着贸易过程中供应链的缩短。商品从生产商到消费者手中所经历的供应链环节数越少,商品的转卖次数越少,与此相关的各种贸易成本就越少。此外,跨境电商在一定程度上会弱化地理距离对贸易的限制,使与此相关的搜寻成本、沟通成本等交易成本大大降低。

> **课程思政**
>
> 我国积极利用劳动力优势,在对外贸易方面取得了较快发展,在不断积累资金、技术、经验后,着重提高劳动力素质,加快产业结构转型,不断建立新的"比较优势"。在如今的中国对外经济贸易中,比较优势理论的动态性发展成了跨境电商经济蓬勃发展的"助推剂"。跨境电商激发了市场的内需动力,推动了国内产业转型,促进了外贸创新发展,对国家社会、经济的发展产生了深远影响。在国内国际双循环相互促进的新发展格局中,我国跨境电商经济为对外贸易的健康发展注入了"强心剂"。因此,对外贸易发展要立足比较优势理论,通过动态分析我国自身贸易的比较优势,实现对外经贸的可持续发展。

第二节　数字经济视域下跨境电子商务的网络关系理论

一、数字经济与跨境电商

(一) 数字经济的概念

在虚拟而又严谨的数字空间中，应用数字技术、交易数字产品等相关的经济活动被称为数字经济。数字经济就是以数据为关键生产要素，以现代信息网络为重要载体，以数字技术应用为主要特征的经济形态。

数字经济是一个新的经济系统，在这个系统中，数字技术被广泛应用，并带来了整个经济环境和经济活动的根本性变化。数字经济也是全新的信息和商务活动数字化的社会政治和经济系统。数字经济的主要研究对象是生产、分销、销售都依赖于数字技术的商品和服务。数字经济包括电子商务及其赖以实施的信息技术产业。数字经济从信息存在形式的角度来描述经济态势。互联网是基础设施，信息技术是先导技术，信息产业是带头和支柱产业。电子商务是经济增长的发动机，电子商务经济也是数字经济的直接表现形态。

(二) 数字经济的特征

1. **快捷性。** 互联网突破了传统的国家和地区界限，使整个世界连接形成一个"地球村"，使人们的信息传输、经济往来更加快捷。数字经济能够实时收集和处理信息，大大加快了国际商务处理节奏。

2. **高渗透性。** 因为信息和网络技术具有高渗透性功能，信息服务业迅速向第二产业扩张，三大产业之间的界限日渐模糊，第一、第二和第三产业之间的相互融合日益明显。

3. **自我膨胀性。** 数字经济的价值等于网络节点数的平方，这说明网络产生的效益将随着网络用户的增加呈指数级增长。在数字经济中，优劣势的出现及其程度会因为人们的心理反应和行为惯性不断加剧并自行强化，出现"强者更强，弱者更弱"的垄断局面。

4. **边际效益递增性。** 可以从两方面理解：其一是数字经济边际成本递减，即每增加生产一单位的产品，其生产成本逐步减少。如软件行业在研发阶段一次性投入研发成本，此后每生产一份软件产品，都是研发结果的简单拷贝，因此数字技术的虚拟性及可复制特性决定了数字经济的边际成本递减规律。其二是数字经济具有累积增值性。数字经济中的互联网领域一直被梅特卡夫定律所支配，即网络的价值等于其节点数的平方。因此，网络的价值会随着与其连接节点（计算机）数目的增加而快速增长。对一个网站而言，点击率便是节点数目的具体体现，同时也是衡量网站价值的主要指标。

5. **外部性。** 网络的外部性是指每个用户从使用某产品中得到的效用与用户的总数量有关，即使用人数越多，每个用户得到的效用就越高。

6. **持续性。** 数字经济可实现社会经济的可持续发展，可有效杜绝传统工业生产带来的资源过度消耗、环境污染和生态恶化等弊端①。

7. 直接性。在数字经济中,网络的发展使生产者与消费者可以直接联系,减少了中间层次,使得经济组织结构更扁平化,大大降低了交易成本,提高了宏观和微观的数字经济效益。

(三) 数字经济的本质

数字经济的本质在于信息化是一种新经济形态。信息化是基于计算机与互联网等生产工具的数字技术所导致的从工业经济转向信息经济的一种社会经济过程。具体说来,信息化包括信息技术的产业化、传统产业的信息化、基础设施的信息化、生活方式的信息化等内容。信息化与产业信息化发展过程中,信息的生产和应用是关键。其中,信息技术在经济领域的主要表现体现在用信息技术改造农业、工业和服务业等传统产业。

当今,以信息技术为代表的高新技术突飞猛进,以信息化和信息产业发展水平为主的综合国力竞争日趋激烈。世界各国都普遍关注信息化对经济发展和社会进步带来的深刻影响,发达国家和发展中国家都十分重视信息化,把加快推进信息化作为经济增长的关键。

二、网络外部性理论

以色列经济学家奥兹·谢伊在《网络产业经济学》中提出,"当一种产品对用户的价值随着采用相同产品或可兼容产品的用户增加而增大时,就出现了网络外部性"。

网络外部性也称为"网络效应""需求方规模经济""需求方范围经济"(与生产方面的规模经济相对应),是指产品价值随着购买这种产品及其兼容产品的消费者数量的增加而不断增加。具体而言,信息产品存在互联的内在需要,因为人们生产和使用它们的目的就是为了更好地收集和交流信息。这种需求的满足程度与网络的规模大小密切相关。只有一名用户的网络是毫无价值的。如果网络中只有少数用户,他们不仅要承担高昂的运营成本,而且只能与数量有限的用户交流信息和经验。随着用户数量的增加,这种不利于规模经济的情况将不断得到改善,每名用户承担的成本将持续下降,同时,信息和经验交流的范围扩大,所有用户都可能从网络规模的扩大中获得更大的价值。此时,网络的价值呈几何级数增长。在经济学中,某种产品对一名用户的价值取决于使用该产品的其他用户的数量,这就是网络外部性。

网络外部性对锁定范围也有益处,如果人们都靠道路右侧通行,那么对个人来说,在右侧行驶就更有价值。相反,如果人们都靠道路左侧通行,那么个人在左侧行驶更有效率。转换成本是数以百万计的个人之间的合作成本,这个成本可能非常大。在供给方范围经济中,平均成本随范围扩大而降低,而在需求方范围经济中,平均利润随着范围扩大而提高。

因此,厂商如果能够在这两个方面都做得非常出色,就能成为绝对的垄断者。也就是说,在具有网络外部性的产业中,"先发优势"和"赢家通吃"是市场竞争的重要特征。

---

① 戚聿东,肖旭.数字经济概论[M].北京:中国人民大学出版社,2022.

三、价值网理论

(一) 价值链

价值链是指企业为创造价值而开展的各项生产经营活动,这些活动按一定的顺序联结在一起,彼此支持,以确保达成企业的经营目标。

随着一体化思想的兴起,企业开始加强利用外部资源快速响应市场需求,以突出自己的核心竞争力。这种变化使企业把并非自己核心竞争力或者自己不擅长经营的业务外包给其他企业,从而在企业之间形成一个链条。在这个链条里,企业是节点,企业间的供需关系是纽带,当把所有企业连接起来时,便形成了供应链。

价值链理论认为,企业作为一个整体,其竞争优势来源于在设计、生产、营销、交货等主要过程中和辅助过程中,进行的许多相互分离的活动。然而,任何一个组织首先是不同主体的集合,在有限理性的制约下,组织的价值认同是不同主体价值观博弈的结果,由此产生的是追求组织利益平衡的过程;环境的迅速变化也使企业组织活动的不确定性大大增加;价值增值过程强调系统协作性、管理有效性及高度的柔性。由于组织存在不确定性,价值链及价值配置系统模式便具有一定局限性。

因此,价值链思想很容易把思维局限在行业或企业内部,促使企业过于关注成本,忽略其存在的意义,即创造更多的价值,从而引发经销商与供应商之间的矛盾,引发同行业的价格大战。企业为了最大化地获取利润,武断地追求生产规模、提升效率,从而单纯地追求生产成本的降低。但是在降低显性成本的同时,隐性成本大幅增加,迫使企业加大生产投入,进而增加了竞争的风险。价值链很难让企业在新经济形势下进行战略革命,致使企业由于商业形态过于单一,陷入无差别的恶性竞争漩涡中不能自拔。结合实际,价值链的概念已经不能作为分析交互关系的理论基础来有效地说明问题的性质,并提出合理的解决方案。管理者应当平衡价值创造和降低成本之间的关系,明确企业运转的价值创造本质,打破企业、产业壁垒的限制,通过优化配置更广范围内的资源来创造更多的价值。

(二) 价值网

1. 价值网的内涵

Mercer 顾问公司著名顾问亚德里安·斯莱沃斯基于1998年在《利润区》中首次提出了价值网络的概念。他在书中指出,随着互联网和信息技术的发展,激烈的市场竞争使得企业将传统的供应链转变为价值网络来满足顾客不断增长的需求。根据书中的定义,价值网络是一种新的业务模式,它将顾客日益提高的苛刻要求与灵活、有效率、低成本的制造相连接,采用数字信息快速配送产品,避开了代价高昂的分销层,将合作的提供商连接在一起,以便交付定制的解决方案,将运价提升到战略水平,以适应不断发生的变化。

由于客户的需求增加、国际互联网的冲击及市场竞争的激化,企业应改变价值创造、流程设计,将传统的价值链转变为价值网络(即价值网)。价值网是由成员企业和合作伙伴构成的,它把相互独立的客户联系起来。企业本身不是网络,而是提供网络服务。价值网促进所有成员在统一的基础上进行联系,这种联系使得各成员按日程表合作,共享资源,结合位次的优势一起开发和完成业务。

价值网相对于价值链而言,就是要人们在关注自身价值形成的同时,更加关注价值网上各节点的联系,冲破价值链各环节的壁垒,提高网络在主体之间的交互作用对价值创造的推动作用。

价值网是一种业务模式,它采用数字化供应链概念,达成高水平的顾客满意度和超常的公司盈利率。它是一种与新的顾客选择装置相连接,并受其驱动的快速可靠的系统。价值网不只是关注供应,还关注为顾客、公司和供应商创造价值。价值网也不是一种按顺序连接的固定链,而是一种包含顾客供应商合作、信息交流活动的强有力的高业绩网络。

价值网是由效用体系、资源选择、制度与规则、信息联系、市场格局和价值活动等基本要素构成的系统。价值网不仅反映了组织间物质活动的联系,而且从组织间的效用联系、资源选择、与市场和组织内部制度相联系的网络制度与规则、信息联系等方面构成了价值创造系统。价值网使组织间的联系具有交互、进化、扩展和环境依赖的生态特性,扩大了企业的动态发展空间,从而促进价值创造,改进价值识别体系,扩大资源的价值影响。

价值网的优势在于其可以使网上的各成员在充分共享信息和知识的基础上,利用彼此的互补优势和资源优势,共同满足客户的多样化需求。

2. 价值网的特点

(1) 与客户保持一致。客户的选择引发网络中的采购、生产与交货活动。不同的客户群接受定制服务"包"的定制化解决方案服务;客户指挥价值网,而不是供应链产品的消极接受者。

(2) 合作与系统化。价值网致力于使供应商、客户甚至竞争对手构成一个统一的增值网络。每一种活动都被委派给能最有效完成它的合作伙伴,运营活动的许多重要部分被委派给专业提供商。因为合作、广泛的交流与信息管理,整个网络能完美无缺地交付产品。

(3) 敏捷与可伸缩。企业对需求变化、新产品上市、快速增长或供应商网络再造的响应,都是通过敏捷的生产、分销和信息流设计来实现的;受实体限制的约束被减少或消除;流程时间和步骤被压缩,有时可去除传统供应链中的某个层次。在实体或虚拟的价值网中,每项工作都可伸缩。

(4) 快速流动。订单—交货循环迅速,并压缩了循环时间。可靠而且方便的快速交货能确保准时、完整地将货物送达客户。

(5) 数字化。信息流设计及其智能应用是价值网的核心。新的数字信息通道连接和协调企业、客户及供应商的种种活动。基于规则的工具代替了许多经营决策。

总之,这五个特征构成了一个有竞争力的与众不同的业务模式。因此,价值网是战略性的,它在原有约束之外寻求解决方案。价值网是一种新的业务模式,借助客户选择去驱动战略优势。价值网能及时捕捉客户的真实需求,并将其用数字化方式传递给其他网络伙伴。信息与材料流的路径是与不同客户群的服务需求和优先权相连的。客户—供应商关系是一种共存、交互的增值关系。供应商群可以直接与客户的订单信息相连接,并可直接向客户提供产品和服务,从而去除了价值链中的传统层次。

3. 协同合作的系统性

首先,价值网强调现代制造活动中多个利益主体、能力及资源主体和行为主体间的关联及相互作用,特别是多主体间的非线性多重反馈控制关系。结构效用、关系效用是重要的价值要素,并应通过适当的反馈机制,产生价值放大及确保系统稳定、持续发展的效用。其次,价值网属于网络结构,关系网络、组织网络、信息网络形成价值网运行的技术基础。价值网既可以是平面结构,也可以是立体结构。由于环境的变化,这种协同关系网络的构成并不是固定不变的。最后,价值网的形成和发展以网络各节点或合作各主体的共赢及整个网络价值的最大化为基础,并受到局部利益与全局利益、眼前利益与长远利益等关系的影响。

以价值网为基础,协同合作有别于传统制造过程中一般的合作或协作活动。基于价值网的协同合作以市场化、国际化、信息化、多元化为主要背景,对外部环境的良好适应性是其首要特征,整体性是一般系统的基本特点和要求。协同合作既关注制造商及其核心制造活动,又强调包括制造商在内的多主体的协同作用,因而必须以综合协调和总体优化或满意为基本的组织目标。

由于内外环境的变化以及由此引发的协同合作环境的变化,协同合作具有并强调动态性、灵捷性及综合柔性。同时,协同合作是一个渐进的过程,应该有多种模式来实现。协同合作中的合作对象从形式上或表面上看是价值网中的各类行为主体,但实质上是各主体所具有的核心能力。对各类资源的有效运作与集成,形成了协同合作管理的基本任务,反映了现代制造和现代管理的基本趋势。

协同合作系统的开发与运行以各基本成员(企业等)的自组织为主,并以此为基础从总体性、目的性、有序性、高效性等系统性要求出发,也强调政府等协调方作用的价值链系统,是含有各种企业网络协作活动的庞大系统。它的组织和运行表现出了极大的复杂性,既要适应市场变化和新产品的经营,又要基于新产品的经营过程建立面向订单或任务的企业协作团队。为了加入并切实融入企业群协同联合体,企业需要在内部组织、信息的管理和开放、通信协议、人员素质等方面满足一定的要求。同时,所有参与协同联合体的成员还要按照协同行为协议认可共同的协作规范。因而,在价值链系统中,它的组织、环境、信息平台等方面存在着巨大的复杂性。

四、网络贸易理论

(一)网络贸易的内涵

全球经济网络一体化趋势给传统贸易的改造与创新提供了动力和机会。随着现代信息技术的飞速发展,网络贸易应运而生。网络贸易是一种新型的交换模式,它不仅有别于传统贸易市场,而且改变了传统贸易迂回曲折的过程,使资金流、物流的运动方式发生了变化。通过互联网开展国际贸易已成为商家追求的目标。网络贸易突破了传统贸易活动中物质、时间、空间对交易双方的限制,它的产生与发展对世界经济、贸易的增长有着巨大的推动作用。

（二）网络贸易的特征

网络贸易突破了时空的限制，使贸易从有纸贸易转变为无纸贸易，贸易因此变得更加方便快捷。网络贸易改变了传统贸易模式，且异常迅速地发展着，这都依赖于网络贸易自身的特点。相比于传统贸易，网络贸易具有以下特点。

1. 信息更全面，全球合作机会增加

由于互联网提供了大量关于消费者的信息，厂商不仅能够取得更多消费者和市场的信息，而且能深入了解消费者需求的变化。同时，厂商也可以通过网络向更多的潜在消费者发布商品信息，使潜在消费者更好地了解产品和生产者的信息。厂商还可以通过网络了解更多的技术、资本、人才等生产要素信息，以及合作项目信息，从而增加贸易合作机会。网络贸易突破了商业活动的时空限制，交易双方通过互联网信息技术相连接，构成了覆盖全球的贸易网络。全球各贸易国可以通过世界范围内的计算机网络快速寻找贸易伙伴，快速完成贸易活动，形成统一的全球大市场，这大大增加了全球贸易的合作机会。

2. 交易虚拟化、透明化，竞争更激烈

交易虚拟化是指网络贸易不再依赖于传统的有纸贸易，而是利用互联网这一媒介进行贸易活动。网络经济时代，贸易活动的场所不再以物理空间为主，而是开始向以媒体空间为主转变，诸如虚拟要素市场、虚拟商品市场、虚拟金融机构等虚拟经济场所和经济主体纷纷出现。网络贸易中，贸易双方的洽谈、签约、订货、支付等，无须当面进行，均通过计算机、互联网完成，完全虚拟化。

由于网络贸易是通过互联网进行的，因而买卖双方从交易的洽谈、签约以及货款的支付到交货的通知等整个交易过程都在网络上显示。这种透明化的交易不仅体现在整个交易过程中，而且体现在交易前买卖双方的准备活动中，以及交易后买卖双方的善后活动中。因此，任何一个网上用户都可能了解任何一项网上交易过程。这种网上交易的透明化使市场竞争更加激烈。从这个意义上看，网络贸易的发展也给商品供应商带来了严峻挑战。

3. 交易快捷化、低成本化

随着信息技术的发展，任何信息都可以转化为数字信号，通过卫星、光缆等先进传输手段以接近光速的速度进行传输。经济活动的时间概念缩短、连续性加强，商务活动频率加快，文件资料的收发、企业商务的交割、资金的调拨、商品的采购等都通过高速快捷的网络进行。就网络贸易而言，由于互联网将贸易中的商业文件标准化，因而商业文件能在世界各地瞬间完成传递与计算机自动处理。原料采购、产品生产制造、需求与销售、银行汇兑、保险、货物托运和海关申报等产业过程，无须人员干预即可在最短的时间内完成，克服了传统贸易方式中人为因素导致的费用高、易出错、处理速度慢等缺点，极大地缩短了交易的时间，使整个交易过程变得快捷方便。同时，网上数据、信息、知识传递的加快和网上商务活动的快速发展，也要求物质世界的流动加快。流动快成为网络贸易的突出特征之一。

（三）网络贸易与传统贸易的比较

网络贸易与传统贸易相比，具有以下四方面的优势。

第一，信息全球共享，贸易机会增加。网络贸易突破了时间和空间的限制，实现了信息

资源全球共享。企业能在全球范围内发布信息,寻找合作伙伴,扩大贸易机会。贸易信息在全球范围内发布,也增加了信息的完全性。同时,消费者也能更好地获得企业信息,从而促进贸易机会的增加。

第二,改善传统营销观念,增强中小企业竞争力。在传统贸易下,一些企业利用大批量生产的规模经济效益,在世界范围内生产标准化部件和产品,以具有标准质量的产品占据市场份额。而在新的网络贸易环境下,这样的模式不可能再带来更高的利润。因此,网络贸易使营销观念从传统的同质化、大规模营销转变为异质化和集中营销。在传统贸易中,小企业是无法与财力雄厚的大企业抗衡的。但是在网络贸易的条件下,消费者不是被动的接受者,即使是非常小的企业,只要能找到有特殊兴趣的群体并为之提供"量体裁衣"的服务,也能获得可观的利润。

第三,创新交易方式,降低交易成本。网络贸易的交易方式与传统的实物贸易交易方式是完全不同的,它是一种全新的交易方式。这种方式突破了传统贸易以单向物流为主的运作格局,实现了"四流一体",即以信息流为核心,以物流、资金流为推动力,以商流为主体。并且,随着交易方式的发展,新的支付手段——电子支付不断发展,降低了交易的成本,也扩大了网络贸易的交易量。

第四,加速交易流程,提高工作效率。现有的网络技术实现了贸易各方之间标准格式文件(如合同、提单、发票等)的即时传送和交换,贸易各方可通过网络办理订购、谈判、签约、报关、报验、租船订舱、缴税、支付结算等各项外贸业务,这减少了中间贸易环节,缩短了交易时间,提高了贸易效率,进而带动了金融、海关、运输、保险等有关部门工作效率的提高。

复习思考题

1. 简述跨境电商的比较优势。
2. 比较优势理论与跨境电商经济的相适应性体现在哪些方面?
3. 什么是数字经济?其特点和本质是什么?
4. 跨境电商网络关系理论包括哪些内容?
5. 试述我国发展跨境电商综合试验区的理论意义。

第四章 跨境电商平台选择

学习目标

了解跨境电商平台的分类标准;掌握跨境电商平台的具体分类;掌握主流跨境电商分类模式;掌握跨境电商出口模式分类及具体模式;掌握跨境电商进口模式分类及具体模式;了解几种主要的跨境电商平台运行模式。

引导案例

电商平台出海成新趋势 多地政策扶持带动外贸转型升级

据海关总署最新数据,初步测算,2022年,我国跨境电商进出口额2.11万亿元,增长9.8%。其中,出口额1.55万亿元,增长11.7%;进口额0.56万亿元,增长4.9%。疫情三年以来,不仅国内消费者,不少海外消费者也开始尝试,并逐渐习惯于使用电商平台网购。新消费习惯的形成给了全球电商平台、商家强大的业绩增长动力。

平台出海 挑战与风险并存

受亚马逊关店、封号、合规化压力,2022年以来,虽然亚马逊新增卖家里仍有约75%为中国卖家,但随着国内互联网企业发力出海,新跨境电商平台兴起,中小商家有了更多的选择。例如,关注全球市场的TikTok、速卖通、SHEIN,聚焦东南亚市场的Shopee、Lazada(来赞达),以及拼多多海外版Temu。其中,不少平台已在国内经历数轮融资。以互联网公司、电商平台为主导的新出海模式,已成为2022年以来的行业热议话题。

在TikTok上,抖音盛行的直播带货、社交电商等营销玩法被快速引入外国市场。不过受限于消费习惯、本土化不足等因素,其试行一年仍未见明显起色。

Apptopia公布的2022年全球app下载榜单中,前五名就包含SHEIN、Shopee两个中国跨境电商app,且下载量第一名为聚焦东南亚的SHEIN。

资料显示,SHEIN已将业务扩展至全球150多个国家和地区。不过另一方面,平台出海并非一帆风顺。2021年,SHEIN曾关闭收缩部分地区业务,并在2022年首次开放第三方商家入驻,以扩大商品种类,争取更多消费者。为了强化品牌影响力,SHEIN日本首家线下体验店更是引发了电商由线上走向线下的大讨论。

在美国地区榜单中,除SHEIN外,拼多多旗下的Temu以1650万安装量火速上榜,名列第八。值得关注的是,Temu还将"拼多多模式"带到了美国,不仅有低价秒杀包邮商品,还有"砍一刀"模式。通过低价吸引和社交分享的裂变增长,Temu虽然在2022年下半年才进入市场,但其用户增速却异常迅猛。

据报道,Lazada在越南连续两年被评为"最佳电商平台",在这背后是Lazada加大对跨

第四章 跨境电商平台选择

境本土模式的扶持力度,旨在吸引客户,也吸纳更多国内品牌及商品。

在广阔的海外市场中,有人增长也会有人失利。曾经将其创始人推上新加坡首富地位的Shopee却在全球扩张过程中,不断遭遇困境。

2021年以来,Shopee连续进入欧洲、南美洲市场。然而,在持续的烧钱补贴中,Shopee陆续被曝裁员、收紧市场。近期,Shopee更是宣布关闭运营状况较为良好的波兰站,并实质上撤出欧洲市场。而此前,Shopee已相继退出了西班牙、法国、印度、智利、阿根廷等市场。财报显示,Shopee母公司冬海集团2022年三季度营收32亿美元,却出现了5.69亿美元的亏损,环比扩大38.9%。目前,Shopee仅剩下东南亚市场"基本盘"较为稳固,而其母公司冬海集团正全力"开源节流",努力在竞争中"活下去"。

坚定出海　政策带动传统外贸转型升级

相较于复杂的电商平台出海,对商业变化十分敏锐的中小商家是跨境电商的"先锋队",他们最先抓住机遇"走出去"。近年来,我国跨境电商发展迅速。在国家相关政策支持下,跨境电商的优势和潜力将得到进一步释放。

资料来源:财联社|新消费日报,2023年1月14日

第一节　跨境电商平台分类

一、跨境电商平台的内涵

跨境电商平台是指跨境电子商务企业平台,既包括第三方平台,也包括自建跨境电子商务平台。跨境电商平台是跨境电子商务的交易中枢,是衔接商品供应与消费的桥梁。跨境电商平台也是跨境电子商务交易主体沟通与交流的平台,是商品陈列、展示、销售的平台。

随着社会经济的发展,传统的对外经济贸易已不再适应新的经济发展环境。而跨境电商平台的建立促进了经济贸易的发展,企业和消费者不仅集聚于此,而且以此为入口,通过平台所提供的信息发布、在线支付和跨境物流等集成化的综合服务,实现跨境交易。

二、跨境电商平台的分类

(一) 按照交易主体属性分类

根据交易主体(可分为企业、个人和政府)属性的不同,再结合买方与卖方的属性,电子商务类型可分为许多种,又以B2B、B2C、C2C与B2G(企业对政府)的提法最多。将该分类方式引入跨境电子商务交易中,由于目前的跨境电子商务交易尚未涉及政府这一交易主体,所以跨境电商平台可以分为B2B跨境电商平台、B2C跨境电商平台与C2C跨境电商平台。

1. B2B跨境电商平台

B2B跨境电商平台面对的最终客户为企业或集团,提供企业、产品、服务等相关信息。2022年,中国跨境电商的交易模式中,跨境电商B2B交易占比75.6%,跨境电商B2C交易

占比24.4%。在跨境电商市场中,企业级市场始终处于主导地位。

代表企业:敦煌网、中国制造、阿里巴巴国际站、环球资源。

> **知识链接**
>
> ### 敦煌网
>
>
>
> 敦煌网外贸平台是全球领先的在线外贸交易平台,创立于2004年,是以在线交易为核心的B2B小额外贸批发平台,致力于帮助中国中小企业通过跨境电子商务平台走向全球市场,开辟一条全新的国际贸易通道,让在线交易变得更加简单、安全、高效。
>
> 敦煌网是国内首个为中小企业提供B2B网上交易平台的网站,它采取佣金制。2019年2月20日起,新卖家注册开始收取费用,且只在买卖双方交易成功后收取费用。
>
> 敦煌网是国内领先的老牌专业跨境电子商务平台,是领先的全球中小零售商一站式贸易和服务平台,也是美国市场最大的中小零售商一站式在线贸易平台。截至2020年12月31日,敦煌网跨境电商平台已拥有230万以上的累计注册供应商,累计注册买家超过3 640万,覆盖全球223个国家及地区,拥有100多条物流线路和10多个海外仓,拥有71种货币结算能力,在北美洲、拉丁美洲、欧洲等地设有全球业务办事机构,帮助中国制造对接全球采购,实现"买全球、卖全球"。
>
> 资料来源:敦煌网,https://seller.dhgate.com/promotion/278-platform-introduction.html?d=platformyemian

2. B2C跨境电商平台

B2C跨境电商平台所面对的最终客户为个人消费者。针对最终客户,其以网上零售的方式,将产品售卖给个人消费者。B2C跨境电商平台在不同垂直类目商品销售上也有所不同,如炽昂科技主营3C数码电子产品,兰亭集势则在婚纱销售上占有绝对优势。B2C跨境电商市场正在逐渐发展,且在中国整体跨境电商市场交易规模中的占比不断升高。未来,B2C跨境电商市场将会迎来大规模增长。

代表企业:速卖通、兰亭集势、米兰网、大龙网。

> **知识链接**
>
> ### 兰 亭 集 势
>
> **兰亭集势贸易**
>
> 兰亭集势成立于2007年,是国内首家在美国上市的在线B2C跨境电子商务公司(纽约证券交易所代码:LITB)。公司以上海为中心,在北京、深圳、成都、东莞、嘉兴和东南亚地区设立了分公司。公司由海内外具有丰富国际管理与技术经验的人才组成。

2018年,兰亭集势和ezbuy合并后,在供应链、物流、仓储和市场推广方面的整合效应非常显著,成为具有国际市场影响力和竞争力的平台。兰亭集势将欧洲以及美国、加拿大、澳大利亚等发达地区作为平台发展的重点市场,并挖掘东南亚、中东等潜力无限的新兴市场。

公司拥有多个国内领先的在线B2C跨境独立站,其中以具有国际影响力的lightinthebox.com为代表。平台支持26种语言,顾客遍及全球200多个国家,涵盖包括婚纱礼服及配件、服装鞋包、珠宝手表、电子产品及配件、运动户外、玩具宠物、家居假发、文身美甲等近百万种商品。同时,平台支持遍布全球的20多种支付方式。

资料来源:兰亭集势,http://www.lightinthebox.cn/

3. C2C跨境电商平台

C2C电商是个人与个人之间的电子商务。C2C即Customer/Consumer-to-Customer/Consumer,主要通过第三方交易平台实现个人对个人的电子交易活动。跨境电商C2C是指分属不同关境的个人卖方对个人买方在线销售产品和服务,个人卖方通过第三方电商平台发布产品、服务信息和价格等内容,个人买方进行筛选,最终通过电商平台达成交易,进行支付结算,通过跨境物流送达商品,并完成交易的一种国际(地区间)商业活动。

代表企业:eBay。

◎ 知识链接

eBay

eBay创立于1995年9月。当时,奥米戴尔(Omidyar)的女朋友酷爱Pez糖果盒,却为找不到同道中人交流而苦恼。于是,奥米戴尔建立起一个拍卖网站,希望能帮助女友和全美国的Pez糖果盒爱好者交流,这个拍卖网站就是eBay。令奥米戴尔没有想到的是,eBay非常受欢迎。很快,网站就被收集Pez糖果盒、芭比娃娃等物品的爱好者挤爆了。

奥米戴尔贩卖的第一件物品是一只坏掉的镭射指示器,以14.83美元成交。他惊讶地询问得标者:"您难道不知道这玩意坏了吗?"奥米戴尔接到了以下回复:"我是个专门收集坏掉的镭射指示器的玩家。"

杰夫·史科尔(Jeff Skoll)在1996年被聘雇为该公司首任总裁及全职员工。1997年9月,该公司正式更名为eBay。1997年,奥米戴尔开始为eBay物色首席执行官,他看中了哈佛工商管理硕士出身并先后在宝洁、迪士尼担任过副总裁的梅格·惠特曼。惠特曼由于从未听说过eBay而拒绝加盟,后经职业猎头贝尼尔的软磨硬泡而同意,并把eBay带向今天的辉煌。

每天都有数以百万的家具、收藏品、电脑、车辆在 eBay 上被刊登、贩售、卖出。有些物品稀有且珍贵,然而大部分物品可能只是个布满灰尘、毫不起眼的小玩意。这些物品常被他人忽略,但如果能在全球性的大市场上贩售,那么其身价就有可能水涨船高了。只要物品不违反法律规定或是不在 eBay 的禁止贩售清单之内,即可在 eBay 刊登贩售。服务及虚拟物品也在可贩售物品的范围之内。可以公允地说,eBay 推翻了以往那种规模较小的跳蚤市场,将买家与卖家连在一起,创造了一个永不休息的市场。大型的跨国公司如国际商业机器公司(International Business Machines Corporation,IBM),会利用 eBay 的固定价或竞价拍卖来销售他们的新产品或服务。资料库的区域搜寻使得运送更加迅捷或是便宜。

资料来源:eBay,https://baike.baidu.com/item/eBay/288333

(二) 按照服务类型分类

1. 信息服务平台

信息服务平台主要是指为境内外会员商户提供网络营销平台,传递供应商或采购商等商家的商品或服务信息,促成双方完成交易。

代表企业:阿里巴巴国际站、环球资源、中国制造。

2. 在线交易平台

在线交易平台提供企业、产品、服务等多方面信息,并且使商户可以通过平台在线上完成搜索、咨询、对比、下单、支付、物流、评价等全购物链环节。在线交易平台模式正逐渐成为跨境电商平台的主流模式。

代表企业:敦煌网、速卖通、炽昂科技、米兰网、大龙网。

(三) 按照平台运营方式分类

1. 平台型跨境电商平台

平台型跨境电商平台通过线上搭建商城,并整合物流、支付和运营等服务资源,吸引商家入驻,为其提供跨境电子商务交易服务。同时,平台以收取商家佣金及增值服务费作为主要盈利模式。比如,若国内消费者在唯品国际这个跨境电商平台上购买法国某化妆品,则该化妆品从法国出产地采购开始,到其进入国内的商品基地为止,其间的一切活动,都由唯品国际平台全权负责,不经过其他的中间商。平台型跨境电商平台的优势在于其开发和运营的电子商务平台,由于自身并不从事商品采购、销售等工作,运营重点集中于网站流量挖掘、前期招商、关键辅助服务环节等。

代表企业:速卖通、敦煌网、环球资源、阿里巴巴国际站。

> **知识链接**
>
> **环球资源**
>
> 环球资源
> global sources
>
> 环球资源创立于 1971 年。成立之初,该公司在中国香港地区有 10 位全职员工,在世界其他地区还有 15 位全职及兼职员工,在东京和首尔设立办事机构。环球资源是一家扎根香

港、面向全球的专业展览主办机构。其旗下直隶的环球资源网站是深度行业化的专业B2B外贸平台,更是中华人民共和国商务部主办的《国际商报》多次发文点名认可的全球高端买家的首选采购平台、主流平台。

环球资源的主要业务是国际贸易展览营办商、电子商务(B2B)平台及商贸杂志出版社。成立50多年来,该公司一直致力于促成国际贸易,并通过展会、数字化贸易平台及贸易杂志等多种渠道连接全球诚信买家及已核实的供应商,为他们提供定制化的采购方案及值得信赖的市场资讯。其于1995年率先推出全球首个B2B在线电子商务跨境贸易站点。该公司拥有超过1 000万来自全球各地的注册买家和用户。

资料来源:环球资源,https://www.globalsources.com/STM/corporate/zh/about/

2. 自营型跨境电商平台

自营型跨境电商平台通过在线上搭建平台,整合供应商资源,以较低的进价采购商品,然后以较高的售价出售商品。自营型跨境电商平台主要以商品差价作为盈利。不同于平台型跨境电商平台,自营型跨境电商平台更类似于传统的零售企业,只是其商品交易场所从线下转移到了线上。

自营型跨境电商平台需要全面参与商品的整个供应链,包括所销售商品的选择、供应商开发与谈判、电子商务平台运营等,并深度介入物流、客服、售后等服务环节。

代表企业:兰亭集势、米兰网、大龙网、炽昂科技。

(四)按照涉及的行业范围分类

1. 垂直跨境电商平台

垂直跨境电商是指在某一个行业或细分市场深化运营的跨境电商模式。垂直跨境电商平台不仅有品类垂直跨境电商平台,还有地域垂直跨境电商平台。

所谓品类垂直跨境电商平台,主要指专注于某一类产品的跨境电商平台,比如近几年比较火热的母婴类跨境电商平台;而地域垂直跨境电商平台,则指专注于某一地域的跨境电商平台。

2. 综合跨境电商平台

综合跨境电商平台是与垂直跨境电商平台相对应的概念,它不像垂直跨境电商平台那样专注于某些特定的领域或某种特定的需求,它展示与销售的商品种类繁多,涉及多个行业,如速卖通、亚马逊、eBay、Wish、兰亭集势、敦煌网等。

(五)按照商品流动方向分类

跨境电子商务的商品流动跨越了国家(地区)的地理空间界限。按照商品流动方向划分,跨境电商平台分为跨境进口电商平台、跨境出口电商平台。

1. 跨境进口电商平台

跨境进口电商平台是从事商品进口业务的跨境电商平台,具体指将境外商品通过电子商务渠道销售到境内市场,在平台上完成商品展示、交易、支付,并通过线下的跨境物流配送商品从而完成商品交易。

代表企业:天猫国际、洋码头、小红书等。

知识链接

天 猫 国 际

天猫国际（Tmall Global）是阿里巴巴集团于2014年2月19日推出的进口零售平台，其以"原装进口全世界"为目标，致力于为中国消费者提供全球的进口好物，同时也是帮助海外品牌直接触达中国消费者、建立品牌形象和做好消费者洞察的首选平台。成立10年来，天猫国际服务超过1亿消费群体。根据《2023年跨境进口电商用户消费特征简析》显示，2023年国内进口零售电商平台的全年交易份额中，天猫国际排名第一。

入驻天猫国际的商家均为中国大陆以外的公司实体，它们具有海外零售资质，销售的商品均原产于或销售于海外，通过国际物流经中国海关正规入关。所有天猫国际入驻商家将为其店铺配备旺旺中文咨询，并提供国内的售后服务，消费者可以像在淘宝购物一样使用支付宝买到海外进口商品。而在物流方面，天猫国际要求商家72小时内完成发货，14个工作日内送达商品，并保证物流信息全程可跟踪。

资料来源：天猫国际，https://ali-home.alibaba.com/document-1488656833827569664

2. 跨境出口电商平台

跨境出口电商平台是从事商品出口业务的跨境电商平台，具体指将境内商品通过电子商务渠道销售到境外市场，在平台上完成商品展示、交易、支付，并通过线下的跨境物流配送商品从而完成商品交易。

代表企业：亚马逊海外购、eBay、速卖通、环球资源、大龙网、兰亭集势、敦煌网等。

> **课程思政**
>
> 每一个跨境电商平台都有自己的行业优势和忠实的客户群，或者在某个国家和地区具有重要的或者特别的影响力。对于跨境电商平台来说，在线渠道多元化是拓展网络渠道和规模的重要途径。另外，对于某些特定的产品和品牌来说，选定目标市场进行深耕细作也是重要的电商策略，那么利用当地重要的有针对性的跨境电商平台也是自然而然的事情。新手卖家选择跨境电商平台时要考虑很多因素，比如产品特点、资金实力等。

第二节　跨境电商平台运行

一、亚马逊

亚马逊（Amazon）是一家美国本土的公司，成立于1994年，位于美国华盛顿州的西雅图,是最早的电子商务公司之一。刚开始,亚马逊平台只是经营书籍,但是随着业务区域的不断扩大,其经营的产品类目也不断地扩大。亚马逊逐步推出各种服务,使其不断超越网络零售商的范围,成为一家综合服务提供商。目前,亚马逊平台上的经营品类包括影视、音乐和游戏、电子和电脑、家居园艺用品、玩具、婴幼儿用品、食品、服饰、鞋类和珠宝、健康和个人护理用品、体育及户外用品、汽车及工业产品等。亚马逊分为北美平台、欧洲平台、亚洲平台等。北美平台主要包括美国、加拿大;欧洲平台主要包括英国、德国、意大利、法国、西班牙;亚洲平台主要包括中国、日本。

(一)亚马逊销售账户类型

亚马逊账户类型按销售计划可分为个人销售计划账户和专业销售计划账户。无论是个人还是公司都可以申请"个人销售计划账户",或申请"专业销售计划账户"。

这两种计划账户的主要区别在于费用结构和功能使用权限。以美国市场为例,"个人销售计划"账户会按件收取费用,而"专业销售计划"账户则需要按月支付订阅费。这两种销售计划账户可以相互转化。如果卖家注册的时候选择了"个人销售计划",之后也可以在后台自助升级为"专业销售计划";如果卖家注册时选择了"专业销售计划",后续也可以降级为"个人销售计划"。所以,若想在亚马逊销售商品或服务,卖家就算没有公司资质,一样可以在亚马逊上申请"专业销售计划"。

(二)亚马逊平台规则

1. 详情页跟卖

(1) 什么是详情页跟卖

亚马逊独有的详情页机制,是为了营造一个健康良性的竞争体系,希望更多的供应商和制造商提供质量更好、价格更优惠的产品。所以,当一个卖家上传了某个产品的信息,这个产品页面的控制权就不再属于最初创建页面的卖家,所有的数据信息包括图片都保存在亚马逊的后台。所有卖家只要有这个产品的销售权限,就可以点击"Have one to sell? —Sell on Amazon",然后也开始卖这个产品。例如,A卖家创建了一个产品详情页,其他同款产品卖家看见后可以在上面增加一个按钮链接到自己的产品详情页,也在这个页面里面卖同样的产品,这就出现了一个产品页面上有几个、几十个甚至更多卖家在卖同一种产品的现象。这对新卖家来说是好机会,因为他们可以分享别人的流量,但很容易直接引发价格战。采取跟卖策略的卖家必须遵循跟卖的规则:必须销售正品,不能卖假货;需要确认产品100%一致,包括每一个细节。另外还要注意,不要侵权,一旦被投诉侵权,就会受到平台处罚。

(2) 玩转详情页

跟卖的优势:①不用自己去创建产品详情面,想卖就卖,不想卖就下架,省时省力省心。②商品的出价会立即出现在排名靠前的详情页中。③直接效果就是单量的增加带动流量上升,自己上架的产品也可能被卖出去。

跟卖的风险:①直接引发价格战,导致低利润。②容易被详情页所有者投诉侵权,一旦投诉成功就会被封账号。

(3) 跟卖策略

要确保自己的商品和跟卖产品的详情页描述完全一致，包括商品本身、包装、卖点、功能、描述等。否则，买家收到货如发现有任何和描述不一致的地方，都可以向亚马逊投诉。所跟卖的卖家也有可能对订单进行"Test Buy"，如发现和描述不一致，也可以向亚马逊投诉。

① 跟卖时尽量设置较低的价格，价格越低，获得"加入购物车"的可能性越高。影响"加入购物车"的因素权重依次为：亚马逊物流服务（Fulfillment by Amazon，FBA）大于价格大于或等于信誉度。

② 谨慎选择跟卖详情页，如果一款产品好卖，却没有人跟卖，最大的可能就是这个产品是有品牌授权的，别人一跟卖就会被投诉。

③ 了解产品是否注册品牌，可以在网上搜索或者去商标网站查看。

④ 如果被投诉侵权，要立刻取消跟卖，并积极和对方沟通，了解是否确实发生了侵权行为。

2. 亚马逊账号被封的主要原因及申诉

(1) 亚马逊账号被封的主要原因

① 亚马逊关联。为了避免账号关联，在操作新账号时，要保证IP（Internet Protocol，互联网协议）路由、网卡、系统是全新的。多账号操作时，不要使用相同的税号信息和收款账号，否则其中一个账号会被封。若办公地址发生变更，要及时联系亚马逊客服说明情况。

② 跟卖侵权。跟卖产品之前，一定要了解对方产品是否注册了商标和外观专利，尤其是带有商标（logo）的产品。千万不要想当然，要到相关商标网站查清楚了再跟卖。一旦收到警告，必须马上下架跟卖的产品，最好给对方卖家写封邮件以示道歉。一旦跟卖有商标的产品，被对方卖家控诉侵权，会被直接封号。

③ 好评太少，差评过多。评价少，好评就更少。差评过多会被移除销售权，甚至被封号。如果是少数差评，又确实解决不了，在订单缺陷率（Order Defect Rate，ODR）不超标的情况下建议不要太纠结，关键是想办法获取更多的订单来消除影响。

④ 产品缺乏相关认证。某些产品需要取得相关认证方可在某些国家销售，如产品授权认证、安全认证等。在欧洲站点，电子产品、玩具、医疗设备等需要取得欧盟CE认证。政策违规是累积的，很难被撤销。

⑤ 产品与图片不符。为提升转化率，商家需要不断优化产品详情。但切记不要夸大其词，要根据实际撰写产品描述，上传的图片必须与发货的产品一致，否则会遭到退货和差评，导致账号被封。

(2) 申诉

① 搞清楚是什么原因导致账户销售权限被移除。账户销售权限被移除以后，亚马逊一般都会发一封邮件给卖家，卖家可以通过这封邮件得知准确的原因，即到底是账户表现差，还是违反了亚马逊的销售政策或者销售了平台禁售的产品。

② 评估过往的销售操作。检查客户指标，找出那些给客户带来差的用户体验的订单和

不达标的参数;同时检查账户目前的产品详情页,看看这些产品有没有违反亚马逊的相关政策(比如侵权或者假货之类的)。

③ 创建一个补救的行动计划。写一个行动计划,概括在第二步中发现的与账户销售权限被移除有关的问题,提供一个能够有效解决相关问题的精确的行动计划,这样可以在很大程度上帮助恢复卖家账号的销售权限。申诉内容的补救行动计划务必包含以下几点:第一,应让亚马逊知道卖家已明确了自己在销售或者产品管理中存在某些特定的问题。第二,要说明如何去改进和避免这些问题。补救行动计划写完后,将其发送给亚马逊,希望其恢复卖家销售权限。

二、全球速卖通

(一) 全球速卖通(AliExpress)简介

全球速卖通正式上线于2010年4月,是阿里巴巴集团旗下唯一面向全球市场打造的在线交易平台,被广大卖家称为"国际版淘宝"。全球速卖通面向海外买家,通过支付宝国际账户进行担保交易,并使用国际快递发货,是全球第三大英文在线购物网站。全球速卖通已经覆盖230多个国家和地区;覆盖服装、3C电子产品、家居、饰品等共30个一级行业类目;优势行业主要有服装、手机通信、鞋包、美容健康、珠宝手表、消费电子、电脑网络、家居、汽车摩托车配件、灯具等。全球速卖通是阿里巴巴帮助中小企业接触终端批发零售商、小批量多批次快速销售、拓展利润空间而全力打造的融合订单、支付、物流于一体的外贸在线交易平台。

(二) 全球速卖通评价规则

全球速卖通平台的评价分为信用评价及卖家分项评分两类。

信用评价是指买卖双方在订单交易结束后对对方信用状况的评价,包括五分制评分和评论两部分。卖家分项评分,是指买家在订单交易结束后,以匿名的方式对卖家在交易中提供的商品描述的准确性、沟通质量及回应速度、物品运送时间合理性三方面作出的评价,是买家对卖家的单向评分。信用评价中,买卖双方可以进行互评,但卖家分项评分只能由买家对卖家作出。

对于所有卖家全部发货的订单,在交易结束30天内,买卖双方均可评价。如果双方都未给出评价,则该订单不会有任何评价记录;如一方在评价期间内做出评价,另一方在评价期间内未作出评价,则系统不会给评价方默认评价(卖家分项评分也无默认评价)。商品/商家好评率和商家信用积分按照以下原则计算:

(1) 相同买家在同一个自然旬(自然旬即每月1~10号、11~20号、21~31号)内对同一个卖家只作出一个评价,该买家订单的评价星级则为当笔评价的星级(自然旬统计的是美国时间)。

(2) 相同买家在同一个自然旬内对同一个卖家作出多个评价,按照评价类型(好评、中评、差评)分别汇总计算,即好、中、差评数都只各计一次(包括1个订单里有多个产品的情况)。

(3) 在卖家分项评分中,同一买家在一个自然旬内,对同一卖家的商品描述的准确性、沟通质量及回应速度、物品运送时间合理性三项中某一项的多次评分只算一个,该买家在该自然句对某一项的评分计算方法如下:平均评分＝买家对该分项评分总和/评价次数(四舍五入)。

(4) 以下3种情况,不论买家留差评或好评,仅展示评论内容,都不计算好评率及评价积分:①成交金额低于5美元的订单(成交金额明确为买家支付金额减去销售中的退款金额,不包括售后退款情况)。②买家提起未收到货纠纷,或纠纷中包含退货情况,且买家在纠纷上升到仲裁前未主动取消。③运费补差价、赠品、定金、结账专用链接、预售品等特殊商品(简称"黑五类")的评价。

除以上情况之外的评价,都会正常计入商品/商家好评率和商家信用积分。不论订单金额,都统一为:好评"＋1",中评"0",差评"－1"。

(5) 卖家所得到的信用评价积分决定了卖家店铺的信用等级标志。

(三) 全球速卖通放款规则

为确保速卖通平台交易安全,保障买卖双方合法权益,对于通过速卖通平台进行交易产生的货款,速卖通及其关联公司根据相关协议及规则,有权根据买家指令、风险因素及其他实际情况决定相应放款时间及放款规则。

(1) 速卖通根据卖家的综合经营情况(例如好评率、拒付率、退款率等)评估订单放款时间:①在发货后的一定期间内进行放款,最快放款时间为发货后3天。②买家保护期结束后放款。③账号关闭,且不存在任何违规违约情形的,在发货后180天放款。

(2) 如速卖通依据合理理由判断订单或卖家存在纠纷、拒付、欺诈等风险,速卖通有权视具体情况延迟放款周期,并对订单款项进行处理。

三、独立站

由于第三方平台流量红利在逐渐减弱,一些卖家可能会选择同步开启独立站(自建站)。另外,随着以Shopify为代表的快速建站工具的兴起,独立站的入门门槛大幅降低。

(一) 独立站与第三方平台

1. 第三方平台的优势与不足

平台类的跨境电商就是在平台内开设一个店铺,根据平台的规则展示商品,平台撮合交易,收取一定的佣金。平台类跨境电商主要的优点在于:第一,上手比较简单;第二,平台内有大量现成的流量,而且都是购物意向非常高的流量。

在如今平台流量红利已经大幅度衰退的阶段,做第三方平台的卖家也面临着不小的挑战,主要是:第一,平台上有非常多的同类型卖家在销售功能和款式等高度相似、价格也非常相近的产品,即存在比较激烈的同质化竞争的问题。特别是在没有什么优势的情况下,产品和品牌很容易湮没在海量的同类别产品信息中,难以获得消费者的关注。第二,第三方平台上的消费者,即使是在平台算法的分配下购买了你的产品,也可能根本不会注意到你的品牌或店铺名称,下次也很难记住你并直接找到你。对于卖家来说,由于现在绝大多数第三方平台阻绝了卖家和消费者之间的直接沟通,并且不会与卖家分享消费者的数据和联系信息,平台上的卖家就无法去积累自己的用户数据,将来做重复的销售也很难。特别是平台销售体量已经做到比较大的卖家,感受会更深刻。此外,营销方式也会有一定的局限性。严格地遵守平台的规则,很难在营销上有较多自己的发挥空间。

2. 独立站的优势与不足

(1)独立站的优势。一方面是可以积累自己的用户,用来做后续持续的重复营销和交叉销售。而且产品开发公司还可以通过和用户沟通,不断地获取产品的直接反馈,持续地优化产品。独立站也具有累积效应,虽然初期起步的时候会比较难,但随着用户的积累,网站的价值也会越来越大。另一方面,独立站可以完全地控制自己的品牌,可以采取很灵活的方式来做营销活动的设计和宣传。这些不会因为第三方政策或规则的变化而受到掣肘。

(2)做独立站也有相应的不足和挑战。主要有以下两点:第一,独立站有一定的入门门槛,需要基本的建站和运营能力。虽然说随着类似 Shopify 这样的第三方软件及服务建站工具的普及,创建自己的独立站再也不像以前一样需要有技术前端后端做开发,但基本的网站的用户体验、购物流程的设置、网站的产品详情页等还是需要一些基础的。第二,独立站最大的问题是没有免费的自然流量,需要自己搭建引流渠道,也需要通过用户运营来最大化前期引流回来的用户留存、转化和价值挖掘。

表 4-1　第三方平台与独立站比较

项目	第三方平台	独立站
优势	① 起步简单,上手快 ② 平台内有自然流量	① 可以完全控制品牌,灵活地做营销 ② 可以积累自己的用户,用来做持续的重复营销和交叉销售
不足	① 同质化竞争激烈 ② 没有用户积累	① 有一定的入门门槛,需要基本的建站和运营能力 ② 需要自己引流,建立营销渠道和做用户运营
适合的卖家群体	① 跨境电商初入行者 ② 有较强的标准产品研发能力,有一定专利、品牌或版权保护的卖家	① 非标品卖家(如时尚服装、珠宝、配饰、创新产品等) ② 希望积累自己的用户、建立自己的品牌的卖家 ③ 有一定的流量运营、管理基础或经验的卖家

(二)独立站的八大模式解析

国内最早的独立站出现在 2004 年前后,起初是借助谷歌搜索引擎优化(Search Engine Optimization,SEO)的流量红利在线销售游戏金币,后来逐渐拓展到其他的品类。随着品类的拓展,一些固定的产品销售和运营模式慢慢形成。

1. B2B 或 B2W(wholesale,批发)模式

其主要的模式是依托国内的生产商资源,面向海外的中小企业客户或者零售商客户,批量销售产品。和阿里巴巴、环球资源这种只做线上信息撮合而不做线上交易不同的是,这种模式会设定一个最低的起订量或者最低的订单金额,通过在线支付完成下单,通过跨境物流完成产品的交付。典型代表有 2004 年成立的敦煌网、2007 年前后成立的杭州全麦(早期专注做服装销售的 B2B 电商企业)、2009 年成立的大龙网。2014 年,中国建材集团也上线了一家主营建材批发的专业网站 OKorder.com。

这一类独立站的特点是:第一,客单价高。不少网站都把起订金额设置为 500 美元或以上。第二,复购率非常高。因为目标客户都是小商家,有持续的采购需求。第三,客户的营销运营维护成本和要求相对于单纯的个人用户要低。

2. B2C 铺货模式

该模式属于阶段性的产物,2004 年以后出现,一直延续到 2010 年。典型的代表有 2004 年成立的初期以游戏金币、婚纱礼服为主营商品,后逐渐拓展到以标准的 3C 电子产品为主营商品的一批商家。比如早期在深圳非常知名的 Chinavasion、2005 年成立的 Deal Extreme 和 2007 年成立的兰亭集势。

这一时期,中国制造的成本红利和互联网流量成本都非常高,基本是什么品类都可以尝试,只要能够成功放到网上售卖,能用 SEO、论坛、谷歌关键字广告(Google Ads)等渠道引来大量低成本的流量,都能卖得不错。而且在这一时期,eBay、亚马逊等第三方平台还没有大规模地进入这些标准商品的竞争中来,一切都比较美好。Deal Extreme 和兰亭集势的先后上市把这个模式推向了顶峰。这些企业,最高峰的时候,平台的库存单位(Stock Keeping Unit, SKU)高达数十万,几乎所有能想到的产品在这些网站上都能找到。但随着这一时期的流量红利迅速消退以及亚马逊全球开店的快速铺开,竞争加剧。平台的激烈竞争、沉重的流量成本、巨大的供应链和库存压力,让这两大明星企业也先后陨落。一代深圳独立站的明星企业 Chinavasion,也在 2018 年被第三方平台星商收入囊中,也意味着这一模式彻底成为过去时。

3. B2C 垂直精品模式

该模式出现的时间为 2010 年前后,是对行业的垂直深耕。该模式是一批以销售婚纱礼服为代表的卖家,因婚纱礼服这个领域竞争激烈以及行业面临着巨大的版权问题,逐渐开始转型而来的。这一时期的典型代表,是以销售服装、珠宝饰品等时尚类产品为主的一些优秀大卖家,比如 2008 年成立的 SHEIN、2009 年成立的珠宝品牌 Soufeel Jewelry、2010 年成立的踏浪者(Tidebuy)、2012 年成立的执御(Jollychic,后转型移动电商平台)、2013 年成立的 Sammydress、2014 年的母婴电商 PatPat 等。

这种模式也是目前独立站领域的中流砥柱,是发展最健康也最具成长前景的一种类型。这个模式需要的是:一方面,在产品的供应链上进行非常深度的整合。以上提到的一些优秀企业都从最初的简单模仿逐渐过渡到原创设计和创新。另一方面,需要在营销方面持续地优化,重视用户的数据,重视广告的投放效率,通过规模化的广告拉新和完善的用户再营销设计,源源不断地推动用户增长。这一模式,在许多具有比较优势的供应链的细分品类方面,仍然具有很强的可复制性。当然,适当在竞争方面避开已有的巨头的流量竞争也是不小的挑战。

4. 移动电商模式

这一模式形成于移动互联网的流量红利和移动支付逐渐成熟的2012年之后,是新兴市场的移动电商平台。典型代表有:2012年成立的Jollychic,面向中东地区;2015年成立的Club Factory,面向东南亚、中东和印度地区;2017年成立的Fordeal,面向中东地区等。这些平台的典型特点是:团队电商经验丰富,技术支撑强大,有丰厚的资本助推。这些平台都是瞄准一些互联网人口红利巨大、移动互联网高速增长的新兴市场和地区,除了东南亚和中东地区,理论上还包括印度、南美洲、非洲、东欧等国家和地区。但是技术和资本成为绝大多数中小型卖家的进入壁垒。

5. 货到付款模式

行业里简称COD(Cash on Delivery),首次出现的时间是2016年下半年。这一创新模式的创造者,是以跨境电商独立站创新能力著称的福建卖家。其通过快速地建设类似淘宝详情页面的单独产品页,以Facebook推广,面向的是中国港台地区、东南亚地区等不方便淘宝购物地区的客户群。货到付款的模式,极大地提升了用户下单的转化率。其销售的产品,则是淘宝上较为常见的一些产品,包括皮具、茶具、饰品以及部分生活日用产品。其通过精心的详情页设计和产品包装,实现利润翻倍。这一时期的典型代表,初期是以福建卖家为主的一些外贸玩家,包括布谷鸟、嘉鸿、星光信息等。后来,该模式也被国内的一些移动互联网流量大咖学习和掌握。比如,北京一家做移动app的开发公司新银河,在2017—2018年,也快速实现了上亿美元的销售额。但随着竞争的加剧,流量成本变得越来越高,加上同质化的竞争,整体签收率逐渐降低。再加上部分商家产品以次充好,甚至货不对版等,影响了该模式的发展。这一模式,也伴随着Facebook广告政策的从严和流量成本的飙升变得越来越具有挑战性。

当然,在这个过程中,仍有些重视产品品质、重视物流和用户售后体验、重视消费者数据的优秀卖家胜出,获得了持续稳健的发展。COD这个模式本身,其实是一个很好的基于用户体验角度的创新,迎合了海外部分网络支付未成熟或者网络支付信任基础尚未充分建立的市场环境下的消费者的需求。在一些老牌的欧洲国家,消费者仍然存在货到付款的需求。如果能够解决好物流和客户服务的问题,这一模式也许可以在其他一些市场继续发扬光大。

6. 一件代发模式

一件代发模式在海外又叫drop shipping。该模式主要做流量,不存货,产品在客户下单后交由供应商从工厂或仓库一件代发。其做法是,以Shopify建站,以Obelro选品,以Facebook推广。其最初起源于国外的一些联盟营销社区中比较擅长营销推广和流量运营的互联网资深玩家。他们非常熟悉海外消费者的习惯,熟悉各种互联网推广渠道和工具。通过对互联网用户的理解,他们衍生出了非常丰富的选品和营销策略。

这一模式的知名代表有Phonebibi、Dude Gadgets等。其中,优秀的卖家可以不用囤货,只通过一些选品工具选品,并通过Facebook广告投放来引流,以站群的模式,就能实现一年数百上千万美元的销售额,平均的利润率可以达到20%左右。考虑到其往往都是由几个人的小团队实现的,这样的成绩就显得十分可观了。这些卖家所依托的绝大部分产品都是来自国内的类似速卖通这样平台上的产品。该模式基本不需要考虑物流、供应链的管理问题,还是非常适合小型跨境电商创业团队作为切入点的。国内不少卖家通过一件代发起步,在测试出比较热门和有长远发展机会的品类后,再逐步补齐供应链的短板,从而实现跨境电商垂直独立站的发展。另外,一件代发模式对于营销技巧的磨炼非常有帮助。从中学到的营销技巧,也适用于其他精品独立站或者品牌自建站的运营。

7. 品牌独立站模式

这一模式并不是新类型。但随着最近两三年跨境电商同质化竞争的加剧,以及以安克(Anker)等为代表的一批优秀品牌卖家的脱颖而出,跨境电商更加重视自主品牌。且随着越来越多有产品研发、设计能力的创客团队和很有实力的代工厂加入跨境电商行业,以及网站运营、营销等方面的人才队伍日益壮大和理念日趋成熟,建立品牌独立站的设想比以往任何时候都更接近现实。

品牌独立站是品牌商建设的具有销售功能的官方网站。这种模式门槛不高,甚至在网站的一些功能方面,比一般的销售类网站要求还略低。其核心的门槛在于产品的设计开发。该模式下,产品、品牌营销推广的能力以及与用户沟通的能力是核心竞争力。在品牌营销推广方面,核心在于广告的内容和创意,需要有较丰富的素材、图片、视频。在文案方面,需要本地化的文案。在推广渠道方面,除了Facebook、谷歌这样一些付费媒体外,还可以充分地利用包括红人测评、媒体报道等更加多样化的营销渠道。国际上比较典型的网站比如戴森(Dyson)、苹果(Apple)和大疆创新(DJI)都是其中的翘楚。在跨境电商行业,以产品开发能力著称的安克、出门问问(Mobvoi),以及以众筹起家的疯童(Crazybaby)都是优秀代表。除此之外,假发行业的优奈(Unice)、丝绸行业的莉莉秀克(Lilysilk)、美妆行业的凤仪堂(Docolor)都是其中的优秀代表。

品牌独立站模式,比较适合有产品研发能力的创客团队或者由工厂转型的商家。对于科技品类来说,"新品众筹首发+品牌独立站销售"的路径是一条实践证明可以成功走通的路径。对于时尚品类产品来说,社交媒体和红人营销则是可以依靠的重要营销支点。

8. 海外微商模式

这是一种比较新的模式。简单地说,就是把国内成熟的微商模式,嫁接到跨境电商领域,特别是在文化和中国比较相近的东南亚地区。该模式通过各种方式,使用户在海外版的微信以及其他即时通信应用工具,如WhatsApp和Line、Facebook上实现沉淀,再通过比较系统的话术进行一对一的沟通,从而实现线上交易。作为一个相对比较新的模式,目前还处在探索中,期待能够及早看到这方面的成功企业出现。

四、TikTok

(一) TikTok简介

自TikTok问世以来,其用户人数和热度只增不减。越来越多的跨境卖家涌入平台,抓住TikTok平台的福利。2016年9月,字节跳动从产品"musical.ly"中获得灵感,在国内推出了今天家喻户晓的短视频app——抖音。2017年,字节跳动花费10亿美元收购了musical.ly,将其与国际版抖音结合成如今的TikTok。2020年,TikTok全球下载量突破

8.5亿次,超过WhatsApp、Facebook、Instagram等传统互联网巨头。截至2021年7月,TikTok全球下载量突破30亿次,成为世界上第五个下载量超过30亿次的非游戏app。2021年9月27日,TikTok宣布月活跃用户超过10亿大关。达成这一数据,TikTok仅用了4年多时间,成为世界上最短时间内月活跃用户达到10亿的app。

社交媒体是跨境电商吸引流量的重要渠道之一,跨境电商在社交媒体上推广品牌已不少见。从最初的Facebook到Instagram,再到今天的TikTok,这些平台都可以帮助品牌定位目标受众。如今,Facebook、Instagram等平台趋于成熟,流量已经固化,新品牌难以继续在这样早期的社交媒体平台中再分一杯羹。而TikTok短视频社交媒体的出现,为卖家们提供了新的获利机会。

(二)TikTok的运营策略

1. 吸引名人入驻,实现用户积淀

在吸引流量方面,TikTok充分借鉴了抖音的运营方式,利用名人的知名度,大量吸引当地人注册使用,如影视明星、体育明星、作家、歌手、当地网络红人等。这些名人自带庞大的粉丝群体,并能创作出高质量的内容,能够给TikTok的初期运营增加不少曝光度。不同领域的网红及明星都在账号上发布自己的视频,参与话题挑战或与品牌进行合作,加大了对TikTok的宣传力度,实现了粉丝转移。基于此,TikTok在短时间内便取得各国众多用户的信任,完成了平台要实现广告业务发展所必需的用户积淀,并成为地方文化形象推广的标志,吸引当地用户,形成从中心用户向普通用户扩散的文化交流模式。

2. 重视文化符号,强调特色内容宣传

在通过主要用户吸引众多普通用户参与之后,TikTok会发布许多热门话题活动,鼓励用户参与。一方面,把握流行趋势,给产品运营带来多样性的发展;另一方面,通过当地有特色的文化内容宣传增加平台的曝光度,不仅能增强用户黏性,还能激发更多用户的创作热情。例如,TikTok抓住每年万圣节和圣诞节的热度,设置相关话题来讨论节日的服装、化妆、舞蹈、食物等内容,以此增加在社区用户中的影响力。美国是爵士、嘻哈等音乐风格的发源地,TikTok也会经常举行与音乐相关的短视频挑战活动。例如,选择经典电影背景音乐让大家进行情景模仿等。这种方式不仅娱乐了这项活动的参与者,也给作品本身带来了二次传播。这些具有本地特色的内容传播不仅可以增加用户的亲密度,还可以激发用户的创作热情,从而达到稳定原始用户、吸引新用户入驻的目的。同时,利用互联网传播范围广这一特征,TikTok致力于丰富各国特色文化内容传播的多样性。

3. 抓住热门话题,把握网络舆论方向

TikTok在海外的运营方式与国内抖音的运营方式并没有大相径庭,都擅长抓住社会热点事件设置话题来吸引用户的注意力,让他们参与讨论。例如,话题"Savage Dance"在2020年火了一整年,许多该软件用户根据音乐自主创新,将自己的舞蹈视频发布在平台上。这在新冠疫情严重期间缓解了大众的压力,也利用平台多维度展现了热门话题及社会热点,吸引用户眼球,激发用户的参与积极性,实现社会传播大众化。由此可见,TikTok需重视内容创作,只有以高质量的内容为基础,才能获得用户的信任并将其转化为流量,实现自身的可持续发展。

4. 鼓励用户互动，彰显世界交互共融

美国社会学家米德曾提出符号互动论学说，该学说认为，在社会交往过程中，人们根据自己对事物意义的理解做出反应。但人们对事物意义的理解可以随着社会互动的过程而改变，不是绝对不变的。TikTok 的运营策略是针对不同市场，采取满足当地需求的本土化运营策略。TikTok 平台的包容性也无关国界，来自世界各地的人们都可以在网络上发表自己的言论。这种方式可以让用户了解各国不同的文化。再如，美妆类、穿搭类的博主会经常在 TikTok 上发布自己的美妆视频或穿搭视频，用户可以根据自己的审美在视频下方评论，有些用户还模仿博主的装扮。博主通过平时的穿搭及妆容，既向用户展示了一个有个性且思想独立的自己，也让用户在交流中找到自己的穿衣打扮风格和特色。

（三）利用 TikTok 建立品牌

1. 个人资料与账号权重

大部分平台对于营销号都有自己的打压策略，而对优质的内容会给予流量倾斜，这就是所谓的"账号权重"。一个优秀的流量运营者要善于"伪装"，需要尽可能去模拟一个真实用户的操作习惯，比如正常的浏览视频、点赞、评论和转发。同时，完善自己的个人资料，给自己的人设做一个定位，让别人了解自己。如果有 YouTube（优兔）或者 Instagram 账号也可以绑定上去，一来可以从 TikTok 引导流量，二来在账号真实度上也会有更高权重。

2. 垂直精准的内容与市场定位

垂直账号是指针对某一个特定领域实时输出同一方向且有深度的内容，从而吸引与该领域密切相关的用户的账号。内容可以分成宽度和深度，内容的宽度其实非常多，每个账号在刚起步的时候，可以做很多种不同的内容。

TikTok 上的内容多姿多彩，人群丰富多样。但从流量变现角度，垂直领域的账号流量会更加精准，也就意味着有更强的变现能力。当你持续在某个话题/方向输出内容，系统会通过 AI 算法判断你的账号定位，再把你的内容分发给那些更感兴趣的用户和潜在消费者。

3. 内容生产——模仿与原创

如果暂时没有内容制作团队，可以先模仿 TikTok 上类似的内容来测试效果，可以的话再进行原创，这样内容过渡起来会比较容易。不过模仿不是长久之计，原创内容更适合长远发展。虽然原创内容需要更多的精力和时间成本，但是发挥出自己的创意制作脚本并形成习惯，这些问题也就迎刃而解。

4. 利用 TikTok 上的流量池

话题标签和 Creative Challenge（创意挑战赛）带有大量流量，是打造原创爆款内容的好抓手。同时，利用第三方数据分析工具快速挖掘出潜力大的话题标签，并据此策划流行的热点内容，可以吸引一波流量。挑战赛也是如此。

5. 利用 Tag 标签

有效利用 Tag 标签，用 TikTok 算法将内容推送给目标用户。一方面，算法可以通过设定的标签识别内容类别，将其推送给有该偏好的那些用户；另一方面，用户通过搜索标签找寻内容,这样获得的流量也十分精准。比如,给每个视频添加 2~3 个 Tag 标签,同时包括热门和冷门标签。利用好 Tag 标签能帮你精准触及消费者,这对提升内容营销效果(完播率、点赞、评论和分享)有很大的帮助。

6. 内容适应本地

TikTok 用户群体来自全球各地,那么内容是否匹配目标国家和地区人群的文化特点就非常重要,因为这可以有效拉近品牌与目标消费者之间的距离。比如,使用英文配音和英文字幕帮助海外用户理解视频内容,就是 TikTok 上一些出海品牌正在使用的小技巧。

复习思考题

一、思考题

1. 比较分析速卖通、eBay、亚马逊、兰亭集势四个跨境电商平台的优劣势。
2. 论述平台型跨境电商平台的具体业务内容。
3. 论述自营型跨境电商平台的具体业务内容。

二、实训题

1. 假设你现在是一家时尚女装企业的跨境电商从业人员,目前该公司的主要海外市场是欧美市场,现在想要借助跨境电商平台进一步拓展东南亚市场业务,请根据企业特点制定出合理的平台选择策略。

2. 请查找相关网站,并完成下面的网站浏览体验报告表。

网站名称	网站突出的功能或特点	喜欢该网站的地方	不喜欢该网站的地方
亚马逊			
速卖通			

第五章　跨境电商选品管理

学习目标

了解跨境电商选品的基本内容;掌握跨境电商选品的基本原则和方式;了解常用的跨境电商选品工具;掌握跨境电商选品的质量管理要求。

引导案例

热卖品类解读

1. 美妆个护。Statista 数据显示,2023 年,美容与个人护理市场的收入将达到 5 711 亿美元,其中,总收入的 27.5% 将来自在线销售。同时,在预测期 2023—2027 年内,该市场复合年增长率为 3.80%。从全球范围来看,美容与个人护理市场的大部分收入来自美国,预计 2023 年,其市场收入为 914.1 亿美元。作为具有高复购属性的品类,美妆个护用品在美国电商市场的增长空间巨大。随着后疫情时代的到来,出生于 1995 年至 2009 年的 Z 世代逐渐成为美容消费市场的新势力。预计到 2032 年,Z 世代将占全球总人口的 21%。

Euromonitor 数据显示,在 Z 世代中,内在自信(44%)、皮肤舒适感(44%)和拥抱自己(36%)等观念至关重要。随着人们健康意识的提升,以养生为主导的美容产品服务也越来越受到这个群体的追捧。受通货膨胀等因素影响,消费者越来越注重性价比,商品促销和折扣力度对他们来说也非常重要,帮助消费者做决策的工具也发挥着越来越大的作用,包括分析客户需求、产品使用指南以及虚拟试妆工具等。

2. 宠物用品。后疫情时代,全球经济陷入低迷,宠物经济却持续升温。Insider Intelligence 的调查数据显示,当前大众更加依赖网购,宠物类别的电商销售份额一直在增长。到 2023 年底,38.4% 的宠物产品销售将在网上进行。而到 2027 年底,这一份额将增至 51.0%。宠物经济已经拓展至宠物食品、玩具、服装、护理与健康服务等多个细分领域,宠物市场正在持续升温。宠物食品一直是消费的核心,与此同时,越来越多的消费者愿意花费大笔金钱对宠物进行护理,宠物护理与健康服务等市场逐渐扩大。Nielsen IQ 称,大多数宠物护理品类销售的在线增长速度要快于实体店。

值得注意的是,全球可持续意识的提升为宠物营养和宠物护理行业提供了巨大的机会。根据 Nielsen IQ 的数据,具有更多可持续性相关声明的品牌与其消费者忠诚度成正比,超 50% 的可持续性宠物品牌复购率高达 30% 以上。拥有更多宠物数量的家庭更加注重可持续性。宠物数量越多,对环境产生的影响越大。多宠物家庭最关心的可持续发展问题包括环境可持续性、可持续包装、社会责任和动物福利。

3. 家居园艺。eBay Ads 发布的 2023 年春夏指南显示,超过 72% 的受访者计划在今年春夏季花大量时间在庭院或户外。同时,也有大量的受访者表示会花更多的时间待在家里,这意味着家居、园艺用品的需求将在今年春夏季上升。不仅如此,eBay Ads还列出了一些受欢迎的品类,超过一半(57%)的受访者计划购买园艺用品,包括草皮、草、植物、球茎和种子等;45%的人计划购买家居或花园装饰品,包括灯笼、仙女灯、装饰品、蜡烛、风铃、枕头和地毯等;35%的人计划购买新家具,包括吊床、火盆、天井套装等。Digital Commerce 360和Bizrate Insights发布的最新报告强调,目前,价格是推动网购增长的首要因素,客户评级和评论是消费者购物时最重要的参考因素。

4. 户外运动。谷歌搜索趋势显示,从2023年2月开始,户外运动的搜索呈平稳上升的趋势,在5月的三个时间段,搜索热度都达到了100。由此可见,全球消费者对户外运动产品的需求较为旺盛。Statista数据显示,2023年,户外运动市场收入将达到807.3亿美元。在预测期2023—2027年内,户外运动市场的收入年平均增长率为9.03%。

户外运动市场具有较大的发展潜力,运动泳装、运动鞋、钓鱼用品及设备、夏季运动器材等各个细分领域稳定发展。其中,运动泳装占据较多的市场份额,其次是运动鞋。当前,户外运动产品融入生活、时尚等多种元素,不仅适用于特定运动,更是承载了消费者对舒适性及健康生活方式的追求。

5. 3C数码。伴随着全球互联网的日益普及,消费者对智能手机、平板电脑等电子产品及耳机、充电器等相关配件的需求在不断增长,市场竞争也愈发激烈。

Hanover Research调查报告显示,全球3C电子产品数码市场将在未来几年呈大幅增长趋势。2023年,市场规模将达到10 280亿美元。其中,北美、欧洲、亚太地区的3C电子产品数码市场正快速扩展。受消费者电子产品需求增加、可支配收入增多等多重因素影响,亚太地区将主导3C数码市场,占据最高的市场份额,其次是北美和欧洲地区。

值得注意的是,随着消费者健康生活意识的提高,其对智能手表一类的可穿戴设备的需求在不断增加。这些穿戴设备可以连接手机,提供消费者运动、睡眠等数据,促进消费者对健康生活方式的落实。

资料来源:AMZ123,《2023上半年度跨境电商行业调研报告》

第一节　跨境电商的选品管理

一、跨境电商选品概述

现今,跨境电商具有全球性、无形性、匿名性和及时性、无纸化以及快速演进的特点。无论是出口跨境电商还是进口跨境电商,都以顾客和消费者的需求为导向,其目的在于扩展发展市场,实现利润的最大化。而跨境电商需要经过出关和进关这一环节,再加上某些商品具有特殊性,为了提升交易成功率,必须从实际满足和计划跨境两个方面考虑,以充分满足不同国家和地区消费者的消费意愿。而在跨境电商的经营中,选品对跨境电商平台商家的重要性是不言而喻的,选品是后期商品营销推广、成交盈利、可持续发展的前提和基础操作。能否顺利地开展商业活动,70%在于选品,由此可见选品有多重要。

(一) 跨境电商选品的内涵

对于"选品"这一概念,通过知网工具书检索和百度百科检索没有得到相关的解释,但百度搜索结果网页中关于选品的内容却不少,多是行业网站对跨境电商选品技巧和策略的论述。这表明,相对于学术界的冷清,业内对选品研究的讨论却十分火热。本章所指选品的内涵,即选择售卖的产品或品类,也可以理解为开发产品。在跨境电商行业,至今仍流传着一句话:七分靠选品,三分靠运营。选品的实质是所选产品的质量、价格符合消费者和目标市场需求,除此之外,还应该能将自身的竞争优势凸显出来。正确而合理的选品会让跨境电商企业在运营中少走许多弯路。

跨境电商出口的产品品类众多,去除一些易腐、不易搬运、国家明令禁止和跨境电商平台禁止出售的产品外,囊括了衣食住行各方面。跨境电商选品的研究内容主要集中在方法和策略论述、案例分析研究和大数据技术在选品中的应用几个方面。从电子商务的模式来看,主要集中在跨境电商出口零售选品(B2C)的研究上。从平台来看,集中于速卖通、亚马逊、eBay等。

(二) 跨境电商选品的必要性

跨境电商选品是指在把握网站定位的前提下,研究需要开发产品所处行业的出口情况,在跨境电商贸易第三方平台注册的卖家选择符合自身条件以及市场需求的产品进行售卖。选品方式的多样化也直接决定了后期运营的难度和结果。

从市场角色关系看,选品即选品人员在供应市场中选择适合目标市场需求的产品。从这个角度看,选品人员必须一方面把握用户需求,另一方面从供应市场中选出质量、价格和外观最符合目标市场需求的产品,最终实现供应商、客户、选品人员三者共赢的结果。

从用户需求的角度看,选品要满足用户对某种效用的需求,比如给生活带来方便、满足虚荣心、消除痛苦等。

从产品的角度看,选出的产品应为外观、质量和价格等方面符合目标用户需求的产品。由于需求和供应处于不断变化之中,因而选品也是一个无休止的过程。

二、跨境电商选品分析

跨境电商选品并不是一件易事,商家不仅需要过硬的理论知识,对相关平台规则、大环境趋势、市场现状、产品定位等进行详细调研,还需要进行实证研究,学会借助数据分析的方法进行选品。同时,选取的数据分析工具应多样化,不要只局限于平台内部。

(一) 跨境电商选品的原则

产品选择是跨境电商平台和平台供应商做出口贸易的一个非常重要的环节。对于从事跨境电商出口的贸易商来说,产品的质量与种类直接影响后续商家经营店铺的难易程度。对于跨境电商出口平台来说,平台的产品结构体现了平台的定位。

1. 充分考虑市场需求

在评估市场上的产品竞争情况时,跨境电商商家需要调查了解市场上的竞争者数量、竞争产品的数量以及这种类型产品的销售量。如果某一类商品的总销售额很高,并且分布在不同类型的商家之间,新的中小型商家就可以进入这类产品的销售市场。如果某一类或者某一种商品的主要商家和主要品牌的市场份额在50%以上,就意味着这些商家主导了该产品的市场,新的中小型商家就很难再进入此类或此种商品的市场。新进入跨境电商行业的商家需要尽最大努力选择市场承载量大且竞争并不是太激烈的产品。如果所选的商品只是蓝海产品,却没有市场承载量,那么产品就没有市场前景。

2. 充分考虑产品特质

跨境电商商家在选品时应该充分考虑产品的特质。根据商品学理论,商品的使用价值是商品品种和商品质量的函数。因此,首先,跨境电商商家需要熟悉想要卖的产品的特点、功能特性以及产品的质量水平,只有这样才能明确产品的市场定位,明确产品所适合的消费者;其次,根据国际市场细分理论,跨境电商商家应该根据产品的特质对国际市场进行细分,以达到提高公司经营利润的目的。

3. 充分考虑物流风险

许多人认为电商是人们通过网络平台进行交易的过程,与实体经济相比,人们没有与销售员面对面交流,因此未能真正享受到服务,这样的理解失之偏颇。相较于实体经济而言,跨境电商的服务更多体现在物流跟踪服务、线上问答服务、上门安装服务、售后服务及增值服务上。对于跨境电商消费者而言,如能及时实现物流的跟踪,无疑是吃下了一颗"定心丸"。而物流服务则是跨境电商服务的重要组成部分。跨境电商如能通过全球物流大数据的高效匹配服务与适当的海外仓库存调配,提供高效的物流服务,将产品及时送达顾客,那么无疑将会起到锦上添花的作用。

选择产品时,要考虑产品的物流和售后成本,确保选择适合运输且不易损坏、售后服务流程简单、清关便捷的产品。普遍来说,跨境电商商家应该选择体积较小、重量较轻的产品,否则会增加物流费用,产品在物流途中也可能遭受损坏,从而导致更多的客户投诉。另外,从所需的商品数量和重量来看,一些跨境电商平台也会限制发货商品的重量和数量。例如,卖家通过虾皮物流服务发货,若所发包裹的重量或者体积不在平台规定的范围内,那么系统就会自动取消这个交易订单,从而导致发货延迟,进而影响店铺的交易率。

4. 充分考虑产品利润

跨境电商商家不能仅仅依靠价格竞争来获得大量的顾客。降低价格必然会拉低产品质量,形成恶性循环,给整个跨境电商带来不好的影响。商家需要定位潜在盈利产品,计算产品的成本和效益,并适当参考平台上竞争产品的价格,以综合考虑产品的回报率。跨境电商商家需要考虑经营店铺的所有成本,例如采购成本、包装成本、国内外物流费用、海关费用、平台费用、交易费用和广告费用等。按照跨境电商商家自身的销售和运营成本为产品制定合适的价格,并保持合理的定价,才能确保不会造成亏损风险。只有注意产品的投入产出比,才能防范可能遇到的风险。

5. 确保产品不侵犯法律法规和平台规则

在选择商品时,商家需要特别注意不要违反目的国(地区)的法律法规和商家所在跨境电商平台的知识产权规则、禁止或者限制销售规则等。

在跨境电商平台产品选择中,一个重要问题是选择的产品是否存在侵权的现象。近些年来,每隔一段时间便会出现爆款产品,而这些爆款产品是否存在侵权现象以及跨境之后能否正常使用,直接关系到跨境电商商家的后续发展。跨境电商新手可以利用大数据分析市场需求,在选品上尽可能选取标准类、价格低、重量轻的产品,因为这样可以更好地规避风险,同时也应提前做好供应链和物流方面的准备。如近年来,有多家亚马逊店铺账号被冻结,主要原因是侵犯了 WALL CLIMBER 遥控爬墙车的商标权。这一现象的出现并不是个例。随着当前跨境电商的繁荣发展,大量的侵权事件开始出现,不仅导致许多电商平台上的账号被封,而且对平台本身也产生了致命性的影响。

具体而言,跨境电商出现的侵权面广、范围广,玩具和服装产品是跨境电商平台侵权的主要领域,而导致这些问题的根本原因则是卖家产权意识比较薄弱。因此,在选品时,为了获得良好的信誉,促使电商平台实现可持续发展,跨境电商需要格外关注侵权这一问题。尤其是在当前网络发达的情况下,跨境电商商家一旦选择了侵权的产品,给消费者带来的直观化的不利影响不是侵权这一现象,而是感觉自身被欺骗、自己的利益被损害。如京东在2018年出现的产品侵权事件,对京东跨境电商产生了非常严重的影响。现实中,跨境电商存在的侵权现象较多,这就需要跨境电商商家合理选择产品。在法律法规允许范围内,形成健全的法治化跨境电商经济,实现长远发展。

(二)跨境电商选品分析维度

1. 国家分析

跨境电商是全球化销售,产品可以同时销售到不同国家,因此在选品时要重点考虑目标国家的文化、宗教信仰、生活方式、消费习惯、体型、经济状况等因素。如欧美人习惯个人聚会、家庭户外活动等;东南亚人网购对产品品质要求不高,但对价格比较敏感,对卖家的容忍度相对较高,更喜欢新、奇、特的创意商品,对小价值产品趋之若鹜;而中东地区的人比较喜欢单色,其家装以民族特色明显的地毯、挂毯为主,他们身材一般比较高大,衣服以"欧码""美国码"为尺码标准、鞋子以"欧码"为尺码标准,电器类产品电压为110V,等等。选品时可以重点考虑这些因素,以便更好地适应该区域的消费习惯。

2. 平台分析

每个跨境电商平台都有各自的特点,比如亚马逊平台最初是靠销售图书、音像制品起家,因此这个类目销量一直很大;eBay 平台的宠物用品、汽车配件、健康用品等;Wish 平台的小商品如 3C 电子产品类、珠宝配饰类、服装箱包类、小创意品等。就像在国内电商平台中,如果想买一台笔记本电脑,消费者首选电商平台是京东而不是淘宝一样。可以根据自己销售的产品,选择更合适的平台。

3. 类目分析

选品时,商品类目分析主要是对产品的一级、二级等子类目商品的总销量、总卖家数量、总利润率等数据的调查分析,这有助于对市场流行趋势、产品开发方向、细分市场进行把控。

4. 差异化分析

同质化产品因销量大、卖家数量多、价格竞争激烈等因素，不易形成品牌，热卖周期较短。通过上述参数分析，进行包装、款式、功能、材料等方面的"微创新"，容易形成自主品牌。特别是对销量大、差评多的产品，应该进行认真分析，研究客户差评的原因，在产品生产中对客户差评集中的问题进行优化，能更快地推动销量和创造品牌。

5. 流量来源分析

跨境电商平台的流量都有自己的渠道。如亚马逊平台主要流量来源于谷歌搜索引擎。可以先在谷歌上搜索相应的产品，找出产品是否有足够的感兴趣的用户。更重要的是找出亚马逊上主要关键字的搜索量，因为数据表明亚马逊的转化率通常在12%~17%之间，如果前三名产品的关键字在亚马逊的每月搜索量超过10万次，这是一个很好的信号，表明这类产品有足够的需求。而Wish流量来源的重要渠道则是社交媒体Facebook，跨境电商商家可以了解国外社交媒体的习惯和兴趣，关注社交媒体的热词，这样能更快速地抓住真正的市场风口。有的平台流量来源于YouTube、NetFlix（奈飞）等。法国电商平台Cdiscount的流量来源于时装杂志等。不同平台的流量来源，代表着不同的客户群体的属性。分析流量来源，能更精准地掌握客户需求，从而促进销售。

6. 创新技术应用

产品的创新是未来发展的主要方向和动力，新技术、新材料、新工艺、智能化等技术手段用于提升产品质量，最容易让消费者接受，并得到消费者的青睐。一些热销产品如宠物智能定位器、智能插座、智能音响、不锈钢折叠吸管等，在产品原有功能的基础上增加更为实用、科技含量高的属性，不仅能提升品牌的扩散能力，更是利润的新增长点。

（三）跨境电商选品的季节分析

每个类目的产品或每款产品都有时间周期，在打造品牌的时候，要重点研究产品的销售周期，这对生产制造、库存、资金周转等非常重要。

1. 淡季选品

每年1—6月份，不论是线上或者线下、中国或全球，都进入销售的"淡季"。如何做到淡季不淡，就要从选品上下功夫。更换应季产品，做差异化产品，做南北半球的反季产品，都是不错的选择。

2. 旺季选品

跨境电商每年的销售旺季为7—9月份，一般为户外产品旺销季节。特别对欧美地区消费者来说，这个时间段是户外旅游的季节，因此户外类、运动类产品销量比较高。9月份至次年1月份为另一个销售旺季，这个时段国外的节日比较集中，产品的客单价较高。全年销售量主要在旺季中体现。

3. 节日选品

国外的节日较多，往往节日来临的时候也是购物密集期。如在圣诞节、情人节、万圣节、感恩节、复活节等，比较明显的节日性特定产品热销。但生产或销售商要充分考虑提前生产、备货及销量等数据分析，把握节日选品的机会。值得一提的是，欧美地区流行的"黑色星期五",又被称为"购物狂欢节",类似国内的"双十一"大促销。"黑色星期五"促销活动持续周期不是一天,而是一周,这也是选品分析的重要数据依据。当然,还有如"亚马逊会员日"促销活动等。另外,个性化、定制化以及趣味性等因素在节日促销中扮演的角色越来越重要。

(四) 跨境电商选品的参数分析

1. 单品销量分析

在某一个平台中,某款单品的总销售量往往体现单品的热卖度,特别是国际品牌的新品,总是能引领单品的热卖潮流和方向。分析销量的同时,也要分析单品的卖家数量。卖家数量多、销量大的产品,一般都是当季热卖产品。

2. 排名分析

某一类目产品或单品在同一个平台上的销售量是有排名的。但做排名调查时可以分析第1~500位的排名结果,从销量排名中研究同行的销量、利润、退换货、评论等因素。

3. 趋势分析

销售趋势分析是基于单品的销量排名、卖家数量来判断的,重点调查同类卖家过去1个月的销量走势。若产品卖家少而销量大,过去一个月每天销售总量都在上升,说明产品销售处于热卖上升期;若产品销量大而卖家多,过去一个月总销量在逐渐减少,说明产品销售处于热卖下降期。应作出数据分析调查表,画出选品图形来进行准确的分析比较。

4. 利润分析

综合生产(采购)成本、国际物流(仓储)成本、平台抽成费用、退换货的成本,再加上预期利润,一般就是上架商品的零售价格。利润分析应首先结合跨境电商企业实际的管理成本和发展需求,对产品价格进行优化和调整。

新品、科技含量高的产品,一般附加值较高,利润也比较高;热销品、卖家多的产品,销量大但价格竞争也非常激烈,往往利润比较低。选品的时候综合考虑产品的生命周期及爆发期的利润区间,定价才是科学的。

当然,选品质量如果不过关,后期可能会收到差评、遭到投诉,甚至造成退换货。对于跨境电商行业而言,二次售后成本较高。所以,选品时一定要保证质量。这也从另一个侧面反映了选品要注重品牌产品的重要性。亚马逊海外购数据表明,超过80%的消费者喜爱海外购物的首要原因是商品品质有保障。在亚马逊海外购前50个搜索关键词中,84%为品牌名称,这充分表明用户的品牌意识和品质观念已经相对成熟。

三、跨境电商选品方式

(一) 根据选品的方法角度

1. 基于平台特点

跨境电商作为当前经济发展的重要组成部分,在实际发展中形成了多样化的平台,主要包括速卖通、敦煌网、eBay、Wish、亚马逊、兰亭集势等。这些不同的跨境电商平台在竞争激烈的电商市场发展中形成了自己独特的优势。

对于跨境电商卖家而言,如何正确选品,以从产品直观化层面吸引不同层次消费者的注意力,并获得正常销售非常重要。亚马逊平台的特点是以商品为导向,适合做品牌。但是对于中国卖家来说,在亚马逊上只有"跟卖详情页"和"自建详情页"两条路线。亚马逊平台允许多个卖家共用一个产品链接。跟卖要选择销量好的商品,在亚马逊上跟卖的产品大多数是电子类、汽配、家居和运动器材等标准化产品。而在针对特色产品实现跨境销售中,很多卖家会首选阿里巴巴国际站旗下的电商平台,这是因为阿里巴巴国际站电商平台在世界范围内的知名度高且囊括的范围广。速卖通由于门槛低、操作方便、海外知名度大且背靠阿里巴巴,备受跨境电商中小卖家的青睐。目前,集中在速卖通比较多的是时尚类产品和配件以及小家居运动类产品,而且其性价比也比其他平台突出。所以,卖家在速卖通选品的时候,可以选择体积小、价格低的产品进行销售。基于以上分析能够发现,当前消费者更加倾向于根据平台特点实现合理的选择,而不同的平台特点也是与消费者的需求和自身利益满足相符合。

2. 基于货源

现今,在跨境电商发展中,货源也成为跨境电商选品的重要方法之一。卖家在选品时首先要对自己有清晰的定位,即卖家如果有雄厚的资金,就可以大批量采购工厂货品;如果是中小卖家,就尽可能围绕自己熟悉的品类或者有良好货源的品类。消费者通过跨境电商平台获取自身想要的产品时,首先要考虑产品质量到位,性价比能够高效实现。由于近些年来跨境电商发展不够规范及监管存在盲区,国家没有出台相关的法律法规、标准,出现许多假冒和低劣产品的现象,严重挫伤了消费者对跨境电商的信赖心理。因此,为了能够获得消费者的青睐,现今许多跨境电商企业进口跨境产品时会优先选择海外仓。海外仓货源的设置,首先能够给消费者吃下"定心丸"。消费者通过平台能够看到发货地,如果所选择的进口产品直接标注了是法国或者美国海外仓发货,那么消费者会在很大程度上认为自己买到了货真价实的产品。而对于我国的出口跨境电商来讲,通常会选择集中的货源仓,如浙江义乌和广东等都是我国出口国外的重要货源地。特色产品的出口则会集中在特色产品的生产地或生长地,从而凸显出特色产品的"特色化",这对实现顺利出口起着非常重要的作用。

3. 基于大数据分析

在信息技术发展的现状下,大数据应用于跨境电商选品已经不是新鲜事。但是,现今越来越多的人员参与到跨境电商平台的现实消费中,也就意味着数据量会不断增多。商家如何高效地通过大数据分析,帮助跨境电商实现选品工作科学化,是一个值得思考的问题。跨境电商需要积极借助最新的云数据计算和分析模式,针对广大参与跨境电商且已经消费的消费者进行数据分析。这可以从产品种类、产品发货地、产品性能标准等方面落实。如,跨境电商通过对某一时期发往某一物流目的地的产品销售量进行分析,能够总结出产品消费的地域性特征。这能使产品的提供更加具有倾向性,对于后期市场整体规划甚至品牌的全球性营销策略具有重要的参考作用。兰亭集势2019年平台活跃用户总数为3.437亿。持续的营销推广及大数据运用为平台获取新用户,提高用户黏性度起到了积极的推动作用。

4. 逆向选择

逆向产品选择是通过一种逆向思维，寻找能够顺利上架并且被广大消费者所接受的产品。如，当前部分跨境电商产品可通过提前报名或者预付定金的方式提前上架，甚至是定制类产品。这样在活动截止日期或者支付尾款之后，产品便会在很短时间内送到消费者手中，有效控制了中间成本。再比如，跨境电商卖家通过关键词搜索相关产品，然后通过产品的性能介绍和检索分析对产品进行精确的评估。分析目标市场，将目标市场定义为具体的国家和地区，然后点击该产品的热销店铺，结合实际情况合理选择跨境贸易的品类，商品就更具有与目标市场匹配的特征。如，亚马逊平台能够针对客户实现逆向选择，能够针对亚洲市场和西方市场实现针对性分析，提供精准的电商服务。

（二）选品的模式

1. 技术研发类

自身有工厂或者有能力投入研发的企业，会经过调研，找到所在行业的热卖品，并根据市场变动和消费者需求偏好，不断寻找消费者的痛点和兴趣点进行产品改良和二次研发，使产品更加具有吸引力。

这种模式需要企业有一定的研发能力和市场洞察力，能对市场用户的需求点、兴趣点和痛点进行改善并且加入产品中。该种模式优势如下：单品的大量生产销售可以极大地降低产品的边际成本，进而降低售价，做到高性价比，同时也使得员工操作熟练度增加，制作流程更加优化，从而使得生产效率和产品品质得到提升。爆款对于品牌形象的塑造以及传播意义非凡。在电商中，尤其是在那些重产品轻店铺概念的电商平台上，良好的口碑使得销售更为顺利。爆款在一定程度上帮助客户做出选择，解决了客户的选择忧虑，满足了买家认知闭合需求。该模式下，企业可以依靠胜人一筹的转化率赢得更多订单，再依靠出色的产品品质和高性价比积累更多好评，形成良性循环。但是该模式比较适合有一定生产研发能力的制造型企业。

2. 资本导向类

这是有一定规模的大卖家的选品方式。旺季过后，卖家进行市场调查，基于对数据的分析，选择十几款甚至几十或上百款产品上架试运行。这样账号自然流量高，从而拉动销售额。该模式下店铺被买家搜索或浏览的频率相对于其他选品模式的店铺是有优势的，从而在同等转化率的前提下，该模式下的销售额会更高。在不同类目、不同型号款式的海量SKU前提下，与其他模式相比，该模式拥有更多可能被市场筛选出的热销款或爆款。

3. 供应链优势类

卖家基于自身的供应链资源，利用好上游供应商资源，根据市场以及第三方平台大数据进行选择和优化。这种模式与资本导向下的海量SKU的区别在于选品多、库存浅，能够大幅减轻库存与资金压力。采取这种模式，需要依据产品的类别制定出产品测试周期，用以检验产品的热度与前景，从而决定继续销售还是淘汰。

由于资金压力的降低，卖家可以力求保本的定价，使用经过计算分析和模拟稳定大量产出后边际成本趋于稳定的前瞻性定价，从而大幅增加产品上线初期的竞争力，减少由于前期高定价而出现销售不良从而对产品前景的误判。集中资源会在前期推广时减少由于推广不足出现的销售不良,从而造成对产品前景的误判,同时也能在发现热销趋势后加大力度推广。品质方面,相比于海量 SKU 模式的暴增上线计划,此种模式无论在产品开发还是采购、生产、品控等环节,都更从容和容易把控。

4. 行业趋势类

该种模式被中小卖家采用居多,根据一些卖家原本的行业特性和兴趣爱好趋向进行产品定位和选品,基于本身对行业的兴趣和了解迅速找到一些匹配的产品入手进行销售。由于前期选品具有个人喜好倾向性以及行业惯性,忽略了竞争对手以及市场需求,从而导致选品比较盲目,命中率较低。

这一类选品大多由卖家凭借个人喜好或对某行业的了解来进行。这需要卖家对行业发展规律和产品的生命周期非常熟悉,进而能够对商品发展趋势作出判断,由此进行产品选择和定位。从产品的生命周期来看,卖家在选择产品的时候要考虑产品季节性以及消费者的搜索热度和趋势规律,如利用谷歌趋势(Google Trends)搜索产品,可以更好地分析细分类目。商家可以选择在不同地区和不同时间进行查看,可参考过去五年的数据排名,还可以添加多个关键词的对比。

四、跨境电商选品渠道

跨境电商的选品实际上就是寻找货物的来源。选品渠道大致可以分为两类,站内选品和站外选品。站内选品顾名思义就是在跨境电商卖家自己所在的平台上利用各种选品工具进行选品。相反,站外选品就是指所选的商品来自卖家所在平台之外的其他跨境电商平台。

(一)站内选品方法

平台内选品的本质就是决定选择何种产品作为店铺的主打产品。

1. 工具分析法

平台会有各种选品工具。以谷歌趋势分析法为例,此方法是指借助谷歌数据分析工具,分析行业发展数据以及与产品选择相关的数据。此外,跨境电商卖家也可以利用这个工具查询不同种类商品在不同时期的销售状况,以此分析不同种类商品的季节性特征。跨境电商卖家也可以使用 Keyword Spy(一种搜索引擎优化工具)确定产品关键词的流行度,并使用谷歌分析工具查看自己所选产品目前在各大平台上的销售信息,以此来分析哪些产品卖得好、整体表现如何。

2. 选品组合分析法

选品组合分析法是指在选择产品时不是选择一种目标客户定位的产品进行销售,而是选择多种目标客户定位的产品组合进行销售。例如,上架 15% 的热卖产品用于吸引访客,即这些产品是当下非常流行或者即将流行的;上架 25% 的主打产品,这些产品单品的利润很高,用以保证店铺的盈利能力;上架 60% 的普通产品用于与其他产品的销售形成配合,例如可以选择一些在消费者看来性价比很高的产品,即那些质量较高但价格合理的产品。产品选择需要针对不同的受众,不能聚焦于单一品质和阶段的产品,进行阶梯化选品才能获得更多的订单。

(二) 站外选品方法

1. 第三方产品来源

以速卖通平台为例,有三个主要的选品来源。(1)线上来源,包括国内线上和国外线上。国内的跨境电商平台以及选品平台包括1688、淘宝、天猫、义乌购等。国外的跨境电商平台包括eBay、亚马逊以及其他大型网络购物平台等。其中包括几个在北美已经非常成熟的跨境电商平台:亚马逊是美国规模最大的跨境电商平台;eBay主要从事基于C2C模式的跨境电商业务,且与亚马逊相比较,有不同的经营模式;Best Buy(百思买)平台成功实现了线下到线上的转型;Sears(西尔斯)作为美国最大的百货连锁店也十分出名;Newegg(新蛋)跨境电商平台主要销售的是电子产品。(2)线下来源,主要是一些本地的产品批发市场,例如义乌、温州或者深圳等地的商品批发市场。(3)其他线下选品来源,包括实体店和工厂等。

2. 站外选品思路

站外选品的思路会根据货源的不同而不同。第一是线上货源:①平台上流行且销售量大的产品或者类似产品,但必须是一些无须品牌方授权的产品,否则,卖家很可能涉及产品侵权的问题。②寻找平台上流行产品的差异化产品,这是在商家中脱颖而出的一种方式。③平台上从未销售过的产品,这些产品因为没有卖家销售过,因此市场会很广阔;第二是工厂供应:对于工厂供应,建议选择那些货源充足且有丰富代工经验的工厂,这样可以节约相应的成本。第三,选择热门商品。

各跨境电商平台的商品分类不尽相同,跨境电商销售的热门商品包括:

(1)鞋服类。服装商品也将以多样化的升级推动服务升级,搭建多元化的时尚潮流销售市场,打造丰富多彩且具有时尚潮流特点的货品库,全力以赴提升细分化类目,如大衣、套服、礼服裙、时尚童装、饰演服、成年人服装、工作服装等。

未来,鞋制造行业的发展趋向和合理布局的重中之重是市场细分:随着男鞋女鞋在各个国家市场渗透率的提升,商家需依据货物构造和细分化情景的多元化,考虑不一样消费群体的个性化需求。

(2)美容健康类。美容健康行业涉及健康保健饮食、隐形眼镜等身心健康品类。肌肤护理、彩妆产品、假发套、美甲、个人护理等类目在非洲将迈入强势提高的新阶段。

(3)装饰品及腕表类。借助于中国强大的供应链管理优点,再加上其性价比高、类目回购率高等特点,装饰品及腕表类产品一直是跨境电子商务制造行业的重中之重。商家应重点关注发展潜力大的类目。

(4)孕婴用品类。相关数据信息显示,我国母婴用品市场容量稳步增长,是全世界母婴用品生产制造产业基地,具有强劲的供应链管理优点。伴随着跨境电子商务的普及,母婴用品线上行业也获得了很大发展,尤其是非洲市场,客户占有率和市场销售经营规模皆保持高速增长。

商家需掌握不同销售市场的母婴用品用户需求,合理布局国外市场;健全手推车、儿童安全座椅、儿童床、尿不湿等大物件/泡货类目的运输物流管理体系,构建海外仓储服务项目;提升知名品牌的国外影响力,打造新的盈利突破点。

(5)手机及零配件类。到目前为止,中国手机生产商早已凭着本身的勤奋,在全世界销售市场中获得愈来愈强的国际影响力,在与别的国外知名品牌的市场竞争中愈来愈占有优势。重视创新产品、智能结合,协助处理客户某一细微的商品困扰,造就新的应用情景,都可能是手机制造行业爆发的机遇。

商家可深层次融合不同市场的需求,根据本土化经营和服务项目、对外开放类目的多样化,丰富维护类产品系列,确保电池充电类商品有质量保证,全方位打开当地销售市场;导入相对的服务项目,为国外顾客处理售后服务难题;同时,寻找技术专业服务平台加强协作,多层次提升消费者的选购感受。

(6)家电类。伴随着互联网的发展,商家们应创建和提高货品门槛,使商品更具有特色。且务必连续性地提升选款的质量,提高中国制造业的水平。智能化小电器更容易融入和切合服务平台发展趋势。商家们在货品筹划和经营节奏方面需早做准备。保证在服务平台上位居领跑水平,才能从服务平台现行政策中的获得收益。

第二节　跨境电商选品工具

跨境电商选品辅助工具分好几种。选品并不是简单的筛选工作,而是要在一系列智能数据分析的基础上,进行产品的选择和后续判断。认识到这一点,卖家可以围绕不同的平台选择合适的辅助工具。

挑选一个觉得不错的辅助工具,把关键词或产品名称输入进去,就能够看到众多的对比数据。如果某个产品销量的增长速度非常快,而且还有很庞大的增量市场,就意味着这是一个值得选择的产品。反之,如果不是,就不建议商家去选择此类产品了。使用选品辅助工具的目的就是:筛选出更有价值、有更多增量市场的产品。下面介绍几种常见的选品工具。

一、Google Trend

Google Trends(免费)的中文翻译是谷歌趋势。顾名思义,它是一款帮助我们了解趋势的工具,对应国内的百度指数。Google Trends 的 Hot Trends(热门趋势)实时提供各国各地区的热门产品和话题,用户可以从中获取灵感或了解人们更愿意在哪些方面花钱。

谷歌趋势是谷歌旗下基于搜索数据推出的一款分析工具。只要有谷歌邮箱账号即可使用。它通过分析谷歌搜索引擎每天数十亿的搜索数据,告诉用户某一关键词或者话题在谷歌搜索引擎中展示的频率及其相关统计数据,用户可以通过这些搜索数据了解市场、受众以及未来的营销方向等相关信息。

二、Google Ads

Google Ads(免费)的关键词策划师工具是一款卖家用来选品及寻找关键词的工具,注册比较简单,用谷歌邮箱即可。它的后台会显示关键词以及相关关键词的价值,使卖家通过关键词的价值了解消费者的行为喜好。

三、Jungle Scout

Jungle Scout (JS)(收费:29~99美元/月)专注于帮助亚马逊FBA卖家选品。目前,JS网页版主要包含了三部分功能:(1)寻找热销品;(2)搜索供应商;(3)关键词分析及管理。

Jungle Scout的功效在现在所有的选品工具中是开发得最完备的,而且它的数据剖析、定位产品选品更精准。这款工具依据每个产品的出售数据节点,用数学模型智能剖析数据。Jungle Scout可以帮助卖家快速分析产品排名和获取产品实时销量数据,为卖家决策产品是否值得卖、为发货的数量提供数据支持,以确保获得更高利润和更大销量。

支持站点:美国、英国、德国、墨西哥、加拿大、法国、印度、意大利、西班牙等。

四、Keepa

Keepa(收费:15欧元/月、149欧元/年)可以简单推理和判断出竞争对手的产品得以推广起来的原因;查询竞争对手有没有做秒杀活动、做秒杀活动的效果怎么样等数据;实时追踪竞争对手的价格,包括什么时候降价、什么时候升价。基于此,卖家可以对自己的产品进行优化,提高自己的竞争力。

支持站点:美国、法国、英国、德国、日本、中国、印度、巴西、意大利、西班牙、澳大利亚等。

五、Merchant Words

Merchant Words(收费:30、60美元/月)是针对亚马逊的一款关键词研究工具,是目前中国卖家使用最多的关键词工具之一。其操作简单,用户仅需在搜索框中填写关键词,系统就会自动返回大量的关键词。这些搜索词的参数可以给卖家提供全面的参考,让卖家知道客户比较在意哪些产品,也可以作为选品参考。

卖家还可以免费使用数量有限的关键词查询。除了免费版本外,收费版本还包括不限量搜索、逗号分隔值(Comma-Separated Values,CSV)文件下载以及24小时的客户服务支持。

支持站点:亚马逊全站点。

六、Unicorn Smasher

Unicorn Smasher是一款免费的谷歌浏览器扩展程序,它提供了一个有组织的数据面板,让卖家能够研究想要销售的产品。同时,它提供亚马逊销售数据,帮助卖家快速找到有潜在商机的产品。

支持站点：美国、英国等。

七、Camel Camel Camel

Camel Camel Camel（免费）可以追踪亚马逊特定产品价格，还能让卖家获取想采购的产品的价格更新。

支持站点：美国、法国、加拿大、德国、英国、意大利、澳大利亚、日本、中国等。

八、Scope Seller Labs

Scope Seller Labs 是一款免费的亚马逊工具。卖家可以利用它进行关键词研究，做产品研究和分析，改善亚马逊 SEO 和按照点击收费（Pay Per Click，PPC）广告系列。它分为付费版本和免费版本，对初入行者来说是一个很好的工具，因为利用它可以轻松查看产品的销售情况，了解销售数据，这对于亚马逊产品开发来说至关重要。它有许多方便的功能，包括特定产品反向亚马逊标准识别号（Amazon Standard Identification Number，ASIN）查询、关键字 CSV 文件导出、产品关键词搜索量查询、按点击付费（Cost Per Click，CPC）费用估计、产品的销售额估计等，方便卖家找出成功产品详情页使用的特定关键词。

九、AMZ Scout

AMZ Scout（收费：19.99、29.99、39.99 美元/月）能帮助卖家了解特定产品的竞争格局，研究新产品商机，并查看产品的季节性销售趋势。其销售估算比较精确，可以试用 7 天，之后分为三个收费版本：Basic 套餐每月 19.99 美元，Start Package 套餐每月 29.99 美元，Business Package 套餐每月 39.99 美元。其中包含产品数据库，可以进行关键词追踪和竞争对手分析，提供免费 FBA 计算器和估算器。其中，Basic 套餐可追踪 20 种产品，Start Package 套餐可追踪 40 种产品，Business Package 套餐可追踪 80 种产品。

十、Cash Cow Pro

Cash Cow Pro（收费：49.97 美元/月，997 美元/年）是一款全面的亚马逊产品研究工具，拥有 2 000 万款最畅销产品的数据，并包含免费的 Chrome 扩展（一种用于增强 Chrome 浏览器功能的软件程序）程序下载。使用它可以获取实时销售数据、研究畅销产品、预估特定 ASIN 的营收等信息，就是价格有点贵。

十一、Amachete

Amachete（收费：12.95、19.95 美元/月）是一款便捷的 Chrome 扩展程序，可以提供竞争分析、利润估算以及排名和库存跟踪功能，可以设置国家、类目、价格、热销品排名（Best-Sellers Rank，BSR）、星级、评论数量等参数来筛选目标产品。除此之外，它还有一个非常实用的功能，那就是劫持监视器。它会不断监控产品详情页，一旦发现其他卖家试图劫持详情页,Amachete就会立即与卖家联系,卖家就可以联系亚马逊,阻止销售额损失。

支持站点:美国、英国、加拿大、墨西哥、德国、意大利、法国、西班牙、日本、印度等。

十二、新外贸机器人

新外贸机器人的标杆企业功能,可以根据阿里巴巴国际站客户询盘量和访问量筛选出优质供应商,再通过热门产品查询优质供应商中询盘多的产品。作为卖家,需要的是这个查询功能。询盘多的产品往往就是市场需求比较大的热门产品。在阿里巴巴外贸服务市场,搜索"外贸机器人"即可一元钱体验。

当然,市场上还有很多工具,比如 AMZShark、HelloProfit、Sellics、Keyword Tool Dominator、KeywordInspector、Keyword Tool、Ali Inspector、ASINspector、CashCowPro、ZonGuru、AmazeOwl、FBA Wizard 等等。

> **课程思政**
>
> 跨境电商选品辅助工具很多,在选品时可以合理利用。但是,工具只是个工具,不要太迷恋。指导工具使用背后的思维,以及分析数据的思维才是最重要的。工具不是越多越好,挑选一款或者几款比较顺手的工具提高效率即可。在跨境电商选品这个板块,卖家要靠自己多实践,才能练就好的"选品感"。

第三节 跨境电商选品的质量管理

质量是基础,安全是底线。跨境电商的繁荣发展反映了我国消费市场对高品质产品和服务的巨大需求。一系列政策的出台,将会助力我国跨境电商不断从以往的低品质、灰色、不透明向注重品质、规范发展,进而推动供给侧改革和国内消费的升级。

一、跨境电商选品的质量管理特点

(一)快而灵

跨境电商选品的质量管理如果还是按照传统企业的一板一眼、一流程一规范来实施,恐怕很难生存下去,这是由跨境电商行业的本质决定的。"快"字当先,但要强调的是,快不等于乱,快不等于差。跨境电商选品的质量管理需要灵活,无论是质量管理体系,还是各个质量管理模块,都必须具有充分的灵活性,在应对市场变化、公司战略调整、产品迭代时,要拥有一套灵活的质量管理方法及可以调整的空间。

(二)简而精

世界最美的艺术品往往具备"简洁"这个特征,其实跨境电商选品质量管理也一样,需要有简洁高效的体系。如果体系流程过于复杂,往往会耽误产品的上架、销售,甚至可能影响公司整体的市场机遇。但简洁不是简单,简洁不是粗放。"精"体现在:力合一处,拳打七寸。跨境电商的产品往往以原始设备制造商(Original Equipment Manufacturer,OEM)、原始设计制造商(Original Design Manufacture,ODM)模式居多,所以传统行业的很多品质构架将不再适用。跨境电商企业必须根据自身的产品类目、市场预期、产品定位等来合理地设置自己的品质管理系统。

(三)深而广

质量管理工作从模式上可以分为:深度管理与广度管理。"深度"就是指质量管理的纵深。传统行业很多都是采购原材料,通过设计加工,最终形成产品,并销售给客户。跨境电商往往采购的就是成品,这就需要质量管理向供应链端延伸至一级、二级,甚至三级。只有这样,才能全面把控核心材料、工艺、制造过程。一家传统企业一般做一种产品,多则几种产品。但跨境电商不同,一个几百人的企业可能经营十几种甚至几十种产品,这就要求跨境电商企业的质量管理人员具有很宽广的行业知识,同时还需要具备对产品立项、开发、评测、检验、售后等全流程的质量管理知识。

二、跨境电商选品的质量管理体系

跨境电商选品的质量管理体系包括三个模块:供应商质量管理、样品质量评测管理、出货检验质量管理。

(一)供应商质量管理

什么是供应商质量管理?首先,这个概念发端于美国,后被日本企业发扬光大,最后又被美国企业推陈出新。其次,这种质量管理理论在传统行业至少有近百年的应用史。最后,它是现代"大供应链管理"中必不可少的一环。

供应商质量管理是提升供应商品质的一种活动,是在整个供应链环节中,运用质量管理理论和供应链管理理论对供应商进行评价、选择和管理的过程。其目的就是维持和改进供应商的品质保证能力,使其能够持续提供符合企业和用户质量要求的产品。供应商质量管理在整个组织的质量管理中占据着非常重要的地位,是企业质量管理的重要组成部分。

供应商是跨境电商供应链中很重要的一个环节,一个好的供应商可以避免缺货、成本过高等问题的出现,还能为跨境电商企业带来更大的优势。不过怎么去选择供应商?又要怎么做好供应链管理呢?

第一,选择质量合适的供应商(链)。每个企业在不同的发展阶段,所需要契合的供应商(链)不同,质量水平当然也就有高下之分了。应制定相应的评审标准,也就是《供应商评审细则》。有了标准,就能有效抑制"人为因素"的影响。细则可以根据企业的发展状态逐步调整,由少到多,逐步增加、补充,并予以执行。

第二,管控供应商(链)的质量。找到合适的供应商,并实施质量管理,其中最为重要的一条就是"数据管理"。要评价一家企业的质量水平,我们需要知道供应商的来料管控数据、制程管控数据、出货管理数据。有人可能会说,如果有这些数据,那这个供应商的质量还用管理吗?其实不然,举个简单的例子,就算夫妻档,总知道自己进的是什么材料、生产中是否有问题、出货后客户反馈如何吧。

第三,提升供应商(链)的质量。这其实是供应商质量管理的核心,即如何通过本公司的资源如硬件资源、软件资源、人力资源等去协助供应商提升其质量管理水平。供应商的质量水平提升了,跨境电商企业的产品质量才能得到保证。跨境电商企业可以从以下几个方面提供帮助:协助供应商聘用具有质量管理能力的专业人才;协助供应商建立并完善全套与产品质量管理有关的标识、报表、清单等书面材料档案;提供质量管理所需的投入,包括人员、工具、设备、场地等硬件和资源方面的支持。

第四,建立供应商质量管理数据系统。若产品款式较少,可以通过数据收集、人工整理来实现。而产品款式较多、规模较大时,就必须依托于数据系统的支撑。这些数据包括产品规格书、产品评测报告、供应商审核记录、验货记录、供应商整改数据、售后数据、动销数据、利润率数据等。此类数据具有两个显著特点:其一,基于数据对供应商进行分层分级。将供应商分为核心层、发展层、预备层,这可以对质量管理的资源预测、计划、分配、实施、调整等提供科学的依据。其二,基于数据对供应商进行质量改善。基于精准的数据统计、分析、呈现,才有可能发现市场真正关注的问题、供应商质量管理存在的核心问题,从而制定正确的策略。

(二)样品质量评测管理

样品是能够代表商品品质的少量实物。跨境电商样品包括:(1)从整批商品中抽取出来作为对外展示模型和产品质量检测所需的商品;(2)大批量生产前根据商品设计而先行由生产者制作、加工而成的商品。样品质量管理是按一定标准对样品进行评测、认定、封样、存储的全部质量管控过程。

跨境电商选品的样品质量管理包括横向和纵向两个方面。

(1)横向:涉及的协作部门包含产品端、销售(运营)端、品质端、客服端、售后维修端等。

①产品端:需要提供完整、详细的产品规格(说明或要求),尽量满足核心规格的测试需求;②销售端:提供对于目标市场、目标人群、竞争对手、行业动向的见解,将其转化为"用户需求评测";③品质端:提供评测标准、评测方法、评测设备等,执行样品评测及样品质量统筹;④客服端:提供类似产品、客服市场的过往数据,丰富样品评测的有效性、全面性、完整性;⑤售后维修端:提供类似产品过往检测、维修、客户反馈的真实数据,丰富样品评测的针对性、关联性。

(2)纵向:对样品的各个阶段进行测试,包含手板样、试作样、大货样(如果从产品硬件角度来分,还分为外观样、结构样、功能样)。

①手板样:主要验证产品外观设计、结构设计;②试作样:主要验证产品外观、结构、功能、体验、可靠性、安全性、核心工艺、批量生产的可能性等;③大货样:在试作样的基础上进行完善、整改的批量可出货产品。

样品质量评测的五个要素缺一不可:评测人员、评测标准、评测设备、评测方法、评测环境。样品评测完成后,样品和评测数据必须留存并建立档案。随着跨境电商选品越来越丰富和多样,如今的样品质量评测已经不是纯粹的产品功能测试,还会涉及产品的外观、功能、安全性、可靠性、软件、应用程序、认证、法律法规等内容。

(三) 出货检验质量管理

出货检验质量管理是跨境电商选品质量管理的后门,主要包含四个部分:检验规则、检验标准、封样样品、检验过程。

1. 检验规则。很多人总是将检验规则与检验标准混淆,认为是同一件事情,其实不然,二者有明显的差异。检验规则是一个企业整体的检验要求,相当于质检总纲,至少包含以下六项内容:适用范围、抽样基准、判定逻辑、异常处理要求、新老产品的检验差异、产品追溯。

2. 检验标准。检验标准相当于针对性地为产品量身打造的检验要求,可以细化到某一类产品、某一款产品,甚至某一个元件等。其至少包含以下四项内容:适用产品类别、类型;检验具体事项,如外观、性能、可能性、安全性、认证要求、捆包要求等;每项内容的判别标准;检验结果输出与改善。

3. 封样样品。这是很多人会忽略的一个事项,因为没有意识到封样样品的价值与作用。实物样品是合作双方(多方)最佳的"证据",封样样品便于随时核对。

4. 检验过程。检验人员须经过培训与辅导,对其实操过程也须监控与纠正,并对检验结果进行反馈与追溯。

若我们在出货检验环节中完成了上述步骤,算是将这份工作完成了50%。为什么是50%呢?因为还有对检验结果的数据统计、分析、改善、效果跟进等。

复习思考题

一、思考题

1. 请以某一个平台为例说明跨境电商选品的基本原则有哪些。
2. 跨境电商选品的分析维度有哪些?
3. 请举例说明跨境电商某一选品工具的使用方法。
4. 跨境电商选品渠道有哪些?
5. 跨境电商选品质量管理的内容包括哪些?
6. 请选择近期某一平台的热销商品案例分析跨境电商选品。

二、实训题

以速卖通、敦煌网为例,拟选择一种商品分别在这两个平台经营,请写出过程和理由。

第六章　跨境电商视觉营销管理

▶ 学习目标

把握电商视觉营销的概念、分类、基本原则；理解视觉营销的应用；掌握视觉营销提升技能；了解视觉营销中产品详情页打造的基础与规范化布局；掌握产品详情页优化技能。

▶ 引导案例

电商视觉营销：关联营销

沃尔玛的工作人员统计产品的销售信息时发现：每逢周末，某一连锁超市啤酒和纸尿裤的销量都很大。经过调查：在美国有孩子的家庭中，太太嘱咐丈夫们购买纸尿裤的时候，他们经常顺手带回了自己爱喝的啤酒。关联营销机会：将啤酒和纸尿裤摆在一起，结果啤酒和纸尿裤的销量双双激增。超市中的关联营销案例，你还知道哪些？

关联营销，即通过A种商品的销售带动与A种商品有联系的B种商品的销售，甚至把C、D两种商品捆绑在一起销售。这样，通过一个宝贝，能形成一个蜘蛛网，牢牢抓住客户的心。

关联营销的原则分为以下三类：(1)互补关联；(2)替代关联；(3)潜在关联。互补关联强调搭配的商品和主推商品有直接的相关性，如主推商品为帐篷，那可以搭配睡袋、洗漱包等同场景产品。替代关联指主推商品和关联商品可以完全互相替代，如主推商品为55 L登山包，那么关联产品可以是40 L登山包，也可以是不同款式的登山包。潜在关联重点强调潜在互补关系，这种搭配方式一般不推荐，但是针对多类目店铺时，可以考虑。如主推商品为泳衣，那潜在关联的商品可以为防晒霜。从显性层面来看，两种产品毫无关系，但在潜在意义上，买泳装的人可能在户外游泳，因此防晒霜也是必要的。

资料来源：金贵朝.跨境电商视觉营销——理论案例与实训一体化[M].电子工业出版社，2024

第一节　视　觉　营　销

一、视觉营销概述

（一）视觉营销的概念

视觉营销，顾名思义就是在买家的视觉上下功夫，通过刺激感官引起买家的兴趣，使其产生对产品深刻的认同感和购买欲望,从而达到营销的目的。视觉是手段,营销为目的。视觉营销的目的是最大限度地促进产品(或服务)与消费者之间的联系,最终实现销售,同时提升视觉冲击和品牌的文化影响力。

简单来说,视觉营销就是通过刺激用户感官来"吸引眼球、激发兴趣、刺激想象",让其产生想象、兴趣、欲望,最终认可、消费。

(二) 视觉营销的分类

1. 引流视觉

引流视觉体现在广告投放页面和自然搜索展示页面,它是整个店铺在电商平台里的第一次亮相,决定着客户是否能够被店铺内容所吸引,并点击进入。引流视觉的主要任务是吸引目标客户关注店铺信息,考核标准是店铺和商品的点击率。

2. 销售视觉

销售视觉是在短时间内通过视觉营销和客户达成对话并使其产生购买行为,考核的主要标准是流量转化率。转化率是指最终产生购买行为的客户与通过引流视觉吸引到的客户的比例,计算公式:转化率=成交人数/访客数。销售视觉关注的主要内容是店铺装修(店铺转化率)和产品详情页(单品转化率)。

(三) 不同发展阶段的视觉营销

1. 初进阶段

此阶段的卖家对于视觉营销的主要诉求为引流视觉,即通过视觉营销吸引尽可能多的客户光顾店铺,并在页面设计中强调商品品质和店家信誉,以促成首次交易。

2. 经营步入中后期

卖家应当强化店铺整体的视觉识别和个性化设计,尽可能让每一位浏览店铺的客户都能在价值观层面上对商家产生认可,彼此之间达成共识,形成基于商品的共同体(社群)。此阶段的卖家应该注重打造属于自己的电商品牌,拥有自己的品牌流量。

(四) 视觉营销的基本原则

1. 目的性

卖家应多方面分析客户的需求,按客户的购物习惯和欣赏角度制作突出商品属性和特色的宣传图文,同时做好商品摆放和分类的视觉营销,不要让客户寻找商品时感到困难,产生负面情绪。

2. 审美性

卖家在开设网店时,应使初始的店铺和商品设计让人在视觉上感觉舒适,之后也应当定期更换为更加精美的店铺布置,让客户每次来都有好心情,不至于产生审美疲劳,从而形成一种购买的良性循环。

3. 实用性

跨境电商视觉营销的实用性在于满足客户的需求和权衡好可操作性。

具体应做到以下三点:第一,设计做到视觉应用统一,即整体风格统一;第二,巧用图文说明,让店铺的操作功能简易化;第三,商品展示整齐有序,方便客户寻找。

（五）视觉营销的重要性

众所周知，视觉在人的五种感觉中占主导地位，能最大限度地影响人的思维判断。在实体店买东西，人们还可以通过听觉、嗅觉、味觉、触觉去感知产品。但在网上买东西，人们只能通过视觉来判断产品的好坏，然后决定是否购买。所以，网店的视觉营销对营销目标的影响重要性占比100%，做好网店的视觉营销尤为重要！

视觉是人类接收外界信息的重要渠道。引起买家注意，唤起买家兴趣，激起买家购买欲望，促进买家采取购买行为，是视觉营销的目的和重要性所在。要制造这种视觉营销效果，第一步就是要引起买家注意，这主要建立在视觉冲击力的基础上。视觉冲击可以引起买家的关注，继而促使买家对销售的产品抱有积极肯定的态度，激发买家对产品产生强烈的拥有欲望，即产生较为明确的购买动机，最后运用一定的成交技巧来促使买家进行实际购买。由此可见，视觉是一种影响消费者行为的重要先决因素，视觉营销的根本目的就在于塑造网络店铺的良好形象和促进销售。具体来说，做好视觉营销，对店铺有以下几大好处。

1. 吸引买家眼球，提升店铺客流量

美的事物总是能吸引人们的注意力。在网上售卖产品，卖家必须使用色彩、图片、文字等来"包装"产品，给产品赋予美感，从而吸引更多的买家点击。在网上店铺中，能够带来点击量的图片主要有产品主图、横幅广告、关联图片等。

2. 唤起买家兴趣，让买家停留更久

当买家进入网店或者产品详情页后，卖家需要做的就是唤起买家的购买兴趣，让买家停留更久。好的店招、横幅或者产品详情页的首屏图片，往往都能激发买家的购买兴趣，让买家在店铺或产品页面停留得更久，促使成交的概率就更大一些。

3. 刺激买家想象，提升成交转化率

科技的发展带来产品的创新，对于很多产品，我们已经无法从外观和形状上去判断它是用来干什么的。比如说，你看到一支"笔"，它有可能是一个U盘；你看到一块"手表"，它有可能是一部手机。如果你的产品也是这样，无法从外形来判断它的功能和用途，那么就需要用一些情景图片来告知买家它的适用人群和适用场景。例如，母婴产品，选购的基本是母亲，凡是能够让这些母亲联想到自己孩子某些场景和经历的图片，都能促使交易更快地完成。

4. 塑造店铺形象，提升品牌认知度

视觉营销还有一个非常重要的作用就是塑造店铺形象，提升品牌认知度。任何一个网络卖家，都希望自己的店铺名称或者自己的品牌能被买家记住，并能深入买家的脑海中。因此，在店铺的视觉营销中，做到色彩搭配、主色突出、风格统一尤为重要。

二、视觉营销应用

对于跨境电商卖家来说，视觉营销的关键在于店铺的整体装修设计和产品详情页的完善。卖家充分利用视觉冲击、色彩调和、页面布局等来吸引买家，引导购买，促使成交。做得好的店铺，会用干净的界面让买家感觉舒服，用吸引人的图片和简单新颖的文案告知买家应该做什么、在本店能得到什么。如果网店的布局让用户摇摆不定，给他们太多选择，也会"赶走"他们。

若买家花了很长时间才在网站上找到他们需要的信息,他们将不会再次光顾该网店。

卖家做好店铺的视觉营销通常有以下三点内容需要予以关注。

(一) 制作高点击率的产品主图

大多数买家基于搜索来选购产品。如不考虑排名先后,买家是否选中店铺的产品并点击进入详情页下单购买,决定性因素是产品主图。平台各大主要行业已开始对产品主图提出明确的要求。如果卖家能在这个过渡期里快速做到使自己店铺的主图符合平台要求,不仅能排名优先,也能更好地吸引买家目光。

那么,当所有卖家店铺的主图都已经按平台的要求制作的时候,他们又该如何使自己店铺的主图更加突出呢?第一,带有屏幕的电子产品,可以在屏幕上"花点功夫"来展示产品卖点;第二,同一店铺的主图尽量做到风格统一,来提高买家对店铺或品牌的认知度。

方法还有很多,例如,因精细工艺或者因优质面料而彰显品质的产品,应尽可能放大主图以清晰展示。

(二) 打造高转化率的详情页

买家通过搜索选中感兴趣的产品,点击主图进入产品的详情页面后,所有卖家期盼的下一步行为就是买家下单并付款。所以,买家最终能否下单付款,取决于详情页的产品描述,即详情页决定转化率。

那么,怎样设计详情页才能更好地提升店铺转化率,促使买家下单并立即付款呢?产品详情页的描述必须做到从买家角度出发。以下几点非常关键:

(1) 提炼卖点,引起买家兴趣;

(2) 展示细节,获取更高认知度;

(3) 定位情景,让买家产生联想;

(4) 利益引诱,促使买家下单;

(5) 关联产品,使买家购买更多产品。

(三) 设计超能"吸金"的店铺首页

当买家通过搜索进入产品的详情页后,如果感觉店铺的产品主图和详情页都还不错,那么买家无论决定买还是不买,都极有可能进入店铺进一步寻找其他合适的产品。买家进入店铺后,停留最久的页面往往是店铺首页,因此,店铺首页的装修设计是店铺装修的重中之重。

如前所述,买家进入店铺首页的意图是寻找其他合适的产品。如果买家进入店铺前已经下单他所浏览的详情页产品,那么进入店铺后就有可能购买更多产品;如果买家在没有下单的情况下进入店铺首页,那他就是为了寻找性价比更高的或者能令他满意的产品。总之,具有视觉营销效果的店铺首页能够让买家情不自禁地掏钱购买。

那么,卖家该如何设计网店的店铺首页?进入店铺的买家可以分成两类:一类是带有明确购买目的的买家,他们有着非常明确的购买需求。对于这类买家,卖家要善于设计左侧的产品分组、顶部的产品搜索或者首页的产品分类导航,以方便买家快速搜到他想要的产品。还有一类就是没有明确购买目的的买家。对于这类买家,卖家要善于利用首页的横幅广告、产品推荐、新品预售等板块,并诱之以利,激发买家的潜在需求,使其购买。

店铺首页的设计布局主要包含：店名、店招、分类分组、横幅广告、产品推荐、自定义板块等。店铺后台的装修市场也有很多非常实用精美的装修模板可供选购，卖家只需选择适合自己的，然后往模板里面填充图片或者文字即可。

三、店家的视觉营销技能

随着电子商务的迅速发展，市场竞争日益激烈，买家的选择余地变得非常大，大大增加了卖家的压力。面对竞争激烈的市场，卖家要想突破重围且不花任何广告费就能通过网店装修布局引来新的访客，视觉营销就非常重要了。

对于卖家来说，做好视觉营销，需要的不只是好的产品，更重要的是要有懂视觉营销的人才或营销团队。当前，电商竞争已经发展到白热化阶段，电商人才尤为短缺。一个好的视觉营销人员，需要具备非常全面的技能，必须懂得"图片处理"和"网页设计"，还能熟知"拍摄技巧"和"网络营销"。当店铺形成一定规模后，岗位会有清晰的划分，如文案策划、产品拍摄、图片处理、店铺装修、运营销售等，各个岗位都有专人负责。

以速卖通为例，要做好视觉营销，主要可以从以下几个方面着手：
(1) 视觉营销之文案策划；
(2) 视觉营销之产品拍摄；
(3) 视觉营销之图片处理；
(4) 视觉营销之详情页设计；
(5) 视觉营销之店铺装修。

卖家大致需要掌握的技能可参照表6-1。

表6-1 卖家需要掌握的技能

必备技能	具体内容
文案策划	店招文案策划
	广告文案策划
	产品详情页文案策划
产品拍摄	拍摄器材的选择与使用技巧
	产品拍点分析
	产品拍摄技巧
	照片存档管理
图片处理	如图片的切割、存档等
店铺装修	店铺首页规划和布局
	店招模块设计
	轮播海报设计
	自定义板块设计
	第三方装修板块设计

第二节 视觉营销中产品详情页打造

一、详情页打造的基础

如果把一个商品的完整上传划分为前期、中期、后期三个阶段,那么产品详情页的视觉打造应该是处在整个流程的中后期。视觉营销是电商平台营销的一个体现手段,它需要几个前提,这些前提包括产品的策划、营销的方式、文案的打造等。

(一)定位消费群体

店铺开展业务活动前,首先应对消费群体进行定位,消费群体的定位决定了店铺将会使用什么样的素材来打造详情页。例如,流行女装产品需要成人女性作为产品模特,童装则需要儿童作为模特。

具体体现为:按照每个年龄段的买家对颜色的喜好有所不同,在设计详情页时,可根据消费群体的基本情况选择合适的颜色作为主色调。例如对于服装行业:儿童比较活泼,喜欢的颜色比较鲜艳,童装详情页可以用饱和度比较高的一些色彩,绿色、红色、蓝色等;成年人追求活力、性感,可以用橙色、红色等来表现。

店铺根据产品定位的人群,来搭配合适的颜色及素材等,方可打造出合乎买家习惯的详情页。

(二)定位买家身份性质

卖家要定位好买家是什么性质的消费群体,是学生,是家长,还是白领。对买家性质的定位,会间接影响详情页的表达。例如,对于同一个产品,学生可能更注重外表是否好看,而家长可能更注重实用性。对于学生无购买力因而通常由家长来购买的产品,在设置详情页的时候,实用性的表达就可以偏重一些。根据对买家不同身份性质的定位,卖家可以区别设计详情页,以达到更好的转化效果。

(三)定位产品本身

产品定位决定店铺和页面结构,从而影响整体风格。产品的定位维度也非常多,广义的产品定位包括目标市场定位、产品需求定位、差异化价值定位,以及营销策略定位。此外,还要考虑传播率、复购率,以及购买需求。比如服装品类就是最明显的例子,不同款式不同风格的服装也会反向影响消费人群,复古风、亚麻类布料服装以网红类产品居多,而且同一款产品颜色和尺码较少或者以均码为主。对于商家来说,这是个优势,少 SKU 更利于供应链的把控和商品运营。

(四)定位产品价格

价格定位是核心,因为价格决定产品和包装定位、营销策略,反向决定目标人群。如果是普通大众类产品,性价比高(花最少的钱买到最好的东西)就是关键,除非具备品牌影响力的产品,或是特色产品、小众产品。因为不管是国内、欧美还是东南亚地区,价格确实会在很大程度上决定产品的销售情况。这也是如今品牌商家能够有高利润率和高销售额的原因。

比如 ZNT、Ugreen 这类头部商家，他们掌握了品牌和性价比优势。但不同产品又有不同，有的产品因为属性的特殊性，买家更加注重商品本身的质量和其他因素，比如非常垂直、小众定位的产品。例如，某位汽摩配件商家，他的客单价在 150～300 元之间，平均利润率为 40% 左右，尽管产品销量不高，平均每天只有 30 单左右，但这款产品平均每天有 2 000 元左右的利润空间。这位商家的定位一开始就非常明确，培育多款这类产品是侧重点。

二、详情页的规范化布局

1. 视频

速卖通上产品详情页的视频，要求时长不超过 4 分钟，画面长宽比为 16∶9，文件大小不超过 1GB，而且需要审核通过后才能展示。而视频的内容一般有公司及产品生产流程介绍、产品推广信息。

2. 促销信息(海报)

其可以跟关联模块放在一起，制成一张店铺热卖产品模特图的海报。或者将店铺的促销信息展示在这个板块，让买家可以在浏览产品的时候第一时间掌握店铺促销信息，刺激买家下单。

3. 产品文案

在这里需要展示产品重要的指标参数和功能，如服装的尺码表、电子产品的型号及配置参数等；除了这些，还可增加一些购买须知、提醒及参考建议之类的信息，拉近和买家之间的距离，促使买家下单。要注意的是，详细描述的文字有字符限制。

4. 尺码信息

一些标类产品(标类产品是规格化的产品，有明确的型号等，比如笔记本电脑、手机、电器、美容化妆品等)的尺寸信息及服装行业的产品尺码信息尤为重要，如图 6-1 所示就是较通行的裤子尺码表。在展示这些信息的时候，应尽可能使用图片，避免信息在 app 端无法正常展示。而且尺码信息要尽可能标准，同时尽可能展示同一个尺码在不同国家标准下的大小，这样方便不同国家的买家准确了解产品的大小。

Choose the jacket size based on the measured body

SIZE	S/42	M/44	L/46	XL/48	XXL/50
Bust (CM)	86-90	90-94	94-98	98-102	102-106
Waist (CM)	68-72	72-76	76-80	80-84	84-88
Hip (CM)	94-98	98-102	102-106	106-110	110-114

*Depending on your body type and dressing habits, the above sizes are for reference only.

图 6-1　产品尺码表

5. 产品图片

首先建议使用实拍产品图片，除了产品图、实拍图以外，还可以展示模特图、细节图、买家秀好评截图、库存截图等,通过对详情页的排版设计来进行合理展示。

6. 关联产品

关联产品意味着可以把想推广的产品添加到关联产品模块中,同时插入产品详细描述里。届时,买家查看这条产品信息时,就可以看到这些推广的产品。做关联的目的是让买家看到更多的产品,给买家提供更多的选择,提高购买力。也就是说,关联营销的目的实际上就是帮助买家做下一步的需求决策,从卖家自己的产品上下手,挖掘两者之间的关联性,实现引导买家的目的。

在设置关联营销模块时,卖家可以选择相关的产品来做关联营销,也可以选择互补的产品。如果选择相关产品来做关联模块,那关联产品的价格最好不要与被关联产品的价格相差太多,如戒指可以关联项链、手镯。关联互补产品可以提高客单价,关联让产品得到更多曝光机会,从而增加买家购买的可能性。

7. 卖家服务模板(支付方式、物流时效、售后保证、五星好评等)

在这个板块,卖家可以介绍订单一般发货时间、物流方式、物流一般所需时间及店铺的售后服务,让买家能了解卖家服务,增强对店铺的信任度,解决买家顾虑,促使买家下单。

如果卖家在其他社交媒体有自己的账号或者主页,也可以把链接或者账号展示在这个板块,从而让买家可以在其他渠道关注店铺,增强客户黏性。

三、产品详情页优化

买家网购一般的关注点是:我需要、质量好、卖点符合、评价好、包装好、售后好。所以,面对买家这种购买心理,卖家要明确,详情页的开始部分应该以提升买家购买冲动为目标;详情页中间部分,要设计能够提升买家购买欲望、提升转化的内容;而详情页的页尾应该以提升买家的访问深度为主要目标。所以,一般产品的详情页结构是,详情页的前部分展示店铺的品牌或产品海报图、营销海报等,紧接着展示产品的重要信息及特色卖点;详情页中间部分展示产品的实拍图、细节图、模特图,如果是服装、鞋包类产品,还需要放尺码表、提示信息和注意事项;详情页的最后可以展示服务说明、售后模板、公司实力介绍等。至于关联模块的内容,需要根据产品的具体情况来确定是放置在详情页的上方还是详情页的下方。一般情况下,如果该产品流量大,但是转化率一直很低,可以考虑在详情页的上方添加关联模块,让买家有更多选择,刺激买家购买;如果产品流量较多,且转化率高,那么关联模块可以放在详情页的下方,不仅不影响该产品的成交,还能增加买家的访问深度。

(一)详情页优化方式

因为详情页是由不同板块构成的,所以详情页的优化可以是针对各个板块的优化。

1. 视频优化

详情页一般要求视频时长不超过 4 分钟,画面长宽比为 16∶9,文件大小不超过 1GB。但是考虑到买家的浏览体验,建议视频时长为 30 秒到 1 分钟。如果视频时间过长,一方面买家没有时间查看,另一方面也影响买家的体验。

详情页的视频建议与主图视频有所区分,不要利用两个资源位展示相同的内容。详情页的视频内容建议以公司及产品生产流程介绍、产品推广为主,也可以体现公司实力及一些展会的信息。

2. 促销活动海报优化

促销活动海报其实就是活动营销图,顾名思义就是用图片加文案的形式叙述该产品,或者介绍店铺有什么活动。海报信息显示各个产品的不同折扣,加上产品图,这就是一个营销图。"产品+文案"的表现方式非常简洁,所以效果很直观,能够简单明了地让买家了解现在店铺有优惠,激发买家的购买欲望。

3. 产品信息

进行同行竞争分析时,同行的产品一定是跟自身产品一样或者类似的,这样才有可比性。通常,卖家可以查看同行的评价及产品的问答专区。产品的详情页主要用于展示买家关心的内容,而在产品评价及问答板块中,卖家可以了解买家满意什么和不满意什么,从而了解买家关心的内容。在同行产品的评价中,卖家不仅要关注买家的好评,也应关注买家的差评,将关键信息收集起来,了解买家满意的方面和不满意的方面。产品问答板块也非常重要,卖家应将买家关心的问题都收集起来。例如,买家对产品的尺码信息问得比较多或者对产品材质问得比较多,这就意味着,卖家需要在详情页中增加关于产品尺码信息、材质信息的描述。

卖家要用自己收集的关键信息对照自身的产品,在自身的产品信息里,把消费者关心的信息提炼出来,放在详情页上。很多卖家想要提炼产品卖点,而这里所谓的卖点,不是卖家认为的卖点,而是消费者关心的卖点。卖家觉得自己的产品包装比同行好、质量比同行好,同行发经济物流,而自己发标准类物流,但可能消费者就喜欢同行的产品。因此,卖家切忌只以自我为中心,而忽视与同行竞争对手的比较分析,同时,应加强对消费者喜好的研究。

4. 产品图片

详情页展示的图片一般以产品实拍图、模特图及细节图为主。一方面,主图数量有限,能展示的图片少,所以需要通过详情页来展示更多产品图片。另一方面,线上购物不像线下购物一样可以直接观看和触摸产品,所以买家只能依靠卖家的描述和产品图片以及其他买家的评论来了解产品的质量,从而确定该产品是否值得购买。而在详情页的图片中,实拍图能够让买家了解产品的实际情况、实际款式,经过美化处理的图片可能会存在失真、与实际产品有出入等问题;模特图能够让买家了解产品实际上身效果、使用效果等,能有更直观的产品印象;而产品的细节图更是详情页不可或缺的内容,在细节图中,买家可以更细致地了解产品材质、质量、做工等信息。

产品图片是最基本的展示点,卖家在确保产品图片清晰美观的同时,也要考虑是否过度修图而造成产品与图片相差过大,过度修图容易在后期产生纠纷。

5. 添加互动内容

详情页中的互动内容主要是一些温馨提示、注意事项及服务模板的内容。比如,关于产品颜色,卖家可以温馨提示买家,光线、电脑分辨率不同可能导致实际收到的产品与产品图片有轻微差异;或者关于尺码信息,卖家可以提示买家,产品尺码偏大/偏小,建议买家买小/大一码。这些互动信息不仅能够拉近卖家和买家的距离,让买家产生亲近的想法,还能够有效避免此类问题带来的产品售后问题。

在服务模板中,卖家可以着重介绍店铺的物流服务、客服服务及售后服务,让买家在售前、售中、售后都可以安心,从而产生对产品及店铺的信赖感,提高转化率。

详情页的设计其实就是买家关注什么,卖家就要尽可能给买家展示什么。自身产品有而其他产品没有的东西,卖家也要展示给买家。

详情页设计一定要遵循首尾呼应的原则,即详情页与产品的主图呼应。产品的几张主图清晰告诉买家什么内容,产品的详情页里也要体现这些内容,让买家反复解读这些信息,进而影响买家的决策。例如,广告语"今年过节不收礼,收礼只收脑白金",对脑白金销量提升起到了至关重要的作用。主图给买家带来第一印象,详情页用于加深印象,刺激买家迅速下单。

一张高点击率的详情页,一定是不仅熟悉自身产品,同时也熟知买家心理才能够设计出来的。一个真正好的详情页,首先是要能传达买家关心的点,其次才是视觉效果。

> **课程思政**
>
> 一方面,好的产品详情页可以让消费者产生更多的信赖感。换种方式来说,商品详情页的设计会影响消费者对店铺的印象。另一方面,产品详情页设计得好将会成为促使消费者下单的催化剂。消费者在浏览详情页的同时会更加坚定自己的选择。所以,详情页优化对于产品优化运营尤为重要。

(二)详情页优化技巧

1. 详情页多语言化

基于店铺开展客户人群画像分析,确定客户的来源国家分布。如果有比较多的买家来自非英语国家,建议编辑多语言的详情页。

2. 重要内容前置

一般来说,详情页会包括视频、促销信息、商品文案、尺码信息、商品图片、关联模块、售后模块等,而这些内容不可能同时展现在买家眼前。从买家的角度来考虑,买家的精力和时间有限,对于当前产品,买家最关注的内容和如何更方便买家获取有效信息是需要重点思考的地方。详情页设计要避免重点不突出,抓不住买家眼球。

在移动端,这种思考更为重要,因为移动端屏幕尺寸小且受网络环境的影响,打开速度不一定稳定。因此,让买家是否能快速、有效地了解该产品的重要信息,是移动端产品描述优质与否的标准。

3. 图文分离

图文分离是指图片和文字分开编辑,而不是把文字直接编辑在图片上,然后直接上传图片。这样做有几个好处：

第一，文字加载速度比图片快，在移动端也不会因为等比例压缩而看不清楚。

第二，可以利用翻译插件查看多语言译文，这使得非英语买家能更好地了解产品详情。

但是这并不意味着不使用图片，相反，一些表格比如尺码表，如果不用图片，在移动端很难完美适配。需要注意的是，如果要把文字写到图片上，一定要在移动设备上看下实际的效果，以便调整图片上面文字的字号，确保图片等比例缩小之后，文字还能看清楚。

4. 关联内容推荐

关联营销内容不是当前产品下买家最关注的内容。当卖家的产品流量较大、跳失率较高的时候，可以选择增加关联推荐模块。

5. 关注 app 端详情页

目前，速卖通拥有超 6 亿 app 用户，且 app 端流量持续上涨，app 端订单量已经远超 PC 端。而且与 PC 端相比，app 端对图片大小、图片比例等要求都不一样。app 端详情页图片支持 JPG、JPEG 格式，推荐宽度在 720px 或以上，高度不超过 720px；而 PC 端图片支持 JPG、JPEG、PNG 格式，宽高比例不限，宽高比须大于 260px。所以，如果 app 端和 PC 端使用同样比例的图片，那么在 app 端图片可能无法展示，或者没有办法达到最佳效果。

为了更好地适应平台的变化，卖家需要关注和优化 app 端产品详情页。目前，app 端有独立的详情页描述编辑功能，独立的 app 端详情页的内容和排版都可以与 PC 端不一样，可以帮助卖家更好地从 app 端买家的角度来展现产品，又不会影响 PC 端买家的信息获取。

绝大多数详情页从视觉角度看都不错，却存在着问题，例如，产品信息传递不够直白明了，没有逻辑，没有利益点，无法让消费者产生共鸣，那么这样的详情页就会导致好不容易引进来的流量又流失了。了解完详情页优化的方式及技巧之后，我们可以明确，优质的详情页应该让买家可以精准快速地接收信息。那如何让买家精准快速地接收信息呢？

如图 6-2 所示，其实要想让买家快速明白卖家想表达什么，那卖家必须先知道买家想要的是什么（即利益点），并展示买家想要的，让买家对产品产生兴趣，这样才能吸引买家。直白地、有逻辑地传达与买家利益相关的信息才是最重要的。

卖家策划制作详情页之前就要先了解自己产品的消费人群，根据消费者的需求和产品卖点编辑出精准文案，把产品的卖点转换成消费者关心的利益点，最后结合产品图片做出高转换率的详情页来。

图 6-2 如何让买家快速准确地接收信息

复习思考题

一、单项选择题

1. 平台服装产品的详情页中,必须有( )。
   A. 模特展示　　　　B. 关联推荐　　　　C. 尺码表　　　　D. 工厂展示
2. 下列关于主图优化原则的说法正确的是( )。
   A. 主图允许拼图展示更多款式或颜色
   B. 图片上可以出现中文字
   C. 如果图片上放置 logo,应将 logo 放置在图片的中间位置
   D. 产品主体要尽量占据图片 70% 以上的地方
3. 下列关于详情页优化方式的说法正确的是( )。
   A. 详情页产品描述及图片上的文字只能使用英文
   B. 因每个店铺的主流市场侧重不一样,建议详情页多语言化
   C. 详情页没有办法编辑文字,所以只能将文字编辑在图片上,再上传图片
   D. app 端详情页不重要,建议只需要编辑 PC 端详情页即可
4. 查看店铺客户人群分析,确定客户的国家来源分布,如果有比较多的买家来自非英语国家,在产品详情页中,建议编辑( )详情页。
   A. 英语　　　　B. 俄语　　　　C. 西班牙语　　　　D. 多语言
5. 速卖通产品详情页中,详细描述的字符限制是( )。
   A. 60 000　　　　B. 80 000　　　　C. 100 000　　　　D. 120 000

二、多项选择题

1. 一般来说,产品详情页会包括( )等。
   A. 售后模块　　　　B. 促销信息　　　　C. 商品文案　　　　D. 尺码信息
   E. 关联模块
2. 下列关于主图图片背景色的说法正确的有( )。
   A. 服装、手表等图片背景多为生活场景或街拍图,颜色不要和主体过于接近
   B. 图片背景要干净,尽量统一背景颜色,选单一色,最好是白色或者浅色底
   C. 图片背景不要杂乱,避免影响视觉效果
   D. 图片背景尽量以场景图为主
   E. 图片背景颜色尽量和产品主体颜色保持一致
3. 产品详情页中,电脑端图片格式支持( )。
   A. JPG　　　　B. GIF　　　　C. PSD　　　　D. JPEG
   E. PNG
4. 产品详情页中,卖家服务模板主要有( )等。
   A. 支付方式　　　　B. 物流时效　　　　C. 售后保证　　　　D. 尺码信息

E. 五星好评

5. 优化详情页时,做到图文分离的好处是(   )。

A. 文字加载速度比图片快,在移动端不会因为等比例压缩而看不清楚

B. 可以利用翻译插件看多语言的翻译,使得非英语买家能更好地了解产品详情

C. 可以增加详情页篇幅

D. 让买家可以自由选择只看图片或者只看文字

三、思考题

1. 产品主图的要求有哪些?

2. 产品营销图对产品的影响大吗?

3. 如果产品没有详情页会怎么样?

四、案例分析题

在速卖通服装类产品的详情页尺码表下面,一般都会有如下的英文注释,请解释其含义,并说明其作用。

Warmly Tips:

(1) This Size Chart is only for your reference. Please allow 1-3 cm error for hand measurement.

(2) Not sure about your size? Don't worry, just let us know your height, weight and bust, we will recommend the right sizes for you.

(3) We appreciate that if you could allow slight color difference, as different computers may display different colors.

Thanks for your understanding. Enjoy your shopping!

第七章 跨境电商商品呈现

学习目标

了解跨境电商商品概况;掌握不同平台对跨境电商商品的规定及商品呈现;掌握跨境电商商品定价策略。

引导案例

详情页优化是学会给用户讲故事

谈及详情页的优化,很多卖家往往会把它等同于用好的产品图片和更多的关键词填充详情页。卖家的逻辑是用关键词让产品展示在搜索结果中,用图片吸引客户点击。是的,这的确是亚马逊详情页优化时应该做的内容。可是,这只是其中的一部分,如果仅仅做这些,显然不够。在当前这个物质极其丰富、需求得到满足的时代,让客户满意不再是一件值得炫耀的事情,甚至在很多营销人的眼中,让顾客满意只是最低标准。对于每一个有企图心的商家来说,让顾客满意也只是最基本的标准,只有能够让客户尖叫的产品才能够让客户记住,只有能够带给客户惊喜的产品和服务才能够打动客户,只有提供超预期的增值内容才能让客户帮你分享和传播,口碑传播会带来二次营销和更长久的客户关系,这才是营销要达到的境界。

虽然这样的标准对尚处在关键词思维阶段的亚马逊卖家来说要求有点过高了,但只有做到"升维思考",才能具备"降维打击"的能力,才能让卖家站在风口时立于暂时的不败之地。对亚马逊卖家来说,在优化详情页时,尤其是在产品详情页的打造上,确实有必要升级自己的思考,从"以关键词导流"的思维模式升级到"以消费者体验"为核心的客户导向模式。

在运营的过程中,产品是客观存在的,而如何让客户通过详情页的信息对产品有感觉进而产生购买欲望或行为,才是真正对卖家的考验。在客户下单前,产品品质的优良与否,只是一个虚无的存在,卖家只有从详情页的展现上下功夫,才能更好地说服客户接受并购买。

很多卖家把详情页简单理解为产品信息简要描述,甚至有卖家干脆把产品描述写成产品说明书,冷冰冰的文字让客户感受不到温度而走向其他卖家,留下的就是很低的转化率和卖家自己无尽的惆怅。

在购物体验升级的现在,真正用心的卖家在优化详情页时应该从详情页内容的布局入手,打造出有温度的详情页描述,把原本冷冰冰的文字转化为有温度的语言,以感知用户的痛点,触及用户关切的点,为用户提供内心深处的共鸣。只有这样,卖家才能够在与众多同行的竞争中挽留住客户,从而把路人转化为客户。

那么,在详情页优化中,卖家究竟该怎么做呢?首先,从客户评价中提取客户的关切点。

对卖家来说，你所售卖的任何产品，几乎不可能是前无榜样的，卖家应该学会从同行竞争对手和前辈们的详情页里面学习，尤其是同行详情页的客户评价里包含着大量有用的信息，用心分析各个差评，你自然会发现顾客对现有产品的不满意之处，把这些不满意的点提炼出来，做优化处理，用准确的文字表达，就会成为击中消费者内心最柔软处的、最有说服力的语言，而这些，正是用户所在意和需要的。

另外，亚马逊平台要求卖家注册自己的商标，很多卖家仅仅注册了商标，却没有好好利用。实际情况是，卖家应该充分利用商标，结合自己的经历、背景、爱好、资源等优势，为自己的品牌讲一个有情怀的故事。在多如牛毛的亚马逊卖家群体中，千篇一律的表达让客户乏味，而如果你能够发掘出自己的优势，讲出一个有意思的、有情怀的故事，让客户在浏览你产品页面的一刹那就记住你的品牌、记住你的品牌故事，那成交就是自然的事了。

一个盲人乞丐蹲在马路边，用来乞讨的纸板上写着：我是一个盲人，请给我一点钱吧！无数路人路过，来去匆匆的人几乎无人停驻，甚至很多人都不曾注意到乞丐的存在。一位好心人为乞丐重新写了一句话，很多路人都纷纷停下来，为乞丐献上了一份爱心。新的纸板上写着：世界如此美好，我却看不见它！

代入感改变一切。所以，当你在优化详情页时，试着在自己的产品描述中为自己的品牌和产品讲述一个有情怀的故事吧！这样，一定有用户会记住你，更有很多用户会留下来！

资料来源：老魏. 亚马逊跨境电商运营宝典[M]. 北京：电子工业出版社，2018.

第一节 跨境电商商品呈现

一、跨境电商商品类目

（一）跨境电商出口基本的商品类别简介

各平台商品类目不尽相同，以亚马逊为例，其商品根据产品类别大致可以分为如下大类：

- Home & Kitchen/家居与厨房
- Sports & Outdoors/运动与户外
- Toys & Games/玩具与游戏
- Health, Household & Baby Care/健康、家庭和婴儿护理
- Beauty & Personal Care/美容及个人护理
- Kitchen & Dining/厨房和餐厅
- Clothing, Shoes & Jewelry/服装、鞋及珠宝
- Baby/婴儿
- Garden & Outdoor/花园和户外
- Tools & Home Improvement/工具及家居装修

- Office Products/办公用品
- Pet Supplies/宠物用品
- Electronics/电子产品
- Arts，Crafts & Sewing/艺术、手工艺和缝纫
- Industrial & Scientific/工业类产品
- Automotive Parts & Accessories/汽车零部件及配件
- Cell Phone & Accessories/手机及配件
- Appliances/家电类

（二）根据产品的审核标准划分产品类别

根据平台规则，如果按照产品的审核标准来进行划分，亚马逊上所有的产品可以被分为三大类：普通产品、类目审核产品、禁售产品。

1. 普通产品

这类产品无需任何资质，可以直接在平台上售卖，如宠物类目中的"dog rope toys"（狗绳玩具）这个产品，就是不需要任何审核条件的普通产品。

2. 类目审核产品

这类产品可以在亚马逊平台上进行售卖，但是前提条件是卖家必须先通过亚马逊的类目审核。像儿童玩具产品，就必须通过儿童产品证书（Children's Product Certificate，CPC）认证才能在亚马逊上进行销售。

（1）FDA认证。其全名叫"美国食品和药品管理局认证"。美国食品和药品管理局（Food and Drug Administration，FDA）专门负责食品与药品管理，FDA的职责是确保美国本土生产或进口的食品、化妆品、药物、生物制剂、医疗设备和放射产品的安全。卖家们若计划选择销售食品、药品、化妆品、医疗用品，最好先了解供应商是否有FDA认证。

（2）CE认证。CE认证标志是一种安全认证标志，被视为制造商打开并进入欧洲市场的护照。CE代表欧洲统一（Conformite Europeenne）。在欧盟市场，CE认证标志属强制性认证标志，不论是欧盟内部企业生产的产品，还是其他国家生产的产品，要想在欧盟市场上自由流通，就必须加贴CE认证标志，以表明产品符合欧盟《技术协调与标准化新方法》指令的基本要求。这是欧盟法律对产品提出的一种强制性要求。

凡是贴有CE认证标志的产品就可以在欧盟成员国内销售，无需符合每个成员国的要求，从而实现了商品在欧盟成员国内的自由流通。

（3）CPC认证。儿童产品证书（Children's Product Certificate，CPC）的发证机构专门负责检测儿童产品的安全性。但凡在亚马逊美国站售卖的儿童玩具和儿童产品，都必须提供儿童产品证书。

CPC认证适用于所有以12岁及以下儿童为主要目标使用对象的产品，如玩具、摇篮、儿童服装等，如在美国本地生产则由制造商负责提供，如在其他国家生产则由进口商负责提供。跨境卖家若想把中国工厂生产的产品卖到美国，需要向作为零售/分销商的亚马逊提供CPC。

(4) FCC认证。美国联邦通信委员会(Federal Communications Commission，FCC)专门负责确保与生命财产有关的无线电和有线通信产品的安全性。该认证主要针对电脑、电脑配件、传真机、电子装置、无线电接收和传输设备、无线电遥控玩具、电话以及其他可能伤害人身安全的产品。

以下产品如果出口美国，都需要有FCC认证：①个人电脑及周边设备；②家用电器设备、电动工具；③音频产品、视频产品(收音机、电视机、家庭音箱等)；④灯具(LED灯具、LED屏、舞台灯等)；⑤无线产品(蓝牙耳机、无线遥控玩具、无线开关等)；⑥玩具类产品；⑦安防产品(警报器、安防产品、门禁、监视器、摄像头等)。

(5) UL认证。美国保险商试验所(Underwriter Laboratories Inc.，UL)是美国最有权威的，也是世界上从事安全试验和鉴定的较大的民间机构，专门确定各种材料、装置、产品、设备、建筑等对生命、财产有无危害和危害的程度。该认证主要针对充电器、移动电源、手机电池、灯具、家用电器、电动工具等的安全性。

亚马逊的商品发布政策要求：所有季节性、假日性和其他装饰灯具以及电源类型产品，必须获得UL588认证。什么是UL588认证呢？UL588认证是针对灯饰类产品的管控，是针对灯饰类产品在使用过程中安全问题的一个检测。在亚马逊卖的灯串/灯饰/季节性灯，被亚马逊通知48小时内必须提供UL588认证，无此认证将被下架。

目前的UL588认证会进行以下测试：漏电流测试、潮态后的漏电流测试、输入测试、温升测试、耐压测试、拉力测试、推力测试、异常测试、4英寸垂直燃烧测试、软头铜片固定性测试、软头电压降测试、软头挤压测试、过电流叠泡测试、淋雨测试、摇摆测试。

(6) CPNP认证。欧盟第1223/2009号法规(第13条)要求，在化妆品进入欧盟商场之前，化妆品的负责人以及某些情况下化妆品的分销商有必要通过CPNP(Cosmetic Products Notification Portal，化妆品通报门户)提交一些关于这些产品的信息。2013年7月11日起，CPNP的使用是强制性的。

(7) PSE认证。PSE认证是日本针对电气用品的一个强制性安全认证，是日本电气用品的强制性市场准入制度。根据产品不同，PSE认证又分为"特定电气用品认证"和"非特定电气用品认证"，前者铭牌贴菱形PSE标志，后者铭牌贴圆形PSE标志。日本的DENTORL(电器装置和材料控制法)规定，498种产品进入日本市场必须通过安全认证。其中，165种A类产品应取得菱形的PSE标志，333种B类产品应取得圆形PSE标志。

A类特定电气用品PSE认证范围：①电线电缆、熔断器、配线器具(电器附件、照明电器等)、限流器、变压器、镇流器；②电热器具、电动力应用机械器具(家用电器)、电子应用机械器具(高频脱毛器)；③其他交流用电气机械器具(电击杀虫器、直流电源装置)、携带式发动机。

B类非特定电气用品PSE认证范围：凡属于"非特定电气用品"目录内的产品，进入日本市场，须经过日本经济产业省认可的实验室的测试，确认符合日本电气用品技术标准并取得合格测试报告PSE证书，方可贴上PSE圆形标志，才可进入日本市场销售。

(8) RoHS认证。该认证是欧盟强制性环保认证，是电子、电气产品包括家电、灯具、玩具、通信等产品需要进行的一项认证。

(9) GS 认证。该认证以德国产品安全法为依据，是欧洲市场上的德国安全认证标志。家用电器、体育运动产品、办公设备等和安全有关的产品需要进行这项认证。

3. 禁售产品

这类产品属于亚马逊禁售产品，禁止任何人在平台上出售。下面为亚马逊平台上八种比较典型的禁售产品。

(1) 带拉绳的儿童上衣。亚马逊认为，这种拉绳设计对儿童有很强的窒息风险，在亚马逊上是不允许销售的。即便有侥幸可以上架的产品，后面在系统算法的扫描中或者顾客的投诉中，也早晚会被平台进行下架处理。

(2) 部分祈福类产品。最常见的两种祈福产品，一种是孔明灯，另外一种是河灯。亚马逊认为这两类产品有极大的引发火灾的风险。

(3) 所有含有四氯化碳的产品。最常见的含有这类成分的物品就是灭火器、制冷剂和清洁剂。注意，亚马逊只是禁止销售含有四氯化碳的产品，不含四氯化碳的灭火器、清洁剂等产品是可以正常销售的。

(4) 含火药的产品。这类产品最常见的就是烟花爆竹。

(5) 儿童充气游泳颈圈。亚马逊认为，这种颈圈对儿童有很大的窒息风险。

(6) 水上步行球。这类产品是我们在游乐场中经常能见到的。亚马逊认为，此类产品隐含巨大的溺水风险。

(7) 含汞元素的产品。汞就是水银，它是一种具有强烈神经毒性的元素，所以含水银的体温计、血压计以及汽车轮胎平衡块等，在亚马逊上都是被禁止销售的。

(8) 飞镖指尖陀螺。这里不包括其他种类的指尖陀螺，只包括带有尖锐棱角的指尖陀螺。亚马逊认为，该陀螺自带的尖锐棱角可能会对顾客造成身体伤害。

以上就是亚马逊平台上禁售的八种比较常见的产品。

知识链接

全球速卖通平台也在公布的规则中列出了十八类禁售商品类别，见表 7-1：

表 7-1　全球速卖通禁售商品（2022 年版）

品类	详解
（一）毒品、易制毒化学品及毒品工具	1. 麻醉镇定类、精神药品、天然类毒品、合成类毒品、一类易制毒化学品
	2. 二类易制毒化学品、类固醇
	3. 三类易制毒化学品
	4. 毒品吸食、注射工具及配件
	5. 帮助走私、存储、贩卖、运输、制造毒品的工具
	6. 制作毒品的方法、书籍

（续表）

品类	详解
（二）危险化学品	1. 爆炸物及引爆装置
	2. 易燃易爆化学品
	3. 放射性物质
	4. 剧毒化学品
	5. 有毒化学品
	6. 消耗臭氧层物质
	7. 石棉及含有石棉的产品
	8. 烟花爆竹及配件
（三）枪支弹药	1. 大规模杀伤性武器、真枪、弹药、军用设备及相关器材
	2. 仿真枪及枪支部件
	3. 潜在威胁工艺品类
（四）管制器具	1. 刑具及限制自由工具
	2. 管制刀具
	3. 严重危害他人人身安全的管制器具
	4. 一般危害他人人身安全的管制器具
	5. 弩
（五）军警用品	1. 制服、标志、设备及制品
	2. 限制发布的军警用品
（六）药品	1. 处方药,激素类、放射类药品
	2. 特殊药制品
	3. 有毒中药材
	4. 口服性药及含违禁成分的减肥药、保健品
	5. 非处方药
（七）医疗器械	1. 医疗咨询和医疗服务
	2. 三类医疗器械
	3. 其他医疗器械：除三类医疗器械外,其他需要专业人员指导操作的医疗器械
（八）色情、暴力、低俗及催情用品	1. 涉及兽交、性虐、乱伦、强奸及儿童色情相关信息
	2. 含有色情淫秽内容的音像制品及视频、色情陪聊服务、成人网站论坛的账号及邀请码
	3. 含真人、假人、仿真器官等露点及暴力图片
	4. 原味产品
	5. 宣传血腥、暴力及不文明用语

第七章 跨境电商商品呈现

(续表)

品类	详解
（九）非法用途产品	1. 用于监听、窃取隐私或机密的软件及设备
	2. 信号干扰器
	3. 非法软件及黑客类产品
	4. 用于非法摄像、录音、取证等用途的设备
	5. 非法用途工具（如盗窃工具、开锁工具、银行卡复制器）
	6. 用来获取需授权方可访问的内容的译码机或其他设备（如卫星信号收发装置及软件、电视棒）
（十）非法服务类	1. 政府机构颁发的文件、证书、公章、勋章，身份证及其他身份证明文件，用于伪造、变造相关文件的工具、主要材料及方法
	2. 单证、票证、印章、政府及专门机构徽章
	3. 金融证件、银行卡，用于伪造、变造的相关工具、主要材料及方法，洗黑钱，非法转账，非法集资
	4. 个人隐私信息及企业内部数据，提供个人手机定位、电话清单查询、银行账户查询等服务
	5. 法律咨询、彩票服务、医疗服务、教育类证书代办等相关服务
	6. 追讨服务、代加粉丝或听众服务、签证服务
（十一）收藏类	1. 货币、金融票证，明示或暗示用于伪造、变造货币、金融票证的主要材料、工具及方法
	2. 虚拟货币（如比特币）
	3. 金、银和其他贵重金属
	4. 国家保护的文物、化石及其他收藏品
（十二）人体器官、捕杀工具、活体动植物及一切形态的保护动植物	1. 用于任何目的的人体骨架、器官及体液，塑化人体标本的商品，包括但不限于人体器官/遗体/遗骸/精子/卵子/血液，塑化人体标本等以及人体器官及遗体制作的标本等
	2. 重点和濒危保护动物活体、身体部分，公益保护动物（鲨鱼、熊、猫、狗等），动物捕杀设备（塑化、剥皮服务，电捕机，捕兽夹，猫狗脱毛机），及以上动物制品
	3. 重点和濒危保护植物、地域性保护植物、保护植物标本及以上植物制品
	4. 植物种子
	5. 活体动植物及其制品
（十三）危害国家安全及侮辱性信息	1. 宣扬恐怖组织和极端组织信息
	2. 宣传国家分裂及其他各国禁止传播发布的敏感信息
	3. 涉及种族、性别、宗教、地域等歧视性或侮辱性信息
	4. 其他含有政治色彩的信息

(续表)

品类	详解
(十四) 烟草	1. 成品烟及烟草制品
	2. 电子烟液
	3. 电子烟器具、部件及配件
	4. 制烟材料及烟草专用机械
	5. 烟草图片禁售(使用含有烟液的图片或图片中有烟液展示)
(十五) 赌博	1. 在线赌博信息
	2. 赌博工具
(十六) 制裁及其他管制商品	1. 禁运物
	2. 其他制裁商品
(十七) 违反目的国/本国产品质量技术法规/法令/标准的、劣质的、存在风险的商品	1. 经权威质检部门或生产商认定、公布或召回的商品,各国明令淘汰或停止销售的商品,过期、失效、变质的商品,无生产日期、无保质期、无生产厂家的商品
	2. 高风险及安全隐患类商品
(十八) 部分国家法律规定禁限售商品及因商品属性不适合跨境销售而不应售卖的商品	1. 部分国家法律规定不允许或限制售卖的商品
	2. 因商品属性不适合跨境销售而不应售卖的商品[如香水、茶叶、普通食品(坚果、速食品、腌制食品)、活体植物、活体动物、虚拟商品等]
	3. 不允许发布的盲盒/福袋商品(平台针对特定目的国另有规定除外)

二、跨境电商商品属性

(一) 跨境电商商品属性概述

一般来说,商品(即产品)属性指的就是产品的个性特征,由多种个性特征组合到一起构成产品的固有属性,使其区别于其他产品,有着自己的特点即具有差异性。而决定商品属性的因素不仅是从某一领域出发,而是不同领域的个性化特点共同构成的矢量和,最后便呈现在消费者的面前,使顾客能够识别出具有独特性的产品。

(二) 跨境电商商品属性的重要性

1. 能够提升商品被搜索到的概率,增加搜索的权重

商品属性页面越完整、越精确,产品就会获得越多的流量,从而有更大的概率出现在相关的搜索结果中。

2. 可以减少仅限询盘的需求

详细的商品属性可以让买家准确获取商品的相关信息,能够减少买家仅限于询盘的需求,让买家更有针对性地选择沟通。

3. 更了解商品的详细信息

商品属性会帮助买家更了解卖家的商品,准确评估商品是否符合自己的需求,降低退款退货的状况。

4. 遵守各平台商品属性规范

为了提供给买家更优质的购物体验,务必选择符合商品的类别/属性,错误的商品类别/属性有可能影响商品排序或导致商品下架。

（三）商品属性的填写

在平台上开店运营上架商品时,需要填写商品属性,下面以速卖通为例说明如何填写商品属性。

根据填写的必要性,商品属性是买家选择商品的重要依据,分为必填属性、关键属性、非必填属性(系统有展示,但无特别标注)、自定义属性(补充系统属性以外的信息)。

1. 必填属性

商品属性的填写应该详细准确,完整且正确的产品属性有助于提升产品曝光率。上传产品的时候,必填属性是必须填写的属性,但是还有很多可选属性。对于可选属性,在确定的情况下要尽量去完善,比如产品颜色、语言布局、材质等这些可以先填上去,且产品颜色和款式一定要标注齐全,最好在产品详情页上面放上该品牌每种颜色的图片,让买家有更大的选择空间。

2. 关键属性

是优先填充的属性。卖家会根据商品性能和用户搜索精心选择属性作为关键属性,它是基于顾客输入的最受欢迎的关键字确定的。填充关键属性可帮助买家更好、更轻松地找到卖家的产品。

3. 非必要属性

即使未被标记为关键属性,但卖家仍然应该尽可能填写更多属性,因为属性值可以帮助商品在基于关键字或筛选器的搜索中呈现。

此外,商品属性的填写注意以下技巧:

（1）充分搜集和整理产品的属性。全面了解产品属性(查找同款产品/同类产品),包括产品的特质、特征、性质,如材质、颜色、风格、大小、尺码、款式等。

（2）完整且正确填写产品属性。尽量达到100%填写率,真实、准确的填写有利于产品在搜索和推荐中被曝光。

（3）利用自定义属性提高填写率。产品颜色、语言布局、材质等这些先填上去,利用自定义属性提高填写率。

（4）尽量添加热搜/热销属性词。在搜集产品相关的关键词时,可以通过下拉框搜索的长尾关键词,整理同行销量好的产品的标题/属性词,在热搜词中找出精准词或者热销产品词。

三、跨境电商商品标题

商品标题是产品的"门面",是吸引买家点击进入产品详情页的关键。卖家在描述产品时务必精准到位,突出产品的品牌特征及性能,以帮助买家尽可能方便快捷地找到自身所需产品,从而提高产品交易转化率。

(一)跨境电商商品标题的作用

商品标题是商品的一个重要属性,是信息内容的浓缩精华。表达清晰并且包含关键信息的标题能让访问者更加容易、快速地掌握产品的具体情况,从而更有针对性地选择需要的产品,提高购买转化率。

跨境电商平台网店运营中,卖家需要关注三件事情:第一,要有流量;第二,流量引进来之后要有转化率;第三,有了流量和转化率之后,产品要能及时供给。因此,流量是基础,也是最重要的一个环节。站内流量是流量的主要组成部分,主要来源方式有搜索、推荐、活动、直通车广告等。

而商品标题的好坏直接影响搜索的结果。商品标题的作用有以下几点:

(1)便于目标客户定位所需商品。客户通过好的标题信息,再结合主图信息,即可迅速判断该商品是不是自己需要的商品。

(2)影响商品的点击率。搜索引擎抓取的商品的第一要素就是标题,所以标题承载着被搜索锁定的重要任务。标题关键词的精准度将影响商品的点击率,进而影响商品的排名。越精准的标题关键词越能提升店铺流量、人气和销售量。

(3)与商品相关性高的标题,能使客户的购物体验更加友好。

(二)跨境电商商品标题的设置

1. 商品标题六要素

一个优秀的标题一般包括六要素:

(1)商标或品牌名称。商标既是商品发布的必填项,又可以在一定程度上减少被跟卖的概率。从长期来看,随着跨境电商业务的开展,大部分商家都希望自己的商标能够成为品牌,因此会将商标写入标题。

(2)商品品名。商品品名即商品关键词,且对应多个关键词,因此在标题字数有限的情况下,通常用核心关键词。如果有多个核心关键词,可以根据重要性程度分别用在标题不同的位置。

(3)功能、属性、特性等内容。这类词汇通常体现了产品的属性和特性,往往是消费者关心的要素,也是体现产品差异化的要素。

(4)美化修饰词语。这类词语起到了心锚的作用,可以加深消费者的印象,从而提高购买转化率。

(5)标点符号。如果没有标点符号间隔,标题就会略微过长并难以突出重点,因此,标题需要逗号、括号之类的标点符号将长句的标题拆分成几个短句。同时,标点符号也能将属性词、美化词等与关键词结合,分布在不同短句中,从而使标题具有美感和层次感,并突出重点。

(6)批量销售词。如果产品是批量销售型,那么数量就是最大的卖点,卖家需要将数量词体现在标题中,如一打一组、6个一组等,这样便可以清晰具体地表达出产品内容,从而吸引消费者的意向。

2. 商品标题的设置

如何写出一个好的、有吸引力的商品标题?一般来说,商品标题的设置应该注意以下几点:

(1)商品标题应突出商品的主要功能,尽可能简洁明了。简洁清晰的标题能表达出"我要卖什么",让买家一眼就看明白卖家的商品是什么;好的标题符合商品所面对的消费群体以及受众的搜索习惯和语法习惯,让用户特别容易搜索到卖家的商品。

(2) 注意字符长度限制。商品名称一般不超过 80 个字符。商品目录只显示商品标题的前 80 个字符,很多平台的搜索引擎不会选择商品标题中未被显示的任何字符。卖家的商品标题在显示时有可能被截断,所以卖家一定要注意,标题最好不要超过许可的字符长度,要保证把最引人注目的信息放到标题的开头。

(3) 商品标题应该是唯一的。根据自己的商品特征来设置标题,标题必须具有唯一性,根据客户在搜索引擎中使用的信息来确定商品的标题信息。根据大家的思维模式,发布的信息越多越好。但是,如果同时发布相同的产品标题信息,效果将是相同的。

(4) 商品标题要包括产品相关的关键词。选择的每个标题关键词都必须与商品相关。为了得到更多的搜索量而添加一些和商品没有太大相关性的关键词,是非常不明智的做法,只会伤害卖家自己。如果商品本身有一定的销售基础,那么卖家可以通过商业顾问来分析哪个是高转化率的关键词来进行优化。

(5) 注意优化商品的关键词。关键词是那些与卖家的商品最相关的,并且搜索量很大的词。所以,我们需要考虑相关性和搜索量。商品的核心词是动态变化的,商品不同阶段的核心词是不同的,尤其是新商品和成熟的热销商品,其核心词是不同的。

(6) 添加一些含有修饰语的关键词。很多卖家的商品没有人选择和购买,主要原因是商品标题中没有使用一定的修饰语。有那么多商家在卖这样的产品,为什么该卖家会吸引人进入商店。装饰性的词语可以吸引客人的注意,客人会增加购买欲。

(7) 不要含有促销文字、避免大写等。标题文字不允许输入例如价格、促销、销售日期、装运日期、交付日期、其他与时间相关的内容或公司名称等信息。如跨境电商亚马逊非媒体产品的标题必须满足以下规定:标题中不得含有促销关键词和词组,例如"免费送货""保证100%质量";标题不能含有不可读的字符,例如 HTML(超文本标记语言)字符;标题长度不能超过 200 个字符(标题通常会被截断为 60 个字符),标题必须具有商品标识信息。

(8) 遵守英文标题书写规则。如:一般实词(名词、动词、代词、形容词、副词等)首字母大写,虚词(介词、冠词、连词、感叹词)首字母小写;标题第一个单词、最后一个单词无论词性,首字母应该大写;超过 5 个字母的虚词,如 between、without、alongside、underneath 等应该首字母大写;如果是重要提示性标题,或者是专有名称标题,可以全部字母都用大写,但这种用法应慎重。

(三) 跨境电商商品标题的编排方式

1. 从标题规则角度

从标题规则角度,标题写法有两种:

(1) 最核心关键词(搜索权重最大的位置)+品牌名+产品特性(2~3 个卖点)+适用范围+次核心关键词(分布在中间以及尾部)。

(2) 品牌名+核心关键词(搜索权重最大的位置)+产品特性(2~3 个卖点)+适用范围+次核心关键词(分布在中间以及尾部靠前位置)。如"Natures Bounty Mini Fish Oil

Softgels 1 290 mg, Omega - 3, Supports Heart Health, Odorless, 90 Mini Coated Softgels""Crocs Unisex-Adult Classic Marbled Tie-Dye Clog"。

一般是这两种写法,当然也有把品牌写在最后面甚至不写品牌的,这种写法多见于新品或者日常小商品。如:"Cleaning Gel for Car, Car Cleaning Kit Universal Detailing Automotive Dust Car Crevice Cleaner Auto Air Vent Interior Detail Removal Putty Cleaning Keyboard Cleaner for Car Vents, PC, Laptops, Cameras"。

2. 从买家角度

标题一方面要符合当地国家的语言使用习惯,另一方面要清楚明白地说明产品是什么、有什么特征(尺寸、重量、颜色等)与卖点(功能),使用户可以第一时间判断卖家卖的是什么以及该产品是不是买家需要购买的产品。

3. 从平台角度

每个平台都有自己的一套排名和推送规则,它用算法来判断卖家的产品是什么、适用于哪些客户,然后把它推送给相应的客户。

(四)跨境电商商品标题的优化

要获取尽可能多的流量,产品标题优化时需要注意以下事项。

1. 要能恰如其分地表达产品卖点

标题和类目属性要能对产品进行准确的描述;标题的关键词既要是可能带来流量的词,还要符合平台的规则,不能出现堆砌词、侵权词;标题的关键词不能与品牌词、产品词冲突。

2. 要符合国外买家的搜索习惯

有些卖家的商品是直接通过"搬家工具"从淘宝网上传到速卖通平台,商品的标题是通过默认翻译软件翻译过来的。这种标题存在两个方面的缺点:一方面,它不符合国外买家的搜索习惯,这种标题里面的词很难被买家搜索到;另一方面,通过翻译软件得到的标题毫无特色,雷同性强,使其搜索量变小。

以速卖通平台为例,标题优化的内容包括以下几个方面:

(1)标题排布的优化:

① 优化前 45 个字符。我们知道,标题有 128 个字符,每个产品展示给买家的是前 45 个字符。因此,卖家可以根据这个特点进行标题优化。对标题进行优化时,前 45 个字符一定要用好。由于标题从头到尾的搜索权重是不同的,前 45 个字符一定要放主关键词。很多中小型卖家喜欢在前 45 个字符里放促销词,在开通直通车推广的情况下,买家在展示页面里会看到很多奇怪的标题,关键是最能吸引买家的属性词没有显示出来,这对产品的转化率会产生致命的影响。因此,产品重要信息一定要放在前 45 个字符里,把促销词、非热卖词放到标题的后面。

② 词频。做搜索引擎优化,词频是有权重的。但在速卖通平台的商品标题里面,词频的权重不是很大,关键是如果词出现的频率过多,会引起降权。因此,要尽量控制词的频率,不要过多重复,不然浪费标题 128 个字符是很可惜的。标题中的关键词,即使颠倒了放,还是能被搜索到,这也是为什么词出现一次就可以。

③ 词序。标题是有词序的,词在标题的不同位置,其搜索的权重、搜索的加分、直通车广告的计分也会受到影响。编辑标题的词序时,词的前后位置不一样,其搜索权重也会发生变化。调整某一个关键词的先后顺序,不仅该关键词自身的权重受到影响,其他关键词因词序的改变搜索权重也会发生变化。因此,在调整关键词顺序时,要全面考虑调整后的综合权重。需要特别说明的是,标题的词序不能经常变化,否则会影响产品质量得分,因而在第一次设置关键词的时候,就要把词序考虑好。

④ 特殊符号。特殊符号的使用要特别小心,它是不能轻易乱放的。有时候,放一些特殊符号,感觉特别好看,以为能帮助买家更好地理解产品信息,但其实对关键词的影响特别大。因为在速卖通平台的算法里,系统会把前后的关键词进行组合,如果加个符号进去,相当于把前后隔断。没法组合在一起,这种组合权重就消失了。因此,词与词之间用空格就好。

（2）商品中心关键词尽量靠前出现,尽量在标题前5个词中出现。

（3）商品标题由款式、材质、形状、型号和中心词构成;款式、材质、形状、型号要结合买家搜索习惯,可参考谷歌搜索框提示和相关关键词提示;中心词要切中买家搜索习惯,标题的中心词切忌罗列堆砌,在设置的时候,要结合时下的热门关键词。

关键词设置也要注意一定的技巧,要尽可能使用同义的关键词,比如一款产品的多种不同的英文名称,wedding dresses 和 wedding gown 同义,都可以指结婚礼服,因而都可以包含在商品标题里。

四、跨境电商商品描述

（一）跨境电商商品描述的维度

跨境电商商品描述可以从以下几个维度来进行分析。

1. 考虑买家角色

在编写商品描述时,考虑买家是谁,这一点很重要。消费者在购买商品时,想要了解商品的优点、为什么需要它以及如何使用它,所以商品描述应该针对买家的痛点和目标。此外,卖家应该使用潜在客户使用的相同语言,并想象在线下会如何和潜在客户沟通,这样能和潜在客户产生更深的共鸣。

2. 考虑创意

商品描述应该让买家知道其中有什么好处、他们如何获益。当我们在头脑风暴要讲什么故事时,应思考哪些因素激发了卖方去创造所卖的产品,又该如何使它们成为营销中的特色和重点。

3. 强调每个功能

在编写商品描述时,应该尽可能具体化,商品描述应该能够让消费者更了解产品或者品牌,应该强调每个功能的好处。每个功能描述都可能是吸引潜在买家的内容。

4. 搜索引擎优化

描述商品时可以进行关键词研究,并发现客户在搜索什么,可以在页面标签、图像标签和商品描述副本中使用关键词。

5. 加入在线评论

当消费者不确定购买哪款产品时，他们通常会查看在线评论。哪款产品好评度越高，他们购买哪款产品的可能性就越大。可以将在线评论添加到商品描述中。

6. 使其易于阅读

信息不仅应该易于查找，还应该易于消化。如果有一大段文字，买家是不会仔细阅读的。卖家可以通过简单的格式直观地传达信息。例如，使用较大的标题，包括要点，并充分利用留白。

7. 结合图形和图片

创建一长串项目符号并不是传达信息的最佳方式，如果有些信息不想用文字表达出来，可以制成图片。

8. 产品描述测试

完成产品描述的编写后，卖家需要进行不同版本的测试。测试将帮助卖家优化长度、关键字等。同时，卖家要选择要跟踪的指标，可以是转化率，可以是购物车放弃率，也可以是排名。

（二）跨境电商商品描述的内容

1. 场景化商品描述

卖点不是商品功能的罗列，卖点是把商品功能以场景和痛点、痒点的形式呈现出来，比如对于针对宠物家庭推出的吸尘器产品，可以强调该吸尘器在家里使用，不仅可以快速清理包括床铺、沙发、衣物上的所有毛发，还静音，不会影响孩子学习；使用图片/视频还可以更直观地展现吸尘器的吸力、清洁能力、缝隙角落清洁能力、对灰尘的反应、通用性和清理设备本身的便利性。

此外，还需要尽量使用高频的场景，比如通勤、做饭、陪孩子，场景越普通，消费者可能接触的概率就越大，记住产品信息的机会就更大。如果产品有特别的功能或者用法比较复杂，可以考虑在产品页面添加视频。卖家可以利用大数据（如 Shopee 知虾数据、Lazada 萌啦数据）进行分析，了解市场行情、产品信息、店铺数据等，更好地分析出产品的热销词，并添加到商品描述中。

2. 增强信任背书

把握消费者的从众心理，用真实案例（如买家的产品评价/评分）为商品提供"社会证明"。此外，塑造专业可信任的形象能带来更显著的效果，比如展现品牌、产品认证、权威人士代言、网红推荐等。

3. 对比突出自身优势

客观且直观地展现自家产品相对于竞争对手/竞争款式的优势，从技术、成分、效果、原理等多个角度挖掘等价对比的参照体，进而凸显产品的某个核心亮点，让顾客更容易理解和记忆，巧妙地突出自身的优点。

此外，也要简化那些复杂或过于专业的描述，把消费者不熟悉的点与其熟悉的事物或概念类比，让消费者更容易理解。比如，直接讲镜头像素，消费者不一定会有体感，但如果用图片直接对比不同手机在十倍变焦下的拍摄成像，消费者则更容易感受到产品价值，消费者节省时间的同时,购买率也会大幅提升。

4. 强调为用户解决哪些问题

产品的价值体现在解决问题上,可以通过使用前与使用后的差距对比,体现产品是如何改变不好的状况的。比如,夏季空调房内手部干燥,涂完这款护手霜后,皮肤即刻恢复水润。但也需要提供科学的数据佐证来说服消费者,比如对于美白面膜,我们可以强调其成分浓度、该成分与其他成分抑制黑色素能力的对比、体验者使用 x 次后的肌肤色度改变,并附上专利证书等证明信息。

5. 强化产品卖点的可感知性

网购时,消费者无法触摸产品。因此,商家可以通过语言/视频/图片先让消费者有类似的体验。消费者多数会凭借一些表象或者感觉作出判断,这时候商家就要集中展示自己产品的某些特性,用事实说话。例如,在突出行李箱"结实"、抗弯曲特点时,拍摄人踩在上面的场景。

6. 突出产品带来的服务价值

服务价值通常表现为提供更快的物流、退换售后服务等。比如加入 Lazada 海外仓的产品,同样的产品,某商家能提供本地发货、快至 1 日达物流时效、退换售后服务等。比如美甲工具,商家可以提供视频教程以及持续的时兴款式 DIY 教学等。

第二节 跨境电商商品页面

一、商品主副图

在确定好一款产品以后,卖家有一个必须做的动作,那就是为新产品拍摄一组高端、大气、上档次的图片。电商与实体商店不同,线上购物时,卖家只有借助足够吸引人的产品主副图才能提升曝光率。跨境电商是"看图购物"和"看详情页购物"的结合,在看不到实际产品的前提下,图片表述的完整程度往往就是消费者所认为的产品的真实程度。卖家在后台上传产品信息时,主图排在第一张,主图之外的都是副图。

一般来说,大部分消费者会通过商品关键词搜索实现购买的第一步。系统根据消费者使用的关键词和算法规则,为消费者展示搜索结果页面。搜索结果有很多,每一页有 20 多条详情页信息展示出来。而在搜索结果页,商品主图占据着非常重要的位置,直接冲击着消费者的视觉。客户会点开哪一条详情页信息,商品主图起着非常重要的作用。主图的好坏,会直接影响商品点击率的高低。而点击率又是转化率的基础,如果连点击都没有,何来转化呢。因为主图十分重要,所以亚马逊官方对主图制定的规则也是最为严厉的。

(一)跨境电商商品主副图包含的信息

1. 细节图

一般,细节图利用文字配上图片来展示产品的细节,比如一些产品的尺寸、重量、材质、纹路、logo 等,让购买者能更加清晰地了解产品的细节品质,从而对产品有一个"其为高品质产品"的印象。

2. 功能图

功能图就是把产品的主要功能或特殊功能标记出来、展示出来,让消费者能详细地了解产品的主要功能。

3. 场景图

场景图是亚马逊主副图中非常重要的一张图。场景图是把产品放到实际生活场景中运用,看产品在生活中的使用场景是什么样的,从而增加消费者购买的欲望。

4. 综合图

综合图是把同类型的产品汇集到一张图表里,比如不同颜色、花纹、大小、配饰的产品等,让消费者在一定程度上信任店铺。

5. 辅助图

辅助图主要是说明产品的外包装。如果产品的外包装比较精美,具有一定的美感,卖家可以把产品的外包装展示出来,这能很好地给客户营造出一种产品很完美的感觉。

(二)补充图

补充图用来对产品的使用方法作补充。如果产品说明书比较烦琐,卖家可以把烦琐的说明书换成图片来展示,让消费者能更加容易地看懂产品的使用方法。

二、商品主图、副图的规范性要求

以亚马逊平台为例,在亚马逊平台中,上传的商品图片分主图和辅图,主图1张,辅图8张,共9张。但在产品页面直接展示的只有6张,其余3张需要点击图片界面以查看。商品主图的背景必须是纯白色,产品占图片比例达85%,且不能包含额外的装饰品。商品的主图必须由真实产品拍摄,其他材料不能使用。不出售的产品不能放入主图。主图只需展示产品,不能带标志和水印。图片的长边不能低于500或者高于2 100像素,一般建议的图片尺寸是1 500像素×1 500像素,起码要大于1 000像素×1 000像素。禁止使用裸露以及色情图片。通过以上内容,我们可以知道亚马逊平台上商品主副图包含哪些产品信息。在制图的时候,卖家也需要把这些信息填充进去,同时所填信息需要符合商品主副图的要求。

(一)亚马逊的商品图片格式要求

1. 亚马逊图片最长边至少为1 000像素。

当图片的高度或宽度至少1 000像素时,该图片具有缩放功能,卖家能放大图片局部查看商品细节,这个功能具有增加销售量的作用。

2. 图片最短的边长(相对的宽或高)不能低于500像素。

否则无法上传到亚马逊后台。图片太小了,也不方便买家查看商品。建议卖家在上传商品图片时,将边长控制在1 001像素以上。

3. 建议主图与辅图尺寸保持一致,这样比较美观。

4. JPEG是常用的首选格式。

图片的格式可以为JPEG、TIFF、GIF,这几种在亚马逊上是可以上传的。建议使用

JPEG 格式,因为这种格式的图片在上传时的速度比较快。

5. 图像的横向和纵向比例是 1∶1.3 时,可以在亚马逊的网站达到最佳的视觉效果。

(二)亚马逊的商品主图标准

1. 主图的背景必须是纯白色(亚马逊搜索和产品详情页界面也是纯白的,纯白的 RGB 值是 255、255、255),如图 7-1 所示,应该选左图,而不是右图。

图 7-1　符合标准的主图背景(左)和不符合标准的主图背景(右)举例

这一要求并非绝对,部分特殊类别如床上四件套、蚊帐、窗帘、沙发、墙挂画、灯品类,会有不同的审查标准。这些商品主图可以用非纯白背景的情景图等。

2. 主图应是产品的实际图,不能是插图,更不能是手绘图或漫画图。

3. 主图不能带 logo 和水印。

最好也不要有不在订单内的配件、道具等(产品本身的 logo 是允许的)。含有商品促销打折信息、数量信息等文字的主图也被禁止使用。

4. 主图中的产品尺寸需要占图片大约 85% 的空间。

主图中的商品,不能拍得太小,否则不符合亚马逊的规范。

5. 主图中的商品只能出现一次。

主图不能包含同一商品的多张图片。如图 7-2 所示,左图可以作为主图;右图中,产品图出现一次以上,不允许作为主图。

图 7-2　主图包含同一商品的多张图片举例

6. 对于有变体的商品,父子商品都要有主图。

7. 产品必须在图片中清晰可见,图片需要显示整个产品,不能只有部分或多角度组合图。

8. 主图不能包含人体模型。

但有些类目允许有模特(如服装、内衣、袜子),而且只能使用真人模特,不能使用服装店里的那种模型模特。模特必须是正面站立,不能是侧面、背面、多角度组合图、坐姿等。主图模特身上也不能有非售物品。有些类目主图则不允许使用模特(如书包、珠宝、鞋)。

(三)亚马逊的商品辅图要求

1. 辅图可以展示细节、其他面或搭配图。

辅图应该对产品做一个不同侧面的展示、产品使用的展示,或对主图中没凸显的产品特性作补充。亚马逊产品详情页中,卖家最多可以添加 8 张辅图。

2. 辅图最好也和主图一样是纯白的背景。

但这不作强制要求,不是纯白的也允许。

3. 辅图不能带 logo 和水印(产品本身的 logo 是允许的)。

4. 产品必须在图片中清晰可见。

如果有模特,那么模特不能是坐着的,最好站立,要用真人模特,不能使用服装店里的那种模型模特。

5. 辅图中不能包含裸体信息。

那些知名产品、卡通、影视等形象(包括商标、品牌名称、设计、知识产权、版权、肖像权),未经正规授权,不能私自盗用,不能有任何形式的侵权行为,同时要注意对原始图片信息进行保存,因为不排除日后会有别的卖家恶意投诉你所使用的图片存在侵权行为。

下面以首饰和服饰为例,具体说明亚马逊对不同产品的图片要求。

亚马逊首饰图片要求:首饰图片大小要求是最长边 1 001 像素以上,主图中产品不能穿戴在模特身上拍摄展示;副图中产品可以穿戴在模特身上拍摄展示作为效果图,也可以不是纯白底;图片上不能有任何描述性说明,比如这首饰用的什么材质、在什么情况下穿戴;耳环主图要成对出现。

亚马逊服装图片要求:服装图片大小要求是最长边 1 001 像素以上;服装只能是平铺或者穿戴在模特身上,不能用假模特;模特不能穿戴除展示的产品之外的任何东西,包括(手链、包、戒指、项链、手表、眼镜等);模特站姿正面朝前,不能侧身或者坐着;只能展示单一产品,不能展示可选择的其他同类产品;不能出现任何裸体、色情、淫秽画面。

三、跨境电商产品详情页

什么是产品详情页(Product Detail Pages,PDP)? 产品详细信息页面,是电子商务网站上提供特定产品信息的网页。这些信息包括尺寸、颜色、价格、装运信息、评论和其他客户在购买前希望了解的相关信息。用更诗意的话来说,PDP 是任何电子商务网站的生命线。为了更好地理解它们,我们以亚马逊为例。当买家最初在亚马逊上搜索产品时,会得到一个可供选择的产品列表。当买家看到一个喜欢的产品,可以点击它来了解更多关于它的信息。

对卖家来说,想要吸引消费者眼球,快速提高店铺知名度,那就需要出色的产品详情页!一个精心设计的产品详细信息页面对卖家的营销策略至关重要,因为它是直接引起销售的页面。向消费者提供更多他们感兴趣的产品信息至关重要,否则,他们如何知道它的大小或功能?根据 Shiprocket 的数据,如果有关产品的信息不完整或不正确,98%的购物者会停止购买。更不用说,准确和详细的产品描述可以将客户投诉和退货的风险降至最低。

一个好的产品详情页会影响消费者的购买欲望。同样的商品,若有着更加完整的详情页并能让买家更加直观地从中获取商品相关信息,这样的产品会更加有优势。如果产品详情页不完整或不正确,买家可能难以找到商品,从而影响销量。基本的产品详情页包括:商品标题、图片、要点细节、产品描述、产品变异细节(如尺寸、颜色)、顾客评论等。

(一)产品详情页包含的基本要素

跨境电商产品详情页是消费者了解产品的主要抓手。在设计产品详情页时,有些元素是必不可少的。这些元素中的每一个都必须出现在页面上,且这些元素在页面上的顺序和位置应有巨大的差异。

1. 菜单

菜单是一个重要的导航工具。菜单将提供浏览网站不同区域的快速链接,包括主页、各种产品类别和客户的购物车。

2. 痕迹导航

它的英文是"breadcrumb"(或"breadcrumb trail"),是一种二级导航方案,用于显示用户在网站或 Web 应用程序中的位置。在网络术语中,其用来描述一个人到达产品页面的路径,它将显示客户在访问特定产品页面之前访问过的所有不同的网页。例如,当访问亚马逊网站查看空调设备时,买家可能会注意到页面顶部有一条通往该产品的路径。

3. 商品标题

这应该是页面上最大、最容易找到的文本。商品标题是商品的名称,以向消费者展示他们正在看的东西。商品标题应尽量具体而不太复杂。

4. 商品描述

虽然它不需要太长,但应该准确地描述商品,定义它的特点和好处、它的功能和限制。这就是好的文案派上用场的地方。了解客户想要什么,并使用正确的语言与他们交谈,可以真正吸引他们在卖家的在线商店中购买更多的商品。如果卖家能在搜索引擎优化的角度发布相关的关键词,那就更好。商品描述还应该说明任何人对商品可能存在的重大异议或担忧。例如,如果销售空调,卖家可以通过谈论产品的能源之星评级来回应消费者对能源消耗的普遍关注。

5. 商品图片

卖家要提供好的、高质量的商品图像,这样客户才能更好地了解商品。卖家若想让消费者觉得他们是在亲自观看商品,就一定要从各个角度展示产品。

6. 价格

这是产品详情页上对潜在客户而言最重要的因素。产品或服务的价格需要突出并清晰地显示出来,可以显示任何折扣,以帮助提高转化率。价格应该放在"购买"或"添加到购物车"按钮附近,这有助于页面的自然流动,并鼓励用户从查看价格到将商品添加到他们的"购物车"中。

7. 行动召唤

这是产品详情页最激动人心的部分。在这里,卖家可以告诉客户"添加到购物车"!行动召唤按钮是一种简短而快速的要求,让客户去做一件事——执行一个行动。通常,这个操作需要客户向他们的"购物车"中添加一个商品。

8. 商品的库存

展示商品现有库存或库存有限,有助于吸引消费者购买。大多数电子商务网站都会显示这一点。

9. 社会证明

社会证明可以改变转化率,是优化转化率或转化率优化(Conversion Rate Optimization, CRO)的主要工具。没有什么比听到其他客户的积极反馈更能说服潜在客户购买产品了。社会认可可以有很多种形式,包括客户评价、专业人士证明、名人证明、朋友推荐等。卖家可以设置从平均星级到行业奖项和信任徽章等各种标志,如果可以的话,考虑一下可以使用哪些类型的社会证明。

10. 稀缺和紧急信号

显示一个产品的库存量很低或者有多人同时查看,是一种快速而简单的方式,可以表明客户可能会错过该产品。客户如果想获得该产品,需要迅速采取行动。

11. 交叉销售

用户停留在产品详情页上,表示他们有了解该产品的兴趣以及购买的意向。卖家需要通过巧妙的交叉销售或追加销售策略来充分利用这一优势。

12. 信任徽章和信任印章

信任徽章和信任印章是另一种快速而简单的方式,可以减少任何不愿意在网站购买商品的行为。通过强调网站是安全的,客户在该网站购买时会感到更加舒适。在由Econsultancy进行的一项调查中,48%的受访者表示,信任徽章和信任印章让他们确信网站安全可靠。

13. 政策

卖方还可能希望在每个产品页面中添加某些免责声明,以清楚地强调公司的责任范围。还可以添加退货政策,从而让客户更放心地购买,以防将来需要退货。

隐私政策和条款免责声明可能也会有所帮助,这可以防止卖方在产品发货错误或产品功能出现故障时遇到任何法律问题。此外,列出所有担保和保证条款!

14. 装运信息

卖方不能像控制产品的一般价格那样控制运输。发货详情需要根据客户的居住地点和他们想要使用的邮政服务种类单独确定。交货成本对采购决策有重大影响。在那些因送货问题而放弃将商品加入"购物车"的人中,超过50%的人是因为超预期的运费。因此,卖方最好尽快解决这一问题,并直接列明可能发生的任何额外费用。

(二)产品详情页的设计规则

各跨境电商平台商品列表都必须遵循平台的一套指导方针才能发布。这些指南的存在是为了确保无论谁在销售这些产品,购物者总是能够获得关于产品的准确和最新的信息。以亚马逊平台为例,卖家创建的产品详情页更需要遵循以下关键规则:

1. 避免侵犯知识产权

在亚马逊上销售商品时,卖家可能会时不时地列出品牌商品。在这种情况下,检查所列商品是否侵犯了知识产权是至关重要的。没有品牌所有者的明确许可,不要使用任何受版权保护的标语或标志——这可能会让卖家陷入困境。

2. 不要伪造身份信息

根据列出的项目,卖家可能会被要求提供包括制造商的零件号或型号等信息,这些信息的准确性非常重要。如果亚马逊发现卖家故意提供虚假信息,那么卖家的账号可能会被暂停。

3. 不要制造双吸

亚马逊创建其产品页面的目的是为每种产品提供一个页面,这就是为什么卖家不应该尝试为相同的项目创建重复的列表或页面。这不仅违反了亚马逊的规定,还会让购物者感到困惑,可能会导致销量下降。

4. 保持非促销性

在创建亚马逊产品详情页时,最重要的规则之一是避免交叉推广或交叉销售。换句话说,不要试图在清单上推广其他产品或包含外部网站的链接。亚马逊希望购物者能够在一个页面上找到他们需要的一切,无须离开网站。

5. 只在需要时进行编辑

如果卖家想编辑一个已经存在的产品页面,请记住,亚马逊只允许在出现新信息或需要更正信息时进行编辑。卖家不能为了改而进行更改,所以只有在绝对必要时才编辑列表。亚马逊网站称:允许的更新包括补充细节、澄清、语法修正或删除违反亚马逊政策的内容。换句话说:不要为了编辑而编辑!

6. 新产品,新上市

有时,卖家可能会列出与现有产品名称相同但规格不同的项目。在这种情况下,卖家需要创建一个新的清单,而不是编辑现有的清单。卖家可能还有旧版本的库存,所以修改清单会误导购物者。

(三)产品详情页的设计技巧

当卖家准备在电商平台列出一个产品时,需要创建一个产品详情页作为列表清单的一部分。以下以亚马逊平台为例,列出一些关于如何设计好产品详情页的技巧。

1. 锁定正确的关键字

当潜在购物者在亚马逊上寻找商品时,他们会在网站的搜索栏中输入关键搜索词。因此,产品清单中包括这些相同的术语——特别是在标题和产品描述中——可以确保卖家的产品详情页作为顶部结果之一出现。卖家要找出自己的产品最常用的关键字,可以尝试使用一些工具。当卖家开始输入相关关键字时,还可以查看亚马逊建议的搜索词。图片是亚马逊产品详情页最重要的元素之一,所以使用专业的高分辨率照片至关重要。潜在买家无法亲自触摸或试用产品,所以图片是他们了解产品外观和质感的唯一抓手。PDP上的主图应该是产品本身,背景为纯白色。卖家还可以在页面下方添加其他图片,以显示正在使用的物品或提供不同功能的特写。

2. 写一份引人注目的产品描述

产品描述是另一个关键的卖点,所以尽可能让它有信息量和说服力是很重要的。如果卖家是作为第三方销售产品,这是个好消息——卖家可以简单地看看制造商的产品描述,并将其作为起点。一是利用亚马逊的A+内容。如果卖家在亚马逊上销售自有品牌产品或独家品牌,可以注册A+内容计划,这允许创建更加丰富的产品描述,并添加额外的图像、比较图表,甚至视频。A+内容是让你的列表在竞争中脱颖而出的好方法,但重要的是,制作它可能耗时且昂贵。如果卖家不确定是否值得投资,看看产品所在类别的其他一些列表,看看他们是否使用A+内容,如果没有使用,你可能有机会在竞争中领先。二是卖家应确保PDP符合亚马逊的指导方针。正如我们前面提到的,亚马逊对产品列表中可以包含什么和不可以包含什么有严格的指导方针。所以,在点击发布按钮之前,卖家应花点时间阅读一下亚马逊的政策。卖家可以在网站上找到具体指南的完整列表。

第三节　跨境电商定价策略

追求利润是跨境电商运营的核心目标,而利润即商品价格减去成本的差额,也就是说,商品价格取决于成本与利润两个基本要素。跨境电商商品成本至少包括采购成本(生产成本)、国际物流成本和平台运营成本。其中,跨境物流平台物流成本是商品实际成本的重要组成部分,最高占总成本的40%,对货物出海定价的影响非常大。

一、跨境电商商品的价格构成

跨境电商商品价格构成涉及跨境电子商务交易的商品或服务的价格及其形成因素所构成的全部要素。跨境电商商品的价格构成一般包括生产成本或采购成本、跨境电商平台费用、跨境物流费用、税费、付款手续费和其他费用。

1. 生产成本或采购成本

其主要是指从国内供应商处采购商品的成本或进价。供应商的价格水平决定了该成本的高低。因此,选择一个具有竞争优势的优质供应商对跨境电商卖家至关重要。

2. 跨境电商平台费用

其主要包括平台入驻费用、平台销售佣金、平台营销推广费用、次品和退费折损、其他费用。

（1）平台入驻费用。卖家同意就每个注册、开设的店铺按入驻类目（经营大类）的规定金额在指定的支付宝内缴存履约担保保证金，由支付宝划转至网商银行。如卖家的店铺入驻多个类目（经营大类），若无其他规定，则该店铺卖家应缴纳多个类目（经营大类）中金额要求最高的履约担保保证金。比如速卖通各类项目履约担保保证金的具体金额详见表7-2。

表7-2 速卖通2021年度各类目保证金一览表

序号	经营大类	保证金/万元
1	珠宝手表（含精品珠宝）	1
2	服装	1
3	婚纱礼服	1
4	美容个护（含护肤品）	1
5	真人发（定向邀约制）	5
6	化纤发	1
7	母婴玩具	1
8	箱包鞋类	1
9	健康保健	1
	成人用品	1
10	3C数码（除内置存储、移动硬盘、U盘、刻录盘、电子烟、手机、电子元器件）（投影仪定向邀约）	1
	内置存储、移动硬盘、U盘、刻录盘	1
	电子烟	3
	手机	3
11	电子元器件	1
12	汽摩配	1
13	家居、家具、家装、灯具、工具	1
14	家用电器	1
15	运动娱乐（含电动滑板车）	1
16	特殊类	1

一般情况下，跨境电商平台的入驻费用主要包括以下几种。

① 技术服务费。一般情况下，跨境电商平台会收取技术服务费。技术服务费的金额按照入驻商家的规模来定，技术服务费的金额一般在数千元到数万元不等。

② 保证金。一般情况下，跨境电商平台会收取保证金。保证金的金额按照入驻商家的规模来定，保证金的金额一般在数千元到数万元不等。

③ 平台使用费。一般情况下，跨境电商平台会收取平台使用费。平台使用费的金额按照入驻商家的交易规模、固定金额、阶梯式计算、综合计算等方法来定，平台使用费的金额一般在数百元到数千元不等。

④ 其他费用。跨境电商平台还会收取一些其他费用，比如品牌推广费、商品宣传费等，这些费用的金额按照入驻商家的规模来定，这些费用的金额一般在数百元到数千元不等。

（2）平台销售佣金。卖家就享受的发布信息技术服务按照订单销售额的百分比缴纳佣金。速卖通各类目交易佣金标准不同，各类目佣金比例见表7-3。同时，速卖通保留根据行业发展动态等情况调整佣金比例的权利，届时将发布公告，公告在公示期满后生效。

表7-3 速卖通各类目佣金比例表

类 目		佣金比例/%
特殊类别		8
家用电器类		5
办公及学校用品类		8
美容及健康类		8
手机及通信产品类	手机	5
	手机液晶显示屏	5
	其他类目	8
工具类	园艺工具、测量和分析仪器、电动工具及工具套装	5
	其他类目	8
家具类		5
服饰配件类		8
计算机及办公类	办公室电子产品、平板电脑、外部存储、计算机外围设备、计算机组件、记忆卡和配件、网络及计算机电缆和连接器、迷你PC、笔记本电脑、演示板、工业计算机及配件、服务器、台式机、KVM开关、计算机清洁剂、软件、DIY计算机、工作站、液晶铰链、笔记本电脑适配器、笔记本电脑电池、笔记本电脑冷却垫、笔记本电脑扩展坞、笔记本电脑液晶逆变器、笔记本电脑液晶屏幕、笔记本电脑锁、替换键盘、儿童平板电脑、平板电脑液晶显示器和面板、平板电脑支架、平板电脑电池和备用电源、内部存储、演示板配件	5
	其他类目	8

（续表）

类　目		佣金比例/%
运动及休闲类	运动鞋	5
	其他类目	8
女士服装类		8
婚礼及活动类		5
美发及假发类		10
内衣类		8
服装及配饰类		8
安全及防护类		5
汽车及摩托车类	机油、轮胎、摩托车发动机油、摩托车轮胎和轮子	5
	其他类目	8
鞋类		5
电子元件及耗材类		8
男士服装类		8
消费电子产品类	便携式音频和视频、相机和照片、配件和零件、家用音频和视频设备、智能电子、游戏和配件、DIY零件、电源等	5
	其他类目	8
母婴类		8
箱包类		8
灯光和照明类		8
表类		8
玩具类		8
家居装饰类	产品硬件、浴室设备、厨房设备	5
	其他类目	8
珠宝配饰类	精致珠宝	5
	其他类目	8
新奇特类		8
家居与园艺类		8

（3）平台营销推广费用。敦煌网提供免费的流量快车、促销活动，也提供付费的视觉精灵和谷歌购物服务。速卖通平台提供付费的直通车和联盟营销服务。速卖通直通车是一种按效果付费的广告，简称 P4P(Pay for Performance)。直通车付费方式是按点击付费，简称 CPC(Cost Per Click)。速卖通联盟营销是速卖通官方推出的一种按效果付费的推广模式，其佣金按照订单金额比例支付，即 CPS(Cost Per Sale)。联盟营销佣金可以设置店铺默认佣金、类目佣金、主推产品佣金（参考比例为 10％～20％）和爆品商品佣金（参考比例为 20％～30％）。

（4）次品和退费折损。如亚马逊平台有 30 天的包退货政策。目前，电商平台的退货率一般较高，需要引起重视。

（5）平台其他费用。如平台处罚等也会产生一些费用。

3. 跨境物流费用

跨境物流费用是跨境电商商品价格构成的重要部分。一般情况下，跨境电商购物中的运费需要由买家承担，并从买家的商品总价中扣除；有时产品详情页会标示"包邮"以吸引客户，但卖家会将物流费用计算在商品价格之中。不同商品的跨境物流费用有很大不同，跨境电商企业应尽可能帮助消费者选择最优惠的运费方式，以降低购买成本。

4. 税费

税费包括可能的增值税、消费税、进口税等，是跨境电商商品价格的构成要素之一，也是进行国际贸易时必须考虑的费用因素。增值税是由政府征收的税收，占商品价格的比例较高。而消费税则是政府征收的日常消费税，它的金额较小，但是也会影响成本。跨境电商的进口税费是由跨境电商经营者及其客户承担的，按照国家相关法律规定划定，主要包括进口关税、进口消费税、进口增值税等。其中，进口关税需按照不同国家和地区的贸易协定制定或更改，是由政府收取的，其金额会影响跨境电商进口商品的最终价格。

5. 付款手续费

付款手续费也是跨境电商商品价格构成的一个要素，一般按照付款产品和服务的种类以及平台服务费来收取。这笔费用基本一致，不会因为购买单位而改变。但付款方式不同时，付款手续费也不同。因此，选择合适的支付方式也能够减少付款手续费，从而降低总购买成本。

6. 其他费用

除上述五个要素外，还有很多其他的要素，如国家的政策调整，外汇汇率波动，原产地保护规定，公司的人工费、房租、水电费、办公费用等，都会对跨境电商商品价格产生影响。因此，跨境电商经营者应该密切关注各种要素的变动，以最大限度地降低价格，提高商品的销售量。

二、跨境电商商品定价的影响因素

跨境电商商品定价，是指商家通过跨境电子商务渠道出售商品时，根据商品质量、消费人群、线上销售渠道、市场价格等因素，有策略性、科学性地对商品进行定价。跨境电商商品定价需要考虑下列因素。

1. 竞争对手的产品价格

你的产品已经生产出来了吗？如果是,价格是多少？比如,你把产品价格定为14.99元,但是所有竞争对手的价格都是9.99元,这种情况下卖不出去很正常。要切换到买家的视角去看产品,不要自以为是。

2. 经济发展水平

比如,欧美国家的经济发展水平和东南亚发展中国家的肯定不一样。在东南亚国家中,新加坡的经济发展水平最高。如果在新加坡这个地区,商品的定价可能会比其他地方高。

3. 消费群体

高消费能力的人更在乎质量而不是性价比。手表、无人机和各种智能小工具的消费者也是如此。要用这个逻辑思考:哪些人群有可能购买你的产品？如果学生多,那么他们可能对价格更敏感。

4. 男女消费习惯的不同

整体来看,女性消费频率高,单笔购买金额低;男性消费频率低,但单笔购买金额高。以包为例,女性一年可以买三个以上包,而男性一个包可以用三年。根据这个特点,对于男包,商家应把重点放在质量上。

5. 供货门槛

一般说来,产品越容易拿到,竞争就越大,价格就越低。所以商品门槛越高,如有别人没有或者很难有的商品,就可以定高价,因为用户没有其他选择。

6. 低成本引流

以较低的成本引流,在客户访问的跨境电商网站或平台上增加曝光,提升品牌知名度,促进销售,如社交媒体营销、低价引流策略、网红带货。

7. 其他因素

有时情况复杂多变。有些产品定价高,就是为了筛掉消费能力低的用户。跨境电商产品的成本构成包括生产价格、物流价格、推广成本等相关费用,所以,要多方面考虑来定价。

课程思政

商品定价涉及众多因素,各因素之间有着千丝万缕的联系,商家在制定定价策略时需综合考虑各种因素,使其达到最佳状态。另外,商品定价也必须考虑消费者的购买能力和接受能力。只有提供高质量、高性价比的产品,才能获得更高的顾客满意度。

三、跨境电商商品的定价策略

对跨境电商卖家来说,定价策略是营销组合的关键组成部分。价格通常是影响交易的重要因素,也是营销组合中最难确定的因素。

1. 基于成本的定价策略

这种定价策略是零售行业中最常见的定价模式。基于成本的定价主要是根据成本计算利润,这种定价方法的优点是很简单。比如,一个产品的出口价格是5元,卖家根据产品成本、运输成本、平台成本、仓储成本,按一批货计算利润,然后以"成本加预期利润"的固定价格销售。

价格＝成本＋预期利润

商品定价＝(商品成本＋费用)×(1＋利润率)÷(1－佣金率)÷汇率

跨境电商使用成本定价方法的劣势也十分明显,当产品对所有用户、所有市场都统一定价时:第一,如果定价与市场水平相差太大,在跨境电商的销售模式无法让买家看到实物的情况下,定价低很可能让买家无法相信该产品的质量,价格优势会直接变成竞争劣势;第二,若对手降价,卖方仍保持原价,将影响销量,即不能对市场反应做出及时调整。

知识拓展

全球速卖通平台一卖家开发了一款泳衣,进货价格为35元/件,该卖家准备将该款泳衣打造成店铺爆款,以带动店铺曝光量、浏览量。平台佣金为8%,预定利润率为5%,北美地区包邮,物流费等其他费用为30元/件,美元兑人民币汇率为6.5。则该商品定价为:(35＋30)×(1＋5%)÷(1－8%)÷6.5＝11.41(美元/件)。

2. 基于顾客承受能力的定价策略

跨境电商卖家在推出新产品时,应根据当地消费者的消费能力和市场价格来确定价格。其优势在于可以在某些市场获得更大的利润空间,同时保证价格的灵活性和产品的竞争性。

消费者对不同商品的价格敏感度会不同,消费者对某件商品可承受的价格的高低与喜爱和信赖程度呈正比。根据全球著名市场研究公司Nielsen的市场调查,消费者对化妆品类商品可以承受17%的价格变化,而对化工商品可以承受的价格变化幅度为11%。因此,跨境电商卖家可以通过大数据分析消费者心理承受范围的最高价格,并将其作为定价标准,在不影响销售量的情况下,提高产品利润率。

这种定价方法的劣势就在于对于跨境电商卖家来说,获得每个国家市场的具体情况并不容易,需要借助一些数据工具或者花费成本和时间去实地考察。不过,跨境电商卖家其实并不需要知道所有国家的数据,因为部分国家的电商模式已经比较成熟,信息比较公开透明。而一些新兴市场,例如东南亚、非洲、中东等地区,可以通过直接使用Tospino跨境B2B电商平台免费提供的市场调研数据,降低前期运营成本。

3. 基于竞争对手价格水平的定价策略

找到同类型产品中较有竞争力的对手跟价,可以不让对方抢占市场份额,从而提升自己的竞争力。这种零售定价模式,只有当你与竞争对手销售相同产品且两种产品没有任何区别时,才可以起到作用。

但是由于双方的成本信息不对等,所以无法确定对方的成本,如果对方降价自己也跟着降价,就很有可能在对方还在赚钱或者至少能保证利润的情况下你在亏钱,时间长了就无法承担亏损,所以这种定价行为不宜长久。

4. 市场差异化定价策略

因为每一种商品都有独特的市场定位,在不同市场上的销量会有很大的差异,例如,企业做的服装,针对女士市场的销量剧增,而男士的市场基本上没有什么变化。因此,根据商品的特性和需求的不同,找准市场定位,在不同的市场制定不同的价格优惠方案,有的放矢,在其他市场利润不变的同时,增加特定市场的销量。如在美国定制假发的价格约为600~800美元,美国消费者比较看重假发的品质,更加青睐人发制作的假发,所以定价高;而非洲人及非洲裔消费者比较注重价格,通常会选择中低档假发制品,价格偏低。

5. 套餐定价策略

当消费者购买某种商品时,他也许还会需要购买与此种商品搭配使用的产品。如购买洗发水,顾客极大可能还需要购买护发素;而消费者购买了一部手机,那么他很大程度上需要再购买手机贴膜或手机壳来配套使用;客户购买相机,极大可能需要再购买三脚架、镜头等。

对同类或者有互补性质的商品通过套餐定价方式给予消费者一定程度的优惠,对于消费者来说,他们不仅可以享受一站式购物的便捷,而且可以获得更优惠的价格和更少的物流费用支出,而对于跨境电商企业来说,他们不仅可以扩大好几种商品的销售量,还可以减少配送所需花费的成本。

各类价格公式如下:

(1) 上架价格

$$上架价格=(生产成本或采购价格+国内物流费用+跨境物流费用)\div$$
$$[1-平台佣金率-其他费用\times(1-利润率)\times 银行外汇买入价]$$

(2) 销售价格/折扣价格

$$销售价格=上架价格\times(1-折扣率)$$

(3) 成交价格

$$成交价格=销售价格-营销优惠(各类销售优惠折扣)$$

(4) 商品包邮价格

$$商品包邮价格=(产品成本+国内运费+国际运费)\times(1+利润率)\div$$
$$(1-佣金率)\div 汇率$$

(5) 商品不包邮价格

$$商品不包邮价格=(产品成本+国内运费)\times(1+利润率)\div$$
$$(1-佣金率)\div 汇率$$

复习思考题

一、思考题

1. 以亚马逊平台为例,根据审核标准,跨境电商平台的商品可以分为哪些类别?
2. 简述跨境电商商品属性的重要性。
3. 一个优秀的跨境电商商品标题有哪六要素?
4. 一个富有吸引力的商品标题在设置时应注意哪些事项?
5. 速卖通平台的商品标题优化的内容包括哪些?
6. 跨境电商产品主副图包含哪些信息?
7. 什么是产品详情页?它包括哪些基本信息?
8. 跨境电商商品的价格构成包括哪些?
9. 跨境电商商品定价的影响因素有哪些?

二、实训题

全球速卖通店铺运营商品定价

假设你公司在速卖通平台上开发了一款家用烤面包机,商品从阿里巴巴网站采购,数量为100件,包装后的总重量为50 000克,每台烤面包机包装后的重量为500克,采购价格为36美元/台,汇率为1美元=6.6元人民币,平台佣金为5%。若其他成本忽略不计,请选择基于成本的定价策略,根据店铺需求,确定商品所属类目及利润率,并计算出合理的价格范围。

步骤:(1)登录平台,搜索该产品,分析市场行情、商品不同定价策略;

(2)以中国邮政航空小包为例,计算国际物流费用;

(3)计算商品包邮价格、不包邮价格;

(4)根据不同订货数量,计算合理的商品批发价格及折扣率。

第八章　跨境电商营销推广

学习目标

理解跨境电商运营策略；掌握跨境电商站内引流策略；掌握跨境电商站外引流策略。

引导案例

（一）亚马逊全球开店

亚马逊全球开店是亚马逊公司推出的一项全球性电商服务，旨在帮助全球卖家将产品销售到全球各地。该服务提供了多种语言和货币支持，以及全球物流和支付解决方案。通过这项服务，卖家可以轻松地将产品推广到全球市场，并获得更多的销售机会。

（二）网易考拉海购

网易考拉海购是一家跨境电商平台，主要销售进口商品。该平台提供了海外直邮、保税区发货、海外仓发货等多种物流方式，以及多种支付方式，包括支付宝支付、微信支付、信用卡支付等。网易考拉海购还与多家国际知名品牌合作，为消费者提供更多的优质商品选择。

（三）京东全球购

京东全球购是京东推出的一项跨境电商服务，旨在帮助消费者购买全球优质商品。该服务提供了多种语言和货币支持，以及全球物流和支付解决方案。京东全球购还与多家国际知名品牌合作，为消费者提供更多的优质商品选择。

（四）蘑菇街海外购

蘑菇街海外购是蘑菇街推出的一项跨境电商服务，主要销售时尚、美妆、母婴等商品。该服务提供了多种语言和货币支持，以及全球物流和支付解决方案。蘑菇街海外购还与多家国际知名品牌合作，为消费者提供更多的优质商品选择。

（五）小红书海外购

小红书海外购是小红书推出的一项跨境电商服务，主要销售时尚、美妆、母婴等商品。该服务提供了多种语言和货币支持，以及全球物流和支付解决方案。小红书海外购还与多家国际知名品牌合作，为消费者提供更多的优质商品选择。

以上是几个跨境电商营销案例，这些平台通过提供多种语言和货币支持以及全球物流和支付解决方案，帮助卖家和消费者在全球范围内进行交易，扩大了销售渠道，提高了销售额。同时，这些平台还与多家国际知名品牌合作，为消费者提供更多的优质商品选择，提高用户体验，增加用户忠诚度。

资料来源：跨境电商营销案例［EB/OL］.（2023-05-03）［2023-05-03］.https://wenku.baidu.com/view/ae63ab6f5b1b6bd97f1922791688884868762b8a1.html.

第一节 跨境电商运营策略

一、树立品牌意识

（一）树立品牌意识的内涵

1. 品牌价值观：理解品牌对企业和消费者的意义，以及品牌如何体现价值。
2. 品牌资源观：理解品牌需要良好的资源作为支撑，如质量、创新能力等。
3. 品牌权益观：尊重品牌应有的权益，保护其不受侵犯。
4. 品牌竞争观：认识品牌之间的竞争关系，并在竞争中寻求优势。
5. 品牌发展观：用长远的眼光来看待品牌的发展，不断追求进步。
6. 品牌战略观：制定符合品牌定位的战略，以实现品牌价值的最大化。

（二）如何正确树立品牌意识

跨境电商企业要树立起正确的品牌意识，重点是围绕三个转变：

1. 第一个转变是从产品导向到品牌导向

传统上，企业或个人主要关注产品的质量、价格和功能等，忽视了品牌对产品和企业的影响力。树立品牌意识后，跨境电商企业需要从产品导向转变为品牌导向，将品牌作为一个整体去考虑和运营，注重品牌的形象、价值和声誉。

2. 第二个转变是从销售导向到顾客导向

传统上，企业或个人主要关注如何增加销售量和市场份额，而忽视了顾客的需求和体验。树立品牌意识后，跨境电商企业需要从销售导向转变为顾客导向，将顾客的需求放在首位，提供符合顾客期望的产品和服务，建立起与顾客的良好互动和关系。

3. 第三个转变是从短期效应到长期效应

传统上，企业或个人常常追求短期的经济利益，忽视了品牌的长期价值和影响力。树立品牌意识后，跨境电商企业需要从短期效应转变为长期效应，注重品牌的可持续发展和长久的市场竞争力，为品牌的未来发展做出战略规划和长期投资。

跨境电商企业或通过整个运营团队素质的提升来提高自身品牌驾驭能力。现阶段，许多跨境电商企业都将重点放在广告营销方面，但在品牌营销和海外接洽等方面存在明显的弱势。因此，跨境电商企业应有意识地打造以品牌和消费者为中心的经营理念，形成周全的服务体系，为企业积累人气和口碑，逐渐扩大市场影响力。

二、灵活选取物流公司和支付系统

各国的网络消费市场不同，跨境电商企业要充分认识到国家之间的差异，根据营销对象所在的区域寻找当地有影响力的物流公司和支付系统进行合作，例如马士基等海运公司，不仅运输量大、安全性高，并且运送成本也更低。确保配套服务商的灵活选用，可以为消费者提供便利的网络消费渠道。

三、与境外电商企业合作

不同国家的风俗习惯与语言背景有着很大的不同,跨境电商企业和本地电商企业之间的竞争是非常大的,因此,跨境电商企业可以和境外当地电商企业寻求合作,将自己的品牌发展到国外,为当地消费者提供本地化的服务。

四、建设高质量品牌营销团队

跨境电商企业可以通过培训、参加电商交流会或者学习当地电商营销策略等方式,不断提高自身在品牌营销方面的综合能力,通过线上和线下营销共同打造品牌形象,待积累了一定的品牌形象时进一步进行市场细分,寻求与当地电商企业的合作,实现本土化品牌营销。

五、打造更好的用户体验

网络是很人性化的场所,为消费者提供了极大的自由选择空间,可以给用户带来不一样的体验。跨境电商企业应高度重视用户个性化设置和包装,深入开展消费者市场调查,了解每个消费群体的消费习惯,不断提升自己的服务质量。

> **课程思政**
>
> 跨境电商行业的快速发展为卖家提供了巨大的机遇,但同时也带来了激烈的竞争。在这个竞争激烈的市场环境中,有效的运营策略至关重要。通过制定和有效执行正确的策略,卖家可以在竞争激烈的跨境电商市场中取得竞争优势,实现业务的长期发展。

第二节 跨境电商站内引流

一、亚马逊

在亚马逊的运营中,对大部分商家来说,站内广告是不可或缺的促进商品曝光和销量增长的推广手段。

亚马逊站内付费广告推广包括商品推广、品牌推广、品牌旗舰店和展示型推广四种类型。

(一)商品推广

商品推广适用于推广单个商品,它是按每次点击付费(Cost Per Click,CPC)的广告,即卖家只需在买家点击商品推广广告时支付相关费用,买家点击广告后会被引导至广告商品的详情页。

商品推广适用于专业卖家、图书及其他供应商、直接出版平台作者和代理商。此外,对于参与推广的商品,产品详情页上必须带有"Buy Now"(立即购买)按钮。

商品推广广告可能会展示在搜索结果页面和产品详情页上,并标有"Sponsored"(赞助)字样。

商品推广广告有利于卖家提高商品销量,增加新品的曝光机会,进而提高新品转化率。卖家要想做好商品推广广告,需要运用一定的技巧,否则只会浪费资金和时间。

1. 优先选择大众款

对于款式多样化的商品而言,总有一两种款式更符合大众的审美标准,即大众款。卖家选择大众款进行广告的投放,更易于吸引大多数买家的关注。以这些大众款为店铺的主打商品导入流量,而点击进入广告商品产品详情页的买家如果有个性化需求,自然会关注个性款。

2. 避免选择单价过低的商品

为了保持商品价格的均衡,每个店铺中的商品价格都会有高低档之分。卖家在选择投放商品推广广告的商品时,要避免选择单价过低的商品。商品单价高,意味着获得的利润也会较高,这样才能够支撑广告支出,进而实现广告产出大于投入的效果。而如果卖家为售价仅几美元的手机保护壳投放广告,即使广告操作得心应手,最终也难逃亏损的结果。因为商品利润空间太小,投放广告所获得的收入根本不足以支撑广告费用的支出。

3. 选择合适的关键词

首先,卖家在选择关键词时,不要使用太多泛词,即大词、超热词、不精准的词。其次,要选择与自己商品属性相近的关键词,如包含了商品的功能、材质、颜色、风格、使用场所等一两种属性的关键词,因为这些关键词都是与商品比较匹配的,能缩小商品的范围,进而提高广告转化率。最后,选择的关键词数量不要太多。通常情况下,一款商品选择5~10个关键词即可。

如果卖家把握不好关键词的选择,可以借助一些关键词分析工具,帮助自己整理和筛选关键词。首先,卖家可以从亚马逊搜索下拉框中选词。亚马逊搜索下拉框中给出的都是一些搜索量较高、比较热门的词,卖家可以将这些词作为商品推广广告的关键词。其次,卖家可以借助关键词挖掘工具获得更加系统、详细的关键词,如 Google Trends、Google Ads 等。最后,卖家还可以通过查看竞争对手的标题,尤其是搜索结果页面排名比较靠前的竞争对手的商品标题,来获取更多的关键词。

4. 完善商品详情页页面

卖家为商品投放商品推广广告的目的是提高商品的曝光量和流量,如果商品详情页没有做好,很难达到引流和提升转化率的目的。因此,卖家在选定一款商品并为其投放广告时,必须确保该商品的详情页是完整的,且商品详情页中的图片、标题、特性描述、商品描述等的设置要准确、详细、具有吸引力。其中,最重要的是要做好商品主图的优化工作。无论是搜索结果还是广告展示,主图都是非常关键的要素,优质的主图是吸引潜在买家点击广告的首要条件。

5. 合理设置广告预算

卖家每日设置的广告预算大概在竞价的 20 倍以上,如果广告投放的实际结果是转化率很高但预算不够用,卖家可以进一步提升预算;而如果预算总是在非销售高峰时段就被耗尽,卖家就可以分时段调整广告竞价,即在销售非高峰时段降低广告竞价,而在销售高峰时段恢复广告竞价。

(二)品牌推广

品牌推广广告是按关键词投放的广告,按每次点击付费。它会被展示在搜索结果页面中,可以显示卖家的品牌 logo、自定义标题和广告素材中的一系列商品。当买家点击广告时,他们会被引导至商品列表页面、自定义着陆页或品牌旗舰店。

品牌推广有利于卖家提高品牌和商品组合的知名度和曝光度。已经加入亚马逊品牌注册计划的专业卖家、供应商、图书供应商及代理商可以使用品牌推广。

(三)品牌旗舰店

品牌旗舰店是亚马逊免费为卖家提供的创建定制化多页面品牌目的地的服务。卖家不需要具备编码或设计技能,使用亚马逊提供的模板,通过拖曳即可制作属于自己品牌的专业网站。在品牌旗舰店中,卖家可以展示自己的商品,使用图片或视频讲述品牌故事。

已加入亚马逊品牌注册计划的卖家、供应商和代理商可以使用品牌旗舰店。对于创建品牌旗舰店的卖家来说,品牌旗舰店是一个宣传品牌的有效渠道。卖家可以使用亚马逊后台上的推广广告和其他营销活动(如社交媒体和电子邮件)提升品牌旗舰店的流量。例如,卖家可以使用品牌推广或展示广告活动将买家引导至自己的品牌旗舰店,并通过全面的品牌体验与买家互动;卖家还可以在自己的社交媒体账号上分享品牌旗舰店,让买家知道他们可以在亚马逊上了解品牌的最新信息,从而建立买家对品牌的忠诚度。

(四)展示型推广

展示型推广广告是一种自助式广告,它可以被展示在亚马逊站内外的广告位上,帮助卖家吸引更多的买家。

展示型推广不需要卖家投入太多的预算,也不需要卖家创建广告素材。卖家只需要选择广告受众、设置竞价和每日预算、选择要推广的商品,然后创建广告活动即可。广告素材可以由系统自动生成,包括商品图片、定价、促销和打折标记、星级评定和"Buy Now"按钮。买家单击"Buy Now"按钮可以被引导至商品详情页,从而轻松浏览商品详情或购买商品。

展示型推广为卖家提供了浏览定向、商品定向和兴趣定向三种选择,卖家需要根据自身需求合理选择定向。

二、速卖通

(一)直通车

当买家搜索产品关键词时,卖家可以通过关键词实时竞价,来提升产品信息的排名,通过大量曝光商品来吸引潜在买家。简单来说,速卖通直通车就是主动获取精准流量的营销工具。

1. 展示位置

目前,直通车分为 PC 端和移动端。在 PC 端,速卖通的主搜索页被用于展示商品,同时搜索页的底部还设置了直通车推广位。PC 端主搜页中,60 个商品为一页,从第 5 位起,隔 4 有一个直通车推广位,即第 5、10、15、20、25、30、35、40、45、50、55、60 位为直通车推广位。移动端为动态推广位,含 app 端和手机网页端,主搜页中,每 20 个商品为一页。

2. 展示规则

商品排序与推广评分和关键词出价有关,推广评分越高,关键词出价越高,排名靠前的机会越大。推广评分由关键词与商品的相关程度、商品的信息质量、买家喜好程度以及平台处罚情况决定。速卖通直通车推广管理见图 8-1。

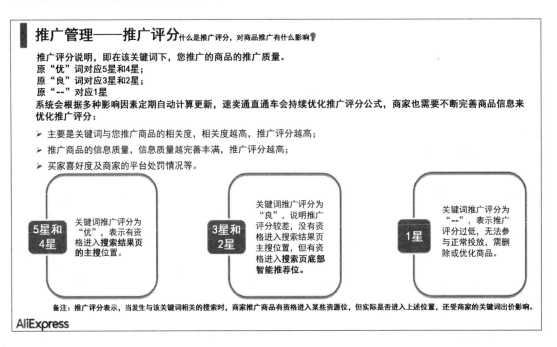

图 8-1 速卖通直通车推广管理示意图

3. 扣费规则

直通车为点击计费。买家搜索了一个关键词,当推广商品符合展示条件时(推广关键词与买家搜索的关键词相关),会在相应的展示位上出现。只有买家点击展示的商品,才会扣费。商品推广评分越高,实际点击扣费就会越低。速卖通直通车扣费规则见图 8-2。

直通车下面又细分为智能推广、快捷推广和重点推广三种计划类型。三者区别如下:

(1)智能推广:均匀曝光,多品,系统选词,设置最高出价,适用于前期测款(新品测款)。

(2)快捷推广:多品对多词,适用于前期测款、同类型商品表现的观察。

(3)重点推广:一品对多词,适用于推广爆品和潜爆品,可调整每个关键词出价,可控制展示位位置。重点推广功能最齐全,操作也最复杂,可做人群和国家的针对性投放,适用于重点商品推广。

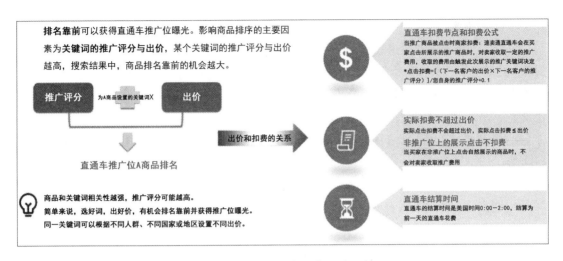

图 8-2　速卖通直通车扣费规则示意图

（二）灵犀推荐

灵犀推荐包含了速卖通站内购前、购中、购后多个场景的推荐流量，以个性化推送的方式向合适的买家展示商品，并按点击扣费。其优势在于可做竞店人群和国家的定向投放，价格便宜，流量大。

1. 展示位置

灵犀推荐产品所覆盖的推荐场域瞄准了消费者"边逛边买"的消费场景，以个性化的商品推送持续影响消费者的购买决策。

2. 扣费规则

灵犀推荐为点击付费。当设置了单个商品的预算以及展示位后（购前、购中、购后多个场景），推广商品会出现在推荐展示位上（具体曝光量和资源位、投放地域、投放人群以及预算相关），只有买家点击展示的商品，才会扣费。

（三）钻展

钻展是一款以品牌曝光为核心诉求的展示类广告产品，通过跨类目的充分曝光，为店铺带来集中性的访客增长，也是为店铺培养品牌心智的确定性资源。简言之，其以优质的资源位展现、确定的国家和地区定向能力、便捷的创意素材制作过程，加码商家们的站内流量收割之旅。

1. 展示位置

钻展广告目前位于猜你喜欢首页的第一个商品位置，在第 2 帧至第 6 帧随机展示。

2. 扣费规则

钻展按照千次曝光扣费，实际曝光了多少就扣多少。目前，后台可选的千次曝光有三档价格，即分别为 10、7、5 元人民币（为控制访客成本，普通商家建议选择每千次 5 元，自定义商家建议选择每千次 7 元）。设置希望达成的曝光量（单位为千次）后，系统将自动计算出该合约所需预算。合约生成后，会从账户余额中先冻结费用，随即素材进入审核流程（1~2 个工作日），审核通过后，广告即进入待投放阶段。

（四）智投宝

智投宝可以选择双渠道投放（直通车搜索流量/灵犀推荐流量），客户只需要选品、确定预算和出价，系统将在搜索流量下匹配最精准的关键词，在推荐流量下匹配最精准的人群，关键词和人群双管齐下。其价格介于灵犀推荐和直通车之间。其又细分为爆品通、新品宝、仓发宝，商家可结合商品特点选择适合的计划类型。

1. 爆品通：适用于所有商品，智能为商家选取投产比较优的广告流量，可用于新品测款和爆品。

2. 新品宝：适用于金银牌商家、新品期商品。

3. 仓发宝：适用于 X 日达商品。

（五）全店管家

全店管家是智能化的一键推广方式，商家只需要设置出价和日预算，系统就会根据买家搜索喜好度，筛选出最合适的商品进行推广（可以移除不想参与的商品）。全店管家可以最大化店铺窗口以吸引访客，全面提升店铺流量。多一个商品，多一分机会。如果店铺上新频繁且数量大，可用全店管家推新测新。

1. 出价和预算建议

用全店管家做新品推广的建议：如果想用全店管家来推新品或者腰部商品，那么应先把店铺的头部商品在全店管家中屏蔽。头部商品可用爆品通、灵犀推荐或者重点计划另行推广，这样才能够给新品更多的曝光展现机会。

老品具体是选择哪种推广计划？可以根据"生意参谋"作流量分析，结合单品分析里面的流量来源，判断这个商品的搜索和推荐流量占比以及搜索和推荐流量的转化情况，哪边变现好就往哪边走（参见图 8-3）。

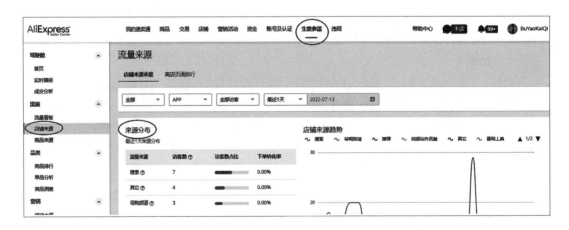

图 8-3　全店管家后台示意图

对全店管家出价的建议：先从系统推荐的最低价 0.2 元开始，观察 1～2 天，如果曝光量低、预算消耗不出去，可加 0.05 元的梯度提高出价，直到新品商品得到足够的曝光。

对全店管家预算的建议：因商品量较多，预算需要多给些，建议 100 元以上。

2. 全店管家新品后期优化调整

每 7 天一个周期查看数据报告,可导出商品报告,分析消耗前 10 名的商品数据情况,对比店铺的平均点击率、加购率、转化率水平。

测出好的款,转移到爆品通,用单独的预算继续推广。后期(2 个月后)根据该品的流量来源情况和转化情况,可选择转去灵犀推荐或重点计划。如果该品的搜索和推荐流量的占比和转化都差不多,可以持续用爆品通推广。

不好的款应根据情况去优化,优化之后可重新测款。

(1)点击率低:主要是吸引力不够,重点优化主图,客单价根据情况调整。

(2)点击率正常,转化率低:优化详情页,结合限时折扣、优惠券、粉丝营销等手段来提高转化率。

第三节　跨境电商站外引流

一、搜索引擎营销

搜索引擎营销是指企业利用搜索引擎工具,根据用户使用搜索引擎的方式,利用用户检索信息的机会,配合一系列技术和策略,将更多的企业信息呈现给目标客户,从而获得盈利的一种网络营销方式。随着信息技术的发展,搜索引擎营销越来越受到卖家的青睐。它凭借低成本、高效率的优势,逐渐成为卖家开展站外营销的主流方式之一。

(一)搜索引擎营销原理

我们之所以能够在百度、谷歌中很快地找到需要的信息,就是因为百度和谷歌这样的搜索引擎已经预先为我们收录了大量的信息。不管是哪方面的信息,不管是很早以前的,还是最近更新的,都能够在搜索引擎中找到。

既然搜索引擎需要预先收录这些信息,那么它就必须到浩瀚的互联网世界中抓取这些信息。根据国际电信联盟信息,2024 年,全球约有 53 亿互联网用户,相当于全球总人口的 67.9%;截至 2023 年 12 月,中国网民规模达 10.92 亿人,互联网普及率达 77.5%。每天能够产生多少信息?搜索引擎又有何能耐把这么多的信息收录在自己的信息库中?它又如何做到以最快的速度取得这些信息呢?

首先要了解什么是爬行器或搜索引擎蜘蛛,虽然称谓很多,但指的是同一种工具,都是描述搜索引擎派出的机器人在互联网上探测新信息。而各个搜索引擎对自己的爬行器都有不同的称谓:百度的叫 Baiduspider;Google 的叫 Googlebot,MSN 的叫 MSNbot,Yahoo 的则称为 Slurp。这些爬行器其实是用计算机语言编制的程序,用以在互联网中不分昼夜地访问各个网站,并将访问的每个网页信息以最快的速度带回自己的大本营。

要想这些爬行蜘蛛每次能够最大最多地带回信息,仅仅依靠一个爬行蜘蛛在互联网上不停地抓取网页肯定不够。所以,搜索引擎都会派出很多个爬行蜘蛛,让它们以浏览器上安装的搜索工具栏或从搜索引擎提交页面提交而来的网站为入口开始爬行,爬行到各个网页,然后通过每个网页的超级链接进入下一个页面,这样不断地继续下去……

搜索引擎并不会将整个网页的信息全部都取回来,有些网页信息量很大,搜索引擎只会取得每个网页最有价值的信息,一般包括标题、描述关键词等。所以,搜索引擎通常只会取得一个页面的头部信息,而且也只会跟着少量的链接走。百度一次最多能抓走120 KB的信息,谷歌能带走100 KB左右的信息。因此,如果想网站的大部分网页信息都被搜索引擎带走的话,那么就不要把网页设计得太长、内容太多。这样,对于搜索引擎来说,既能够快速阅读,又能够带走所有的信息。

所有蜘蛛的工作原理都是首先从网络中抓取各种信息回来,放置于数据仓库里。为什么称为数据仓库?因为此时的数据是杂乱无章的,被胡乱地堆放在一起。因此,此时的信息也是不会出现在搜索结果中的,这就是有些网页明明有蜘蛛来访问过,但是在网页中还不能找到搜索结果的原因。

搜索引擎将从网络中抓取回来的所有资料,通过关键词描述等进行分门别类的整理、压缩后,再编辑到索引内。还有一部分抓取回来经过分析发现无效的信息,则会被丢弃。只有编辑到索引里的信息,才能够在搜索结果中呈现。最后搜索引擎经过用户输入的关键词进行分析,为用户找出最为接近的结果,再通过关联度由近及远地排列下来,呈现在用户眼前。

搜索引擎的工作原理简单地说就是:搜索引擎蜘蛛发现链接→根据蜘蛛的抓取策略抓取网页→交到分析系统中→分析网页→建立索引库(参见图8-4)。

图8-4 搜索引擎工作原理

1. 发现链接

什么是搜索引擎蜘蛛?什么是爬虫程序?

搜索引擎蜘蛛(或叫"爬行蜘蛛")程序,其实就是搜索引擎的一个自动应用程序,它的作用是在互联网中浏览信息,然后把这些信息都抓取到搜索引擎的服务器上,建立索引库。我们可以把搜索引擎蜘蛛当作一个用户,这个用户来访问我们的网站,然后再把我们网站的内容保存到自己的电脑上。搜索引擎蜘蛛首先需要发现并搜索网页信息,通过网络爬虫实现,爬虫按照一定策略和算法,通过链接,搜索引擎蜘蛛发现了这个链接后,会把这个网页下载下来,且存入到临时的库中,同时,会提取这个页面所有的链接,再循环、反复进行搜索。

2. 抓取网页

搜索引擎蜘蛛抓取网页有规律吗?如果蜘蛛胡乱地去抓取网页,那么就费劲了。互联网上的网页,每天增加的数量都很多,蜘蛛如何抓取得更全面?因此,蜘蛛抓取网页也是有规律的。

(1)蜘蛛抓取网页策略1:深度优先

什么是深度优先?简单地说,就是搜索引擎蜘蛛在一个页面发现一个链接,然后顺着这个链接爬下去,然后在下一个页面又发现一个链接,然后就又爬下去并且全部抓取,这就是深度优先抓取策略,如图8-5所示。

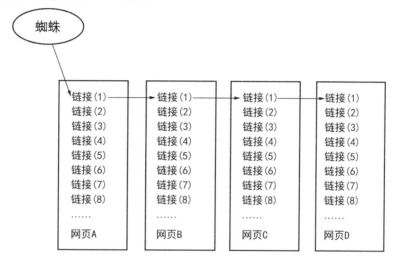

图8-5 深度优先抓取策略示意图

深度优先搜索是一种纵向的页面抓取方式。使用这种抓取方式,搜索引擎可以抓取网站中较隐蔽、冷门的页面,从而满足更多用户的需求。

(2)蜘蛛抓取网页策略2:宽度优先

宽度优先又称"广度优先",就是搜索引擎蜘蛛先把整个页面的链接全部抓取一次,然后再抓取下一个页面的全部链接,如图8-6所示。

(3)蜘蛛抓取网页策略3:权重优先

搜索引擎蜘蛛一般都是上述两种抓取策略一起用,也就是"深度优先+宽度优先",并且在使用这两种策略抓取时,会参照链接的权重。如果链接的权重较高,那么就采用深度优先策略,如果链接的权重很低,那么就采用宽度优先策略。

那么搜索引擎蜘蛛怎样知道这条链接的权重呢?这里有两个影响因素:一是层次的多与少;二是这个链接的外链的数量与质量。那么层级太多的链接是不是就不会被抓取呢?这也不是绝对的,要考虑许多因素。

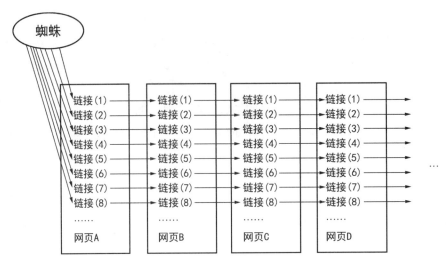

图 8-6 宽度优先抓取策略示意图

（4）蜘蛛抓取网页策略 4：重访抓取

昨天搜索引擎蜘蛛来抓取了我们的网页,而今天我们在这个网页又加了新的内容,那么搜索引擎蜘蛛今天又来抓取新的内容,这就是重访抓取。重访抓取分为全部重访和单个重访。所谓全部重访指的是对于上次抓取的链接,在这一个月的某一天,蜘蛛全部重新去访问抓取一次。单个重访一般针对某个更新频率比较快、比较稳定的页面。如果说我们有一个页面一个月也不更新一次,搜索引擎蜘蛛第一天来了你是这个样子,第二天来了还是这个样子,那么第三天搜索引擎蜘蛛就不会来了,会隔一段时间再来一次,比如隔一个月再来一次,或者等全部重访的时候再更新一次。

以上就是搜索引擎蜘蛛抓取网页的一些策略。搜索引擎蜘蛛把网页抓取回来后就开始进行数据分析。

3. 数据分析

数据分析系统用来处理搜索引擎蜘蛛抓取回来的网页,包括以下几个步骤：

（1）网页结构化。简单地说,就是把那些 HTML 代码全部删掉,提取出内容。

（2）消噪。网页结构化已经删掉了 HTML 代码,剩下了文字,那么消噪指的就是留下网页的主题内容,删掉没用的内容。

（3）查重。查重就是搜索引擎查找重复的网页与内容,如果找到重复的页面,就删除。

（4）分词。搜索引擎蜘蛛在进行了前面的步骤后,提取出正文的内容,把内容分成 N 个词语排列出来,存入索引库。同时,也会计算这一个词在这个页面出现了多少次。

（5）链接分析。搜索引擎会查询这个页面的反向链接有多少、导出链接有多少,以及内链有多少,然后赋予该页面相应的权重。

4. 建立索引库

进行了上面的步骤之后,搜索引擎就会把这些处理好的信息放到搜索引擎的索引库中。下面以谷歌搜索引擎为例进行介绍。

谷歌搜索引擎使用两个爬行器来抓取网页内容，分别是刷新爬行器（Freshbot）和深度爬行器（Deepbot）。深度爬行器每月执行一次，其访问的内容在谷歌的主要索引中，而刷新爬行器则昼夜不停地在网络上发现新的信息和资源，之后再频繁地进行访问和更新。一般情况下，谷歌第一次发现的或比较新的网站就在刷新爬行器的名单中进行访问了。

刷新爬行器的结果是保存在另一个单独的数据库中的，由于刷新爬行器不停地工作，不停地刷新访问内容，因此，被它发现或更新的网页在其执行的时候都会被重写，而且这些内容是和谷歌主要索引器一同提供搜索结果的。某些网站一开始被谷歌收录，但是没过几天这些信息就在谷歌的搜索结果中消失了，直到一两个月过去了，又重新出现在谷歌的主索引中。这就是由于刷新爬行器在不停地刷新内容，而深度爬行器要每月才出击一次，所以这些在刷新爬行器里的结果还没有来得及更新到主索引中，就被新的内容代替了。直到深度爬行器重新来访问这一页面，并进行收录，这些结果才真正进入谷歌的主索引数据库中。

（二）搜索引擎营销模式

搜索引擎营销即 SEM，是 Search Engine Marketing 的英文缩写。SEM 是一种新的网络营销形式。SEM 所做的就是全面而有效地利用搜索引擎来进行网络营销和推广。SEM 追求最高的性价比，以最小的投入获得最大的访问量，并产生商业价值。

1. 竞价排名

搜索引擎竞价排名是指用户在网站付费后，才能被搜索引擎收录，用户所付费用越高，其发布的内容在搜索引擎搜索结果页面中的排名就越靠前，其实质是用户为自己的网页购买关键词排名，搜索引擎按照点击计费的一种营销方式。客户可以通过调整每次点击付费的价格，控制自己在特定关键词搜索结果中的排名，并可以通过设定不同的关键词捕捉不同类型的目标访问者。国内最流行的点击付费搜索引擎有百度、雅虎和谷歌。值得一提的是，即使是做了按点击收费付费广告和竞价排名，也应该对网站进行搜索引擎优化设计，使网站被收录到各大免费的搜索引擎索引库中。

搜索引擎竞价排名具有以下特点：

（1）按效果付费，推广费用相对较低。

（2）卖家可以设置和控制广告出价和推广费用。

（3）竞价结果会出现在搜索结果页面中，并与用户搜索的内容紧密相关，使推广更加精准。若卖家出价高，竞价结果将出现在搜索结果页面靠前的位置，更容易引起用户的关注和点击。

（4）卖家可以对广告的点击情况进行统计分析，进而优化竞价排名的出价策略。

2. 如何选择关键词

在选择竞价排名的关键词之前，卖家需要明确关键词的作用是寻找和定位潜在买家，关键词应依据潜在买家的搜索习惯进行选择。

（1）寻找核心关键词。首先，从潜在买家的搜索习惯出发，全方位寻找与商品相关的关键词；其次，以内容为主，从商品或服务的特点出发寻找核心关键词；最后，挖掘目标买家的需求、偏好和兴趣,拓展潜在的核心关键词。

通常来说,核心关键词分为四类:

① 商品词。卖家所提供的商品或服务的名称、别称。它是最能体现潜在买家搜索意图的词汇之一,是卖家关键词词库中的"必备词"。

② 品牌词。独一无二的、能体现卖家实力的品牌名称的词。搜索品牌词的访问者通常是带着明确目标主动寻找卖家的潜在买家,所以品牌词是卖家关键词词库中至关重要的"战略词"。

③ 商品咨询词。买家用来咨询与商品或服务相关信息的、贴近用户口语的词汇或短句。咨询词往往最接近潜在买家的购买需求,并且容易影响他们的购买决策,是卖家关键词词库中的"明星词"。

④ 行业词。表达商品和服务所属类别、体现行业特殊性的词。这类词可能会使潜在买家对同类商品产生新的需求。同行业的卖家都会提及这类词,行业词是卖家关键词词库中的"潜力词"。

找到并积累了一定数量的核心关键词后,卖家可以利用一些数据分析工具(如谷歌关键词工具)对这些核心关键词进行数据分析,包括分析某个关键词的搜索量、搜索热度、变化趋势、主要搜索人群,以及搜索这些关键词的买家同时还搜索了哪些相关的词等,从而为确定核心关键词提供数据参考。

(2) 延伸拓展。卖家可以在核心关键词的基础上进一步拓展关键词,构成长尾关键词(Long Tail Keyword)。长尾关键词是网站上的非目标关键词,但与目标关键词相关,是可以带来搜索流量的组合型关键词。长尾关键词的特征是比较长,往往由2~3个词语组成,甚至是一个短语,它们往往存在于内容页面中,除了存在于内容页面的标题中,还存在于具体内容中。

(3) 筛选提炼。通过前面两步,卖家可以发现大量的关键词,但不可能采用所有的关键词,一方面预算不允许,另一方面也没有必要,卖家可以根据自身的推广需要、关键绩效指标和预算对关键词进行筛选提炼。

(4) 分类管理。结合目标买家的购买行为特征,卖家可以将所有的关键词进行分类。例如,将关键词分为人群词、商品词、口碑词、行业词及品牌词等。在推广时,卖家可根据不同的时间段选择不同类型的关键词。

3. 购买关键词广告

关键词广告是指显示在搜索结果页面中的网站链接广告,这种广告按点击次数收取广告费。用户可以根据需要设置不同的关键词进行广告投放,这就相当于在不同页面轮换投放广告。

在跨境电商行业中,谷歌是跨境电商卖家开展站外引流必选的一个重要渠道。下面就以谷歌为例,分享几个投放关键词广告的技巧。

(1) 明确目标受众群体。在通过谷歌投放关键词广告之前,卖家要先对商品的竞争力、市场热度、目标受众群体进行分析,然后选择市场前景较好的地区并锁定潜在消费群体。此外,为了避免产生不必要的点击支付,卖家可以设定自己的广告只出现在某个特定国家和地区的潜在消费群体中。

(2)选择合适的关键词。选择合适的关键词非常重要,关键词一旦选择失误,不仅无法实现营销目的,还会流失客户。在选择关键词时,卖家应当遵循四个原则:

① 选择搜索量大、竞争小的词。

② 太宽泛的、比较特殊的长尾词不宜作为关键词。

③ 选择转化率高的词。

④ 选择与主营商品或服务相关度高的词。

4. 搜索引擎优化(SEO)

SEO 就是通过对网站优化设计,使得网站在搜索结果中排名靠前。SEO 又包括网站内容优化、关键词优化、外部链接优化、内部链接优化、代码优化、图片优化等。

二、谷歌营销

(一)机器学习与智能出价

1. 谷歌广告产品速览

任何一个好的广告解决方案都依托于广告产品。谷歌广告产品覆盖了八款全球超过十亿用户的互联网产品：Google Drive、Chrome、Android、Gmail、Google Maps、YouTube、Google Search 和 Google Play。无论是起床读新闻、搜索、导航、看视频或者是查邮件,谷歌都有广告产品覆盖。与之对应,Google Ads 已发展成为全球范围内产品形态最丰富完整的广告产品体系,包含搜索广告、购物广告、视频广告、发现广告、展示广告和应用广告。广告主可以利用 Google Ads 来做很多事情。它不仅可以帮助卖家提升知名度,还可以提升吸引力、促进转化、复购,这些都可以通过相应的 Google Ads 方案做到。

2. 机器学习与智能竞价

机器学习算法是一种从数据中自动分析获得规律(不依赖于既定的指示和路径),并利用获得的规律,对未知数据进行预测的算法,是人工智能的一个分支。

(1)机器学习原理。训练阶段：给机器充分的数据,帮助它习得特定规则。应用阶段：通过新的数据和既有规则,机器可以脱离既定代码,自行推导出结果。

(2)机器学习应用。机器学习可以应用于生活、商业中要素复杂、过程随机、难以预测的场景,如智能家居、导航、配送分布、个性化推荐等。

(3)机器学习与数字广告。用户输入搜索词,系统根据一系列的信号和算法给出广告。其中,国家、地区、语言、设备名称、搜索时间等,都会成为用户输送的"信号",变成机器学习的内容。信号越来越多,就更加需要机器学习来让广告变得更智能。运用机器学习让广告投放变得更加高效,有三个关键点。本书将其总结成三个不要：不要数据不足、不要时间不足、不要功能设限。

(4)智能出价。智能出价策略,按照不同营销目标可以分为尽可能提高转化次数、提高目标每次转化费用和目标广告支出回报率。

3. 用户隐私保护和机器学习

用户对隐私保护的期望越来越高,这已经并且会继续导致更多隐私保护法规出台,对 cookie(缓存文件)的限制也会加强。这对广告从业者来说是一把双刃剑。一方面,这对广告从业人员和平台提出了更高要求;另一方面,随着数据越来越少,很多精确数据也就是离大家隐私最近的数据也不断减少,使广告定位的相关功能受到影响。例如,过去广告平台用 cookie 来实现追踪,而谷歌也宣布未来会完全弃用 cookie,转而通过机器学习结合第一方数据,来优化广告投放。

(二)搜索/购物/效果最大化广告

1. 搜索广告

谷歌搜索广告分为两种:一种叫资讯搜索广告,可以理解成普通的搜索广告,也就是客户通过买关键词来投放广告。第二种是动态搜索广告,通过谷歌机器学习,从网站上找出相应的关键词,来实现自动化投放。

(1) 广告排名。广告排名＝最高竞价×质量得分＋附加信息

最高竞价:出价越高,广告出现的概率也就越高。

影响质量得分的三大要素:预期点击率、广告相关度、着陆页体验。

(2) 广告架构。搜索关键词需要以系统化的方式录入广告平台系统。好的广告架构,能够让广告投放更系统和有层次,调整起来也会更容易和高效。广告架构的四个级别:广告账户→广告系列→广告组→广告。

(3) 关键词分类。①品牌词:自有品牌名称。②核心词:品类词、行业专用词。③竞品词:符合当地法律规定的竞争对手品牌词、竞争对手产品词。

(4) 关键词匹配。①完全匹配:与该字词完全匹配或者是该字词的紧密变体形式(且含义相同)。②词组匹配:与该词组匹配或者是该词组的紧密变体形式,且其前面或后面还有其他字词。③广泛匹配:拼写错误词、同义词、相关搜索字词或其他相关变体形式。

(5) 搜索广告优化策略

① 采用基于价值的智能出价策略。

② 优先使用广泛匹配覆盖更多相关流量。

③ 使用自适应搜索广告并确保广告效力达到"良好"。

④ 添加至少三个广告附加信息。

2. 购物广告

购物广告是一种有视觉吸引力的广告格式,以图文并茂和极富吸引力的方式,将商品展现在潜在客户面前,让买家在点击广告之前就能看到所售商品的详细信息。购物广告通过已经展示出来的图片、价格信息,将有明确购买意向的用户引导至商户的网站,并根据商户出价、关联度和历史表现数据,决定产品展示位置的排名。

(1) 购物广告原理。商家通过谷歌商业中心(Google Merchant Center,GMC)上传包含产品信息的数据反馈,经过机器学习和用户的搜索做自动的匹配,根据商家的出价和相关程度,确定哪个广告将会展现给特定用户。只有在用户点击广告时,商家才需要支付广告费用。

(2) 投放购物广告的步骤。①申请 GMC 账号。②将产品数据反馈上传至 GMC，并与 Google Ads 关联。（产品反馈是类似于电子表格的结构化数据资料，其中包含产品/服务信息，并提供谷歌用于投放购物广告的一切产品信息。）③在 Google Ads 中制作购物广告系列。④依据需求持续进行优化。

(3) 智能购物广告

智能购物广告将覆盖扩大至搜索之外，还包括展示广告网络、YouTube 视频网站和 Gmail。智能购物广告能够根据潜在客户是否浏览过具体商品或网站，通过动态再营销向其展示量身定制的广告，也可以根据潜在客户近期的兴趣向他们展示推荐的商品。

(4) 效果最大化广告

2021 年，谷歌正式推出效果最大化广告系列，并在 2022 年将全部智能购物广告升级为效果最大化广告。使用效果最大化广告系列，商家便可以自动在搜索网络、谷歌地图、展示广告网络、Gmail、谷歌探索信息流、YouTube 和购物广告资源上投放广告。

(三) 展示/视频广告

1. 展示广告

从电视到互联网时代，从 Web 再到移动端，用户的注意力越来越分散和碎片化，大脑处理视觉内容的速度比文字内容快六万倍，因此在数字营销领域，视觉内容可以说是一图胜千言。

视觉导向电商是指广告主利用视觉推广素材来提升品牌认知、提高用户互动以及直接"带货"出单的电商营销策略。图片和视频可以在用户主动搜索之外，主动传递信息给消费者。

以谷歌展示广告网络（Google Display Network，GDN）为例，它包括谷歌旗下的网站（如 Gmail、YouTube 等）和谷歌的发布商合作伙伴网络。后者在自己的空间展示谷歌客户广告主的广告。以下是两种触及受众的方式。

① 内容定位，设定广告在什么类型的网站上出现，如体育、新闻、娱乐类网站。

a) 输入目标网站统一资源定位符（Uniform Resource Locator，URL），俗称"网址"；

b) 选择相关 YouTube 频道；

c) 选择相关主题。

② 人群定位，根据潜在消费者的人群特征进行投放。

a) 人口特征；

b) 兴趣与习惯；

c) 意图与行动；

d) 自定义受众。

2. YouTube 视频广告

(1) YouTube 平台介绍。YouTube 平台是世界第一大视频平台、流行内容发源地、网红聚集地。该平台上每天被播放的视频时长超过了 10 亿小时。

(2) YouTube 广告。广告样式基于不同的营销目标。

① 品牌认知度。a)标头广告：在 YouTube 首页的显眼位置展示自己的品牌或服务，广泛覆盖海量用户。b)触及率广告：广泛触及合适受众，以千次曝光竞价。c)导视广告：6 秒不可略过的短视频形式，强化曝光和记忆。d)不可略过广告：20 秒以内讲述一个完整的故事，以预订方式购买。

② 品牌考虑度和中意度。真实观看（True View）：只需要为真实观看付费，按照每次观看费用竞价。

③ 销售和其他行动。行动号召广告：重点推动消费者点击/行动，以更经济实惠的方式提升转化次数。

三、脸书营销

（一）脸书（Facebook）基本概念

1. Facebook 账户注册

注册 Facebook 需要使用稳定的 IP 地址。

首先，在谷歌中搜索 Facebook，进入 Facebook 官网，在首页进行注册，填写相关信息，包括姓名、邮箱（推荐使用 Gmail、Hotmail 邮箱）、密码、生日、性别等。在确认信息无误后点击"Sign Up"（注册）按钮，如图 8-7 所示。

图 8-7 Facebook 账户注册页面

其次，输入邮箱或手机号收到的验证码，根据页面提示逐步操作，即完成注册。

2. 个人账户与个人主页

点击Facebook首页右上方的头像照片,然后在出现的下拉菜单中点击"查看你的个人主页"选项,便可以进入个人主页。也就是说,只要成功注册了Facebook账户,就有了个人账户和个人主页。个人主页的作用是显示"个人信息"。通过个人账户发布的任何信息都会在个人主页上显示。个人账户就相当于用手机号码注册的微信号,个人主页就相当于微信朋友圈。个人主页是强调与好友互动、社交的页面,公共主页才是营销的地方。在个人主页中偶尔发布营销信息是可以的,但是发多了会让人反感。

点击"设置"→"隐私"→"个人主页与标记"选项,可以对在个人主页中发布的帖子进行隐私设置。

3. 公共主页

点击"菜单"→"创建"→"公共主页"选项,出现的页面便是公共主页,简称"主页"。它是供企业、品牌和组织分享动态并与粉丝交流的页面。Facebook公共主页是由拥有个人主页的个人用户创建和管理的,并且每个个人账户都可以管理多个公共主页。

公共主页的主要功能是面向客户宣传产品或服务,及时向客户传递最新资讯。广告账户发布的推广广告会显示在公共主页中。

4. Business Manager

Business Manager就是商务管理平台,是Facebook发布的一款主页管理工具,可供广告主一站式管理广告账户、主页和工作人员。这个平台,可以用于投放广告、衡量广告的效果,可以添加各种资产,可以对公共主页、广告账户、像素等进行一站式管理。被授权为管理员的个人账户可以管理绑定商务管理平台上Facebook账户里的任何资产,也可以在商务管理平台上授权个人账户为工作人员,并为其分配相应的权限。如果多个广告账户管理不同的公共主页,使用不同的付款方式及广告表现报告,就可以使用商务管理平台。

若自己注册商务管理平台账户,打开商务管理平台主页就可以进行注册,如图8-8所示。

图8-8 Facebook商务管理平台主页

注册商务管理平台账户,需要使用Facebook个人账户信息验证身份,因此必须使用Facebook个人账户和密码登录商务管理平台。点击商务管理平台主页右上方的"创建账户"按钮,输入公司名称、你的姓名、你的业务邮箱。

创建成功后,会有一封验证邮件发送到注册时填写的邮箱中,点击"立即验证"按钮,便可以进入商务管理平台后台。

5. 广告账户

广告账户分为个人广告账户和企业广告账户。每个 Facebook 个人账户都可以开通一个个人广告账户,而企业广告账户需要提交营业执照并找代理商开通,两者本质上并无太大区别,都是用来推广的。但是个人广告账户不稳定,更容易被审核,广告消费限额更低。一个商务管理平台可以有 5 个广告账户,点击"广告账户"→"添加"按钮,可以添加广告账户、申请广告账户的访问权限、新建广告账户。

6. Facebook Pixel

Facebook Pixel 即 Facebook 像素(简称"像素"),是一个可以据此追踪、衡量广告受众的代码,可以手动安装,也可以使用合作伙伴集成安装,在商务管理平台上进行操作。

安装 Facebook Pixel 后,客户在打开设有 Facebook 像素的页面时,其行为便会被代码记录。通常,Facebook Pixel 的作用类似于 Google Ads 中的谷歌分析,帮助我们了解客户在网站上的各种行为,例如查看网页内容、搜索、加购物车等动作。有了这些数据,我们就可以改进并调整 Facebook 广告策略。

7. Facebook Business Suite

Facebook Business Suite 也是一个 Facebook 管理平台,其管理的范围比商务管理平台更广泛一些,如图 8-9 所示。Facebook Business Suite 目前一站式管理 Facebook 和 Instagram 的所有绑定账户。未来,WhatsApp 的消息功能可能会集成到这个平台。要想使用这个平台,就需要先创建 Facebook 公共主页。

图 8-9 Facebook Business Suite 后台

在Facebook Business Suite后台中可以查看Facebook公共主页和Instagram账户的概览。你会看到最新信息、近期帖子和广告及成效分析。此外,你还可以在这里创建帖子,访问商务管理平台,创建广告或推广自己的业务。

在收件箱中,你可以阅读Facebook公共主页、Messenger和Instagram账户的新消息与评论,还可以创建自动回复消息,用于解答客户经常询问的问题。

(二) Facebook实用技巧

1. 初始化

在玩转Facebook广告之前,卖家有必要知道以下两点:

(1) 广告的前提必然是"产品为王",不然巧妇也难为无米之炊。

(2) 广告不是立即见效的,需要耐心和长期的积累。

2. 入门级

(1) 了解政策。阅读Facebook广告政策,一定要认真、反复研读里面的每一个字、每一句话。如果是Facebook广告政策导致账户关闭,那么将账户拿回来的可能性几乎为零。

(2) 广告账户实名制。广告账户所属的个人账户必须实名,一旦需要审核,只要能提供清晰证件,就很容易解封。证件中,护照优于身份证。此条例建立在第一条的基础上。

(3) 硬件设备。持有人、登录IP、账户所有人三者一致,IP不要轻易改变。

(4) 广告费用。卖家可以创建广告,也可通过第三方代理注册企业广告账户,按需支付广告费即可。一般情况下,个人账户的安全系数不高,如果出现问题,很难通过申诉拿回来。因此,建议尽量选择官方代理来注册。若出现问题,官方代理会协助将账户找回,成功率要远远大于个人注册账户。这种方式省时省力,专业度也高。

(5) 基础功能正常操作。卖家创建账户以后,要对账户进行日常的维护和经营,不能将账户长期闲置,也不宜对新账户做过于集中的操作。

3. 基本功

(1) 分析广告类型。广告目标主要有三个:推广主页、获取更多访客、获取更多关注。

① 推广主页或者推广品牌。通过推广Facebook的主页和品牌,让品牌和主页可以覆盖更多的人群,提高知名度。

② 获取更多访客。这个板块是Facebook广告的核心,同时也是平台建议的投放方向。它主要针对产品的特点、对产品有强烈需求的人群,提供精准的投放,从而获取更多的访客和曝光量。

③ 获取更多关注。吸引感兴趣的客户购买或使用自己的商品和服务,具体包括转化量、商品目录促销、店铺访问量,从而引导客户关注Facebook主页,以提升知名度。

(2) 选定广告目标。

① 以提升品牌和业务知名度为目标。准确告知潜在消费者该业务的价值,从以下几个维度进行。

a) 覆盖人数(覆盖业务周边的人群):向门店附近或周边的人群、目标人群展示广告。

b) 参与度:快速地推广主页和帖子,利用广告尽可能向更多的客户推广产品,并提高客户参与度,同时也能提升品牌知名度和粉丝的黏性。

② 以发掘潜在客户为目标。如果卖家需要找到潜在客户进行商品销售,可以选择的广告目标如下。

a) 转化量:创建广告,吸引用户访问企业网站,从而提升产品的转化率。

b) 潜在客户开发(为业务开发潜在客户):创建广告以收集客户信息,主要是通过用户留下的电子邮箱进行二次营销和定向推广。

c) 参与度(增加活动参与人数):创建广告以推广活动。参与度越高,广告的分数越高,Facebook 推广的意愿就越强。

d) 消息互动量(与潜在客户交流):创建广告,吸引客户展开交流,通过交流提升转化率,同时也吸引更多的粉丝。

③ 更好地追踪消费人群,然后制定目标。如果卖家已经找到客户,维护老客户就是非常重要的运营手段,可以选择下列广告目标。

a) 参与度(吸引客户领取优惠):创建广告,为客户提供优惠券,提升客户黏性和引发社交裂变。

b) 应用安装量(增加应用安装量):吸引客户安装移动应用,但对电商卖家来说,一般用处不大。

c) 转化量(提高应用使用量):吸引现有应用客户与客户互动,引导客户到主页浏览或者购买产品。

(3) 创建广告。广告创建可以在广告管理工具或超级编辑器中完成。以前者为例,广告创建可以通过点击"账号"→"创建广告"(个人首页右上角)实现。

(4) 如何做好 Facebook 广告。

① 加入 Facebook 广告像素(短链接),跟踪客户行为,通过短链接获得精确用户数据。利用数据帮助卖家更好地理解和了解自己的客户,以便更好地分析和满足客户的需求。

② 利用广告数据和受众分析,获得"自定义受众"数据,并进行二次分析,再进行广告营销。也就是说,每一次投放广告都不是一次性的。投放广告之后,获得数据报告才是最终目的,它可以作为后续广告精确投放的基础。卖家应强化数据分析工作,用数据持久性地指导广告投放工作。

③ 适用商务管理平台。商务管理平台是一款免费的 Facebook 工具。当企业拥有一支营销队伍,管理若干 Facebook 账户、资产、供应商,并需要控制访问限制和操作权限,接入账号时,可以使用商务管理平台。它可以方便卖家进行多账户、多人员、多资源的管理工作。

④ 注册时,请勿输入个人电子邮箱账户,要将个人账户与工作账户分开,尽量多几个人共同管理广告账户,以防账户出现安全问题。

⑤ 广告内容需要保持创意,为了让客户增强点击进入的欲望,卖家可以根据季节元素、节日元素、不同的人群等,设置不同的广告内容。

⑥ 联动其他社交网络服务(Social Network Service,SNS)、"网红"、SEO、Email 乃至 Facebook 本身具有的群组功能、主页功能等。

⑦ 必要时刻使用官方代理广告。虽然优化还是卖家自己做,操作也要自己来,但是安全方面相对来说更有保障,专业性也更强一些。

> **课程思政**
>
> 跨境电商营销推广是企业实现增长的重要途径。通过制定有效的营销推广策略,克服挑战,企业可以将产品推向全球市场,吸引更多的消费者购买。然而,跨境电商推广需要企业在品牌营销、社交媒体推广、搜索引擎优化和本地化运营等方面下足功夫,只有这样,才能取得成功。

复习思考题

一、单项选择题

1. PPC 属于( )。

A. 按点击付费　　　B. 链接优化　　　C. 关键词优化　　　D. 内容优化

2. 下列不属于搜索引擎的是( )。

A. 谷歌　　　　　　B. 搜狐　　　　　C. 必应　　　　　　D. 雅虎

3. 在社交媒体众多的发帖内容中,( )会得到更多的浏览量、点击量和分享。

A. 图片帖　　　　　B. 视频帖　　　　C. 引用地址　　　　C. 标签

4. 消费者在跨境B2C网站进行买卖的时候,最常用到的搜索方式是( )。

A. 关键词和相关网页搜索

B. 网址和类目搜索

C. 品类和特性搜索

D. 季节和类目搜索

二、思考题

1. 什么是搜索引擎营销?做好搜索引擎营销有哪些技巧?

2. 如何通过Facebook寻找客户?

第九章　数据采集与分析

▶▶ 学习目标

理解行业数据采集与分析的主要内容与要求；理解竞品数据采集与分析的主要内容与要求；理解运营数据采集与分析的主要内容与要求。

▶▶ 引导案例

利用 FineBI 中的实际分析案例，讲解跨境电商数据分析

在竞争者紧追不舍之下，亚马逊只有不断优化自身的服务和产品，提高用户体验，才能在跨境电商市场中保持领先地位。

本案例将利用网上的消费者调研问卷数据，分析主流跨境电商亚马逊的消费者情况，对消费者的基本属性、消费偏好、购物闭环链路等行为特征进行深入的分析，以及分析消费者是如何看待亚马逊平台的优劣势及特色服务功能的。

本书希望通过分析能给亚马逊平台和入驻平台的卖家提供一些参考建议，以更好地满足消费者的需求，让平台、卖家和消费者实现互利共赢。

（一）分析思路

1. 消费者基本画像和行为特征

从性格、年龄、商品偏好、购物频次等方面去了解亚马逊的主流消费人群和消费者的消费偏好。

2. 消费者购物链路

从消费者购前、购中、购后三个方面去分析消费者购物过程中的行为情况。

3. 平台服务影响因素和改进建议

从亚马逊的优势、改进建议、产品推荐功能和购物体验满意度四个方面分析亚马逊平台服务对消费者购物的影响。

（二）跨境电商数据分析案例可视化报告详解

1. 消费者基本画像和行为特征分析

目的是分析哪些用户是亚马逊的主要用户群体，及他们的购物行为特征是如何分布的。

（1）消费者基本画像分析。图 9-1 展示了消费者男女比例，柱形图展示消费者年龄分布占比，直观呈现出不同群体间的差异性。据此，我们可得出以下结论：

亚马逊平台以女性消费者为主，占比高达 64.45%。亚马逊平台客群以 21~35 岁为主，占比为 68.77%，其中 21~25 岁客群占比高达 40.86%，客群相对年轻。

女性消费者的年龄主要为 21~25 岁和 31~35 岁，男性消费者的年龄主要为 21~25 岁

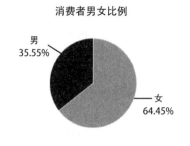
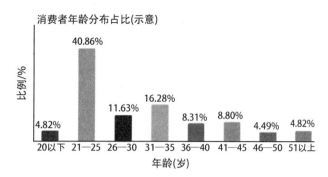

图 9-1 消费者性别和年龄特征

和 26～30 岁,两者都以 21～25 岁占比最高。

(2) 消费者行为特征。如图 9-2 所示,词云图和矩形树图直观展示了消费者的购买偏好和购买频次,据此,我们可得出以下结论:

消费者偏好购买的前三个品类依次为服装和时尚、美容和个人护理、家庭和厨房。

消费者每月购物相对频繁,"一个月几次"的占比高达 33.73%。

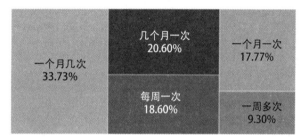

图 9-2 消费者行为特征

2. 消费者购物链路分析

(1) 购前行为分析。由图 9-3 可知:消费者更多是采用产品类别和关键词的搜索方式,其占比依次为 37.04%、35.55%。

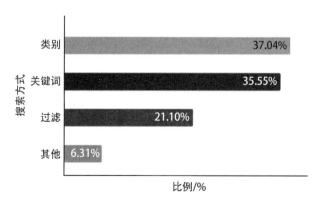

图 9-3 购前:消费者搜索习惯

(2)购中行为分析。由图9-4可知:消费者在购物中对他人留评的依赖程度相对较高,重度依赖和适度依赖占比达到57.81%。且从消费者的调查反馈结果来看,大部分消费者认为商品评论是具有较大参考价值的。

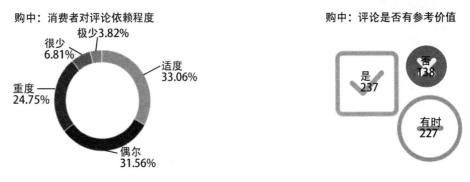

图9-4　商品评论分析

(3)购物车转化分析。由图9-5可知:从购物车的漏斗转化分析模型得出,35.88%的消费者在浏览时会将商品添加到购物车,而其加购转化也相对较高,达到21.76%,可见大部分消费者在添加购物车后都会进行购买。

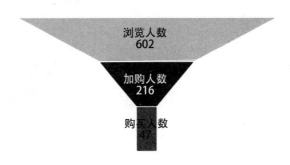

图9-5　购中:购物车转化分析

(4)加购后放弃购买分析。由图9-6可知:消费者加购后放弃购买的原因主要是在其他地方找到更好的价格、改变主意或不再需要该产品,以及运输成本高。而价格和运输成本导致的客户流失是平台和卖家可以共同去挽回的。

改变主意或不再需要
其他地方价格更优
运输成本高

图9-6　购中:添加购物车后放弃购买原因

(5)购后行为分析。由图9-7可知:购物后,有近一半的消费者没有留评,而从购中分析来看,购后留评对消费者购买起到了重要作用。

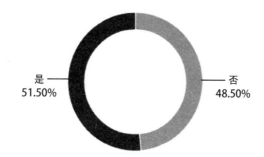

图 9-7 购后：消费者是否留评

3. 平台服务影响因素和改进建议分析

（1）亚马逊优势分析。消费者最欣赏亚马逊的地方为有竞争力的价格和个性化产品推荐功能，占比分别为 31.06% 和 30.73%，见图 9-8。

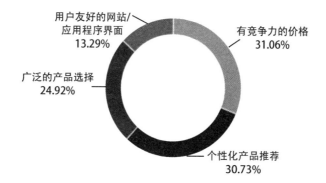

图 9-8 亚马逊优势分析

（2）亚马逊劣势分析。由图 9-9 可知：消费者对亚马逊的改进建议中排名前三的分别为客户服务响应能力、产品质量和准确性、减少包装浪费。

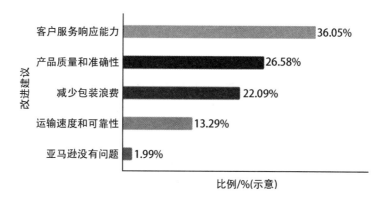

图 9-9 亚马逊改进建议

改进措施：建议平台和卖家做好客服培训工作，更高效地响应消费者的咨询需求。另外，卖家应更注重产品质量、提高产品详情页的准确性，避免"货不对板"，以及减少包装上的浪费。

(三) 主要建议

1. 用户画像

亚马逊平台用户群体偏年轻化,以21~25岁的年轻人为主,不同性别的群体也表现出不同的商品消费偏好。建议卖家在进行选品的时候,选择更多年轻人喜欢的产品品类,多开发爆款。

2. 购前优化

根据购物链路转化模型分析可知,消费者在购前主要通过搜索关键词(如产品名称、品牌、用途等)和品类寻找目标产品。在搜索的时候会出现一些相关的长尾关键词和精准关键词,而且消费者可能会直接从下拉菜单中选择。建议卖家针对该搜索行为,将搜索下拉栏的关键词放入产品详情页或者广告里。

3. 购中优化

因为加购了产品,消费者的购买意愿就相当高,故卖家需要重点关注产品的曝光,做好消费者运营等工作。加购后放弃购买的因素,如产品的价格、运费、运输时效等,都影响着消费者的购买意愿。建议卖家优化自身供应链,在降本保利的前提下,将具备高性价比的产品提供给消费者,以及考虑将产品运送至亚马逊的仓库进行FBA合作,提高物流时效和降低运输成本。

4. 购后优化

从购后的行为数据中,我们得知近一半的消费者没有留评,卖家需要围绕如何让消费者购买后留下产品的好评展开深入的分析。如用心做好产品详情页卖点描述,这需要与实际产品具有的卖点相吻合,切忌"无中生有"。

5. 优劣势分析

就亚马逊的优势来说,其有竞争力的价格和个性化产品推荐功能,迎得了一大波消费者的喜欢。而从对消费者的调研中我们得知,平台也存在着一些劣势,客户服务响应能力、产品质量和准确性、包装上的浪费是最为凸显的几个方面。建议平台着重解决好这几个影响因素,提高服务响应能力,联合卖家开发出低价高质量的好产品,提倡绿色环保理念,减少包装上的铺张浪费。

6. 个性化推荐

亚马逊的个性化产品推荐功能,对消费者的购买转化有促进作用,但推荐的产品准确性不高,并且推荐频率低。建议平台后续提高"人与产品"的匹配度和增加推荐频率。

在跨境电商领域,数据分析的重要性不言而喻。通过深入挖掘和分析跨境电商行业数据,企业可以获取宝贵的市场洞察,以制定更加精准和有效的战略决策。数据分析不仅可以帮助企业了解消费者的行为和偏好,还可以识别潜在的市场机会和风险,从而提高市场竞争力并实现可持续发展。随着互联网技术的不断进步和数据的不断积累,跨境电商数据分析已成为企业取得成功的关键因素之一。只有充分发挥数据分析的潜力,企业才能在竞争激烈的市场中保持领先地位,并实现长期的可持续增长。

资料来源:https://www.heywhale.com/mw/dataset/64ae9d50b6ccf385d0117e51/file,2023年7月12日

第一节　行业数据采集与分析

一、市场需求分析

（一）产品的市场调研

若需要推算市场大致的竞争热度，最简单的方法，就是在亚马逊搜索页面中输入一个关键词，搜索的结果数可以反映市场的竞争热度。比如，在搜索框中输入"reborn baby dolls"（仿真娃娃）这个关键词，搜索出来的相关结果有几千个，这个搜索结果不是很多，说明竞争没有那么激烈。有些关键词的搜索结果有几万个，说明卖家很多、竞争激烈。

（二）排名前100的卖家

如果需要更深层的调研，我们就要做更详细的分析。如大卖家级别的统计、行业排名前100中新卖家的占比、排名前100的价格分布、前20页的平均客户评价数，甚至是FBA的比例、产品详情页的建立时间等，都需要了解清楚。

我们需要用第三方软件，抓取子类目里面排名前100的卖家，进行深入分析，如图9-10所示。做行业分析时，一般取排名前50、100、200的商品就可以大致判断这个行业的现状。这些样本可能基于最佳销售（Best Seller Rank, BSR）的前100，也可能基于销量或销售额的前100。细分市场的定义一般是基于排名前100的行业样本，所以样本的选择是市场分析的前提。多数情况下，子类设置成了一个营销手段，卖家为了获取更大的流量，经常将产品放在不当的类目中，而且同一款产品有时会同时存在于不同的子类目下，所以类目可能不再等于样本。

图9-10　卖家精灵排名前100的卖家

（三）基于排名前100的类目市场分析

我们当前基于排名前100的类目做市场分析，这个类目其实是营销类目。搜索关键词下的前100，包括BSR前100，也是营销类目。用户通过列表可以找到产品，但产品本身的底层类目（同一用户或场景）有时候需要自己定义。以美国站的"hair dryer"（吹风机）为例，为了让数据的对比更加明显，我们选取50个样本来查看它的数据。

点击"选品精灵"→"查竞品",选择类目:Beauty & Personal Care(美容和个人护理)〉Hair Care(头发护理)〉Styling Tools & Appliances(造型工具和器具)〉Hair Dryers & Accessories(吹风机和配件)〉Hair Dryers(吹风机),结果如图 9-11 所示。

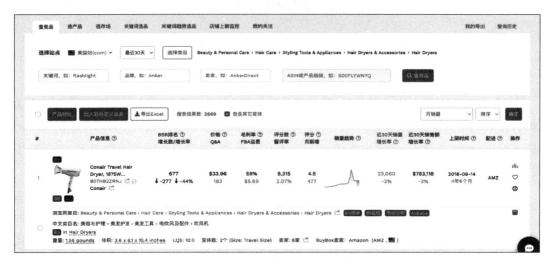

图 9-11　卖家精灵中"Hair Dryers"搜索结果

点击"加入到自定义品类"前的勾选按钮,就可以将整页的商品加入自定义品类中,如图 9-12 所示。这就相当于自己建立了一个类目,样本容量可以自己定义。示例中,每页是商品数为 10 的展示,所以全选样本数进行保存。如果选择商品数为 100,就可以一次性添加 100 件产品,以此类推。

图 9-12　卖家精灵中自定义品类

建立好的自定义品类的数据,就是以该样本为基准的各项数据。包括月总销量、平均价格、头部商品月均销量、平均评分数、平均 BSR、平均卖家数等,可以用于多维度的市场情况分析。

（四）查看市场分析报告

该市场分析报告就是我们自定义品类的分析报告，通过各种走势图及柱形图，我们能更加直观地感受到。点击查看该类目的商品列表，就可以看见我们建立的自定义品类里所有的产品。这里会展示各项数据，如细分市场、月总销量、月均销量、月均销售额、平均价格、平均评分数、平均 BSR、平均卖家数等（见图 9-13）。

#	细分市场	样本数量	月总销量	月均销量 头部商品	月均销售额 头部商品	平均价格	平均评分数 平均星级	平均BSR 头部商品	平均 卖家数	卖家类型	集中度指标	新品数量 新品占比	操作
	Hair Dryers /	商品:8 品牌:4 卖家:1	129,159	16,144 16,144 (1)	480,307 480,307	$28.72	28,357 4.6	834 834	3.1	FBA:12% AMZ:75% FBM:12%	商品: 100.0% 品牌: 100.0% 卖家: 100.0%	0 0%	

A+商品占比: 100%　新品平均评分数: N/A　新品平均价格: N/A　新品平均星级: N/A　新品月均销量: N/A　新品月均销售额: N/A
平均重量: 1.38 pounds (627 g)　平均体积: 323.68 in³ (5,304 cm³)　平均毛利率: 58.71%　卖家所属地: 美国|87.5%

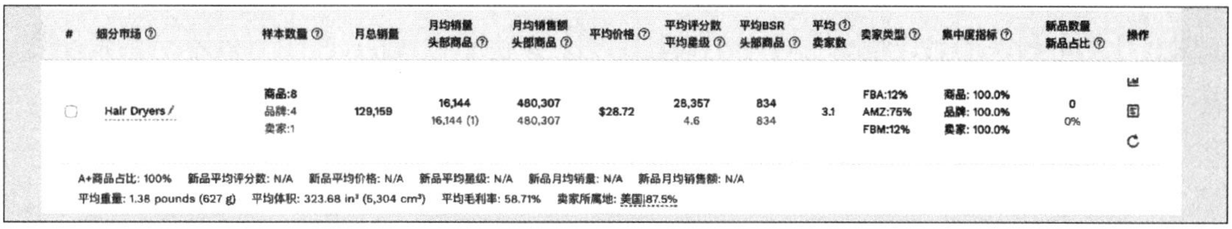

图 9-13　卖家精灵中自定义报告

二、目标客户分析

如果准备进入一个市场，我们要了解目标市场的消费者，包括他们的人均收入、民俗、节庆日、天气状况、特殊喜好、颜色喜恶等。

（一）目标客户市场分布

以美国市场为例，作为亚马逊最大的区域市场，美国人的消费能力绝对不容置疑。但毫无疑问，美国客户的要求也是很高的。我们必须清楚客户的喜好，根据市场调整自己的产品定位，做出具有核心竞争力的产品并赢得市场。

（二）目标客户年龄分析

一般 48%的亚马逊客户是付费会员（Prime 会员），45%的消费者则不是，还有 7%的消费者为了参加即将到来的付费会员日（Prime Day），而申请了 Prime 试用会员。而且这些申请免费试用会员的人中，试用到期后，约有 73%的客户选择付费成为 Prime 会员。这些成为 Prime 会员的客户，对亚马逊平台的黏性很强，都有可能在亚马逊上购买我们的商品。

在分析 Prime 会员数据的时候，我们发现一些非常有意思的现象：年龄为 25～34 岁的消费者更愿意为了参加 Prime Day 申请一个 Prime 会员；年龄为 18～24 岁的年轻群体并不太愿意申请 Prime 会员；另外，年龄为 65 岁以上的人也不喜欢申请 Prime 会员。因此，可以看出，亚马逊上的消费群体有年轻化的趋势，他们喜好线上购物并有相当的经济实力。

第二节　竞品数据采集与分析

一、竞争对手识别

这里所谓的竞争对手，就是同子类目下的店铺，它们售卖的产品大部分属性都一样。目前在亚马逊平台上架任何一款产品都需要在前期做大量的产品调研工作。如果竞争对手选择上架这一款产品,那么说明这款产品有一定的市场。这个时候,我们只需要与竞争对手一样上架同类产品,并对产品做一些改善,这样一来,可省去大量的时间、人力、物力成本。在初期阶段跟上这波节奏,就能更早地抢占先机(备注:这种方式在亚马逊平台上属于跟卖模式,注意不要跟卖有品牌保护的产品,避免侵权)。

假如我们在亚马逊搜索前端输入"toilet paper holder"(卫生纸架),共有几千个结果,这说明有几千个相关产品详情页。这个搜索数据相对来讲是不高的,说明竞争不是特别激烈。进而分析整个卫浴行业,对竞争对手进行分层。在之后的运营中,我们要向标杆竞争对手学习,并进一步锁定直接竞争对手,作为我们运营努力的目标。

识别竞争对手非常重要。前期,进入市场之前,可以根据计划进入子行业,从关键词、目标客户、价格、营销活动等维度进行竞争对手识别。

(一)输入关键词识别竞争对手

比如,一家传统卫浴公司新开发了一款三件套,计划将其投放亚马逊北美市场,前期要先调研识别出竞争对手。在亚马逊搜索前端输入"3-piece bathroom hardware set"(浴室五金三件套),搜索出如图9-14所示的结果,前几页的都是需要学习的竞争对手。

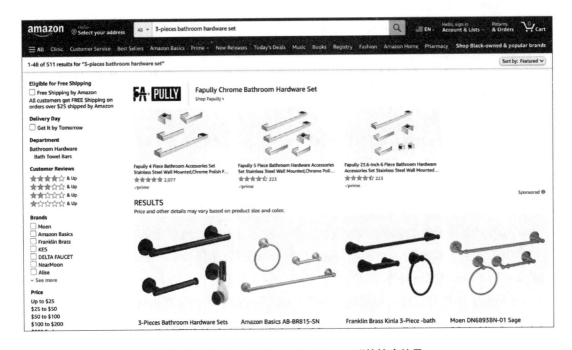

图9-14 "3-piece bathroom hardware set"的搜索结果

(二)通过类目搜寻识别竞争对手

通过前端类目层级进入,选择 Home & Kitchen(家居与厨房)〉Bath Products(卫浴用品)〉Bathroom Accessories(浴室配件)〉bathroom accessories set(浴室配件套装),然后选择价格25~50美元,结果就出来了。

二、竞店分析

亚马逊强化产品详情页的推广,弱化卖家后台店铺的概念。亚马逊也对卖家店铺做了后置处理,如果顾客想查看一个卖家的店铺,需要在不起眼的地方,经过多个页面的切换才能找到,对于普通的买家来说,查找非常不便利。但是卖家能否在平台上获取更大的利润,除了取决于自身商品的品类、质量、价格外,还取决于竞店的各种要素。如果竞店的品类更丰富,商品质量更好,则会直接影响店铺自身的市场占有率及转化率。下面将以某店铺为例进行分析。

(一)店铺概况分析

某店铺最近 7 日商铺概览中,此店铺的转化率若低于网站平均值,简单分析一下原因,结论可能为价格不"给力"、客户购买欲望不强。网站平均值是指店铺主营行业同类卖家的各个指标的平均情况。

定期分析竞店的数据,一方面可以了解竞店的优势,在运营的过程中能够错位竞争,找到产品详情页优化提升的空间;另一方面也可以了解竞店应对市场的方式,如促销方案的制定、上新的时间点设置等。

对竞店进行分析,需要持续跟踪各项关键数据,可以通过 Excel 表格人工跟踪并记录各项数据,也可以借助第三方软件进行数据采集。例如,可以利用图 9-15 中的卖家精灵定期跟踪竞店中爆款产品的数据、销量、关键词的坑位等。

图 9-15　卖家精灵中店铺上新监控

店铺上新监控,主要帮助卖家关注竞争店铺新品上架情况。有竞争力的店铺,它们的产品选择都是经过深思熟虑的,推爆的概率较大;当它们的产品还在摇篮状态时就去跟进,比它们打爆后再跟进更能够抢占市场先机;竞争店铺上新时,店铺上新监控会第一时间提醒我们,并可以评估该新品是否值得跟进;新添加的店铺,需要等待一会才能看到各维度的数据,各指标每天更新一次。

正常情况下,从以下几个指标入手,可以快速了解一个店铺。

1.店铺信息。店铺信息包括店铺的名字、近 12 个月店铺的评论数及星级、店铺 ID 和店铺链接。店铺信息可以帮助我们大致了解这家店铺,方便拿来与自己的店铺做对比。

2.设置标签。点击设置的图标标签即可进入设置页面,这可以方便我们进行后期管理。如果监控的店铺较多,可以根据标签进行快速搜索。

3. 近7、15、30、60天产品上新数。点击具体的数字就可以进入上新的产品列表,了解它们的详细数据。在某个产品表现不错的情况下,可以点击"行业分析"按钮对该产品进行进一步的分析。

4. 新品所属类目。取该店铺近60天上架的产品主属类目及产品数和产品主属类目对比,可以反映该卖家的产品策略是品牌型的还是贸易型的。

5. 产品总数。抓取店铺前30页的产品总数,点击产品总数的数字,就能进入店铺的产品页面。

6. 产品主属类目。取该店铺评论数排名前100的产品所属类目及类目下产品数,它侧面反映了店铺的产品策略及其竞争力。

(二) 店铺流量分析

要进行店铺流量来源分析,可以查看店铺内流量构成,分拆不同渠道流量的占比和走势,从而了解及优化店铺流量来源,提升店铺流量,如表9-1所示。

表9-1 速卖通店铺流量来源分析

来源小类	栏目	详细说明	特别说明
站内	站内搜索	通过搜索框搜索后点击本店铺产品	仅限主站来源
	类目浏览	浏览类目页面后点击本店铺产品	仅限英文站来源
	活动	报名参加的平台活动、非报名的活动、时尚频道	详细内容见下文
	直通车	P4P流量	付费流量
	购物车	—	—
	收藏夹	收藏的商品链接	—
	直接访问	直接输入链接	不含直接访问首页
	站内其他	包含店铺首页、分组页,买家后台订单历史页	非英语主站的大多数流量来源
站外	站外合计	非速卖通平台的链接	—

1. "站内其他"和"活动"流量来源详解

在此主要分析"站内其他"和"活动"两大难点。

"站内其他"流量不能简单理解为关联促销带来的流量,"站内其他"流量包含了俄语站点和葡萄牙语(简称葡语)站点(二级域名)的站内搜索、类目浏览、店铺首页访问等流量。排名前7"其他"流量来源分别是:(1)俄语站搜索;(2)葡语站类目;(3)本店铺首页;(4)本店铺分组页;(5)葡语站关键词搜索;(6)俄语站类目;(7)俄语站推荐关键词搜索(非自然搜索)。

关联促销流量来源在"站内其他URL"前10名来源排名中都没有出现,因为流量来源过于分散。活动是店铺流量来源的大户,分为需要报名的活动和系统自动推荐的活动,还有一些各类目频道推荐的活动。

2. 各流量来源渠道对店铺的贡献

通常来讲，搜索及类目流量占店铺所有流量的60%以上才是健康的。由于没有区分各小语种分站的搜索和类目流量，所以大部分卖家看到的来自"站内其他"流量的比例都很高，这是正常的。

通常，活动和直通车带来的新访客比例最高，是店铺引流的利器。当然，来自自然搜索和类目浏览的访客更为优质，前提是能够获得这些流量。从访问深度和跳失率，就可以得出上述结论。

三、竞品分析

客户在亚马逊平台上面采购，更多的是通过单品搜索。客户对店铺的第一印象多是通过单品产生的，从这个角度看，对于亚马逊卖家来说，单品显得尤为重要。单品详情页无论作为主推款还是引流款，均无法回避市场竞争。为了提升单品的流量或者销量，并进一步预测竞品未来的动向，亚马逊卖家需要对竞争对手的产品详情页进行多维度的分析。包括标题、五点描述、销量、A+页面、客户评价等，以找出自己产品与竞品之间的差距，并能够避开竞品的优势，挖掘自身商品的优势。

竞品分析同样可以借助卖家精灵的产品监控工具，可以通过竞品的ASIN（亚马逊标准识别号）查询监控，追踪并记录对方产品的热销排名、价格、销量监控、关键词监控等，如图9-16所示。

图9-16 卖家精灵中监控竞品

需要注意的是，竞品分析除了用第三方软件进行各项产品数据的采集外，一些基础信息需要人工进行观察记录。下面以一款卫浴五金三件套产品为例，讲述竞品分析主要围绕哪些内容展开。

（一）价格分析

亚马逊前端的售价，是多数客户购物时参考的一个重要指标。因为现在平台的价格都很透明，在加入购物车前，多数客户已经有一个大概的心理价位。我们需要对比自己产品与竞品的价格，分析彼此的利润空间，再进行产品价位的调整，或者后期在优惠券和折扣上进行调整，提升自己产品的转化率。

（二）基本信息分析

基本信息分析即分析竞品的款式、功能、材质、卖点、五点描述、客户评价等，将竞品的这些基本信息与我们自己的产品进行一一对比。这一部分信息是竞品分析的基础，需要运营人员进行人工观察收集。

基本信息分析较为直观的方式,是查看竞品的详情页。如图9-17、图9-18所示的是一款卫浴五金三件套竞品的部分详情页。我们可以看到,该竞品的详情页对产品的描述还是比较详细的。我们可以从不锈钢材料的质量,以及具体的设计、安装方式等方面以图文形式进行对比分析。这些都是值得我们学习的地方,从而借鉴用以优化自己产品的详情页。

图 9-17 产品详情一

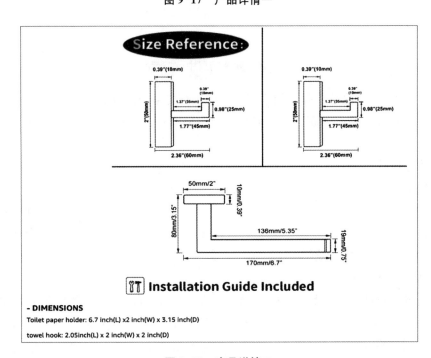

图 9-18 产品详情二

(三)BSR 分析

跟踪竞品的 BSR,某类商品在其所属类别中的销售排名,也就是该 ASIN 的详情页面 BSR 部分的大类最新排名。每个 ASIN 在不同的类目和站点下,都有其独特的 BSR 排名,这不仅体现产品自身的销售能力,还直接影响销售量。近 7 天变化＝当前的大类 BSR－7 天前的 BSR。点击该数字可以快速浏览最近 30 天的排名趋势,以及各子类目的排名变化趋势,如图 9-19 所示。

图 9-19　BSR 分析

(四)推广活动分析

推广活动分析,即分析竞品有没有参加优惠券活动、秒杀活动及平台的大促活动。分析竞品的推广活动,对后期自己进行产品推广活动,有一定的参考价值。此外,优惠券活动的具体设置可以进行差异化处理。

(五)商品客户评价分析

综合比较竞品的客户评价,找出竞品的客户认可的优点、提出的差评意见等,可以给自己的产品在质量把控上指明方向。如竞品的客户评价共 223 个,五星好评率达 81%。我们浏览了大部分客户的评价,发现客户的好评都集中在"value for money"(物有所值)和"sturdiness"(坚固)上,说明竞品的质量很好。

第三节　运营数据采集与分析

一、亚马逊业务报告中的运营数据

亚马逊的运营数据有很多,包括买家访问次数、销售额、转化率、页面浏览量等。卖家要经常关注后台的运营数据,但是很多卖家在面对大量的数据时,会很容易忽视其中的信息。亚马逊后台有一个"业务报告"模块较清晰地呈现了基础数据,可以帮助我们深入了解业务报告里面的各种运营数据指标。后台涉及的数据有很多,这里抓取其中相对比较重要的运营数据指标进行阐述。

业务报告(Business Report)是亚马逊自动为卖家进行的一个店铺数据统计,里面包含了与卖家和买家相关的各类数据,卖家可以看到访问量、点击率、购物车占比、销售额、转化率等数据情况。

业务报告左侧展示 3 种形式的图表：销售图表(Sales Dashboard)、根据日期或根据 ASIN 的归类数据的业务报告(Business Report)和亚马逊销售指导(Amazon Selling Coach)。

卖家可以看到页面浏览次数、买家访问次数和订单商品数量转化率等指标。页面浏览次数,指的是页面一共被看了多少次;买家访问次数,是指有多少买家看了页面;订单商品数量转化率,是指订单量与买家访问次数之比,用来衡量商品是否受到买家欢迎。

(一)转化率

1. 转化率的概念

转化率在不同的跨境电商平台有不同的释义,比如流量转化率、订单转化率、广告转化率,不同的转化率有不同的结果。下面以"订单转化率"为例,分析亚马逊平台的转化率指标。所谓订单转化率,即当消费者查看了产品详情页后,选择购买产品的消费者的占比。比如,有 100 个消费者点击查看了产品详情页,然后有 39 名消费者购买了产品,那么产品的订单转化率就是 39%。

$$订单转化率＝订单总数÷产品详情页的总访问量$$

在亚马逊后台的业务报告指标里,转化率叫"订单商品数量转化率",对应的英文名称是 "Unit Session Percentage"。

2. 如何提升订单转化率

客户因感兴趣点击产品页面,但能不能产生购买的欲望,取决于产品的 A＋详情页面,包括价格、页面上关于产品的卖点描述及产品的客户评价等。

爆款产品的客户评价中,目前有 97 468 个全球评级,五星好评占比高很重要。客户进入 A＋详情页面后,会看到许多带有客户真实产品照片的评价。卖家在运营优化的过程中,通过逐步积累客户的好评,也能提升产品的转化率。

(二)买家访问次数

1. 买家访问次数的概念

买家访问次数(session)是指买家对卖家产品页面进行访问的次数。在一次访问中,即使买家多次浏览多个页面(24 小时内),也只会记为一次访问。买家访问次数越多,证明产品曝光度越高。

2. 如何提升买家访问次数

想要提升买家访问次数,一方面,产品要有高的曝光度,能让买家看到。另一方面,产品的主图、价格要有吸引力。买家有足够的兴趣点击进入,才能产生这个数据指标。第一,从增加产品的曝光角度,卖家可以通过加大相关 CPC 的广告力度快速引流,提升买家访问次数。第二,如果要吸引买家点击产品详情页,卖家需要优化产品的主图,并定期做优惠活动,如发放优惠券,在价格上显示一定比例的折扣,提升点击率和买家访问次数。

(三) 页面浏览次数

页面浏览次数(Page Views,PV),是指所选取的时间范围内,产品详情页被买家点击浏览的次数。如果在 24 小时内,同一买家点击了 10 次产品详情页,那么页面浏览次数就是 10 次。卖家可以在每个产品的详情页,把关联产品的链接放进去,使买家可以在不同页面之间跳转,同时提升页面浏览次数。

以一款"4-piece bathroom accessories set"后台为例,卖家要在这个详情页的 A+ 页面的最下面设置同类产品的链接(见图 9-20),买家停留在这里能够直接点击进入其他产品的页面,提升页面浏览的次数。

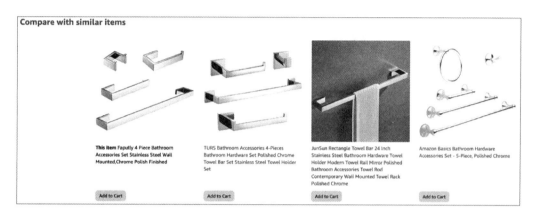

图 9-20　同类产品

(四) 已收到的反馈数量

已收到的反馈(Feedback Received)数量,是指具体时间段内,卖家收到已验证购买的买家所留下的反馈总数量,包括好评与差评。

(五) 退款率

退款率(Refund Rate),是指具体时间段内,已退款的商品所占的比例。其计算公式为:退款率=已退款的商品数量/已订购的商品数量×100%。亚马逊的退款率还是比较高的,因为该平台采用的是不退货仅退款方式,只要顾客对产品不满意或者产品有问题,都可以直接申请退款。有些类目,比如鞋服类目产品的退款率很高。一般情况下,卖家在上传产品时,都会在定价表中把退货率计算进去,这样就不会在退款上面亏损很多。

(六) A-to-Z 索赔

1. A-to-Z 索赔的概念

亚马逊对在平台上购买商品的所有买家实施保护政策,如果买家不满意第三方卖家销售的商品或者服务,买家可以发起亚马逊商城交易保障索赔(Amazon A-to-Z Guarantee Claim,简称"A-to-Z 索赔"),以保护自己的权益。A-to-Z 索赔要比一般的退换货问题棘手。因为一旦 A-to-Z 索赔成立,会影响卖家绩效指标中的订单缺陷率(Order Defect Rate,ODR)及完美订单率(Perfect Order Percentage,POP)的分数,对卖家的负面影响是显而易见的。假如卖家成交的订单本来就不多,此时就更要小心了,因为很可能会存在一两起 A-to-Z 索赔事件,导致账号有被审核、冻结,甚至被关闭的风险。

2. 卖家收到 A-to-Z 索赔的原因

(1) 产品出现差错。买家收到的商品的细节与详情页面展示的存在重大差异,包括收到时破损、存在缺陷、缺失零件等。

(2) 买家未收到订单包裹。如果确认买家确实没有签名确认签收订单包裹,卖家存在无法控制的配送错误(如发错货或发错地址)的问题,卖家需要承担未配送的责任。如果买家声称未收到商品,但签名确认上的姓名与买家的姓名匹配,亚马逊将会驳回买家发起的索赔;但如果签名确认上的姓名与买家的姓名不匹配,亚马逊也将驳回买家发起的索赔,并要求买家调查签署包裹的人。

(3) 买家不诚实。运营跨境电商平台店铺,会遇到各种各样的买家,也不可避免地会遇到不诚实的买家。此时,卖家的首要目标是将损失降到最低,或者试着收回产品,或者试着通过折扣让买家接受产品。

(4) 买家已经退货,但未收到退款。卖家已经同意给买家退款,但是并未将货款退给买家。这个时候,买家可以发起 A-To-Z 索赔。

(5) 卖家拒绝退货。卖家拒绝买家合理、适用亚马逊退货政策的退货申请。

二、产品(单品)重要数据

前面从店铺业务报告的数据角度,分析了后台的各种重要数据。下面从产品(单品)的角度,分析一个具体产品详情页(包括父体、子体)中的重要数据。忽视商品的数据分析,可能会让卖家错过爆单的机会。

亚马逊的产品数据分析,需要通过产品的曝光(展现量)、销售额、转化率、BSR 等来发现问题及优化空间,分析其原因是流量不够,还是产品页面优化不到位,并通过单品的数据分析来发现问题、解决问题。

(一) BSR

BSR,是亚马逊的某种产品销售排名,是产品在某个类目下的实时排名(见图 9-21)。BSR 会有波动,一段时间的数据不能说明这个产品销售得好还是不好,只能说明在这个时间段,这个产品的表现如何。有些季节性的产品,如暖手宝、圣诞装饰品等,其 BSR 波动就非常明显。若我们看到有些新发布的产品比发布了很长时间的产品排名更高,也不用觉得奇怪,亚马逊可能预估了该新品的潜在销量更高。由于 BSR 和客户评价的多少及星级没有关系,因此我们可能会看到某些产品详情页的客户评价很少,星级也不高,却有"Best Seller"的标志。

(二) 产品的相关性

1. 何为产品相关性

相关性是指标题、项目符号和产品描述等与用户搜索关键词的匹配程度。亚马逊绝大多数(超过 87%)的用户都是通过关键词搜索,找到自己想要购买的产品的,当然也不排除直接进入产品详情页和品类搜索。

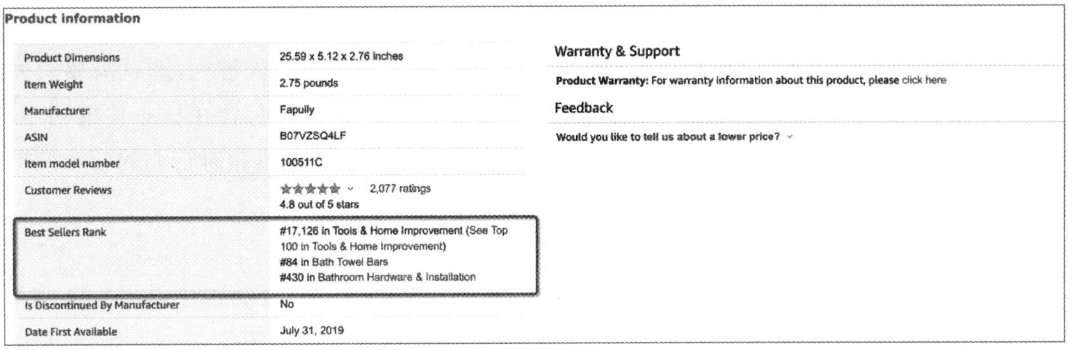

图 9-21　BSR

而亚马逊根据卖家产品详情页上的文字内容、标题、五点描述、产品描述、后台搜索关键词和产品所在类目,来确定这些关键词对应的产品。通过分析文字信息和选择类别了解产品是什么样的、与用户搜索的内容是否匹配来决定是否展示。

2. 如何提升关键词与产品的相关性

目前,有很多第三方的数据抓取软件,可以帮卖家抓取产品的引流词,比如卖家精灵的关键词挖掘、反查功能,可以找出任何一款产品的流量词(顺序排名),如图 9-22 所示。卖家要整理优化关键词表。要确保这些词语和自己所售的产品是相关的,最好是高度相关的。相关度越高的关键词,越要优先使用。而如果不相关,则宁可不用。这就要求卖家必须熟悉自己的产品,熟悉自己产品所面对的类目和市场,基于对产品、类目和市场三位一体的分析,将关键词筛选分类,然后分级使用。

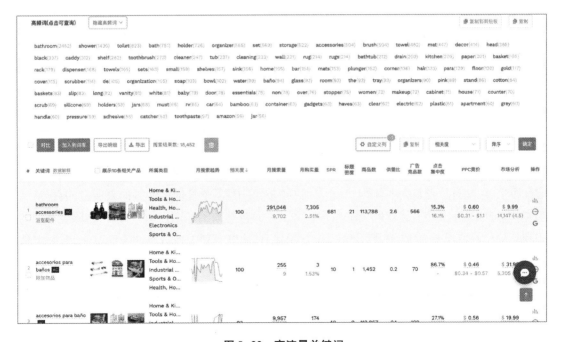

图 9-22　高流量关键词

在实际使用时,精准关键词要优先使用,可以放在占据最大权重的详情页标题中。当然,很多时候,一个产品标题往往由于表达方式的不同包含多个核心关键词,那就需要卖家把这几个关键词恰当地放在标题的不同位置。而宽泛关键词往往会包含在核心关键词中,所以不需要我们给予额外的关注。长尾关键词要在最相关和覆盖群体相对较大的两个前提下筛选使用。

(三) 产品的转化率

产品的转化率和店铺的转化率不一样,它反映了一个单品详情页的转化率。如果站在买家的角度去分析整个购物流程,会看到每一个行为都存在转化的问题。例如,买家的购物流程为搜索关键词—浏览页面—点击产品—深度浏览产品详情页—加购物车—付款购买。买家点击进入产品页面时,就会看到详情页面,包括主图、副图、视频、标题、价格、库存情况、五点描述、客户评价数量、问答等。

卖家要明白买家为什么点进来,一般是对产品有了初步的兴趣,来了解详细的信息。那么,页面中产品的信息越详细,买家就了解得越多,产品越符合买家的喜好,则买家选择购买的概率就越大。

(四) 产品的复购率

产品复购,顾名思义是指老用户的再次消费。在竞争激烈的电商领域,广告成本日益上升,获取一个新客户需要花费的成本是老用户的10倍甚至更多。随着电商红利的逐渐消失,电商卖家需要获得更大的市场份额,老用户的贡献至关重要。比如2017年Anker的蓝牙音箱交易,就有1/4来源于老用户,而复购用户本身的消费贡献就值得关注。90天内复购率为1%~15%时处于用户获取模式,店铺可以把更多的精力和资源投入到新用户的获取和转化上;90天内复购率为15%~30%时处于混合模式,店铺应该平衡对新用户转化和老用户留存投入的精力和资源;90天内复购率在30%以上时处于忠诚度模式,店铺可以把更多的精力和资源投入到用户复购上。

但是亚马逊后台没有直接的数据指标反映产品的复购率,卖家需要自己跟踪记录用户的订单,并搜寻记录老用户的重复订单后,自己计算。

$$复购率=购买次数大于1次的人数÷所有购买过的人数×100\%$$

比如,10个人中,有6个人购买次数大于1次,那复购率就是60%。通常计算时,还要加入时间维度,比如计算月复购率,即上一个月购买的人群中,下个月依然购买的人所占的百分比。当然,也可以基于上个月首次购买的用户数和下月依然购买的用户数来计算,排除老客户的干扰。除了月复购率,还有季度复购率、年复购率,具体以哪种作为自身产品的参考,需要根据产品特性确定。比如快消品,可能要看月复购率;而眼镜店,可能要看一年、两年的复购率。

三、广告运营数据

亚马逊的卖家通常都会盯着前台的排名、客户评价及关键词搜索之后产品出现的位置,这些的确是需要关注和统计的核心点。但是在这些核心点的背后,分析广告后台的数据也是非常有必要的,如曝光量、广告销售成本(Advertising Cost of Sales,ACOS)、关键词竞价、点击、转化、花费等数据。下面介绍前面几组数据。

(一) 曝光量

曝光量(impression)就是你的产品展现在买家浏览页面的次数。很多新卖家很难分清"session"和"impression"的区别,其实这个很好区分,"session"是指一个小时内进入产品详情页的IP数量。也就是说,一个小时内,若一个IP进入产品详情页5次,最后只能算作1个"session",但是却可以算作5次"impression"。

曝光量肯定是越高越好,它代表通过广告带来更多的流量。但是有时候新品在刚开始发布广告时,曝光量相对会比较低,因此前期可以加大广告的力度。比如,发布自动广告时,可以增加关键词匹配;发布手动广告时,可以增加关键词的出价来提升曝光量。

(二) 广告支出与销售额比例(ACOS)

假设卖家投放广告的目的是推动产品销售和提高产品自然搜索排名,那么卖家的理想ACOS是能够确保自己的盈亏平衡。但倘若卖家有新品发布,可能会为自己设定一个较高的ACOS,前期产品的关键词出价等相对都会比较高。等这个广告公开了一段时间,随着详情页的评论积累,销量提升,关键词出价会慢慢降下来,随后ACOS也会达到比较合理的数值。

(三) 关键词竞价

新手卖家在设置关键词的竞价时,会比较迷惑,这个价格是不是越高越好呢?对于大部分类目的大部分产品,系统建议的默认竞价都是××美元。在默认竞价的旁边,系统还给出了一个建议竞价区间,而这个建议竞价区间往往比默认竞价更接近于真实情况。对于不同的产品、不同的关键词,竞价也会有比较大的区别。所以卖家在设置竞价时,还可以参考系统建议竞价区间。

课程思政

大数据时代,一切都在变化,商品数据信息更是如此。一个品牌产品的迭代、价格的制定、竞品情报的掌握,都需要有数据进行支撑。电商数据分析是一项专业化要求极高的工作,同时也需要分析人员具有专业的眼光,任何环节都会影响报告的准确性。

复习思考题

一、单项选择题

1. 10个人中有6个人购买次数大于1次,那复购率就是(   )。
   A. 30% B. 50% C. 60% D. 35%
2. 亚马逊北美站搜索关键词允许的字符数为(   )。
   A. 150 B. 200 C. 125 D. 250

3. （　　）是决定产品页面被点击的硬性因素。
A. 价格　　　　B. 标题　　　　C. 主图　　　　D. 促销

4. 关于竞店分析，下列说法中错误的是（　　）。
A. 竞店分析可以围绕类目、销售、推广等展开
B. 比自己产品优秀很多的，准确来说不是竞争对手，而是学习的标杆
C. 竞店分析可以借助第三方软件进行
D. 在运营中，可以有意识地避开竞店的优势品类

5. （　　）是最影响产品曝光量的因素。
A. 产品排名　　B. 订单数量　　C. 好评数量　　D. 价格

二、多项选择题

1. 竞争对手识别非常重要，前期进入市场之前，我们可以从（　　）等方面对竞争对手进行识别。
A. 关键词　　　B. 跨境电商平台　　C. 目标客户　　D. 价格

2. 卖家精灵平台产品上新的日期维度有（　　）。
A. 7天　　　　B. 15天　　　　C. 30天　　　　D. 60天

3. 客户评价的三种类型包括（　　）。
A. 直评
B. 已验证购买（Verified Purchase，VP）评论
C. Vine绿标评论
D. 好评

4. 关于竞店分析，下列说法中正确的是（　　）。
A. 可以通过竞品的基本信息、商品评价等分别展开
B. 就是对竞争对手的商品进行分析
C. 借助第三方软件可以进行竞品分析
D. 基本信息分析是竞品分析的基础

5. 竞店分析中，我们可以通过竞品的ASIN进行监控，追踪记录对方产品的（　　）数据。
A. BSR　　　　B. 价格　　　　C. 评分数　　　D. 销量监控

三、判断题

1. 每个站点的目标客户群体都是差不多的，不用分站点进行分析。（　　）
2. 在一次访问中，即使买家多次浏览多个页面（24小时内），也只会记为一次访问。（　　）
3. 10个人中有7个人购买次数大于1次，那复购率就是60%。（　　）
4. ACOS数值低，代表广告投入小，而销售量高，广告效果则较好。（　　）
5. 消费者的消费层次是相对固定的，不会对商品的市场价格产生影响。（　　）

四、思考题

前几年,在全球疫情的影响下,不少跨境电商卖家的订单量出现断崖式下跌,除了与防疫相关的用品销量获得高速增长之外,还有不少类目的销量也出现逆转,非但没有降低,还处于上升趋势。请分组讨论原因。

第十章　跨境电商供应链管理

学习目标

了解跨境电商供应链管理的相关概念;理解跨境电商供应链的主要特征;掌握跨境电商采购流程以及跨境电商进销存管理。

引导案例

跨境进口服务商案例分析:以菜鸟物流为例

(一)全球供应链进入升级期,菜鸟跨境物流三大优势打造市场竞争力

伴随着跨境电商平台的发展,全球供应链服务产品逐渐覆盖供应链全场景并跨行业延伸,侧重定制化服务及数智化能力,进入进阶升级阶段。

菜鸟目前服务了7000余家全球跨境电商、品牌商、贸易商等,作为全球化的物流产业互联网公司,持续为跨境进口供应链上的企业提供高效、灵活、高品质的服务。目前,菜鸟已形成全球物流基础设施、全渠道业务运营和拓展、数字化三大发展力的竞争优势。

(二)全球物流基础设施布局,打通全链路国际供应链形成独特优势

跨境物流作为跨境电商的重要基础设施,正在成为消费者选择商品和平台的重要考量因素。加强物流调控能力,海外仓、保税仓、物流枢纽、国际干线的建设至关重要。

菜鸟为商家打造的具备全球干线运输、清关申报及库存部署能力的供应链网络服务,通过对物流、信息流、商流的优化整合,打通全链路国际供应链并形成独特优势,降低全链路物流成本,提升库存周转效率,拓展生意规模,成为品牌加速全球化步伐的助推器。

(三)全渠道业务运营和拓展能力,规模化效应为全球商家赋能

跨境电商物流有7个环节,包括揽件、仓储、分拣、国内清关等。由于跨境进口贸易模式多样,不同模式在海外仓储、进口报关流程及末端配送时效性要求上各有不同,因此跨境电商物流综合服务商能否满足多样化的贸易模式及末端配送的敏捷性将是商家选择的重要考量因素。

目前,菜鸟全链路物流服务已支持保税、直邮、一般贸易、免税等进口贸易模式,形成覆盖ToB/ToC、进出口、线上线下的全渠道服务和拓展能力,并建立覆盖全国的自营仓配体系,保证国内末端配送的服务质量和体验,通过规模化效应为全球商家赋能。

(四)品牌进口行业特点与服务差异大,菜鸟定制化行业解决方案为商家减负降本

跨境进口电商面临采购地点分散、国家分布范围广、终端用户需求多样、合规分销难、国内渠道拓展慢等问题,因此,一个能提供多种业务线的供应链平台对商家来说尤为重要。

不同品类的货物在运输条件、包装要求、时效要求、入关审核流程、分销方式、渠道通路上特点不同。菜鸟覆盖多种行业的供应链解决方案,根据不同行业的特殊性,为不同业务量级的商家提供定制化方案,帮助商家减负降本,应对复杂多变的消费者需求。

(五)海南免税区政策红利不断释放,菜鸟海南供应链能力已覆盖物流全场景

2020年7月,财政部、海关总署、国家税务总局对海南离岛免税购物政策进行了调整,在免税额度、品种、单次消费额度等方面释放政策红利,初步建立了具有国际竞争力的离岛免税购物政策体系。海南已成为中国香港及韩国等传统购物目的地的替代选择。海口海关统计的数据显示,2023年春节期间,海口海关共监管离岛免税购物金额15.16亿元,免税购物人数15.7万人,人均消费9 959元,三项指标均实现同比增长。

菜鸟海南业务起步于2020年,服务范围包括国际货运、关务申报、保税仓、免税仓、本岛运输、国内配送等物流全场景。截至目前,菜鸟海南供应链已在海口、三亚两地在建和运营近20万平方米的保税仓库,服务多家国际知名品牌及免税牌照方,可链接国内600个城市和全球200个国家和地区;可提供专业的行业解决方案,确保满足美妆、奢侈品、酒水等品类的差异化操作要求。

(六)对标逆向物流痛点,菜鸟逆向物流解决方案为品牌商降本增效

与传统物流模式不同,逆向物流涉及链条较长,且退货成本较高。因此,为了节约成本,将商品退至国内保税仓或者海外逆向退货仓进行销售是更为妥当的处理方式。

(七)数智化能力贯穿跨境进口核心环节,提升物流时效实现柔性供应

近年来,菜鸟的数字化能力渗入供应链下属子环节的方方面面,包括数字化仓储系统、电子面单、数字清关、自动化分拨等,通过技术赋能增强供应链效率,面对复杂多变的市场需求实现柔性供应,保障供应的稳定性。

资料来源:亿欧智库、上海电子商务协会、"一带一路"信息产业发展联盟,《2023中国跨境进口生态发展研究报告》

第一节　供应链管理概述

一、供应链及供应链管理

(一)供应链

供应链最早来源于彼得·德鲁克提出的"经济链",后经迈克尔·波特阐释成为"价值链",最终演变为"供应链"。

供应链包括满足顾客需求所直接或间接涉及的所有环节。具体来说,供应链是围绕核心企业,通过对信息流、物流、资金流的控制,从采购原材料开始,到制成中间产品以及最终产品,最后由销售网络把产品送到消费者手中的将供应商、制造商、分销商和顾客连成一体的一个功能网络结构。当强调生产过程时,供应链可称为"流程";当强调市场时,供应链可称为"物流渠道";从商品的价值在业务连锁中增值的角度来看,供应链可称为"价值链";从满足消费者需求的业务连锁角度来看,供应链可称为"需求链"。

1. 供应链的概念

1996年,贝恩德·肖尔茨-赖特首次提出了供应链的定义,他认为供应链是一个实体的网络,产品和服务通过这一网络传递到特定的顾客市场。克里斯托弗进一步指出,供应链是将产品或服务供应给最终消费者的整个流程中所涉及的上下游企业组织所构成的网络。

供应链是指生产和流通过程中,涉及将产品或服务提供给最终用户这一活动的上游与下游企业所形成的网链结构。学术界关于供应链的概念更加注重围绕核心企业的网链关系,如核心企业与供应商、供应商的供应商乃至一切前向的关系,与用户、用户的用户及一切后向的关系。

在此基础上,我们采用马士华教授对供应链的定义:供应链是围绕核心企业,通过对信息流、物流、资金流的控制,从采购原材料开始,到制成中间产品以及最终产品,最后由销售网络把产品送到消费者手中的将供应商、制造商、分销商、零售商、直到最终用户连成一个整体的功能网链结构模式。其含义包括三个方面:(1)供应链是个网链结构,由围绕核心企业的供应商、供应商的供应商以及用户、用户的用户组成。(2)一个企业是一个节点,节点企业和节点企业之间是一种需求与供应关系。(3)供应链一般包括三个流程,即物流、信息流和资金流。物流是实物形态物料的单向流通。这个过程中,物料从供给方开始,沿着各个环节向需求方移动。供应商的供应商提供原材料,如铁矿、石油、木材等,供应商即中间产品制作商将基础原材料变成可直接使用的物料(如钢板、铝板、经过检验的食品原料等),核心企业即最终产品制造商完成成品组装,再将成品卖给客户即分销商,分销商将这些产品卖给零售商,零售商再将这些产品卖给最终消费者。

2. 供应链的特点

整个供应链的运转协调,需要依靠信息流的及时传递和反馈。信息流分为需求信息和供应信息,这是两个不同流向的信息流。首先看什么是需求信息。如客户订单、采购合同等是需求信息。当需求信息从需求方向供给方流动时,便引发物流,即物资被运送到需求方,可见需求信息同物料流动方向相反。再看供给信息,什么是供给信息?如完工报告单、入库单、库存记录、可供销售量等是供给信息。供给信息是由需求信息引发的,如消费者向零售商买货,零售商是否有可供销售量。供给信息与物料流动方向一致,同物料一起沿着供应链从供给方向需求方流动。整个供应链运转协调需要依靠资金流的配合。资金流即货币形态,单向流动,同物料流动的方向相同。物料在供应链上因加工、包装、运输等过程而增加价值,因此供应链是一条增值链。供应链由所有加盟的节点企业组成,其中一般有一个核心企业(可以是产品制造企业,也可以是大型零售企业)。节点企业在需求信息的驱动下,通过供应链的职能分工与合作(生产、分销、零售等),以资金流、物流、服务流为媒介实现整个供应链的不断增值。

(二) 供应链管理

1. 供应链管理的含义

供应链管理(Supply Chain Management,SCM)是指从原料采购到产品交付至最终目的地的整个过程中,对与产品或服务有关的商品、数据和资金的流动进行的管理。供应链管理的目的在于把产品从供应商及时有效地运送给最终客户,对物流配送、库存管理、订单处理等资讯进行整合,降低库存、保持产品有效期、降低物流成本以及提高服务品质。

2. 供应链管理的内容

这里所提出的供应链管理框架包括三个相互紧密联系的要素:供应链的结构、供应链的业务流程、供应链管理的组成要素。

（1）供应链的结构。是由供应链成员及成员之间的联系所组成的网络；

（2）业务流程是指为客户产生具体的价值输出的活动；

（3）管理的组成要素是那些使业务流程跨越整个供应链而得到集成和管理的管理变量。

供应链管理的定义与这个新的框架结合起来,使供应链管理的原理迈向了下一个革命性的发展阶段。

供应链管理实施包括识别所需连接的关键供应链成员,有哪些流程必须和每一个关键供应链成员相连接,以及对每一个过程连接采用什么类型或程度的集成。供应链管理的目标是使公司和包括最终客户在内的整个供应链网络的竞争力和盈利能力实现最大化。因此,对供应链流程进行集成以及积极重组的目的,在于提升横跨供应链成员的总体流程的效率。

新经济时代供应链管理的基本思想就是以市场和客户需求为导向,以核心企业为盟主,以提高竞争力、市场占有率、客户满意度和获取最大利润为目标,以协同商务、协同竞争和双赢原则为基本运作模式,通过运用现代企业管理技术、信息技术、网络技术和集成技术,达到对整个供应链上的信息流、物流、资金流、业务流和价值流的有效规划和控制,从而将客户、销售商、供应商、制造商和服务商等合作伙伴连成一个完整的网链结构,形成极具竞争力的战略联盟。

二、供应链的类型及主要特征

（一）供应链的类型

根据不同的划分标准,我们可以将供应链分为以下几种类型。

1. 根据供应链的范围划分

（1）内部供应链。是指企业内部产品生产和流通过程中所涉及的采购部门、生产部门、仓储部门、销售部门等组成的供需网络。

（2）外部供应链。是指企业外部与企业相关的产品生产和流通过程所涉及的原材料供应商、生产厂商、储运商、零售商以及最终消费者组成的供需网络。

2. 根据供应链追求的目标划分

（1）有效性供应链。有效客户响应（Efficient Consumer Response,ECR）主要体现供应链的物料转换功能,强调按部就班地对原材料、半成品和产成品进行采购、生产、存储和运输,最终将产品送达。有效性供应链的整个运营模式更加强调成本概念,但不强调时间成本,不强调及时交货,甚至允许短暂的缺货,且这并不影响供应链整体运作的有效性。

(2)反应性供应链。快速响应(Quick Response,QR)强调的是供应链的市场整合功能,把产品在正确的时间、正确的地点以正确的数量和正确的品种分配到满足用户需求的市场。反应性供应链中,运营模式更加强调时间概念,着重强调各个环节之间的协调,从而最终实现快速响应市场变化、及时满足客户需求的核心目标。反应性供应链在采购、生产、运输等环节较少考虑成本,甚至采用奢侈的操作方式,而是在销售环节从产品附加值中赚取大量的利润。

3. 根据供应链的稳定性划分

(1)稳定的供应链。基于相对稳定、单一的市场诉求而组成的供应链稳定性较强,即组成供应链的节点企业更新较少。

(2)动态的供应链。同稳定的供应链相反,基于变化相对频繁、复杂的需求而组成的供应链动态性较高。供应链具有动态性,是为了适应市场需求的变化。动态供应链中,节点企业需要动态地更新,即组成供应链的节点企业更新较多。在实际管理运作中,根据需求的不断变化,供应链的组成也应相应地改变。

4. 根据供应链容量与用户需求的关系划分

首先解释什么是供应链容量。供应链容量是指一个供应链具有一定的、相对稳定的设备容量和生产能力(所有节点企业能力的综合,包括供应商、制造商、运输商、分销商、零售商等)。

(1)平衡的供应链。供应链容量是恒定的,但用户需求处于不断变化的过程中。当供应链的容量能满足用户需求时,供应链处于平衡状态,此时的供应链称为平衡的供应链。平衡的供应链可以实现各主要职能(采购/低采购成本、生产/规模效益、分销/低运输成本、市场/产品多样化和财务/资金运转快)之间的均衡。

(2)倾斜的供应链。是指当市场变化加剧,如市场需求增长,造成供应链成本增加、库存增加、浪费增加等现象时,企业不是在最优状态下运作,供应链则处于倾斜状态。

5. 根据供应链的驱动原因划分

(1)推动型供应链。是以制造商为核心企业,根据产品的生产和库存情况,有计划地把商品推销给客户。在推动流程执行过程中,需求是未知的,因此必须进行预测。

(2)拉动型供应链。是指消费者导向或需求导向的供应链。在拉动流程执行过程中,需求是已知的、确定的。

供应链管理战略内容之一,就是选择适合自己实际情况的运作方式。拉动型供应链显然整体绩效表现出色,但对供应链上企业的要求较高,对供应链运作的技术基础要求也较高。而推动型供应链相对较容易运行。企业采取什么样的供应链运行方式,与企业系统的基础管理水平有很大关系,切不可盲目模仿其他企业的成功做法,因为不同企业有不同的管理文化,盲目跟随反而会得不偿失。

6. 根据供应链的主体划分

什么是供应链主体?核心企业即供应链的主体。任何一个供应链都必然有一个核心企业,供应链的管理主要靠核心企业,核心企业是供应链中产品运作的领导者,因此,核心企业可以看作供应链的主体。

根据主体不同即根据核心企业不同,供应链可以分为以生产商为主体的供应链、以批发商为主体的供应链和以零售商为主体的供应链、以第三方物流服务提供商为主体的供应链等。

(二) 供应链的特征

供应链主要具有以下特征：

1. 复杂性

因为供应链节点企业的跨度(层次)不同，供应链往往由多个、多种类型甚至多国企业构成，所以供应链结构模式比一般单个企业的结构模式更为复杂。

2. 动态性

供应链管理因企业战略和适应市场需求变化的需要，其节点企业需要动态地更新，这就使得供应链具有明显的动态性。供应链中的企业可以相对自由地进入或者离开供应链，这取决于供应链是否能给它们带来收益。正是这种市场化的组织形式，使得供应链策略比垂直整合的集团更加有效。例如，当某种物料或产品供应短缺且价格上涨时，一家公司就会发现与拥有短缺物料或产品的供应商建立联盟比较有利，以保证短缺物品的持续供应。这种联盟对双方都有利：对供应商来说，它们得到了新的市场，并赢得新的、未来产品的销售机会；对采购方来说，它们得到了长期的供货及稳定的价格。此后，当新的竞争者生产这种短缺的产品或者该产品需求下降时，供应商对采购方来说或许就不再有价值。而采购方可能会发现其他潜在的供应商会带来更大的利益，这样，它会决定与原有供应商解除联盟关系。由此可以看出，供应链是经常变动的，因此会给有效管理带来很多问题。

3. 面向用户需求

供应链的形成、存在、重构，都是基于一定的市场需求，并且在供应链的运行过程中，用户的需求拉动是供应链中信息流、物流、资金流流动的驱动源。如客户订单等需求信息从需求方向供给方流动时，便引发物流，物资被运送到需求方。因为物料是有价值的，物料在供应链上的移动过程中增加了其价值，引发了资金流的流动。

4. 交叉性

节点企业可以是这个供应链的成员，同时又是另一个供应链的成员，众多的供应链形成交叉结构，增加了协调管理的难度。可见，一个企业可以有多个供应链。例如，没有一家销售公司只有一个供应链，销售多种商品的公司会有很多个供应链。

5. 增值性

资金同物料流动的方向相同，因为物料是有价值的，物料在供应链上因加工、包装、运输等过程而增加了价值，因此，供应链是一条增值链。

供应链是一组从原材料到最终产品的业务流程，它是将原材料采购、处理、分配、物流、销售和客户服务等元素组合在一起的复杂过程。

三、供应链管理的目标

供应链的具体目标为：(1)供应链系统直接联结着生产与再生产、生产与消费，因此需要有很强的服务性。这种服务性表现为其本身有一定从属性，以用户为中心，树立"用户第一"观念，不以利润为中心。物流业的送货、配送等形式，就是服务性的体现。在技术方面，"准时供应方式"也是其服务性的表现。(2)及时性是服务性的延伸，是用户的要求，也是社会发展进步的要求。整个社会的再生产循环，取决于每一个环节。供应链系统流通时间越短、速度越快，社会再生产的周期就越短，社会进步的速度也就越快。快速、及时是物流的既定目标，在现代环境中，这种特性更是物流活动必备的特性。物流领域采取的诸如直达物流、联合一贯运输等技术和措施，就是这一目标的体现。(3)节约是经济领域的重要规律。在物流领域，由于流通过程消耗大，但基本上不增加或不提高商品的使用价值，所以依靠节约来降低投入是提高相对产出的重要手段。物流过程是"第三利润源"，这一利润的挖掘主要依靠节约。可以通过推动集约化方式提高物流的能力，采取各种节约、省力、降耗措施实现规模优化，以此来追求规模效益，从而达到节约的目标。

第二节 跨境电商供应链的相关概念

一、跨境电商供应链的概念

随着互联网的高速发展和经济全球化进程的加快，供应链的概念随着跨境电商的发展深化延伸出了跨境电商供应链概念。

跨境电商供应链是指在跨境电商业务中，商品从生产到最终消费者手中的整个流程所涉及的各个环节和参与者，包括生产商、供应商、物流公司、海关、电商平台、支付机构等。具体来说，跨境电商供应链是指由供应商（生产商）、跨境电商平台、物流企业和消费者等组成的整体网链结构，包含生产、运输、仓储、报关报检、物流配送等流程。

跨境电商供应链的目的是实现商品高效、快速、安全地从生产地到消费地的流通，以满足消费者的需求。

二、跨境电商供应链的基本特点

跨境电商供应链由"跨境电商"和"跨境供应链"组成，是对传统供应链发展模式的创新与升级，其本质是根据当前跨境电商发展的特点和市场需求，重新定义供应链的功能和技术框架。通过跨境供应链功能与技术的创新，实现跨境电商供应链构成主体间的资金流、物流、信息流和商流的协调集成，可以降低供给成本，提高供给效率，塑造海外品牌，吸引更多制造商和供应链服务商加入跨境供应链网络，促进跨境电子商务发展。

跨境电商供应链的主要特点是国际化、多元化、高效的数据共享和复杂化。由于涉及不同国家、不同文化、不同语言、不同法律等多种因素，跨境电商供应链需要克服许多困难和挑战，如海关检验、税费结算、物流配送、语言沟通等。因此，跨境电商供应链的建设需要各个环节参与者的共同努力，通过信息化、标准化、规范化等手段提高供应链的效率和质量。

（一）国际化

跨境电商供应链是一个网络，其不局限在一个地区，需要全球协同配合，需要整合全球的资源。比如，产品来自一个国家，物流和支付可能分别由其他不同的国家提供，售后服务又由另一个完全不同的国家提供。因此，跨境电商供应链是一个全球协作的过程，需要精细的物流规划和管理，以确保交货准确和顾客满意。国际化的市场环境以及各国政策的不确定性，也增加了跨境电商供应链管理的难度。

（二）多元化

跨境电商商品来源广泛，商品种类多样化，供应商来自世界各地，这种多元化的商品供应链是跨境电商的一项重要特点。站在消费者的角度，通过跨境电商可以购买更为丰富、品质更高的商品，从而提高消费满意度。对跨境电商企业而言，企业不仅要关注供应商、制造商、物流等单个供应链环节，更重要的是要注重供应链多元化主体的整体运行效率的提升。

跨境电商涉及多主体、多行业，其物流、资金流、信息流等均涉及不同国家的供应链主体。供应链管理对跨境电商的发展尤为重要，良好的供应链管理模式能够促进跨境电商行业的发展，并对社会和经济的发展起到一定的积极推动作用。跨境电商企业要想获得可持续发展，就必须以供应链优势在竞争中脱颖而出，且必须对供应链进行优化升级。

（三）高效的数据共享

跨境电商供应链中，各个主体之间需要进行海量的数据传输和共享，包括产品信息、库存数据、物流跟踪信息、支付账单等。跨境电商供应链涉及的信息数据量大，复杂程度高，可通过物联网技术、大数据分析技术、云计算技术等实现高效的数据共享，提高供应链的信息互通性和效率。

（四）复杂化

跨境电商供应链是跨境电商在满足消费者需求过程中直接或间接涉及的所有环节。一个完整的跨境电商供应链系统包含供应链载体、实体、周期和系统。其中，跨境电商供应链的实体包括制造商、供应商、物流公司、电商企业。这些企业和消费者构成了一根链条、一个集成的组织。管理的载体是贯穿于链条中的信息流、产品流和资金流，目的是减少采购、库存、运输、通关和售后的成本，提高整条供应链的竞争能力。除了实体和载体，跨境电商供应链所有流程可分为一系列周期，具体包括采购、支付、通关、物流配送和最后的售后服务。跨境电商企业内部所有的供应链活动都可以归属于客户关系系统、集成供应链系统、供应商关系系统，这三种系统对信息流、产品流和资金流起着至关重要的作用。

三、跨境电商供应链发展优化建议

针对目前跨境电商供应链发展过程中存在的问题，学者们从不同角度提出了优化建议，也逐渐认识到跨境电商供应链的整体性发展和协同发展的必然趋势。有学者认为，物流配送是跨境电商供应链的重要制约要素，应提出通过构建第四方物流联盟对跨境电商物流服务进行多方有效协同和优化供应链流程。有学者基于对杭州跨境电商综合试验区企业的调研分析,提出供应链合作伙伴关系、供应链柔性和供应链信息系统之间的协同发展能改善跨境电商供应链绩效水平。有人针对目前跨境电商平台企业在供应链各个环节上存在的问题,提出建立集合制造的跨境柔性供应链,以降低供应链的不确定性。有人采用ESIA(消除、简化、整合、自动化)法、工程网络规划法等方法对S公司跨境电商供应链过程实施优化,并得出跨境电商供应链的优化需要注重系统整体优化、内外部资源配置优化以及信息化集成的结论。有人采用扎根理论,从技术和功能角度分析了跨境电商企业案例,在此基础上得出建立嵌入式伙伴关系、搭建供应链柔性组织、加强资源整合、共享集聚嵌入性伙伴界面等措施可以实现供应链的经营创新。有人指出,跨境电商供应链是一个涉及上中下游的系统性结构,因此,跨境电商供应链优化需要注重整体的优化,而非单个环节的优化,企业要从全局角度观察和考虑问题,综合考虑供应商、平台、仓储、物流等各个环节,系统性地进行解决和优化,从而实现企业运营过程中的价值增值。有人研究表明,跨境电商企业的供应链柔性水平是供应链绩效的一大制约因素,影响跨境电商企业供应链绩效的因素之间存在显著的协同效应,应利用这些因子之间的协同效应,实现"强强"联合。

四、跨境电商供应链的协同发展研究

虽然目前关于跨境电商供应链各环节整体协同的研究较少,但学者们已从多个角度对跨境电商供应链中跨境电商与跨境物流的协同发展进行了较为充分的研究。目前,国内外对跨境电商与跨境物流的协同发展研究主要集中在协同困境、协同策略、协同模型、协同机制、协同路径等方面。

(一)协同困境

查尔斯·C.波里尔(Charles C. Poirier)从供应链视角探讨了目前跨境物流发展的困境,并指出供应链企业间加强合作、共享资源能够有效地促进电商物流的发展,缓解物流发展滞后的现状。国内有学者指出,跨境电商与物流发展融合是必然趋势,但目前,跨境电商与物流的发展存在严重的不协调现象,需要优化各个流程以促进其实现融合发展。还有学者基于产业链视角分析了跨境电商与物流业发展的现状,并强调了跨境电商与物流协同发展的必要性以及二者协同发展的制约因素,提出促进二者协同发展的相关对策。

(二)协同策略

蒂姆·欣德尔(Tim Hindle)指出,电商与物流的协同发展可以通过企业间有效的信息、知识、资源、技术共享等方式来实现。国内有学者基于供应链视角,深入研究了跨境电商与跨境物流协同发展对跨境电商物流链的影响,指出,只有推动跨境电商和跨境物流链之间的协同及二者与其他方面要素的契合,才能够实现跨境电商物流链的有效发展。

(三)协同机制

有学者从产业融合视角出发,对跨境电商与跨境物流间的互动机制进行了探究,并基于产业边界视角分析了跨境电商与跨境物流在技术、业务、运作和市场这四个层面的融合过程。也有学者构建了跨境电商生态系统,并基于物种、环境、供应链、地理空间等不同视角探索了跨境电商与跨境物流之间的协同机理。

(四) 协同模型

有学者基于灰色关联理论,采用复合系统协同度模型建立了跨境电商与跨境物流协同评价系统,并根据相关统计数据对我国2008—2014年跨境电商与跨境物流的协同发展水平进行了综合评价。结果显示,我国跨境电商与物流复合系统协同度在这七年间一直处于较低水平。有学者构建了跨境电商与跨境物流协同的扎根理论模型,总结了影响跨境电商与跨境物流协同的因素,深入剖析了各级范畴间的内在作用机理,并提出促进协同的策略建议。也有学者从全球价值链视角建立了跨境电商与跨境物流协同模型,并从战略层、职能层与业务层出发,为推动中国跨境电商与跨境物流企业嵌入全球价值链提出了一系列措施与建议。

(五) 协同路径

国内有学者基于供应链整合协同理论,讨论了跨境电商供应链协同发展的必要性,并针对湖南省跨境电商企业提出了供应链整合协同发展的路径:

1. 建立全球化供应链网络

跨境电商企业需要与全球各地的供应商合作,以获取不同种类的商品。跨境电商可以通过与供应商建立长期合作关系,共享信息并协同运营。跨境物流可以借助先进的信息技术和物流设施,实现全球范围内的货物运输和配送。通过建立全球化供应链网络,跨境电商和跨境物流可以实现资源共享、高效运营并降低成本。

2. 优化跨境物流流程

跨境物流流程的优化对于保证跨境电商的顺利运作至关重要。跨境物流流程包括订单处理、商品拣货、仓储管理、运输组织和关务手续办理等环节。跨境电商可以通过引入先进的物流技术和自动化设备,提高跨境物流的效率和准确性。跨境电商还可以与跨境物流公司进行紧密合作,共同制定适合跨境电商业务的物流解决方案。通过优化跨境物流流程,跨境电商可以提高订单处理速度、货物配送准时性,并提升消费者的满意度。

3. 加强信息共享和合作

跨境电商和跨境物流之间的信息共享和合作是实现协同发展的关键。跨境电商可以向跨境物流公司提供订单信息、库存情况和销售数据等信息,以便物流公司能够更好地规划和组织货物运输。跨境物流公司也可以向跨境电商提供实时的货物追踪和配送情况等信息,以便电商能够及时地与消费者沟通。为了加强信息共享和合作,跨境电商和跨境物流可以建立信息系统的接口,实现信息的互通互联。

4. 加强风险管控

跨境电商和跨境物流在国际贸易中面临着各种风险,如货物丢失、突发事件和关税政策变化等。跨境电商和跨境物流需要加强风险管控,共同应对各种风险。跨境电商应选择可靠的跨境物流合作伙伴,确保货物的安全和货物送达的及时性。跨境电商还可以购买适当的货物保险,以防止货物损失。跨境物流公司可以加强与政府部门和相关机构的合作,及时了解和应对关税政策的变化。通过加强风险管控,跨境电商和跨境物流可以降低风险,保证业务的稳定运行。

第三节　跨境电商采购流程

一、跨境电商供应链涉及的环节

（一）跨境电商平台采购

跨境商城货品采购需要先确定提供货品和服务的供应商，然后和跨境电商平台供应商建立一套定价、配送和付款流程，对供应商提供的货品和服务同时进行监控和改善。

以易芽的新款精品采购服务为例，易芽拥有众多优质供应商，其类目更是覆盖十大热门跨境产品类目，是很多跨境卖家现货采购的不二之选。

（二）跨境商城退货

跨境商城退货是跨境电商供应链中的问题处理部分。跨境商城建立网络接收客户退回的次品和多余产品，并在客户采用产品出问题时提供服务支持。

（三）跨境网站配送

跨境网站配送即物流，包括调整用户的订单收据、建立仓库网络、派快递人员提货并送货到顾客手中、建立货品计价系统、接收付款。

二、跨境电商采购流程

目前，跨境电商采购流程一般为：根据消费者订单信息或者历史销售信息决定采购品种及数量，再从供货商处进货。我国跨境电商货源一般来自三类供货渠道。

（一）厂商直接供货

该渠道加价环节最少，定价优势大；具备厂商品牌背书，满足消费者"正品"需求；货物直供的同时保证了货源的稳定性。

（二）经销商/代理商供货

一般而言，海外品牌经销商/代理商在保证本国供给充足的情况下，会分拨货物给跨境电商。相较于厂商直供，该渠道定价偏高，有时会遭遇厂商不承认货物正品资质的困境。同时，在海外市场需求旺盛时，跨境电商企业难以保证货物供应。

（三）海外商超供货

在货物供给缺口较大时，企业不得不采用该方式，即组织海外个人从当地商超批量采购。该渠道货源供给不稳定，价格优势最小，且难以获得厂商认可，存在较高法律风险。

三、跨境电商采购存在的问题

大部分跨境电商企业成立时间短。在采购环节，企业尚未形成绝对竞争优势，共性问题在于：

（一）产品受欢迎程度低

产品受欢迎程度低，无法引起消费者的购买欲，多个产品销路不佳导致平台销量差。

（二）招商能力差

供应商尤其是品牌供应商资源匮乏，会导致货源依赖海外经销商/代理商分拨，甚至供应商会频繁从商超渠道进货。

（三）产品销路问题

跨境电商企业目前普遍采用历史数据抓取消费热点，或进行简单产品热度统计。例如，天猫国际首页设"商品试用"板块，给出一定商品范围，邀请用户快速点击、申请试用。大量消费者乐于参与其中，这实质上构成大样本随机调查，点击量切实反映出消费者需求。母婴电商蜜芽宝贝首页的"种草机"功能即采取同样思路，在获得数据的同时，也为新商品上线充分预热。

（四）普遍缺乏坚实供货商基础

上游供应链仍需经历较长培育期。我们观察到，跨境电商在合作商资源上与国内电商仍存在较大差距。天猫、京东、唯品会等平台雄厚的供货商资源构成其在采购环节的拿货优势及定价优势。相比较而言，目前，知名度较高的兰亭集势、环球易购、蜜芽宝贝、洋码头等企业供货商数量少，尤其缺乏知名合作品牌，以目前水平难以支撑规模发展。

第四节　跨境电商进销存、出口管理

一、进销存管理模块

进销存管理模块，是跨境电商企业的核心业务流程。跨境电商企业的进销存是指从商品的采购到入库再到销售的动态管理过程，是整体供应链运作效率提升的基础。它能够通过频繁而稳定的采购来减少资金占用，从而实现资金使用效率和资金流动效率的提高。跨境电商通常采用即采即销的模式，即跨境电商企业在接收第三方电商平台的订单后，派采购人员根据合同约定数量向供应商公司进行采购。即采即销模式主要包括五个子模块：

第一是订单采购子模块。采购人员首先将用户订单信息录入订单采购子模块，然后将订单信息发送给供应商，提示其及时生产并供货。录入的订单信息应该和合同的信息对应，内容包括供应商产品的型号、产品规格和产品数量等。

第二是物流信息填写子模块。当不同订单对应的产品出库时，采购人员应在物流系统中实时提交详细产品信息和物流信息，然后由公司物流人员将信息同步到系统中，同时自动更新综合管理平台信息。

第三是物流跟踪子模块。在这一模块，物流工作人员可以查询不同订单货物的状态信息，并及时跟踪物流系统中每个订单对应的物流信息，如果有问题，能做到及时处理。货物跟踪信息也在平台上及时更新。

第四是确认收货子模块。该模块对已到达指定仓库的订单货物进行收货确认，主要核对产品的型号、规格和数量等信息,确认货物与订单相匹配。

第五是质检及退换货子模块。该模块是对货物完成确认收货后进行质检工作。质检员对货物进行抽样检查,如有不符合标准或合同约定质量的产品,需记录具体问题后反馈给供应商,并由业务人员继续跟进退换货处理。货物都入库后,报运人员进行海关报运,运往海外。(图 10-1 为进销存管理模块的总体活动图)

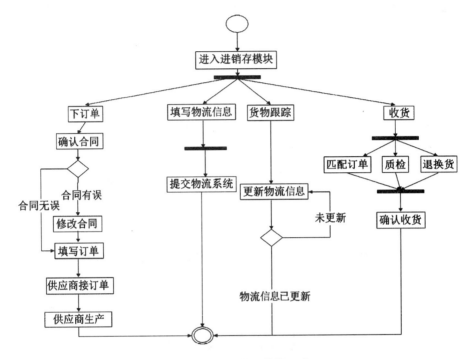

图 10-1 进销存管理模块活动图

二、出口货运管理

出口货运管理模块设计的目的是管理产品出口状态。合理的出口管理不仅能够提升货物运输效率,同时能够降低出口风险。

(一)出口货运管理模块的具体操作步骤

第一步,比对确认本公司和国外公司的合同信息与出货表信息。第二步,了解订单的详细信息,并由报运人员进行海关报运,可根据到货时间差异,对不同的合同订单进行分开报运或集中报运。第三步,报运成功后,通知物流人员进行装箱操作。物流人员确认装箱后,将货物委托给物流公司运输至海外。

(二)出口货运管理模块的功能

第一,合同管理功能。合同管理子模块显示公司近期和国外公司签订的合同的简要信息,相关人员可点击查看合同具体信息,与出货表信息进行对比确认,对于确认无误的合同,可将其报运状态修改为可以报运。合同信息包括货物的详细信息和附件的详细信息。附件是货物从生产到运输涉及的附属物品。

第二，海关报运功能。业务人员将可以进行报运的合同信息交由报运专员，报运专员根据出货表去海关报运。由于收到各个供应商产品的时间有差异，业务人员可根据收货时间的不同选择分开时段报运和集中报运。海关报运由海关人员检查货物，并要求缴纳关税。

第三，物流管理功能。物流人员将报运成功的货物进行装箱，装箱完成后，将货物交给物流公司运输，并对物流信息进行实时跟踪。至此，整个出口货运流程结束，等待国外公司确认收货。

复习思考题

案例分析题

S公司成立于2002年，是日本S Japan公司在天津成立的进出口贸易和服务企业，主要从事机械、日用品、食品等商品的进出口贸易和国际技术服务。目前，公司固定员工36人。S公司结合中日两国市场的差异以及两国工业及民用领域需求的不同进行相关产品及服务的国际销售，推动两国互补产业的交流。公司主营产品包括：汽配部件、母婴用品、生活用品、休闲食品等。经过20余年的发展，S公司从单纯进行中日进出口贸易的中国区执行办公室，逐渐发展成为独立进行商品采购、仓配、销售以及客户管理服务的独立性国际商贸企业，并与日本S Japan公司相互支撑，构建跨国供应链，为中日两国厂家及用户建立彼此沟通的桥梁，促进两国商贸发展。

随着电子商务和信息化的发展，"互联网+"时代到来，为各行各业的发展提供了新的机遇和发展动力，同时也提出了新的要求。对于国际贸易行业，"互联网+"时代的国际商贸缩短了交易主体的空间距离，紧密了不同国家间的商贸联系，小金额、少数量的跨境交易需求日益增长。面对机遇与挑战，S公司重新调整战略发展规划，明确了"大力推进跨境电商业务"的发展方向，突破传统的国际贸易经营模式，优化跨境供应链，以满足跨境电商模式下商品采购、销售、仓储、物流及售后服务等需求，实现企业新的发展目标。

S公司成为一家专业从事跨境电商的企业后，公司主要经营日常家居品类，产品主要销往美国和德国。传统的货物进销存人工统计和分离的物流信息已经不能满足公司快速发展的需要，S公司的供应商和原材料信息、公司管理人员和销售人员配置信息、仓库编号和货物信息等，需要进行数字化管理并建立有效的关联。S公司对出口货物的订单合同管理、货物信息报送海关、海外运输和质检验收的全流程进行信息化和标准化管理，以降低人为操作使整个交易周期拉长而导致的延期交付的风险损失及运营成本。

S公司的管理模式与绝大多数中小型外贸企业一样，属于直线型的组织架构，企业一切经营活动在总经理的统一安排和管理下进行。公司根据业务类型和工作职能分为进口部、出口部、天津仓库和职能部门，其中，天津仓库主要承担进口产品的仓储和国内物流工作，跨境电子商务业务属于进口部工作的一部分。公司整体组织结构简单，各部门人员权责分明、各司其职，汇报路线快速、直接。绝大多数人员在公司工作多年，专业领域经验丰富，能有效处理工作中出现的各类问题，快速应对各种突发事件，为国内外的客户提供高效、优质的服务。

随着互联网应用越来越深入消费者的日常生活,传统的国际贸易模式已经滞后于时代的需求。在这种背景下,S公司决定对现有公司进口部门进行调整,使跨境电商部分独立运营并调整其运营模式,以适应互联网时代消费模式变更的需要。S公司跨境电子商务业务的战略规划是对原有以传统外贸进口为特征构建的组织架构和供应链配置进行调整,利用现代信息技术和网络平台缩短内外部环节的衔接时间,优化业务流程,在满足客户需求的前提下降低运营成本。基于该战略规划,S公司对跨境电商业务的调整具体包括:

(1) 组织架构重整,使跨境电商业务独立运营。S公司对目前进口业务部门进行分割,将跨境电商业务独立出来,对原有组织结构进行调整,特别是职能重复的部分,对其进行合并和删减,将外包部分作为公司内部组织结构的一部分,提升公司整体运营效率,优化汇报路线和信息传送路线,提升公司服务品质和企业形象,减少组织架构不合理对工作效率的影响。

(2) 整合内外部资源。现代企业,特别是中小型企业,外部资源利用的优劣在很大程度上对公司的运营有决定性影响。因此,S公司决定提升对外包业务的重视程度,将外包业务作为公司内部供应链中的一个环节,特别是对具体衔接环节,做到信息快速追溯、快速反应,将采购、仓储、物流、销售等各个环节中的内部资源和外部资源进行有机整合。

(3) 优化业务流程,对跨境电子商务业务进行流程优化,不断消除跨境电商供应链中对价值提升起消极作用的环节和活动,完善和巩固价值增值的部分,最大程度上实现消费者在购买过程中的价值增值和企业利润最大化。

(4) 完善信息化建设。跨境电商业务的成功离不开企业信息化系统的不断完善。S公司决定使用现代化的信息技术,提升企业内部信息传递速率、外部信息传递速率以及二者的衔接,减少低质的信息传递给企业造成的损失。

基于S公司跨境电商业务的战略发展规划,下面运用SWOT分析法对S公司的优势、劣势、机会和威胁进行分析,以期使后续的供应链优化更具针对性。

竞争优势:①S公司作为一家经营多年的国际贸易公司,有一定的资金实力和团队力量。相比其他新起步的跨境电商企业,S公司已经拥有了一定数量的稳定客户群体,其销售、采购、物流、售后等体系相对完整。此外,S公司与日本S Japan公司相互支撑构建跨国供应链。S Japan公司在日本的货源采购和商品选择方面具有得天独厚的渠道优势和文化优势,相比国内其他贸易公司,更是优势明显。②S公司的进口产品种类主要是生活用品和具有一定特点的个性杂货,品种较多且大多为"刚需"民生用品,个性产品也有较为固定的客户群。由于产品种类众多,不易受到某个行业或者某类产品市场波动的影响,公司经营波动性小,相对平稳。③S公司除在国内拥有备货仓库,还可以使用S Japan公司在日本的仓库进行集货,缩短了订单执行和备货周期,满足电商销售对发货时间和发货周期的要求。④S公司和S Japan公司可以实现跨国资源共享,有利于降低单位固定成本,在售价相同的情况下,提升销售利润率。

竞争劣势:①与S Japan公司业务重叠。目前,S公司的主营业务和S Japan公司存在重叠,双方部分工作处于重复作业的状态,致使工作效率较低。尽管S公司有独立的市场开拓体系,但对海外市场的开拓能力有限,相当一部分还是依靠SJapan公司的输血,没有完全实现业务互补或流程互补,影响了双方整体的运营效率和经营收益。②供应商资源有限。随着国内对海外高品质、个性化产品需求的日益增加,以及同行业竞争对手的增加,S公司的优质供应商资源有待扩充。尽管S公司拥有一定数量长期合作的供应商,但还不能完全满足国内消费者日益增长的产品多样化需求和个性化需求。目前,S公司的供应商更多是对应型供应商,其自主新品开发能力有限,且对中国市场不甚了解,这导致其产品的更新换代与中国市场的需求脱节。优质的供应商资源可以帮助S公司主动引导消费者,而非被动接受。因此,S公司的供应商资源在与国内大型跨境电商的竞争中处于劣势。③缺乏从事跨境电商的专业人员。不同于传统的国际商贸,跨境电商需要具备一定外贸专业知识、产品知识和信息处理能力的综合性专业人才。S公司目前执行跨境电商项目的人员在外贸专业知识和产品知识上能力较强,但其信息处理、搜集能力还有待提高,特别是团队整体的协作能力,还需要进一步加强。④组织架构陈旧。目前,S公司跨境电商项目属于进口部的一部分,主要业务人员除承担跨境电商的工作外还兼顾其他进口业务工作。跨境电商项目的管理相对落后,导致各个作业环节之间的衔接权责不清,阻碍了S公司跨境电商项目的进一步推进。⑤供应链有待调整及优化。目前,S公司的跨境电商业务与其他进口业务的主要区别仅仅是国内销售方式的不同,其实质上是"进口采购+国内网络销售"的模式。这种模式下,订单、备货周期长,仓储、备货成本高,不仅不适应现阶段跨境电商行业的需求,也大大落后于同行业竞争对手,急需调整和优化。

外部机会:①随着互联网时代的全面到来,网络已经深入人类生活的各个方面,"全球买"和"全球卖"成为人们未来消费的主要模式,中小型企业拥有更多机会参与国际市场,推进各个国家间的民间交流和商品流通。②党的十八大以来,我国在政策体制改革中,大力突出中小企业在我国未来经济发展中的重要地位,从各个方面为中小企业、科技型企业的发展创造良好的外部条件,鼓励技术创新,鼓励思想创新,并在这一过程中给予政策以及资金上的扶持。其中,我国对跨境电商这种新兴的商业模式出台了一系列政策,完善相应的法律、法规,为跨境电商规范、有序、健康的发展创造了良好的外部条件。③信息技术和物流系统的跨越式发展为跨境电商行业的发展提供了坚实的技术支撑,信息流和物流的无缝对接也为企业内外部资源的合理化配置提供了有效的保证。

外部威胁:①成本上涨。受国际汇率大幅波动的影响,跨境商品的采购成本不断增加,特别是汇率短期内的大幅波动往往导致原设定的利润被吸收,这使得企业一方面希望增加利润以吸收汇率波动造成的损失,另一方面又受市场约束无法提高销售价格,这在一定程度上加大了公司的经营风险,使企业陷入两难境地。此外,国内工资水平和管理成本不断上涨,以及综合性复合人才稀缺带来的隐性成本,增加了企业的经营负担。如何优化流程、节约成本,成为每个跨境电商企业不得不面对的难题。②竞争对手数量众多。跨境电商在我国快速发展,越来越多的企业进入这一领域。除了天猫国际、京东国际、网易考拉等国内大型电商早已建立自己的营销、物流网络外,众多中小型电商企业也通过与专业物流公司以及国外卖家合作加入这一潮流。由此可见,尽管跨境电商未来的发展充满机遇,但各个企业也将面对空前的竞争压力。如不能在这样的竞争环境中不断创新,优化企业经营管理,优化跨境供应链,企业最终将不得不面对被行业淘汰出局的结果。③仓储、物流受限。对于中小跨境电商企业来说,由于经营规模有限,很多企业不具备自建大型仓库和建立自有物流的条件,导致配送往往受制于合作的物流公司。目前,国内物流公司数量众多,但服务水平良莠不齐,优质资源有限,这要求企业具备甄别物流/仓储公司的能力,避免外部合作不佳给企业的正常经营造成损失。④灰色渠道。目前,市场上充斥着大量从事海外代购的个人,其通过个人携带的方式躲避海关关税,拉低市场价格,不规范的操作给专业从事跨境采购的企业带来巨大的隐性成本。

面对跨境电商行业的激烈竞争,S公司需要扬长避短,充分利用内外部的有利资源,主动创新,提升自身管理水平和经营水平,优化跨境供应链,实现价值增值。与此同时,S公司也要正面面对自身的不足及外部威胁,补足短板,不断提升综合实力。只有这样,才能在激烈的行业竞争中占有一席之地。

采购管理涉及需求计划下达、采购合同生成、采购合同执行、货物接收、检验入库、发票收集及采购费用结算等采购活动的全过程。严格监督采购过程中的诸多环节,可以科学管理采购活动。采购管理活动的有序开展,既有利于企业采购流程的高效运作,有利于企业作出正确的决策,也有利于企业实现整个供应链的高效运转。

采购管理主要包括以下几方面的内容:采购需求管理、供应商与资源市场管理和采购流程管理。其中,采购流程管理包括制定采购方案、采购谈判、签订订货合同、进货实施、验收入库、支付善后处理及采购评价等方面。

流程优化是在流程设计以及实施过程中,通过对流程进行改进来取得较为理想的效果。流程优化主要包括五个方面:首先,通过全面梳理企业运营管理现状,详细了解企业运营管理的各项流程,并对各项流程进行具体化、规范化,有效理解企业内部各部门之间的相互关系,为后续的流程优化工作打下扎实的基础。然后,在企业诸多流程中提炼出关键的流程,通过明确企业不同部门的流程,把控企业整体的流程,并归纳出核心流程。其次,在确定关键流程的基础上,改进关键流程的结构,通过强化不同流程之间的衔接性,删减多余的流程,弥补缺失的流程,确定流程的重要控制节点,来提升流程的运行效率。再次,在优化不同流程间结构的基础上,针对性地对某一关键流程进行优化,即流程内部优化,注重效率和控制并重的基本原则,同时,结合企业实际提出相应的流程优化方法。最后,在流程优化方案提出后,将优化后的方案推向企业,就流程优化方案与企业相关人员进行沟通交流,传输优化方案的核心理念,获取他们的理解和支持,从而有序推动优化方案的高效落实。

请思考:

(1) 以S公司的基本情况和现实需求为背景,构建基于供应链的跨境电商进出口综合管理系统。

(2) 基于供应链的跨境电商综合管理系统的设计与实现,如何达到S公司出口贸易核心业务的信息化和显著提高公司运营质效的目标?

第十一章 跨境电商支付

学习目标

理解跨境电商支付的含义、类型与发展现状；掌握跨境电商支付方式，了解它们各自的优点和缺点，会选择合适的支付方式；理解跨境电商人民币结算的现状与发展前景；理解跨境电商支付风险，培养合理防范相关风险的意识。

引导案例

出口企业A公司通过某国际站(国际平台)收到美国买方B询盘，产品为护目镜。买方B收到护目镜样品后表示满意，随即下单500副护目镜订单并以T/T付款方式支付，之后一个月内又下单5 000副护目镜，货值2万美元。A公司建议买方B通过T/T付款，但买方B要求当天发货，称T/T转账较慢，于是提议将货款支付至P平台。A公司认为已有小额收汇记录，遂同意买方B使用P平台付款，并使用DHL国际快速发货。买方B将2万美元付至P平台后，A公司于2021年6月发货，买方B于7月份签收货物后上架海外网站进行销售。后期，本案中买方B通过P平台提出退款。P平台规定，款项支付至平台后的180天内，买方提出申请，经P平台的审核后方可退款。此申请未通过P平台的审核。B公司于次年1月通过信用卡撤回款项，P平台与信用卡发卡方进行了协商但未果。

A公司在与买方B多次沟通无果后，由于投保了出口信用保险，A公司向中国信保报损。中国信保第一时间委托海外渠道介入调查，获悉买方B承认贸易事实但拒不付款。中国信保经审核，认定买方B存在信用问题，对本案进行及时赔付，弥补了A公司的损失。

资料来源：中国出口信用保险公司官网文章，2024年12月20日查阅

第一节 跨境电商支付概述

近年来，受国际市场行情和国际政治经济环境的影响，传统的"集装箱"式大额外贸交易受到了不小冲击，以小额外贸交易为代表的跨境电商得到快速的发展。跨境电商的发展较大程度地缩减了国际贸易业务流程中很多复杂的中间环节和费用支出，加上跨境支付工具的不断发展和完善，跨境交易变得更加方便、快捷。

一、跨境支付的内涵

跨境支付是指两个国家和地区之间发生交易，需要借助一定的结算工具和支付系统实

现资金的跨国和跨地区转移的经济行为。比如,国内消费者购买了国外商家的产品或国外消费者购买了国内商家的产品,由于币种不同,需要通过一定的结算工具或第三方支付系统来实现两个国家之间的资金转换,最终完成交易。如,美国商家需要收取美元,但消费者支付的是人民币,那就需要把人民币转换为美元;国内商家收人民币,买家付的是美元,需要将美元转换为人民币。不同币种互相转换的过程就是换汇,需要借助第三方收款机构来完成。

二、跨境电商支付业务类型

(一)境外收单业务

由支付机构代境内用户集中向境外的商户购汇结算,或由支付机构为境内用户提供的代付服务,一般被称为境外收单业务。

(二)境内的商户经互联网为境外消费者提供服务和产品

境内的卖家利用国际性的电子商务信息平台与境外的买家进行商业沟通并达成交易,这时一般由支付机构代境内卖家收汇,并且按照境内商户的结算币种集中向其代理结汇和支付人民币或者支付外汇。这种由支付机构向境内卖家提供的代收服务一般被称作外卡支付业务。

三、跨境电商支付的发展现状

跨境电商实现了国际贸易流程数字化、电子化,订购和支付环节都可以通过互联网完成,甚至如果产品是数字化产品,其交付也都可以在网上操作完成。交易过程中,运输单据、交易合同及各种票据都以电子形式存在。

跨境电商支付的发展现状如下:

(一)跨境电商支付以双方能接收的货币作为支付货币,结算过程中有一定的汇兑风险。

(二)跨境电商支付主要以银行为中间人,通过第三方支付机构进行支付结算。在跨境电商中,境内外买卖双方信用缺失问题,通过第三方支付机构的参与得到一定的缓解。

(三)贸易外汇管理体系是以传统国际贸易业务为基础建立起来的。对外汇管理系统而言,如何更好地实现跨境电商支付是一项新的挑战。

(四)收付双方处于不同的法律制度下,受到各自国家主权的限制。

四、跨境电商第三方支付

在跨境电子商务和国内非金融机构支付业务发展浪潮的推动下,市场对跨境支付业务的需求越来越强烈,因此,一些发展较为成熟、规模较大的跨境支付机构也就有了更好的拓展空间。跨境电商支付基本流程为:买家先把支付款项(人民币或者外币)支付给支付机构,支付机构在买方确认付款或经过一定时间默认付款后,通过合作银行代为购汇或结汇支付给卖方。相比于传统国际贸易中买卖双方直接通过银行进行结算的方式,跨境电子商务的结算需要第三方支付机构的参与,这也是两者之间的明显差异。

目前,跨境电商第三方支付主要具有以下特征:

（一）根据业务类型为商户提供一些基本的目标市场调研信息，并根据不同类型的商户连接不同类型的支付方式。

（二）跨境电商第三方支付平台通常还提供实时汇率咨询和结算、人民币结算。

（三）跨境电商第三方支付平台安全度高。在跨境电商领域，交易模式安全一直是至关重要的。在跨境电商第三方支付平台达到一定的安全级别后，每个用户利用平台进行交易时，都会感到越来越简单、放心。

（四）跨境电商第三方支付平台的支付流程简单快捷，只需几秒钟即可显示付款成功，表明订单已完成。在开发跨境电商支付系统的过程中，这些功能能在支付过程中带来更专业、更高水平的选择。

（五）跨境电商第三方支付在保护用户资金方面变得越来越安全。客户在跨境电商平台支付过程中，会考虑资金方面的安全性，支付交易模式也越来越新颖。

第二节　跨境电商支付方式

跨境电商现有的支付方式可以分为两类：一类是银行汇款，另一类是网上支付。具体有银行转账、信用卡支付、借记卡支付、支付宝支付、微信支付、第三方支付等，这些支付方式可以满足不同国家和地区消费者的支付习惯和需求。

跨境电商支付一般为线上支付，通常通过以下渠道及工具实现。

一、电汇

电汇是付款人将一定款项交存汇款银行，汇款银行通过电报或电话传给目的地的分行或代理行（汇入行），指示汇入行向收款人支付一定金额的一种交款方式。电汇是传统的B2B付款模式，适合大额交易付款，但是周期长、操作麻烦、效率低、各方面成本高。对于汇款的费用，一般为买卖双方各自承担所在地的银行费用。

二、西联汇款

西联汇款是西联国际汇款公司的简称，该公司是世界上领先的特快汇款公司，它拥有全球最大、最先进的电子汇兑金融网络，代理网点遍布全球近200个国家和地区。人们可以在全球大多数国家的西联汇款代理所在地汇款和提款。西联汇款手续费由买家承担，需要买卖双方到当地银行实地操作。在卖家未领取款项前，买家随时可以将支付的资金撤销，适用于1万美元以下的小额支付。国内多家银行都是西联汇款的合作伙伴，如中国光大银行、中国邮政储蓄银行、中国建设银行等。

三、速汇金

速汇金汇款是MoneyGram公司推出的一种快捷、简单、可靠且方便的国际汇款方式，是一种个人间的环球快速汇款业务,汇款人及收款人必须为个人。该公司在全球200多个国家和地区拥有约350 000个代理网点,收款人凭汇款人提供的编号即可收款,且手续简单,收款人无须预先开立银行账户,汇款人无须选择复杂的汇款路径。速汇金汇款在汇出后可很快完成由汇款人到收款人的汇款过程。在一定的汇款金额内,无中间行费和电报费,汇款的费用相对较低。缺点是,速汇金汇款必须为境外汇款,进行境外汇款必须符合国家外汇管理局对于个人外汇汇款的相关规定,客户如持现钞账户汇款,还需交纳一定的钞变汇的手续费。单笔速汇金最高汇款金额不得超过1万美元(不含),每天每个汇款人的速汇金累计汇出最高限额为2万美元(不含)。目前,国内有中国工商银行、交通银行、中信银行等多家银行代理了速汇金收付款服务。

四、信用卡支付

跨境电商平台可通过与维萨(Visa)、万事达卡(MasterCard)等国际信用卡组织合作,或直接与海外银行合作,开通接受海外银行信用卡支付的端口,使国外买家在网站上订购产品时,可直接在线下单、在线用信用卡支付这笔订单的款项。目前,国际上五大信用卡品牌Visa、MasterCard、American Express、JCB、Diners Club中,前两个为大家所广泛使用。信用卡在线支付安全、快捷、方便,而且符合欧美国家消费习惯,是广大商家必选的一种外贸收款方式。信用卡支付方式适用于从事跨境电商零售的平台和独立B2C。

交易流程:以亚马逊为例,亚马逊可通过与Visa、MasterCard等国际信用卡组织合作,开通接受海外信用卡支付的端口,进行收款业务。国外买家持有Visa卡或者MasterCard等信用卡,商家接入信用卡在线支付通道,交易流程如图11-1。

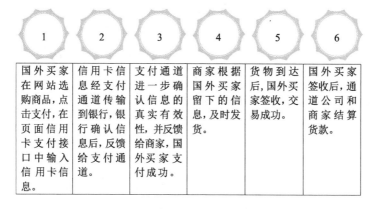

图11-1 信用卡支付交易流程

使用Visa、MasterCard等信用卡交易的优点有:全球超过30亿张发卡量,潜在顾客多;是欧美等地区流行的支付方式,对客户而言非常方便;国外信用体系健全,银行做担保,拥有银行信用,同时买家如果恶意拒付,会终身留有记录,可以保证买卖双方利益;只需要提供一张国内银行借记卡,提现方便。但使用Visa、MasterCard等信用卡交易也有缺点:接入的方式很麻烦,需预存保证金,收费高昂,付款额度偏小等。

五、PayPal

PayPal 是全球知名的跨境电子商务支付与结算工具,它集全球流行的各种信用卡、借记卡、电子支票于一身,在使用电子邮件标识身份的用户之间转移资金,避免了传统的邮寄支票或者汇款方法带来的不便。PayPal 与各大知名跨境电子商务网站合作,成为它们的货款支付方式之一。PayPal 账户分为 3 种类型:个人账户、高级账户和企业账户。个人账户可以升级为高级账户,进而再升级为企业账户,反之,企业账户也可以降为高级账户或者个人账户。不同的账户有不同的特点,卖家可以根据自身情况灵活选择。当买家通过 PayPal 付款的时候,卖家会收到 PayPal 发来的提醒邮件。对于中国用户来说,第一笔收款需要在 PayPal 网站上进行手动确认接受,以便寄来的款项记入用户的 PayPal 账户。PayPal 支持 4 种提现方式:内地电汇提现、中国香港账户提现、支票提现和美国账户提现。其中,电汇提现和支票提现是最常用的两种方式,两者各具有如下特点:

(一)电汇提现具有速度快、安全性高的特点

内地用户可以选择提现到中国内地银行账户、提现到中国香港银行账户或者提现到美国银行账户;中国香港地区用户可以选择提现到中国香港银行账户或者提现至美国银行账户;中国台湾地区用户可以选择提现至中国台湾银行账户或提现至美国银行账户。电汇提现费用包括 3 个部分:提现费、银行费用和退还费。银行收费标准因银行而异。如果款项到达银行,因某些原因,银行拒绝认账导致款项退回,用户可能需要支付一定的手续费。电汇使用美元发出并且按美元扣除电汇费。在电汇汇款前,PayPal 会自动将钱款兑换为美元,且不同币种有不同的最低提现金额。

(二)支票提现费用较低,等待周期长,存在邮件在邮寄过程中丢失的风险

支票提现使用美元签发支票,在签发支票前,PayPal 会自动将钱款兑换为美元,从用户的提现金额中扣除。支票提现的费用包括提现费和退还费两个部分,但是具体币种的相关费用和最低提现金额有所不同。

使用 PayPal 支付方式转账时,PayPal 将收取一定数额的手续费,费率为 2.9%~3.9%,每笔收取 0.3 美元银行系统占用费,每笔提现收 35 美元,如果跨境,则每笔收取 0.5% 的跨境费。因此,这种支付方式适用于跨境电商零售业小额交易。

与其他支付方式相比,PayPal 具有以下几点优势:

1. 全球用户广

PayPal 在全球拥有超 4 亿用户,覆盖全球 200 多个的国家和地区,可即时收付、即时到账全球 20 多种主要流通货币,并可以通过中国本地银行提现。

2. 品牌效应强

PayPal 在欧美拥有极高的使用率,是全球在线支付的代名词,具有强大的品牌优势,能够让卖家轻松吸引众多海外客户。

3. 资金周转快

PayPal 独有的即时支付、即时到账的特点,能够让卖家实时收到海外客户发送的款项,

及时高效地帮助卖家开拓海外市场。

4. 安全保障度高

PayPal 拥有完善的安全保障体系、丰富的防欺诈经验、业界最低的风险损失率,确保卖家交易顺利进行。

5. 使用成本低

申请无费用,费率仅为传统交易方式的一半左右,提高卖家资金利润率。

(三) PayPal 和 PayPal 贝宝的区别

它们是两个独立运作的平台。PayPal 贝宝是 PayPal 在中国的全资子公司,为中国市场提供量身定做的网络支付服务。由于中国现行的外汇管制等政策因素,PayPal 贝宝仅在中国地区受理人民币业务,因此,不能使用同一个电子邮箱同时注册 PayPal 和 PayPal 贝宝。

六、国际支付宝

(一) 服务模式

国际支付宝(Escrow)是由阿里巴巴与支付宝联合开发的第三方支付担保服务,全称为 Escrow Service,服务模式与国内支付宝类似。境内消费者无论是在境外消费,还是在境外跨境电商平台上购物,都可以通过国际支付宝付款。即便是境内用户跨境付款给境外商家、朋友,或境外用户跨境支付给境内商家、朋友,也可以通过国际支付宝实现,非常方便快捷。交易过程中,先由买家将货款打到第三方担保平台的国际支付宝账户中,然后第三方担保平台通知卖家发货,买家收到商品后确认,货款转到卖家账户,至此完成一笔网络交易。目前,国际支付宝支持买家美元支付,卖家可以选择美元和人民币两种收款方式。国际支付宝支持多种支付方式,如信用卡、T/T(电汇)、借记卡等。国际支付宝支持部分产品的小额批发和样品、小单、试单交易。目前,国际支付宝支持邮政特快专递(Express Mail Service,EMS)、敦豪(DHL)、联合包裹运送服务公司(United Parcel Service,UPS)、联邦快递(Federal Express,简称"FedEx")、天地物流(Thomas Nation Transport,TNT)、顺丰、邮政航空包裹这 7 种国际运输方式(能够通过这 7 种运输方式发货的产品,都可以使用国际支付宝进行交易),暂时不支持海运。

(二) 国际支付宝(Escrow)与国内支付宝(Alipay)的区别

国际支付宝的第三方担保服务是由阿里巴巴国际站同国内支付宝联合支持提供的。全球速卖通平台只是在买家端将国内支付宝改名为国际支付宝。如果已经拥有了国内支付宝账号,无须再另外申请国际支付宝账户。只要是全球速卖通的用户,就可以直接登录"My Alibaba"后台(中国供应商会员)或"我的速卖通"后台(普通会员),将收款账户绑定国内的支付宝账户即可。如果还没有国内支付宝账号,可以先登录支付宝网站申请国内的支付宝账号,再绑定即可。使用国际支付宝收款无须预存任何款项,速卖通会员只需绑定国内支付宝账号和美元银行账户就可以分别进行人民币和美元的收款。国际支付宝里的美元是可以直接提现到国内银行卡的,提现无需申请。买家确认收货物流妥投后,国际支付宝直接把钱汇到用户的国内支付宝账户或绑定的银行账户中。一般,小于 3 000 美元的提现,可以直接在网银里结汇,非常方便。如果大于 3 000 美元,银行可能就要求去柜台结汇了。国际支付宝与 PayPal 的区别见表 11-1。

表 11-1 国际支付宝与 PayPal 的区别

对比项目	PayPal	国际支付宝
通用币种	具有全球性,通用货币有美元、加元、英镑、欧元、日元、澳元等,不收人民币	买方可以用美元支付,卖方可以用人民币收款
买家或卖家保障	偏向于保护卖家,一旦买家付款,款项就能马上到卖家账户上	偏向于保护买家,只有买家点击已收到货物后,款项才会到卖家账户,以此抑制卖家的欺诈行为
会员设置	会员有不同的等级,根据等级享受不同的权益保障	会员没有等级划分
账户保护	账户投诉率过高会被永久性关闭	账户一般不会被轻易关闭
提现费用	账户上的资金在中国可以电汇到银行,但需要支付手续费	不收取转账手续费

七、Payoneer

Payoneer(派安盈)是一家总部位于纽约的在线支付公司,主要业务是帮助其合作伙伴将资金下发到全球,同时也为全球客户提供美国银行/欧洲银行收款账户用于接收欧美电商平台和企业的贸易款项。

(一)优点

1. 便捷。Payoneer 支持全球 200 多个国家的当地银行转账;可在全球任何接受 MasterCard 的刷卡机刷卡;在线购物和自动取款机取当地货币。使用中国居民身份证即可完成 Payoneer 账户在线注册,并自动绑定美国银行账户或欧洲银行账户。

2. 合规。Payoneer 像欧美企业一样接收欧美公司的汇款,并通过和中国支付公司合作完成线上的外汇申报和结汇。

3. 便宜。电汇设置单笔封顶价,人民币结汇费率最高不超过 2%。

(二)缺点

接入方式烦琐,需预存保证金,收费高昂,付款额度偏小。同时,"黑卡"蔓延,存在拒付风险。

适用人群:单笔资金额度小但是客户群分布广的跨境电商网站或卖家。

八、Cashpay

Cashpay 是一种安全、快速、费率合理的跨境支付方式,第三方支付行业数据安全标准规范,是一种多渠道集成的支付网关。

（一）费率

2.5%左右。

（二）费用

无开户费及使用费,无提现手续费及附加费。

（三）优点

加快偿付速度(2~3天),结算快;支持商城购物车通道集成;提供更多支付网关的选择;支持喜欢的币种提现。

（四）缺点

刚进入中国市场,国内知名度不高。

（五）安全性

有专门的风险控制反欺诈系统Cashshield,并且一旦出现欺诈,100%赔付;降低退款率,专注客户盈利,资料数据更安全。

此外,还有Skrill、中国香港离岸公司银行账户、QIWI Wallet、WebMoney、ClickandBuy、PaysafeCard、CashU、LiqPAY、NETeller、微信支付、爱农支付以及其他新兴支付方式,如比特币、以太坊等加密货币。

知识拓展

亚马逊跨境电子商务支付工具对比选择

这些年来,亚马逊平台上的卖家数量呈爆发式增长。王女士是一位亚马逊跨境电子商务中小卖家,她除了关心如何把产品卖出去,也特别关心怎么把钱收到自己的账户。而亚马逊发展至今,卖家们可以选择的收款方式越来越多,面对多种多样的亚马逊收款方式,她究竟该如何选择呢?

虽说亚马逊收款工具多,但市面上最常见的无非是这几种：万里汇（WorldFirst）、派安盈（Payoneer）、空中云汇（Airwallex）、PingPong、连连支付（LianLian）等。

WorldFirst：老牌支付公司,拥有美国、中国香港和内地合作商支付牌照,安全有保障。

Airwallex：拥有美国、英国、欧盟国家、澳大利亚、加拿大及中国内地和香港合作商支付牌照,保证客户资金的安全。Airwallex对客户的资料严格保密,并结合自身研发的机器学习合规审查系统,充分防范资金违规跨境和洗钱。

Payoneer：持有美国货币传输牌照（Money Transmitter License）,并在美国金融犯罪执法局（FinCEN）注册为货币服务企业（Money Service Business,MSB）以及国际万事达卡组织授予的服务商,有美国、日本及中国内地和香港合作商支付牌照。

PingPong：在纽约注册的金融服务子公司,接受美国金融犯罪执法局的监管,拥有美国、日本及中国内地和香港合作商支付牌照。

LianLian：建立了以风险数据平台、风险模型平台、风险决策平台为一体的大数据风控系统,实时监控每一笔交易。全年资损率控制在十万分之一以内,为支付安全保驾护航。

详见表 11-2。

表 11-2　亚马逊跨境电子商务支付工具对比

功能	项目	WorldFirst	Airwallex	Payoneer	PingPong	LianLian
开户	开户费	免费	免费	免费	免费	免费
收款	实际资金入账时间	3～5 天	1～3 天	2～4 天	3～5 天	3～5 天
收款	手续费率	1% 汇损费用	0 费率	入账免费,提现到国内账户 1.2% 费率,无汇损	无入账费、管理费、汇损及其他费用,所有客户每笔提款最高收取 1% 的手续费	提现手续费率 0.7% 封顶,阶梯费率
提现	到账时效	(T+0)天	(T+0)天	(T+0)天	(T+0)天	(T+0)天
提现	提人民币	是	是	是	是	是
提现	提现费率	1% 封顶	0 费率	1.2% 封顶	1% 封顶	0.7% 封顶
提现	最低提现	200 美元	无限额	100 美元	50 美元	额度不定

作为亚马逊跨境电商中小卖家,王女士对比跨境支付工具后发现,几大支付工具都有强大的运营规模,在安全性上都能提供保障,Airwallex 的提现零费用,还没有门槛限制,有利于降低成本。王女士进一步了解到,作为 Visa 的全球会员机构,Airwallex 推出了云汇 Visa 卡业务。对于众多出海企业而言,该业务的优势非常显著：云汇 Visa 卡能够支持企业在全球范围内以更低成本、更高效率进行即时付款,其使用场景包括平台缴费、广告供应商、企业服务等,能更加灵活地帮助跨境电商企业进行交易操作。

由于王女士目前只运营一个亚马逊店铺,对于精打细算的王女士来说,Airwallex 是非常不错的选择。等规模扩大后,如果涉及较多的店铺且需要在不同平台收款,到时,王女士可以选择合作平台较多的 Payoneer、WorldFirst 等。

资料来源：Airwallex 空中云汇.亚马逊五大收款方式对比分析[EB/OL].(2019-10-28)[2020-10-28].https://www.cifnews.com/article/53008.

第三节　跨境电商人民币结算

党的二十大报告强调,"有序推进人民币国际化"。跨境人民币结算是推进人民币国际化的重要抓手。当前,全球"去美元化"认同加强,"区域贸易圈"兴起,数字货币研发推广加快,人民币全球资产储备和大宗商品货币锚定属性增强,为跨境人民币结算带来新的发展机遇。

一、人民币国际化与跨境人民币结算的发展

(一)计划经济时期

计划经济时期,我国实行严格的外汇管理,人民币是不可自由兑换的,也不能自由出

入境。

(二) 改革开放时期

改革开放以后,人民币向国际货币发展演变。20世纪90年代以来,我国逐步放松了携带人民币现钞出入境限制,支持边境贸易以本币计价结算。

1. 1994年初,我国实现人民币经常项目下有条件兑换。
2. 1996年底,我国实现人民币经常项目下可兑换。
3. 21世纪以来,人民币资本项目可兑换程度逐步提高。
4. 2004年起,我国在港澳地区先后启动个人人民币业务试点。
5. 2009年,我国启动跨境贸易人民币结算试点。
6. 2010年,我国明确香港人民币业务参加行可按照本地法规为客户提供相关业务,唯有人民币资金跨境时须符合内地有关规定。
7. 2011年,跨境贸易人民币结算境内地域范围扩大至全国,境外地域范围扩展至全球。
8. 2012年,我国允许任何拥有进出口经营许可的企业用人民币进行结算。从2013年起,我国先后推出各项政策措施促进跨境电子商务中第三方机构的发展,初期阶段涉及的上海企业居多。
9. 2014年底,中央经济工作会议首次提出稳步推进人民币国际化,并将其写入"十三五"规划纲要。
10. 2015年,政府对支付机构跨境业务的扶持,也给予跨境电商很大的发展空间,使得外汇支付业务试点工作进一步推进,并将相关事项的试点拓展至全国。一系列政策性文件的出台,使得第三方支付机构获得更多海外拓展的机会,更使跨境电子商务的网上业务获得了发展的便利,平台不断拓宽,跨境电子商务人民币结算业务也因为这些高效的政策有了很快的发展。
11. 2018年,我国进一步明确,凡依法可以使用外汇结算的业务,企业都可以使用人民币结算,并推动"本币优先"理念落地。

(三) 当前发展现状

经多年发展,尤其是开展跨境贸易人民币结算试点以来,我国人民币跨境结算焕发出旺盛的生命力。近年来,完善金融基础设施和提升金融开放程度等多项举措推动人民币跨境收付不断向好。目前,在我国金融机构、企业和个人开展的跨境交易总额中,有近一半使用人民币进行结算,跨境人民币结算取得积极进展。

1. 跨境人民币结算规模稳步增长

统计数据显示,2010—2022年,跨境贸易人民币结算规模从5 063亿元快速上升至7.94万亿元,增长近15倍。2023年1—9月,货物贸易人民币跨境收付金额为7.7万亿元,占同期货物贸易本外币跨境收付总额的比例为24.4%,同比上升7个百分点,创历史新高。其中,大宗商品贸易领域人民币跨境收付金额保持较快增长。2022年,主要大宗商品贸易跨境人民币收付金额为9 857.3亿元,2023年1—9月,收付金额高达1.5万亿元,已超过2022年全年水平。此外,大宗商品在人民币计价方面亦有新进展,目前已有23个国际化期货和期权产品引入境外交易,为大宗商品交易人民币计价结算提供定价基准。

2. 跨境人民币结算范围有序扩大

近年来,随着我国金融领域开放力度加大,跨境人民币结算由经常账户向资本账户稳步推进,结算范围日益扩大,参与交易的主体越来越多,常规金融产品投资和"熊猫债"等创新金融产品投资在跨境人民币结算中的比重上升约42个百分点,达到60%。问卷调查显示,新冠疫情以来,投资我国的境外企业更加倾向使用人民币进行跨境结算的占81.3%。统计数据显示,境外投资主体持有的人民币金融资产持续增加,截至2022年8月,其累计持有境内股票、债券、贷款及存款等资产合计近10.3万亿元。

3. 跨境人民币支付功能显著提升

根据环球银行金融电信协会(Society for Worldwide Interbank Financial Telecommunications,SWIFT)的数据,截至2022年,人民币在国际支付中的份额增长至2.17%。2023年2月以来,人民币在全球支付中占比逐月上升,并于2023年9月升至3.71%,创下历史新高。人民币占全球支付比例的排名大幅攀升,已成为全球第五大支付货币。人民币在我国银行代客涉外收付中的占比,从2010年的不到1%上升到2021年的40%左右。2022年1月至8月,我国银行代客人民币跨境收付金额为27.8万亿元,同比增长15.2%,在同期本外币跨境收付总额中的占比进一步提升,与美元占比差距由10多年前的66%收窄到约10%。

4. 人民币跨境支付系统使用不断扩展

人民币跨境支付系统(Cross-border Interbank Payment System,CIPS)自2015年上线以来,逐步成为"直接参与者/机构+间接参与者/机构"模式的全球支付结算网络。CIPS以安全先进的技术、优质高效的服务,赢得了越来越多国家和地区的认可,截至2022年上半年,其相关网络节点已快速连接全球180个国家和地区的3 800多家法人银行机构。其中,直接参与者/机构约有76家,间接参与者/机构超过1 265家,分布在全球106个国家和地区,较好地发挥了跨境人民币支付结算的"主渠道"作用。

二、人民币国际化的特点

(一) 从区域化走向全球化

人民币国际化初期,人民币跨境流通主要集中在我国港澳台地区和东盟等周边国家。之后,我国逐步放宽人民币跨境流通使用区域限制,越来越多的国家表达了对开展人民币业务、建立离岸人民币中心的兴趣。2015年10月和2018年3月,人民币跨境支付系统(CIPS)一期和二期顺利投产运行,涵盖欧洲、亚洲、非洲、北美洲、南美洲、大洋洲等活跃经济地带。2020年底,已有超过75个国家和地区的中央银行把人民币纳入外汇储备,中国人民银行共授权境外人民币清算行27家,覆盖25个国家和地区。

(二) 从离岸驱动走向在岸驱动

2015年之前,人民币国际化是在岸严格管制,通过离岸市场驱动,境外持有人民币金融资产主要是在中国香港持有个人人民币存款或人民币点心债,再通过境外人民币清算行转存境内、对境内贷款或通过本外币合格境外机构投资者渠道买债。2015年"8·11"汇改以来,我国将人民币国际化与可兑换合二为一,加快了在岸金融市场双向开放步伐,人民币国际化转向在岸驱动,境外可以直接在境内购买人民币资产。截至2023年一季度末,境外持有的境内人民币金融资产合计9.87万亿元,是2013年的3.43倍,其中,合计持有人民币股票和债券资产占比68%。

(三)从结算货币走向计价货币和贮藏货币

2009年,我国启动跨境贸易人民币计价结算试点之初,人民币计价和贮藏属性尚未被激活,我国将重点放在提高人民币结算份额上。随着不稳定的单边升值预期推升人民币结算份额被纠正,我国作为世界第二大经济体和最大的大宗商品交易国,需要赋予人民币更多的职能。2015年底,人民币被批准加入国际货币基金组织特别提款权(SDR)货币篮子,成为第三大权重货币。2018年以来,以人民币计价结算的原油、铁矿石、精对苯二甲酸、橡胶期货等产品开始引入境外交易者。截至2021年底,中国人民银行已累计与40个国家和地区的中央银行或货币当局签署双边本币互换协议,累计金额超过4万亿元。人民币的计价和贮藏功能不断增强。

三、使用人民币结算的有利之处

(一)跨境贸易人民币结算有利于国内企业有效规避汇率风险

境外企业与中国境内企业之间的贸易,如果以美元、欧元和日元进行计价结算,由此带来的汇率风险通常主要由境内企业承担。如果能以人民币进行国际结算,境内企业可以避免承受这类汇率风险。

(二)节省了企业成本

节省的企业成本,包括企业进行外币衍生产品交易的有关费用、企业两次汇兑所引起的部分汇兑成本。此外,跨境贸易用人民币结算可以加快结算速度,提高企业资金使用效率。

四、跨境人民币结算面临新机遇

受制于以美国为首的西方发达国家主导的国际金融体系,跨境人民币结算仍处于起步发展阶段。目前,国际货币体系开始加速进入调整期,跨境人民币结算迎来重要发展"窗口期"。

(一)地缘政治变局促进了人民币全球资产储备功能的提升

随着地缘政治变局、大国博弈的加剧,特别是俄乌冲突以来,安全考量优先,资本避险情绪升温,国际货币资产配置更加多元。根据国际货币基金组织(International Monetary Fund, IMF)数据,2008年以来,美元等传统储备货币在全球外汇储备中占比下降14个百分点以上,人民币等非传统储备货币占比上升。俄乌冲突以来,人民币夏普比率优于传统储备货币,可兼顾收益性与稳定性,能对冲投资组合风险,受到市场资金青睐。截至2022年二季度末,全球中央银行持有的人民币储备规模为3 223.8亿美元,占比为2.9%,较2016年人民币刚加入特别提款权(SDR)货币篮子时提升了1.8个百分点。

(二)"区域贸易圈"为深化跨境人民币结算提供了广阔平台

近年来,"逆全球化"和"贸易霸权主义"有愈演愈烈之势,"全球贸易圈"更多转向"区域贸易圈"。"区域贸易圈"为"区域货币"提供了土壤和平台,一定程度上削弱了"全球货币"的惯性。随着"一带一路"倡议的推进,《区域全面经济伙伴关系协定》(Regional Comprehensive Economic Partnership, RCEP)合作深化,在相关区域内推进跨境人民币业务的条件更加成熟。2022年上半年,我国与"一带一路"共建国家贸易增长17.8%,远超9.4%的外贸整体增速。我国可利用在相关区域的贸易影响力带动金融领域的多边合作,推动人民币"区域货币"的发展。

(三)我国大宗商品进口大国地位增强了跨境人民币结算的计价功能

截至2022年6月底,俄罗斯石油、天然气等大宗商品的人民币结算额相比2015年增长了约8.8倍,占其全部外币结算额的1/4以上。伊朗和沙特阿拉伯也在积极推进以人民币进行结算的对华原油贸易。过去20多年,我国货物进口占世界货物进口总额的份额显著提升,从2001年的3.8%上升到2021年的11.9%,我国已逐步由出口大国转向进口大国,并成为全球最大的大宗商品进口市场之一。未来,随着我国国际大宗商品进口大国地位的提升,我国跨境人民币结算计价功能将进一步增强。

(四)数字货币浪潮兴起为跨境人民币结算开启新赛道

为适应数字化时代的发展需要,世界各国加快启动数字货币开发项目。根据国际清算银行(Bank for International Settlements, BIS)调查数据统计,当前,全球约有90%的中央银行和货币当局参与了不同形式的中央银行数字货币(Central Bank Digital Currencies, CBDC)开发。以CBDC进行跨境支付的多边中央银行数字货币桥计划可以将支付成本降低50%以上。人民币在主要货币中率先进行数字货币试点,使用范围不断扩大,应用场景日趋丰富,在技术和应用等多方面领先全球。同时,我国积极开展数字货币的国际合作,探索数字货币的双边和多边使用,为跨境人民币结算开辟新赛道。

五、有序推进跨境人民币结算的措施

(一)把握人民币定价权,提升跨境人民币结算的独立性

牢牢把握现货外汇市场的定价权,防止国际投资机构通过衍生品市场干扰汇率的定价权。以更加密切有效的方式开展人民币双边互换,特别是与发展中国家和能源出口国的货币互换,破除美元支付体系的惯性效应。通过深化点对点的双边互换协议和区域储备池安排,有效降低对单一货币储备的高度依赖。抓住当前全球金融市场"安全资产"供给不足的空档期,建设开放、健全、有效的人民币资本市场,提供稳健的人民币安全资产。强化人民币大宗商品计价功能,促进我国在海外形成较大规模铁矿石人民币、石油人民币、天然气人民币的沉淀和流通。

(二)推进"区域贸易圈",打造稳定的"跨境人民币流通区"

全面深化与"一带一路"和RCEP相关国家的贸易金融领域的合作,构建有特色、能落地、互惠互利的货币合作模式,扩充跨境人民币结算的规模、频率、适用范围。针对特定经济

贸易合作项目,开辟特许双边本币流通渠道。推出更多的人民币对小币种金融产品,完善小币种交易服务体系。要着力实现区域内跨境清算结算系统技术对接、标准对接、业务对接,推动"金融＋贸易"市场的有效联动,打造区域贸易领域内的"人民币流通区",切实提升跨境人民币结算的集聚效应、热点效应、替代效应。

(三) 推动在岸和离岸市场良性互动发展,优化跨境人民币结算环境

逐步放宽并取消境外投资者投资在岸金融产品的额度、范围等限制。加快创新离岸人民币产品和业务,发展人民币债券投资产品及其他衍生产品,丰富外汇对冲工具,以协助投资者管理人民币汇率波动风险,加快构建人民币国债的国际担保品功能。探索、建立和完善介于境内市场和传统离岸市场的"第三市场",形成多层次跨境人民币结算市场。探索打造全球人民币资产管理中心,统一规划协调人民币在岸和离岸市场相关金融产品和服务的供给,使之成为跨境人民币使用的枢纽,进一步推动在岸和离岸市场的融合,促进跨境人民币结算定价的一致性。

(四) 强化全流程监管,健全跨境人民币结算风险防控体系

建立跨境人民币流动的"事前＋事中＋事后"全流程监管机制。建立人民币跨境流通智能监管体系,科学设计相关风险监测指标,实现"信息流＋资金流"的双向监管。加强短期资本流动监测管理,注重外部净头寸管理,减少大额跨境风险敞口,避开美国联邦储备系统持续加息带来的"美元债务陷阱",减少主权信用危机带来的巨额损失。完善境外资产分散投资、安全转移的应急预案。同时,从金融市场崩盘、外汇市场下挫、资产冻结等多维场景进行压力测试,做好国外冲击的效果预估和应急预案。

(五) 把握数字化赛道,创新跨境人民币结算路径

坚持科技赋能,应用"区块链＋联盟链"发挥人民币跨境支付系统(CIPS)优势。开发多层次、差别化的 CIPS 接入模式,对联网成员中部分在资金、人力和技术等方面存在困难的国家和地区,提供必要的技术、人员培训等方面的援助,进一步拓展 CIPS 在全球范围内的应用广度和深度。积极开展数字货币的国际开发、应用和规则制定合作,共建数字货币"流通圈"。优先面向东盟、中亚、东北亚等重点国家和地区设立跨境人民币支付结算试点,探索开展数字人民币在多、双边贸易和跨境直接投资活动场景下的测试,开辟跨境人民币结算的新路径。

课程思政

(1) 引导学生关注现实问题、开展社会实践,向学生介绍正确的消费观,比如在电商各大节日促销活动中,要根据自己的实际需要,理性消费。

(2) 尽量选用本国政府、企业投资的相关支付平台支付,促进本国电子支付的发展;同时争取使用人民币跨境支付,促进人民币国际化发展,提高人民币的国际地位。

(3) 交易过程中,诚信为本,不欺诈,维护本国跨境电商企业在国际贸易市场中的信誉,这有利于本国国际贸易的长久发展。

第四节 跨境电商支付风险与防范

一、跨境电商支付风险种类

（一）退单和拒付风险

销售过程中难以避免出现消费者退单情况。如果这些退单是出现在一定合理范围内，比如，商品质量问题或是物流失误导致的退单，那么只需要做好售后服务即可。如果是非正常理由退单，那么必然会导致商家的利益受损。相较于与商家经过协商后的退单，拒付行为可能是更令卖家头疼的跨境支付风险。由于信用卡拒付是持卡人不承认交易发生或是认定交易操作不合规而通过发卡银行单方面发起的交易撤销行为，因此商家在其中并没有过多的话语权。比如，有些欺诈人员会盗刷海外消费者的信用卡进行消费，并造成持卡人在获悉后申请拒付。对于这类未授权交易的欺诈拒付，商家往往需要提供非常详细的证据才能申诉成功，如果已经发货，还需要承受商品损失。

（二）冻结封号风险

另外一类比较严重的支付风险，就是商家使用的第三方支付账号被冻结甚至封号。这意味着商家无法再利用这个渠道进行任何跨境销售，将直接导致品牌出海受阻，甚至威胁整个公司的生存。背后主要的导火索很多，比较常见的是商品知识产权纷争。由于很多国内商家在起步阶段不具备很强的商品研发能力，主要靠观察爆款进行仿制，或者是销售市面上类似样式的商品，因此很容易被一部分消费者或竞争对手抓住证据并提起诉讼。一旦牵扯到这类情况，第三方支付平台会冻结店铺的收款账号，如果商家没有充足的资金和证据去应对，那么最终的结果很有可能是被封号清零处理。

同时，商户提现操作不当也容易导致账户出现问题，尤其是在利用如 PayPal 账户收到货款后，如果还未发货，尽量不要立即提现，因为容易被系统后台监控到而被冻结。同时，一次性提现金额占账户余额的比例不要过大，一般提现比例在80%是比较合适和安全的，剩余20%可以用于买家退货退款。

（三）汇率波动风险

汇率波动风险一直是跨境贸易中最主要的支付风险之一。受到宏观经济环境以及全球局势不稳定的影响，近些年，各国货币之间的汇率波动越来越大，趋势也愈发不可预测。如果海外销售端定价没有根据汇率进行调整，或者受限于行业竞争等调整不及时，那么可能会导致商家承受汇率损失，尤其是对于以薄利多销为主要模式的中小卖家来说，这种打击是非常沉重的，他们可能会因为一次汇率波动直接损失大部分利润甚至亏损。

（四）资金监管风险

第三方跨境支付的发展是电商国际化的一大步，它在促进跨境电商持续健康发展的同时，也可有效防范跨境资金流动风险。跨境电子商务与跨境第三方支付不仅通过网上交易和支付为进出口企业提供了更多便利，同时还能够构建起第三方支付机构的信用体系，这在很大程度上会降低我国企业踏入国外新市场的信用风险，对我国的国际贸易会起到很好的推动作用。但是，从金融风险角度来讲，跨境第三方支付从很多方面都突破了我国对外汇资金跨境流动的严格监管系统，因此会产生资金流动的新风险。

二、跨境电商支付风险防范

（一）提高商品及售后服务水平

提高商品自身水平永远是有效的方法。如果说仿冒商品会导致支付账户被冻结封号，物流失效、产品质量有问题会使得消费者提前退单拒付，商家要做的就是全面提升自身产品的原创性、质量水平，以及配备及时有效的售后跟进机制。首先，尽量避免上架与其他大品牌高度相似的产品，努力发掘独特的产品形态和卖点，规避知识产权投诉风险。其次，积极回应顾客的退单请求，在可以挽回的范围内努力解决。如果在适当情况下及时介入，那么一些退单是完全可以避免的。最后，虽然部分恶意拒付不可避免，但是作为跨境电商，只要保证这部分的比例在有效控制范围内，做好模型监测，将恶意退单和售后成本计算进价格中，就可以在风险控制和市场销售两点之间找到平衡，进而控制退单支付风险带来的负面影响。

下面列举几个拒付时可以向信用卡开卡行提交的相关证据：

1. 订单进行发货的日期和时间。
2. 客户使用的账单信息。
3. 用于订单的 IP 地址和国家/地区。
4. 订单的发货和跟踪信息。

（二）建立完善的支付风控机制

应对日趋复杂的跨境支付环境，品牌商家需要尽早建立专门的风控监测机制和团队，专门防范可能存在的支付风险。一方面，要将所在销售平台以及支付服务商的各项规则条款研究透彻，并做到持续学习。对于关系到支付安全的内容，要第一时间查看店铺目前的设置是否合理，制定松紧得当的风控防范机制。另一方面，风控团队需要做好对支付行为的监控，优化购物用户的身份验证机制，并加强与售后等部门的联动，通过实时数据让售后客服团队看到潜在风险，制定好各种应对预案，做到步步为营，提前防范。

（三）选择可信赖的合作伙伴

选择可信赖的合作伙伴，是帮助商家共同防范跨境支付风险的有力抓手。现在，越来越多的商家采取独立站模式进行跨境销售，该模式的好处之一在于可以摆脱第三方电商平台的控制，使商家拥有更多的经营自主权和数据信息。这其实可以很好地与防范支付风险结合起来，寻找一个优质的建站服务商，对于商家提升跨境支付风险应对能力是非常重要的。

（四）建立完善的监管措施

外汇监管部门在促发展与控风险之间找到平衡点，从而制定出可操作的、具有针对性的监管措施。跨境电子商务和跨境第三方支付管理横跨了税务、外汇管理、工商、商务、海关等许多部门的业务。针对跨境外汇资金流动的特点，外汇管理部门在制定相关监管措施的同时,要注意协调相关部门,以确保跨境电子商务和第三方支付行业的平稳、健康发展。在具体操作方面,相关部门应该联合在一起,制定出一套合适、可信的标准,构建一个完善的信用监管公共服务平台。当跨境电商企业将订单、支付和物流等数据上传至平台时,该平台可以对其订单流、资金流和物流"三流合一"的各项数据进行核对、认证,以确保交易合法、真实。

复习思考题

一、思考题

1. 跨境电子支付的渠道和方式有哪些?与传统银行汇款比较,它们的优劣势有哪些?
2. 什么是跨境人民币结算业务?我国发展跨境电商人民币结算的重要意义有哪些?
3. 如何提升跨境电商支付与结算水平?
4. 列举并比较国内外各大网上银行的跨境支付方式。
5. 西联汇款使用过程中要注意什么?

二、案例分析题

跨境支付系统的变革:SWIFT 及 Ripple 案例分析

随着跨境支付交易需求的增长,除了通过传统的 SWIFT 电汇结算外,以 Ripple(瑞波)为代表的新型跨境支付方式的出现也正在推动跨境支付领域的变革。

浙江大学互联网金融研究院区块链研究室 2019 年的研究项目,通过详细分析对比 SWIFT 和 Ripple 两种跨境支付方式在实时性、透明度、安全性等多方面的优缺点,探讨以 Ripple 为代表的基于区块链技术的跨境支付模式的潜力以及新技术冲击下跨境支付的未来与中国的机遇。

全球支付总收入覆盖亚洲太平洋地区、北美地区、欧洲地区、非洲地区以及南美洲地区,其构成包含:(1)贸易融资、汇款、跨境支付服务所带来的跨境支付收入;(2)国内支付和账户维护所带来的境内交易收入;(3)经常账户、提前交易透支费用和信用卡贷款净利息所带来的流水收入。

全球支付总收入在过去的十余年间增长迅速,根据麦肯锡的《2018 全球支付报告》,从 2006 年至 2016 年,全球支付总收入年增长率稳定约为 7%。然而从 2016 年至 2017 年,全球支付总收入的年增长率陡增至 11%。2017 年,全球支付总收入达到 1.9 万亿美元,这大约是美国 GDP 的 10%,大约是中国 GDP 的 16%,其中,跨境支付收入为 2 063 亿美元,占全球支付总收入的 11%,是全球支付总收入的重要部分。

跨境支付是指两个或两个以上国家和地区之间因国际贸易、投资及其他方面发生国际债权债务而借助一定的结算工具或支付系统实现资金跨国和跨地区转移的行为。进出口贸易、跨境电商、出境消费构成了跨境支付的主要需求。随着全球合作的不断深入,各国间经济贸易往来加强,促进了跨境支付交易需求的增长,其中,亚太地区的跨境支付规模表现突出。SWIFT 联合麦肯锡于 2018 年发布的白皮书认为,今后的个人用户跨境汇款将大幅增长,并预估中国的中产阶级人数增长,这一阶层对跨境教育、账单支付、旅行和电子商务上的跨境支付需求将大幅增长。同时,中小型企业需要例如支付宝等新型支付平台来提供更便捷的跨境支付渠道,大型企业则需要更为透明、高效的跨境支付流程以确保交易的安全性和公平性。可见,跨境支付在中国具有巨大的发展潜力。

SWIFT作为目前世界范围内最主流的跨境支付系统,在促进全球范围内的货币流通、国际金融结算以及风险防范方面发挥了积极作用。但由于SWIFT具有跨境支付汇款周期长、电汇形式的中心节点集中、容易受到攻击等缺陷,近年来,SWIFT正面临很多挑战与风险。新的跨境交易技术和渠道正在出现,业务正呈多元化发展态势,例如美国金融服务公司Visa和MasterCard先后推出了独立的B2B跨境支付平台。一些新兴跨境支付系统基于区块链的分布式数据存储、共识机制、加密算法、点对点传输等技术以及使用代币作为中介来实现跨境支付交易。例如,Ripple采用瑞波币作为跨境资产进行结算;IBM和Stellar网络(Stellar Lumen,XLM)合作开展跨境支付业务;2018年6月,支付宝通过AlipayHK完成了全球首个基于电子钱包的区块链跨境汇款展示;Visa信用卡与Chain公司于2019年1月推出基于区块链技术的B2B支付平台——Visa B2B Connect。

请思考:

(1) 区块链的出现是否会颠覆传统的跨境支付方式?

(2) 基于区块链的新型模式将怎样影响跨境支付?

(3) 传统与新兴支付平台如何共同推动跨境支付的变革?

(4) 阐述SWIFT与Ripple各自的优势和不足,分析以Ripple为代表的基于区块链技术的跨境支付模式的潜力,探讨新技术冲击下跨境支付的未来与中国的机遇。

第十二章　跨境电商物流与通关

学习目标

了解跨境电商物流及其特点；掌握跨境电商物流模式及流程；学会运用各物流公司费率信息计算运费；了解国内快递与国际快递的区别；掌握根据产品特点选择合适物流模式的方法；掌握跨境电商通关模式。

引导案例

出口电商变更将至，新一轮跨境物流洗牌在即

当国人沉浸在"双11"全民购物节买买买的狂欢中时，大洋彼岸的黑色星期五、网络星期一、圣诞节及元旦等节日即将轮番上演，一场第四季度跨境电商旺季激战正在酝酿中……依照往年旺季情形，不少卖家殷切希望能在旺季"一夜爆单"，但同时，也在担忧旺季"物流"这个隐患。

那么，跨境电商物流市场目前到底存在哪些问题？未来会有什么样的发展趋势？

（一）阻碍跨境电商发展的三座"大山"：供不应求、运费高、运输周期长

"物流"是订单成交的最后一环，其重要性不言而喻。但当前，跨境物流还存在诸多问题。某物流公司董事长表示："现阶段，跨境电商物流行业的发展存在三个很重要的阻碍因素，包括物流运力供不应求、运输成本高及运输周期长。"

供不应求：跨境电商物流运力资源供不应求，是跨境电商行业发展一直存在的问题。但时至今日，尤其到了旺季，比如航空货运需求急剧上升，实际的航空运力满足不了货量需求，从而出现仓位紧张、运费上涨、航班延误以及卖家不能按时出货等问题。

运费居高不下：业内人士粗略估计，跨境电商物流成本在整个产品交易成本中的比重为30%~40%，而中国跨境电商卖家交易过程中的物流成本比例比这个还高。货物从国内运往国外需要经历国内物流、国内海关、国际运输、国外海关以及国外物流等几个环节，尤其是在清关环节，跨境电商物流面临较高的操作难度和风险，这会增加物流的无形成本。

运输周期长：跨境电商贸易本身就加长了物流产业链，货物的清关环节增加了物流时间，并且国外一些国家的基础设施比较落后，上述因素都会导致相比于完善的国内物流，跨境货物运输所耗费的时间周期长得多。

除了上述三个问题外，清关、各国政策、追踪性差、最后一公里派送等，都是跨境电商物流发展的瓶颈。

（二）跨境物流行业将面临洗牌

由上述问题不难发现，当前，跨境电商物流行业的发展还面临诸多阻碍，但同时也正是

因为这些阻碍的存在,才给跨境物流企业造就了"突破重围"的机会。

与此同时,跨境电商行业的高速增长,也带动了跨境物流行业市场需求的迅速增加,且在未来相当长的一段时间内,都会对跨境物流行业的发展产生强势的影响。越来越多的企业也正是看到跨境物流行业"机会大""增速快"的特点,开始大踏步地迈进跨境物流行业,其中包括传统的物流企业、跨境电商平台、国内电商平台。

资料来源:https://www.cifnews.com/article/54226,2019 年 11 月 13 日

第一节　跨境电商物流概述

一、跨境电商物流的定义与特点

(一) 跨境电商物流的定义

跨境电商物流是指在分属不同关境的交易主体,通过跨境电商平台达成交易并进行支付结算后,通过跨境物流服务对货物(商品)进行物理性移动,并完成跨境商品交易的一种商务活动。

跨境电商物流帮助卖家将货物运送至买家指定地址,是连通境内(外)卖家和境外(内)买家的通道。跨境电商物流采用现代物流技术,利用国际化的物流网络,选择最佳的方式与路径,以最低的费用和最小的风险,帮助跨境电商平台的买卖双方完成跨境商品交易。因此,跨境电商物流除了需要提供传统的商品运输、集货、配送、货运代理、报关等服务外,还需要提供跨境物流优化解决方案,以帮助卖家降低成本。

(二) 跨境电商物流的特点

跨境电商物流交易的主体分属于不同关境。交易的商品需要从供应方国家和地区通过跨境物流方式实现空间位置转移,在需求所在国家和地区内实现最后的物流与配送。跨境电商物流分为境内物流、跨境物流与运输、目的国和地区物流与配送三个方面。与传统物流相比,跨境电商物流涉及链条更长、范围更广、影响因素更多。

1. 物流成本高

跨境电商物流不仅涉及对商品进行运输、配送、储存、分拨等传统物流环节,还涉及海外仓储配送、境外运输、进出境国家和地区的清关环节。受电商、海关、税务、外汇等多个方面的影响,其物流链条更长,作业更复杂。

我国跨境电商物流起步较晚,境内快递公司的境外办事点或合作者较少,境外派送时效长、效率低、成本高。以顺丰 2023 年 2 月 22 日的官网报价为例,商品从上海宝山区出发,目的地为新加坡,重量为 1 kg,体积为 30 cm×20 cm×20 cm,24 日到达的运费是 397.5 元,而 27 日到达的运费是 301.5 元。如此高的成本,大大提高了劳动密集型产品的定价。同样的包裹,目的地为美国法兰克福,最快在 3 月 1 日到达,运费为 764 元,慢则需要 3 月 6 日到达,运费是 660.5 元。

依旧是同样的包裹,同样时间发出,从敦豪(DHL)发货,目的地为新加坡,则可以在 2 月

23日中午12点前到达,运费为1 139.34元,24点前到达的运费则是1 050.16元。将目的地改为美国法兰克福的话,则可以在2月27日到达,中午12点前到达的运费是1 446.95元,24点前到达的运费是1 357.77元。

从上述报价不难看出,运费是影响劳动密集型产品走跨境电商之路的重要因素之一。国内外两家快递公司的时效对比反映出我国跨境物流与美国跨境物流发展的差距。

2. 运输时间长,风险大

由于跨境物流涉及海外仓储配送、海上运输、进出口清关等环节,跨境电商物流的产业链明显长于境内电商物流,同时加上海关清关和商检的周期,跨境电商物流周期要远远长于境内电商物流周期。跨境物流作业过程中,运输与配送时间长这一问题突出。目前,跨境电商物流成本最低的一般是邮政小包,但其最大的缺点就是慢,发往亚洲邻国,一般需要5~10个工作日,而发往欧美国家则是7~15个工作日,发往其他国家和地区为7~20个工作日。

跨境电商物流涉及的环节多,除普通电商物流涉及的环节之外,还包括进出口清关、通关、境外运输与配送。涉及环节多导致与其相关联的主体也多,涉及进出境两地的海关、商检、税务、外汇等部门。同时,由于跨境电商涉及跨境交易,无法回避当地的政治、知识产权、政策变化等因素,不同国家(地区)的政策和地方保护主义都会对跨境电商物流产生影响。因此,跨境电商物流运作更为复杂,风险更大。

3. 物流信息追踪难度大

目前,我国境内电商物流已经实现了对包裹从下单到收货全程的信息追踪。但跨境电商物流范围广、链条长,涉及境内与境外两个区域,物流信息系统难以做到完全衔接,导致其无法做到对每个跨境包裹进行全程追踪。包裹出境后,受不同国家和地区政策的影响与信息水平的限制,境内(外)卖方与境外(内)买方都很难获得全程追踪信息。目前,境外专门做中国业务的公司实现了对中国物流的全程信息跟踪,一些发达国家和地区也可以实现物流信息全程追踪,但信息化程度不高的国家和地区,物流信息全程追踪难以实现。当前,我国已有少数企业尝试从事跨境电商物流全程跟踪系统研究与经营,例如,TRACK718专注做一站式全球物流信息查询平台应用程序,其业务遍布全球多个国家和地区,致力帮助各大国际跨境电商及零售平台利用信息技术对物流信息的跟踪、退货服务等进行优化,降低销售后的营运成本。

二、跨境电商物流在跨境电商业务中的地位

(一)跨境电商物流是完成跨境电商商品交易的重要辅助工具

跨境电商通过计算机网络系统达成交易,并进行跨境结算,其中涉及的信息流、资金流、商流都可以利用计算机和网络通信设备在网络空间完成。但是物流环节在网络这个虚拟环境中是无法完成的,必须通过跨境电商物流在线下对商品进行运输、配送、储存、分拨等才能实现。

(二)跨境电商物流的水平决定了跨境电商的效率及发展水平

跨境电商的特点是数字化、额度小、频次高、全球性,数字化的特点使得价格更加透明,

量小而频率高使得卖家发货频繁。信息时代的客户需要卖家快速响应、快速发货,这就要求跨境电商必须快速响应客户需求,利用互联网和电子商务平台,通过线下跨境电商物流将商品尽快送到客户手中。因此,跨境电商物流服务的水平、准确度及效率,直接影响了跨境电商的效率与发展水平。

(三)跨境电商物流影响着跨境商品的定价、成本以及最终利润

跨境电商商品的价格主要由货物采购成本、境内及跨境物流成本、跨境电商平台成本及其他综合成本以及利润构成。与传统贸易不同,跨境电商交易的商品金额普遍比较低,包裹量少,同时,跨境交易下买家希望在较短时间内收到货物。因此,与传统贸易项下单件商品的运输成本相比,跨境电商的运费普遍较高,甚至高于商品的采购成本,是卖家定价时着重考虑的要素之一。

> **知识拓展**
>
> ### 第三利润源
>
> 1970年,西泽修教授在其著作《流通费用——不为人知的第三利润源泉》中,提出第三利润源的说法,这也让日本成为最早关注物流价值的国家。他认为通过整合物流可以有效地降低成本,而成本的降低有利于利润的增加。与第一利润源(物质资源)和第二利润源(人力资源)所不同的是,第三利润源是基于生产企业之外的成本降低,是物流供需双方密切合作,共享信息,从而降低整体库存成本、运输成本等,最终使买卖双方获利,实现共赢。
>
> 资料来源:百度百科

跨境电商物流与资金流、信息流一样,都是跨境电商不可或缺的一部分。通过快捷的跨境物流可以提高客户的满意度,为跨境电商企业赢得更多的好评,吸引更多客户;而低成本的跨境物流可以使得企业降低成本,提高经营效率。

新冠疫情刚开始时,各国封境闭户,致使货物滞留海关,导致一批小微卖家损失严重乃至倒闭。2021年以来,我国疫情管控有方,复工复产措施得当,同时也得益于我国强大的制造业生产能力,我国已然成为国际上众多国家争先订购跨境电商产品和防疫物资的重要市场,也促进了跨境电商的飞速发展。此时,对跨境物流的发展和考验更加严峻,跨境物流的高成本以及不确定性,让更多卖家的目光转向海外仓以降低物流成本,曾经出现"一柜难求"的局面。

一面是全球货轮运价飙涨;一面是海运、空运、中欧班列运价一路高涨,卖家利润压缩,物流费用居高不下。从"出口大户"——玩具品类来看,2021年时法国三分之二的玩具来自亚洲,法国玩具设计和制造业协会主席阿兰·英贝里表示:"集装箱海运单价为3 000美元时,每台家用电子弹球机的运费是4美元;当集装箱价格涨到了2万美元时,每台机器的运费就涨到了50美元。"这对于跨境电商卖家和玩具企业来说,都是无法承受的。跨境物流成本的不断提高,让更多卖家的目光转向海外仓以降低物流成本。与此同时,中国政府也出台了一系列措施鼓励有实力的物流企业建立海外仓,对海外仓经营企业和使用企业均给予一定的奖励,使得疫情下中国跨境电商得到了快速发展。

三、跨境电商物流模式

(一)邮政物流

邮政物流特指跨境电商背景下的物流体系,我国跨境电商出口业务中有70%的包裹都通过邮政系统跨境投递,其中,中国邮政集团有限公司(以下简称"中国邮政")占50%。作为中国从业最早、市场份额最大的跨境电商物流服务商,中国邮政积极开展跨境电商物流业务,并将其产品分为几类,分别是优先类、标准类、经济类、货运类和海外仓配服务。

1. 优先类邮政物流

优先类包含国际(地区)特快专递、中速快件和e特快业务。

(1) 国际(地区)特快专递。国际(地区)特快专递(简称"国际EMS")是中国邮政与各国(地区)邮政合作开办的中国大陆与其他国家和地区寄特快专递邮件的快速类直发寄递服务,可为用户快速传递各类文件资料和物品,同时提供多种形式的邮件跟踪查询服务。该业务与各国(地区)邮政、海关、航空等部门紧密合作,打通绿色便利邮寄通道。此外,中国邮政还提供保价、代客包装、代客报关等一系列综合延伸服务。其服务特色是:①覆盖面广。揽收网点覆盖范围广,目的地投递网络覆盖能力强。②收费简单。无燃油附加费、偏远附加费、个人地址投递费。③全程跟踪。邮件信息全程跟踪,随时可了解邮件状态。④清关便捷。享受邮件便捷进出口清关服务。

(2) 中速快件。中速快件是中国邮政旗下的商业快递服务,通达全球220多个国家和地区,可为客户提供快速、稳定、安全的全球寄递服务。中速快件提供从文件、货样至50 kg及以上物品门到门或门到港服务,满足客户多样性的寄递需求。

(3) e特快。e特快业务是中国邮政为适应跨境电商高端寄递需求而设计的一款快速类直发寄递服务,在内部处理、转运清关、落地配送、跟踪查询、尺寸规格标准等各方面均有更高要求,是提高跨境卖家发货效率,提升用户体验,协助店铺增加好评和提升流量的重要服务品牌。其服务特性是:①性价比高。50 g起续重计费,降低寄递成本。②在线打单。使用发件系统在线下单,高效方便。③全程跟踪。邮件信息全程跟踪,可随时了解邮件状态。④平台认可。主流电商平台认可,物流提质加分。邮件体积重量大于实际重量的按体积重量计收资费。体积重量计算办法:邮件任一单边长度超过40 cm时开始计泡,长(cm)×宽(cm)×高(cm)/6 000。此类业务对邮件尺寸有明确要求,大件货物无法使用。

2. 标准类邮政物流

标准类包括e邮宝、挂号小包、国际包裹、中邮商业专线、e包裹。

(1) e邮宝。e邮宝业务是中国邮政为适应跨境轻小件物品寄递需要开办的标准类直发寄递业务。该业务依托邮政网络资源优势,由境外邮政合作伙伴优先处理,为客户提供价格优惠、时效稳定的跨境轻小件寄递服务。单件最大尺寸为长、宽、厚合计不超过90 cm,最长一边不超过60 cm。圆卷邮件直径的两倍和长度合计不超过104 cm,长度不得超过90 cm。单件最小尺寸为长度不小于14 cm,宽度不小于11 cm。圆卷邮件直径的两倍和长度合计不小于17 cm,长度不小于11 cm。

(2) 挂号小包。国际挂号小包业务是中国邮政基于万国邮联网络,针对 2 kg 以下小件物品推出的标准类直发寄递服务,通达全球 200 多个国家和地区,可通过线上与线下两种渠道进行发货,为中国客户提供全程可控、清关便利的轻小件寄递服务。国际小包限重 2 kg。国际小包尺寸最大,长、宽、厚合计 900 mm,最长一边不得超过 600 mm,公差不超过 2 mm;圆卷邮件直径的两倍和长度合计 1 040 mm,长度不得超过 900 mm,公差 2 mm。尺寸最小为至少有一面的长度不小于 140 mm,宽度不小于 90 mm,公差 2 mm;圆卷邮件直径的两倍和长度合计 170 mm,长度不得少于 100 mm。

(3) 国际包裹。国际包裹业务是中国邮政基于万国邮联体系推出的标准类直发物品寄递服务,可以通达全球 200 多个国家和地区。使用国际包裹服务时,客户可以自主选择航空、陆运或者空运水陆路三种运输方式(部分方向只接受特定运输方式的包裹服务)。不同国家的包裹最高限重不同,一般在 20～30 kg 之间,最高可达 50 kg。第一类尺寸为 2 m×2 m×2 m,或者长度和长度以外最大横周合计不超过 3 m。第二类尺寸为 1.5 m×1.5 m×1.5 m,或者长度和长度以外最大横周合计不超过 3 m。第三类尺寸为 1.05 m×1.05 m×1.05 m,或者长度和长度以外最大横周合计不超过 2 m。

3. 经济类邮政物流

经济类主要为平常小包。国际平常小包是中国邮政基于万国邮联网络,针对 2 kg 以下小件物品推出的经济类直发寄递服务,通达全球 200 多个国家和地区,可通过线上与线下两种渠道进行发货,为客户提供经济实惠、清关便捷的轻小件寄递服务。国际小包限重 2 kg。国际小包尺寸规格最大为长、宽、厚合计 900 mm,最长一边不得超过 600 mm,公差不超过 2 mm;圆卷邮件直径的两倍和长度合计 1 040 mm,长度不得超过 900 mm,公差 2 mm。尺寸规格最小为至少有一面的长度不小于 140 mm,宽度不小于 90 mm,公差 2 mm;圆卷邮件直径的两倍和长度合计 170 mm,长度不得少于 100 mm。

知识拓展

万国邮政联盟

万国邮政联盟(Universal Postal Union,UPU),简称"万国邮联"或"邮联",是商定国际邮政事务的政府间国际组织,其前身是 1874 年 10 月 9 日成立的"邮政总联盟",1878 年改为现名。万国邮联自 1978 年 7 月 1 日起成为联合国一个关于国际邮政事务的专门机构,总部设在瑞士首都伯尔尼,宗旨是促进、组织和改善国际邮政业务,并向成员提供可能的邮政技术援助。

1972 年 4 月 13 日,在万国邮政联盟承认中华人民共和国为中国在该组织中的唯一合法代表后,我国与该组织的关系开始正常。1999 年 8 月 23 日至 9 月 15 日,第 22 届万国邮联大会在北京举行。2019 年 11 月 26 日至 27 日,万国邮联电子商务时代跨境合作全球大会在厦门举行,该大会由万国邮联主办,中华人民共和国国家邮政局、中国邮政集团有限公司和厦门市政府联合承办。大会发布了万国邮联在跨境电子商务领域达成的一项重要全球性共识——《厦门倡议》,呼吁邮政、海关、航空和铁路等各利益相关方在跨境电子商务领域通力合作。

资料来源:百度百科

实操拓展

请根据本节学习的邮政物流内容,在网上选择一款重量为 1~2 kg 的商品,结合上述邮政物流方式,选择合适的物流产品,并计算该商品的邮政物流费用,完成表 12-1,并给出总体评价。

表 12-1 邮政物流费用对比

商品名称				发货地		
商品重量				目的地		
商品体积				备注		
序号	物流方式	重量限制	体积限制	时效性	费用	优缺点
1						
2						
3						
4						
5						
6						
总体评价						

(二)国际快递业务

国际快递是一种使用频率仅次于邮政物流的跨境电子商务物流方式,是指在两个或两个以上国家(地区)之间进行的快递、物流业务。国家(地区)之间传递信函、商业文件及物品时,边境口岸和海关需对快件进行检验放行。国际快递公司通过自建物流网络,利用其强大的信息系统和遍布世界各地的本地化服务,给客户带来良好的物流体验。其显著优点在于,货物运输时效性高,能够提供实时的物流信息,运输过程中丢包率较低。同时,其全球网络较为完善,能够实现报关、保险等辅助业务,支持货物包装与仓储等服务,可以实现门到门服务及货物跟踪服务。但是其最大的缺陷就是费用高,因为只有高收费才能支撑国际快递公司高效率的服务。

目前,世界上主要的国际快递公司是四大国际快递公司,分别是 UPS、DHL、FedEx 和 TNT,这四家国际快递公司在全球已经形成较为完善的物流体系,几乎覆盖全球的各个重点领域。

1. UPS

UPS(United Parcel Service)是全球最大的包裹运送公司,总部位于美国佐治亚州亚特兰大市,始于 1907 年西雅图的一间地下室。创始人克劳德·赖安(Claude Ryan)和吉姆·凯西(Jim Casey)以 100 美元的贷款开始创业,成立了美国信使公司(American Messenger Company)。1919 年,美国信使公司第一次将业务由美国西雅图扩展至加利福尼亚州奥克兰市，自此，更名为联合包裹运送服务公司（United Parcel Service，UPS），并将运送车辆的经典标志颜色定为棕色，代表着出类拔萃、成熟度和专业性。UPS以创新驱动作为核心业务战略，并以此推动全球物流发展。截至2023年3月，UPS在全球已拥有50多万名员工，服务国家和地区达220多个，全球每日2 000多次航班。

我们以1 kg，尺寸为30 cm×20 cm×20 cm，计费重量为2.5 kg的普通包裹为例，从南京出发运至美国亚特兰大市，不要求门对门运输，货物不保价，各类产品收费情况（根据2023年3月6日官网报价）如表12-2所示。

表12-2 UPS收费情况

服务	取件时间	送达时间	费用详情	
			重量(kg)	费用(元)
全球特快加急（UPS Worldwide Express Plus）	3月6日上午11:30	3月8日上午8:00	1	1 236.80
			21	5 335.57
全球特快（UPS Worldwide Express）	3月6日下午12:30	3月8日下午2:00	1	814.40
			21	4 913.17
全球速快，即红单（UPS Express Saver）	3月6日下午12:30	3月9日结束之前	1	769.66
			21	4 666.47
全球快捷，即蓝单（UPS Worldwide Expedited）	3月6日下午12:30	3月10日结束之前	1	749.59
			21	4 048.31
总体评价：全球特快加急(UPS Worldwide Express Plus)最贵；全球快捷(UPS Worldwide Expedited)是最慢的，收费也最便宜。在UPS的面单上，前三种方式都是用红色标记的，最后一种是用蓝色标记的。但是通常所说的红单是指全球速快(UPS Express Saver)。				

（1）UPS的优点。在美洲等线路具有优势，特别是美国、加拿大等，适合发快件。一般2~4个工作日可送达。将货物送往美国时，差不多48个小时可送达。货物可送达全球200多个国家和地区，可以在线发货，在多个城市有上门取货服务。物流信息更新快，遇到问题解决及时。

（2）UPS的缺点。价格较贵，要计算产品包装后的体积重量，适合递送6~21 kg或者100 kg以上的货物。UPS国际快递小型包裹服务一般不递送超过重量和体积标准的包裹，若接收该类货件，则将对每个包裹收取超重超长附加费378元。规定的重量和体积标准如下：每个包裹最大重量为70 kg，每个包裹最大长度为270 cm，最大尺寸为"长度＋周长＝330 cm"。每个包裹最多收取一次超重超长费。UPS对托运物品的品类限制比较严格。

2. DHL

DHL国际快递是一家全球性的快递公司，是全球著名的邮递和物流集团Deutsche Post DHL的旗下公司，总部在德国波恩，主要包括DHL Express、DHL Global Forwarding和DHL Supply Chain三大业务部门，提供专业的运输、物流服务，是全球最大的递送网络之一，在五大洲拥有将近34个销售办事处以及44个邮件处理中心。其运输网络覆盖全球220多个国家和地区的120 000多个目的地(主要城市),可向企业及私人买家提供专递及速递服务。

我国内地DHL按起重500 g、续重500 g计费,DHL的体积重量(kg)计算公式为:长(cm)×宽(cm)×高(cm)/5 000。将货物的实际重量和体积重量相比,取较大者计费。DHL对寄往大部分国家和地区的包裹要求为:单件包裹的重量不超过70 kg,单件包裹最长边不超过1.2 m。但是部分国家和地区的要求不同,具体以DHL官方网站公布的信息为准。

重量为1 kg和21 kg、尺寸为30 cm×20 cm×20 cm的普通包裹,从南京出发运至美国亚特兰大市,不要求门对门运输,货物不保价,其收费情况(根据2023年3月6日官网报价)如表12-3所示。

表12-3　DHL收费情况

服务	取件时间	送达时间	费用详情	
			重量/kg	费用/元
DHL	3月6日	3月8日当日结束之前	1	1 423.43
			21	8 475.53

(1) DHL的优点。西欧、北美路线更有优势,适宜递送小件,可到达的国家和地区有220多个。一般2~4个工作日可送达,送达欧洲一般需要3个工作日,送达东南亚一般需要2个工作日。物流信息更新快,回复客户信息及时。

(2) DHL的缺点。递送小件价格较贵,适合递送重量为21~100 kg的货物。对托运物品的限制比较严格,拒收许多特殊物品,且在部分国家和地区不提供DHL包裹寄送服务。

3. FedEx

FedEx全称Federal Express,即美国联邦快运,隶属于美国联邦快递集团(FedEx Corp.)。FedEx成立于1973年4月,公司将亚太区总部设在我国的香港,同时在上海、东京、新加坡均设有区域性总部。FedEx为顾客和企业提供隔夜快递、地面快递、重型货物运送、文件复印及物流服务,总部设于美国田纳西州孟菲斯,隶属于美国联邦快递集团(FedEx Corp)。

FedEx的服务分为中国联邦快递优先型服务(FedEx International Priority,FedEx IP)和中国联邦快递经济型服务(FedEx International Economy,FedEx IE),还有专门为中国跨境电商企业提供的联邦快递国际电商逸服务(FedEx International Connect Plus,FICP)。联邦快递国际电商逸服务专用于收件人(消费者)通过客户网站或其他电子商务渠道或在线市场购买/为其购买的国际电子商务货件托运和递送服务。根据FICP提交给联邦快递的任何货件必须来自客户的指定地址,并按本协议提供的批准目的地国家/地区发往收件人,涉及区域为全球超220个国家及地区提供快捷、可靠、门到门快递服务。长期推出东南亚、中东少数国家、北美、欧洲大货特惠服务。价格远低于其他快递。

4. TNT

TNT(TNT Express)集团成立于1946年,是全球领先的快递和邮政服务提供商,总部设在荷兰的阿姆斯特丹。TNT为超过200个国家和地区的客户提供邮运、快递和物流服务。TNT利用遍布全球的航运与陆运网络,为全球客户提供"门到门""桌到桌"的文件和包裹快递服务。特别是在欧洲、亚洲和北美洲,TNT可以针对不同客户需求,提供9点派送、12点派送、次日派送、收件人付费快件等服务。自2020年8月1日起,TNT在我国的服务由FedEX提供(因此不作单独介绍)。

(三)专线物流

跨境专线物流一般是通过航空包舱方式运输到国外,再通过合作公司进行产品配送。专线物流的优势在于,能够集中大批量运输目的地为某一特定国家和地区的货物,从而尽可能降低成本。而在时效上,专线物流的时效较国际商业快递长,但比邮政物流短。目前,专线物流的服务开始逐渐包括货物揽收、装卸打包、运输、在线追踪订单、清关、本地派送等一条龙服务。

1. 从运输方式来分

跨境电子商务物流专线主要包括航空专线、港口专线、铁路专线、大陆桥专线、海运专线及固定多式联运专线,如郑欧班列、中俄专线、渝新欧专线、中欧(武汉)班列、中英班列、国际传统亚欧航线等。

2. 从运输路线来分

跨境电子商务物流专线主要包括美国专线、欧洲专线、加拿大专线,此处以美国专线为例进行介绍。

美国专线综合国际快递和国际海运这两种运输工具的优势,形成一种类似国际快递的国际物流。该模式是应用迅速空运和实惠海运实现全程点到点的创新物流模式,常见的美国专线包括空运专线、海运专线、美国快递等物流专线。为了提高服务水平和效率,有的与各类快递公司联合,提供终端配送服务和快速清关服务。

本节以深圳信达国际货运代理有限公司跨境物流2023年2月份报价为例,介绍美国空运专线与海运专线费用区别,详见表12-4、表12-5。

表12-4 美国空运专线报价

美国空运经济线(普货)FBAUS-S 产品类型:空运+UPS派送					
分区	21~70 kg	71~100 kg	101~500 kg	501~1 000 kg	大陆航班,不接带电/带磁,可报关件4~6个工作日提取(双清包税),单票重量不得低于21 kg,不足21 kg按21 kg计费。
美国东岸	29.00元	26.00元	24.00元	24.00元	
美国中部	28.00元	25.00元	23.00元	23.00元	
美国西岸	27.00元	24.00元	22.00元	22.00元	
产品附加费	纺织品类、皮革、鞋帽、箱包、成人用品、木质、竹制品等产品;税率30%以上的产品;高价值以及其他单询				1元/kg
报关费	可做单独报关,一般贸易报关费350元/票,续页50元/页				

(续表)

地址附加费	商业地址	1元/kg
	私人住宅地址	2元/kg
	偏远地址	2元/kg
	偏远商业地址	3元/kg
	偏远私人住宅地址	4元/kg
超长附加费	最长边超过120 cm(超200 cm不接)或第二长边超过76 cm	130元/件
	围长=长+2×(宽+高)>265 cm(单边超270 cm/围长超410 cm不接)	130元/件
超重附加费	UPS单件包裹超过22 kg(超40 kg不接)	200元/件

表12-5 美国海运专线报价

美国海派[盐田海派(COSCO) SEA-C] 产品类型：海运+UPS派送（双清包税）					
分区	21~70 kg	71~100 kg	101~500 kg	501~1 000 kg	
美国东岸	13.50元	10.50元	8.50元	8.50元	航期15天,可接报关件,参考开船后15~18个工作日提取
美国中部	12.50元	9.50元	7.50元	7.50元	
美国西岸	11.50元	8.50元	6.50元	6.50元	
各类附加费同空运					

通过对比，深圳信达国际货运代理有限公司空运速度明显快于海运，但费用要高，而海运虽然慢，但费用低。因此，我们要结合不同的物流方式分开报价。

（四）国内快递公司的国际业务

随着中国跨境电商的发展，国内快递公司开始意识到国际市场的重要性，并积极布局和开拓国际市场，使国际业务成为其未来重要的利润增长点。国内快递公司的国际业务是指国内快递公司利用国际快递网络，提供全国各地始发、通达世界各个国家和地区的国际快递服务。

DHL等全球快递公司国际化空运网络布局较早，同时也有着丰富的地面物流网络，揽货能力足。相对而言，我国国内快递公司的国际化发展才刚开始起步，在境外空运资源等方面都比较欠缺。为了弥补这些不足，我国快递公司开始走出国门，与当地知名物流企业或邮政机构合作，成立合资企业，如圆通收购先达国际、顺丰与UPS合作、申通布局俄罗斯、中通成立中通国际、百世快递建设海外仓等，借助国外企业的资源，开拓国外市场。

目前，顺丰国际提供包括国际标快、国际特惠、国际小包、国际电商转递、海外仓等不同类型和时效标准的国际物流服务,覆盖包括东亚、南亚、欧盟、美国等 200 多个国家和地区。中通成立中通国际专门负责国际业务,最初与英国本土快递公司 YODEL 合作,后又与法国、瑞士、澳大利亚等多个国家和地区的邮政合作,与俄罗斯当地快递公司 CDEK 合作,专门为中国电子商务客户提供送货服务。

(五) 海外仓

海外仓是跨境电商卖家为提升订单交付能力,在境外接近买家的地区设立的仓储物流节点。消费者下单以后,产品直接从海外仓发出。海外仓通常具有境外货物储存、流通加工、本地配送以及售后服务等功能。这种方式最大的优点是快,可提升买家购物体验,但海外仓的费用高,一般有实力的卖家会选择这一种模式。

1. 中国邮政海外仓

中国邮政海外仓配服务包括中邮海外仓和中邮 FBA 产品。

(1) 中邮海外仓。中邮海外仓(China Postal Warehousing Service,CPWS)是中国邮政速递物流股份有限公司开设的境外仓配一体化服务项目,服务内容包括国内仓库接发操作、国际段运输、目的国进口清关/仓储/配送,以及个性化增值服务等。中邮海外仓是整合国际邮政渠道资源、专业运营团队和信息系统而推出的安全、稳定、高效的海外仓产品,为客户优化跨境电商物流解决方案。现已开办美国、英国、捷克、澳大利亚、俄罗斯等多国海外仓业务,具体服务内容及收费标准见表 12-6。

表 12-6 中邮海外仓服务项目收费标准

服务项目	收费标准
滞销货物代销毁	美国,3.5 元/kg;英国,4 元/kg;捷克,3.5 元/kg;法国、意大利、西班牙,4.1 元/kg;澳大利亚,3.2 元/kg;俄罗斯,3 元/kg
盘点库存	0.8 元/件
重新包装	5~9 元/件
拍照	美国,30 元/件;英国,35 元/件;捷克,31 元/件;法国、意大利、西班牙,38 元/件;澳大利亚,30 元/件;俄罗斯,25 元/件
商品合并	4~9 元/件
重新包装	5~9 元/件
商品拆分	5~9 元/件
商品辨别核实	15~23 元/件(不拆外包装);25~38 元/件(拆外包装)
商品转换	3~7.5 元/件
覆盖非我司标签	2.5~3.5 元/件
库内订单拦截	原订单操作费
拦截订单或改派	60~75 元/个

（2）中邮FBA。中邮FBA产品是中国邮政速递物流股份有限公司为满足广大亚马逊买家所设计推出的一款可接收带电产品、时效快捷、性价比高的亚马逊仓库头程运输专线物流服务。该业务整合国际干线运输、口岸清关、境外仓储和国外派送等环节资源，为亚马逊卖家提供综合物流解决方案，可通达美国、日本、德国、英国、法国、意大利、西班牙等。

2. 顺丰国际海外仓

顺丰国际海外仓为广大跨境电商客户提供安全、高效、高品质的海外仓服务，为商品发往美国、英国以及欧盟等国家和地区的跨境电商客户量身打造头程及仓配一体的一站式国际仓配解决方案，实现物流轨迹全程可追踪，全面提速，满足客户时效需求，提升海外本土订单履约能力和海外消费者线上购物体验以及卖家海外销售品牌影响力，助力中国制造和中国品牌出海。顺丰国际海外仓服务范围及时效见表12-7。

表12-7　顺丰国际海外仓服务范围及时效

海外仓	服务国家	国际头程运输	末端派送（工作日）
英国仓	英国全境	空运：7~12天	英国本地：2~5天
德国仓	欧盟27国	空运：7~12天 海运：42天 陆运：22~25天	德国本地：2~3天 欧盟国家：3~7天
美东仓（新泽西）	美国全境	快递：3~7天 空运：5~7天	美国本地：2~5天
美西仓（洛杉矶）	美国全境	快递：3~7天 空运：5~7天	美国本地：2~5天

3. FBA仓

FBA即Fulfillment By Amazon，是亚马逊的物流服务。2007年，亚马逊将自身平台开放给第三方卖家，将卖家库存纳入亚马逊全球的物流网络，为卖家提供拣货、包装以及终端配送服务，亚马逊则收取服务费用。在亚马逊，FBA的主要目的是提升亚马逊的用户体验，提高用户黏性，而非获得财务收入。截至2022年，亚马逊40%以上的卖家选择FBA。

卖家需要提前备货至亚马逊仓库，买家下单后，亚马逊负责把卖家预先存在亚马逊仓库的货物派送至买家。由于FBA货物到仓之前的运输和处理都不由亚马逊管理，于是就有很多国际物流公司做关于FBA的头程运输，通过国际物流公司的供应链，帮卖家把货送到亚马逊仓库储备。

FBA头程为境内到亚马逊仓库服务的代名词，是指货物从工厂到目的地亚马逊仓库的一个运输流程，中间包括清关、预付关税等服务。FBA头程可以使用快递、空运服务，直接发货到亚马逊仓库；也可以先通过海运、空运发货到海外仓进行分拨，然后将货物发往不同的亚马逊仓库。

知识拓展

乐歌海外仓

作为宁波跨境电商的先驱者和领军企业,乐歌海外仓已深耕跨境电商行业10多年。2013年,乐歌开始在美国旧金山、田纳西州和得克萨斯州建立了3个配送中心。2020年,乐歌海外仓对外开放成为公共海外仓,并投资1亿美元在美国各地建立了6个仓库,提供公共海外仓服务。2021年,乐歌海外仓成为亚马逊服务商网络官方推荐物流服务商,同时在加利福尼亚州佩里斯建立12万平方米的最大仓储和配送中心。2022年,又斥资2亿元打造头程海运加海外仓一站式服务,并正式成为eBay官方认证的对接仓。

乐歌在多仓自营基础上,致力于服务中大件产品跨境卖家,为其提供公共海外仓创新综合服务,主要包括头程海运、一件代发、FBA转运、海外仓储、售后托管、独立站分销、创意视频拍摄等一站式跨境物流服务。凭借优质服务和创新管理模式,乐歌海外仓迅速成为华东地区规模最大、带动性最强的公共海外仓第三方服务综合体。截至2023年3月,乐歌海外仓在全球已经部署了11个海外仓,总仓储面积27.1万平方米,已服务超400家跨境电商企业。

乐歌通过海外仓仓储系统使得所有客户在国内即可掌握商品及订单完成情况,可以为客户提供产品管理服务(登记产品信息,打印产品编码,同时支持自定义商品SKU和批量上传,实现人性化操作体验),仓配管理服务(箱码打印,入库审核,支持入库单管理和批量导入;库存管理高效,库存实时同步更新,保证数据信息精准无误),订单管理服务(订单创建和管理功能齐全,支持批量操作,满足不同的发货需求),费用管理服务(费用流水、支出明细清晰准确,方便财务核对账款,同时提供费用试算,高效计算成本),报表统计服务(多维度数据报表,数据分析统计更加直观),售后服务(退货、不良品处理以及六项增值服务)。

资料来源:湖南省跨境电子商务协会官网,2024年8月21日查阅。

实操拓展

双凤贸易最近有几件包裹要从南京发往境外,具体商品信息见表12-8,请根据各大物流公司报价,为其选择合适的物流方式。

表 12-8 物流公司报价表

商品	体积/cm³	重量/kg	目的地	物流方式	运费
商品1	20×8×2	0.7	新加坡		
商品2	20×28×35	4.6	巴黎		
商品3	80×40×40×2	104	纽约		
商品4	160×80×80×5	210	鹿特丹		
总结评价:					

第二节 跨境电商物流操作流程

跨境物流常见的运输方式有国际海运、国际快递、国际空运,每种运输方式都有其优点和缺点。跨境物流方式有邮政物流、国际商业快递、专线物流、海外仓等,跨境电商卖家可以根据自己商品的特点及客户需求来选择合适的物流方式,以节省运输成本和提高时效。

一、跨境电商物流的操作流程

一般来讲,跨境电商物流操作主要包括以下几个步骤。

(一)订单处理

跨境电商物流是基于订单而产生的,因此物流开始之前需要进行订单处理,主要包括收集客户订单信息、确认订单信息、生成订单号等。

(二)物流跟踪

订单处理后,开始准备发货,此时才真正进入物流环节,包括选择物流模式、联系物流商,有条件的物流商开始建立物流跟踪系统并发布物流跟踪信息,跨境电商卖家及客户均可通过系统及时了解物流情况。

(三)物流运输

物流运输是跨境电商物流的第三步,主要包括物流运输路线的规划、物流运输费用的结算、物流运输货物的安全等。

(四)进出口的通关

跨境电商属于进出口,需要办理进出口通关手续,一般由物流商代为办理。

(五)目的地派送

货物完成目的地清关手续后,物流商一般会联系当地快递公司安排投递事宜(国际快递模式一般由本公司在当地的分公司负责妥投)。

(六)客户签收,完成物流操作流程

物流公司可以提供货物状态查询和签收确认等服务,确保货物安全到达。

二、邮政国际小包物流操作流程

本部分以邮政国际小包无货源模式跨境电商出口为例,介绍跨境物流操作流程。

(一)货物采购

对无货源的跨境电商卖家来讲,跨境电商平台的货物被下单后,就必须立即安排采购与物流。因此,订单下达后,卖家应该先到采购平台(或约谈好的供应商处)采购货物、支付货款、约定包装方式及交货方式。

(二)提交包裹及核检

采购商根据约定,在规定时间内,按照指定地址将包裹交给当地的邮局(其货代)。此

时,一般是供应商下单,邮政司机上门取件。

邮局或者物流商收到包裹后,工作人员根据收货本与系统中的相关数据,核对国际邮政小包的相关物品信息,将包裹中那些存在问题的不合格产品剔除,以达到合法合规目的。并对商品实物进行称重做邮资、打价格标签,按照渠道整理出货文档并发送至相应的邮政网点。

(三) 出境地通关与机场安检

包裹到达机场前,需要办理通关手续,接受海关的安检,确定货物是否符合出口要求,通过海关安检后,再交机场安检,即交航,等待运输。

如果当地没有直飞目的国和地区的航班,那么这些包裹还需要一个转邮局的过程。转大邮局直发,即直封封发(直封地邮局关封、寄出),这也是需要重点把控的一个环节。此环节是花费时间比较长的一个环节,小邮局转大邮局,南方转南方的需1天,南方转北方的需3~4天。

(四) 进口地清关

货到目的国家和地区后,卖家需要提前跟收货人沟通好。清关时,收货人需要配合海关提供清关资料。资料提供得越快,清关越快,物流时效也就提升了。现在很多商家对于电商小包裹的清关有各种快速通道。

(五) 收货人收货

收货人所在国家和地区的邮政局负责包裹到达后的国内中转、转运、派送,此时,卖家需及时联系收货人注意收取包裹。

三、第三方海外仓物流模式操作流程

第三方海外仓物流模式下,跨境电商卖家通过海运、空运等物流形式,将产品批量运送至目的国和地区的第三方海外仓。当产生订单后,平台将其回传至仓库,仓库根据订单处理货物,然后交由相关尾程物流公司进行派送。具体流程如下:

(一) 备货至海外仓

卖家根据自己对目标市场的了解与判断,向工厂和海外仓的国内服务商下单,将货物存入国内仓库,等待通关,并将货物运至境外目的地。完成通关手续后,货物通过头程物流(为降低成本,一般以海运为主)运送到海外仓。仓库收到货物后,进行验收,并进行拍照、打印标签、包装、上下架等操作。此环节,跨境电商卖家需要支付头程物流的运费及海外仓的服务费。

(二) 下达发货指令

跨境电商卖家在平台上收到订单后,即向海外仓发出发货指令,进行派单。仓库人员接收后,对商品进行审核与打包,并要求卖家支付仓储、增值服务费、末端运费等费用,等待派送商品。

(三) 出库派送

等待出库的包裹,由海外仓联系尾程物流,开始海外本土线下运输与派件,并最终送至消费者手中。客户查询签收,直至完成收货。从海外仓将货物派送到消费者手里的整段过程称为尾程,也就是物流渠道商从仓库提货然后派送到消费者手里的整段流程。尾程所使用的渠道大多数是本土常用的物流渠道,例如美国常用的就是 FedEx Ground、美国邮局(United States Postal Service,USPS)等,欧洲常使用 DHL、UPS、DPD(Direct Parcel Distribution,德普达快运)等。

四、FBA 物流操作流程

亚马逊平台有三种发货方式:FBA、海外仓与自发货。亚马逊物流(FBA)全称为 Fulfillment By Amazon,是指卖家将商品批量发送至亚马逊运营中心之后,亚马逊负责帮助卖家存储商品;当商品售出后,亚马逊完成订单分拣、包装和配送,并为这些商品提供买家咨询、退货等客户服务,帮助卖家节省人力、物力和财力。

FBA 作为亚马逊的官方服务,不仅物流速度快,而且还能够提高店铺的曝光率和排名。并且,如果卖家因为物流问题收到客户的投诉,亚马逊官方会直接帮助解决问题,所以选择 FBA 发货的亚马逊卖家逐年增加。2022 年亚马逊年度报告显示,亚马逊 40% 以上的卖家选择 FBA 发货,具体物流操作流程如图 12-1 所示。

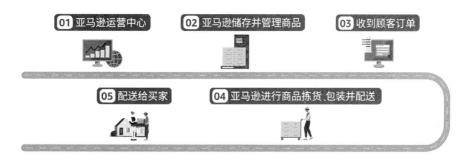

图 12-1　FBA 物流操作流程

第三节　跨境电商保险

跨境电商的发展,使得贸易形式发生了巨大的变化,传统的贸易保险不仅烦琐,还容易增加成本。现有保险系统不能支撑海量、小额、短期的高频交易,难以完成跨境多流程、多环节的定损、定责,无法处理不同国家币种的投保及理赔结算,难以把控恶意欺诈及道德风险、市场繁杂、数据不集中、不易监管等。用新保险产品对接数字贸易遇到的新问题是大势所趋。

一、真品保险

2019 年,宁波保税区与中国人寿财产保险股份有限公司就开展跨境电商真品保险试点达成合作,这是全国首个跨境电商真品保险。跨境电商真品保险全名为《中国人寿财产保险股份有限公司第三方交易平台网络真品责任保险条款》，保险金额为25亿元，试办期3年，分年投保，到期续保。真品保险由宁波保税区管委会投保，保税区内各跨境电商平台为被保险人，保险赔款受益人则是各跨境电商平台及购买跨境电商商品的消费者，这有利于提升消费者对宁波保税区跨境商品的信任度。真品保险是主要针对跨境进口货物的保险。

二、订单保

出口方面，传统的保险已无法满足跨境小额度、多批次、多环节的要求，基于此，华甫达信息技术有限公司（简称"华甫达"）率先开启跨境电商保险业务。华甫达率先成为国内首家同时与eBay、亚马逊、Wish、PayPal、菜鸟国际、俄罗斯货运航空公司、中国邮政速递物流等对接并提供跨境交易、物流创新保险及反向保理融资等金融服务的技术服务公司，并已经和中国人民财产保险股份有限公司、中国人寿财产保险股份有限公司、太平洋保险公司等建立了深度合作关系。

针对跨境进口电商，华甫达推出了"原产地保证险""产品责任险"等，以满足食品安全法规、海关部门的要求，希望能让消费者买得放心、用得安心。华甫达推出的"订单保"保险产品，商家投保后，当商品在运送中出现丢失、破损、延误等问题，甚至因与电商网站上描述不符被迫退款时，卖家都可以自动获得理赔。

针对跨境出口电商，华甫达推出"跨境订单保"。投保后的商品，若买家对收到的商品不满意（颜色、尺寸、外观、破损划痕等），卖家可以立刻让买家留下商品的同时退全款，并提醒买家再买一件商品；卖家承诺期限里，买家没有收到商品，卖家可以先退款给买家，买家晚两天收到货后也不用再次支付商品款项。

三、跨境电商生态保险

作为互联网保险科技创新平台，豆沙包科技（上海）有限公司（简称"豆沙包"）联合中国平安等保险公司开发了很多新类型的产品，形成了海关报关清关、检验检疫、跨境运输、海外仓储、采购分销等五大类产品体系，统称跨境电商生态保险。

保险提供了采购流程风险全覆盖：首先为产品本身提供保障；其次是兜底通关过程中存在的不确定性因素和风险；最后是解决物流配送中的破损、丢失、延误等问题。在信用层面，正品保险、产品溯源险和信用保证险给商家提供了基于保险服务的信用背书和售后保障。

豆沙包与亚马逊、沃尔玛等电商平台合作，通过以大数据驱动的动态风险定价模型以及人工智能理赔技术，研发创新电商新型保险产品，并与保险公司合作进行产品落地和监管报备。用户通过豆沙包官网即可下单投保，且只需要提供店铺营业执照、身份证及后台截图即可申请，企业店铺或个人店铺均可申请，投保速度快。

保险通过互联网完成实时报价、投保、定损及理赔整个闭环流程，实现对跨境电商进出口海量、碎片化及短期订单交易的全流程保障，产品涵盖信用保证类、物流保障类、通关保障类、售后保障类等多个维度。

另外,豆沙包还基于区块链跨境电子商务协议开发了"保险＋溯源＋区块链"平台,通过标签管理技术,做到一个标签绑定一个产品,即"一物一签",标签即产品的唯一"身份认证";通过分布式记账技术进行物流信息储存与更新,打造覆盖跨境电商产品溯源体系及全流程的保险体系,投保信息与理赔信息在链上不可篡改,避免了虚假投保、骗保现象的出现。

四、无忧跨境电商出口保险

总部位于深圳的无忧科技是一家新型的互联网保险中介平台,旗下"无忧堡"聚焦于在线保险定制服务,是领先的"互联网＋保险"的销售新模式,同时是跨境出口保险领域领先的互联网保险知识科普品牌。以跨境生态圈＋互联网＋服务的整合模式,用科技赋能跨境,打通跨境金融服务产业链,铸造专业的金融、保险等服务一体化跨境金融新平台。其名下的保险产品包括跨境电商头程险(上架险)、货运险、综合产品责任险等。

第四节　跨境电商通关模式

一、跨境电商通关的监管方式

通关是出口跨境电商物流必不可少的一个环节。产品通过海关查验并放行后才能顺利进入目的国,再通过物流送至买家手中。随着跨境电子商务的发展,跨境电子商务对我国外贸总量所作的贡献越来越突出。海关总署也在不断更新跨境电子商务通关系统和监管模式,增加相应监管代码,使得跨境电子商务企业办理各项手续更加便捷,也降低了供应商的相关成本,提高了跨境电子商务的运行速度。

二、跨境电商"9610"通关模式

对于采用邮寄、快递方式出口的卖家来说,若按一般贸易出口模式对单个包裹进行报关清关,则需要投入大量的人力、物力,这必然不利于中小卖家的发展。因此,为方便这类卖家退税,国家出台了"9610"海关监管方式。早在 2014 年,海关总署就增列了海关监管方式代码"9610",专为销售对象为单个消费者的中小跨境电商企业服务。

"9610"全称"跨境贸易电子商务",简称"电子商务",即 B2C(企业对个人)出口。该模式能够化整为零,灵活便捷地满足境外消费者需求,具有链路短、成本低、限制少的特点。"9610"监管方式适用于境内个人或电子商务企业,通过电子商务交易平台实现交易,并适用于采用"清单核放、汇总申报"模式办理通关手续的电子商务零售进出口商品。

"9610"监管方式下,境外消费者通过平台下单后,电子商务企业或其代理人、物流企业通过"单一窗口"或跨境电商通关服务平台分别将"三单信息"实时传输给海关。

商品出口时,跨境电商企业或其代理人,向海关提交申报清单,采取"清单核放、汇总申报"方式办理报关手续。跨境电商综试区内不涉及出口征税、出口退税、许可证件管理,且单票价值在5 000元人民币以内的一般出口商品,可采取"清单核放、汇总统计"方式办理报关手续。

在"9610"监管方式下,海关只需对跨境电商企业事先报送的出口商品清单进行审核,审核通过后就可办理实货放行手续。对企业来说,这不仅提高了通关效率,而且降低了通关成本。

三、跨境电商"9710"通关模式

"9710"全称"跨境电子商务企业对企业直接出口",简称"跨境电商B2B直接出口",是境内企业通过跨境电商平台与境外企业达成交易后,通过跨境物流将货物直接出口至境外企业,并向海关传输相关电子数据的模式。该监管方式适用于跨境电商B2B模式直接出口的货物,包括亚马逊、eBay、Wish、速卖通、阿里巴巴等电商平台以及自建站。

跨境电商企业或其委托的代理报关企业、境内跨境电商平台企业、物流企业应当通过国际贸易"单一窗口"或"互联网+海关",向海关提交企业随附报关委托协议、发票、装箱单、合同、跨境电商B2B出口订单编号等出口单证信息。

四、跨境电商"9810"通关模式

"9810"全称"跨境电子商务出口海外仓",简称"跨境电商出口海外仓",适用于跨境电商出口海外仓的货物,是指境内企业将出口货物通过跨境物流送达海外仓,并通过跨境电商平台实现交易后,将货物从海外仓送达购买者,包括亚马逊FBA仓、第三方海外仓以及自建海外仓。开展出口海外仓业务的跨境电商企业,还应当在海关开展出口海外仓业务模式备案。

五、跨境电商"1210"通关模式

"1210"全称"保税跨境贸易电子商务",简称"保税电商"。

"1210"适用于境内个人或电子商务企业,在经海关认可的电子商务平台进行跨境交易,并适用于通过海关特殊监管区域或保税监管场所进出的电子商务零售进出境商品。

"1210"监管方式用于进口时,仅限经批准开展跨境贸易电子商务进口试点的海关特殊监管区域和保税物流中心(B型)。对跨境电子商务直购进口商品及适用"网购保税进口"(监管方式代码"1210")进口政策的商品,按照个人自用进境物品监管,不执行有关商品首次进口许可批件、注册或备案要求。海关特殊监管区域包括保税区、出口加工区、保税物流园区、保税港区、综合保税区和跨境工业区。保税仓库属于保税监管场所,不在"1210"监管方式范围内。

对于跨境电子商务零售进口商品,海关按照国家关于跨境电子商务零售进口的税收政策征收关税和进口环节增值税、消费税,完税价格为实际交易价格,包括商品零售价格、运费和保险费。进口时,跨境电商企业或其代理人应提交《中华人民共和国海关跨境电子商务零售进出口商品申报清单》(以下简称《申报清单》),采取"清单核放"方式办理报关手续。出口

时,应提交《申报清单》,采取"清单核放、汇总申报"方式办理报关手续。

针对保税区的海关监管方式还有"1239",其主要适用于需要提供通关单的其他城市(非试点城市)。

六、跨境电商"1039"通关模式

"1039"是指以市场采购贸易方式进行出口贸易,这一贸易方式的海关监管方式代码为"1039"。此前,商务部等部门已在全国31家单位开展市场采购贸易方式试点(以下简称"试点")。市场采购贸易方式作为一种新型贸易方式,适合多品种、多批次、小批量的外贸交易。此贸易方式下,符合条件的经营者在经国家主管部门认定的市场集聚区内进行采购,确保单票报关单商品货值在15万(含15万)美元以下,并在采购地办理出口商品通关手续。市场采购贸易需要条件成熟的市场集聚区作为试点区域,即通常所称的"专业市场"。专业市场以现货批发为主,在特定场所集中交易某一类商品或若干类具有较强互补性、替代性的商品。专业市场成为试点的重要平台,包括浙江义乌、浙江海宁皮革城、江苏常熟服装城、河北白沟箱包市场、天津王兰庄国际商贸城、江西景德镇陶瓷交易市场、重庆大足龙水五金市场、吉林珲春东北亚国际商品城等39家市场。

"1039"模式具有免增值税、通关便利、收汇灵活等特点,适合"单小、货杂、品种多"的无票出口贸易。其特点如下:

(一)免增值税

市场采购贸易方式下的税收征管更简单,对用该贸易方式出口的货物免征增值税,也不要求办理出口退税。

(二)通关便利

市场采购贸易方式设有单独的监管代码"1039",此项下申报出口实行简化申报;出口商品若每票报关单商品在10种以上,即可享受海关24小时全程电子通关、简化申报、智能卡口验放;实行报关单简化归类办法,只需对货值最大的前5种商品按货值从高到低在出口报关单上逐项申报;在采购地即可办理出口通关手续,无须将商品运至口岸海关再办理,降低了物流成本和不确定性。

(三)收汇灵活

从事市场采购贸易的境内和境外个人,在符合条件的情况下,可通过个人外汇账户来办理外汇结算。"1039"监管方式允许多主体收汇;允许采用人民币结算;允许出口外贸公司、市场供货商、境外采购商、采购中介等贸易主体开立外币结算账户,并根据贸易背景进行收汇结汇。

◆ 知识拓展

单一窗口

国际贸易"单一窗口"标准版依托中国电子口岸平台建设,是实现现代化、信息化、智能

化口岸通关模式的信息系统。简化、统一单证格式与数据标准,实现申报人通过"单一窗口"向口岸管理相关部门一次性申报,口岸管理相关部门通过电子口岸平台共享信息数据、实施职能管理,执法结果通过"单一窗口"反馈申报人,简化通关手续、降低通关费用。

系统目前已实现货物申报、舱单申报、运输工具申报、企业资质办理、监管证件申请、原产地证书申请、进口配额申请、行政审批、出口退税申请、税费办理、加贸保税备案、跨境电商、物品通关、服务贸易、金融服务、检验检疫、口岸收费清单、口岸物流、综合服务、移动应用、海南自贸港、西部陆海新通道、上合经贸综合服务、湾区跨境通等24大类基本服务功能。《国际贸易"单一窗口"标准版服务目录》列出了"单一窗口"标准版为用户提供的所有服务类别、服务名称、服务功能事项与业务主管单位等。

跨境电商企业或其代理人可登录跨境统一版系统通关服务子系统(http://ceb1.chinaport.gov.cn)可以实现跨境贸易电子商务出口通关统一、规范管理;交易订单信息、运单信息、支付信息、清单等数据均为电子数据;实现通关无纸化,通关高效、便利企业;高性能、可扩展,有效应对电商订单峰值压力;各功能模块操作简单,风格统一。

资料来源:http://swj.wuhai.gov.cn/swj/843439/843564/843569/843637/1932776/index.html 与 https://www.singlewindow.cn/#/detail?breadNum=bc8&articleId=yx20241219000000000001("单一窗口"标准版用户手册(跨境电商出口)_20241218.pdf)

> **课程思政**
>
> 近年来,我国跨境电商快速发展,已经形成了一定的产业集群和交易规模。为了使跨境电商出口更加便利,促进跨境电商健康快速发展,海关出台了诸多通关政策,进一步完善跨境电商进出境货物、物品管理模式,优化跨境电商海关进出口通关作业流程,对跨境电商进出口商品实施集中申报、集中查验、集中放行等便利措施,研究跨境电商出口商品简化归类的可行性,完善跨境电商统计制度。与跨境电商进出口通关直接相关的通关模式主要有七种,分别是9610、1210、1239、0110、1039、9710和9810。中国政府为了促进跨境电商健康发展,不断提高人民的生活水平,出台了一系列的政策与便利措施,充分体现了中国特色社会主义制度的优越性。

第五节 跨境电商检验检疫

所谓跨境电商检验检疫,是指对进入一国口岸的跨境电商进行监管,以保障跨境电商在进入目的地时符合相关要求。跨境电商检验检疫是一个非常复杂的系统工程,涉及多个领域,包括出入境检验检疫机构、检验检疫监管人员、检验检疫对象、进出境货物等。其中,跨境电商进出口商品性质、监管方式及特殊情况的把握和适用,是跨境电商检验检疫工作的重点。

一、跨境电商清单管理制度

为保障国门安全,促进跨境电子商务健康有序发展,2015年,中华人民共和国国家质量监督检验检疫总局(现已与海关系统合并)根据《关于进一步发挥检验检疫职能作用 促进跨境电子商务发展的意见》,对跨境电商进口商品实施负面清单,凡是列入下列清单的商品一律不许入境:

《中华人民共和国进出境动植物检疫法》规定的禁止进境物;未获得检验检疫准入的动植物源性食品;列入《危险化学品名录》《剧毒化学品目录》《易制毒化学品的分类和品种名录》和《中国严格限制进出口的有毒化学品目录》的产品;除生物制品以外的微生物、人体组织、生物制品、血液及其制品等特殊物品;可能危及公共安全的核生化等涉恐及放射性产品;废旧物品;以国际快递或邮寄方式进境的电商商品,还应符合《中华人民共和国禁止携带、邮寄进境的动植物及其产品名录》的要求;法律法规禁止进境的其他产品和中华人民共和国国家质量监督检验检疫总局(现已与海关系统合并)公告禁止进境的产品。

二、构建跨境电商风险监控和质量追溯体系

(一)构建跨境电商风险监控体系

加强对跨境电商交易商品的风险评估,制定重点商品和重点项目监管清单,不断建立完善质量风险信息采集机制、风险评估分析机制和风险预警处置机制。特别是对涉及人身安全、健康和环保的项目,应通过现场查验、抽样检测和监督抽查等,加强风险监控和预警。对达不到质量安全要求的项目,应采取风险通报、停止销售、强制召回、退运销毁等措施,以保障质量安全。

(二)构建跨境电商质量追溯体系

充分运用信息化手段,建立以组织机构代码和商品条码为基础的电子商务产品质量追溯制度,通过加贴防伪溯源标识、二维码、条形码等手段,建立商品质量追溯体系,实现"源头可溯、去向可查、产品可召回"。加强与质监部门的合作,探索建立"风险监测、网上抽查、源头追溯、属地查处"的质量监测机制,对发生的质量安全事故或投诉,及时组织开展调查,实现质量安全可追溯、责任可追究。

对多发性质量安全问题和严重质量安全事故进行调查,根据风险监测和调查结果,采取停止销售、退运、销毁以及强制召回等措施,确保质量安全。对跨境电子商务中的假冒伪劣商品和经营假冒伪劣商品的企业,实施"黑名单"制度,并加大打假力度,将行政处罚和司法衔接。进出口商品实行全申报制度,跨境电商经营企业通过跨境电商监管服务平台申报商品名称、海关编码、订单号码、收发货人等信息,并建立进出口商品质量报告制度。海关对跨境电商进出口商品实施质量监测,并根据进出口商品的退运、投诉、反馈等信息以及对全申报数据的综合分析,对跨境电商在售商品实施监督抽查,并发布监督抽查结果。对于检测不合格的商品,应责令立即下架、暂停进口、销售,并根据情况进行整改或召回。

三、关检融合

关检融合指的是报关和报检的融合。从 2018 年 8 月 1 日起,海关进出口货物将实行整合申报,即报关单、报检单合并为一张报关单,实现报关报检"一张大表"货物申报。关检融合为我国进出口企业在报关以及报检工作上节约了不少时间,同时也在一定程度上推动了海关部门相关检查审核工作效率的提升。

(一) 整合内容及工作流程

对原报关与报检过程中出现的相同内容和流程进行简化和整合。在对内容和流程进行整合的过程中,为了有效提高工作效率并方便企业申报工作顺利进行,原来二者总共需要进行申报的 229 个数据项精简到了 105 个。

(二) 全面取消通关单、原报关单和报检单,执行整合优化后的新报关单

将原报关和报检系统进行整合,实行统一的申报端口,进出口企业只需登录一个系统就可以进行申报,大幅提高通关效率。

复习思考题

一、单选题

1. 中国邮政推出的邮政物流产品中,通邮范围最广的是(　　)。
   A. e邮宝　　　　B. e包裹　　　　C. 邮政小包　　　　D. e速宝专递
2. (　　)国际快递公司的快递业务速度较慢。
   A. EMS　　　　B. UPS　　　　C. DHL　　　　D. TNT
3. 不收取燃油附加费的国际快递公司是(　　)。
   A. FedEx　　　　B. EMS　　　　C. TNT　　　　D. DHL

二、多选题

1. 海外仓费用结构包括(　　)。
   A. 头程费用　　　　　　　　　　B. 税金
   C. 当地派送费用　　　　　　　　D. 处理费以及仓储费用
2. 海外仓不仅是国际运输的重要节点,也是境外运输或配送的起点,其功能包括(　　)。
   A. 代收货款功能　　　　　　　　B. 拆包拼装功能
   C. 保税功能　　　　　　　　　　D. 运输资源整合功能
3. 四大国际快递包括(　　)。
   A. UPS　　　　B. FedEx　　　　C. DHL　　　　D. TNT
4. 专线物流适合(　　)的货物。
   A. 价值高　　　　　　　　　　　B. 时效要求高
   C. 多批次　　　　　　　　　　　D. 小批量

三、计算题

一位速卖通卖家需要从国内发送一个 45 g 的包裹和一个 580 g 的包裹至俄罗斯,他获得速优宝芬邮挂号小包和俄速通中俄专线的如下报价,燃油附加费费率为 11.25%。请问就物流费用而言,这位卖家会选择哪条专线?

速优宝芬邮挂号小包报价如下所示(根据包裹重量按克计算):

国家列表	配送服务费/(元/kg),起重 50 g	挂号服务费/元
俄罗斯	114.2	7.8

俄速通报价如下所示(根据包裹重量按克计算):

国家列表	配送服务费/(元/kg)	挂号服务费/元
俄罗斯	80	7.4

第十三章 跨境电商海外仓管理

▶ 学习目标

了解跨境电商海外仓的兴起,理解海外仓的定义、主要功能及其对跨境物流的影响;理解并掌握跨境电商海外仓的主要运作模式及其优缺点,对如何选择海外仓有一定的认知;理解并掌握海外仓选品思路;了解海外仓提供的主要服务;了解现阶段海外仓业务发展面临的问题及主要的应对措施;学习中国优秀海外仓企业实践经验,能够对我国跨境电商海外仓发展中出现的问题提出解决思路。

▶ 引导案例

释放跨境电商海外仓发展潜力

随着跨境电商模式不断升级,供应链优化成为企业发展的必经之路,而凭借物流成本更低、配送时效更快等优势,海外仓成为当前发展速度最快、潜力最大、带动作用最强的外贸新业态。

海关统计显示,2022年我国跨境电商进出口规模首次突破2万亿元,外贸占比由5年前的不足1%上升到如今的5%左右。今年上半年,跨境电商优势和潜力持续释放,进出口1.1万亿元、增长16%。其中上海的跨境电商进出口1419.6亿元、增长84.0%。由于可以提前备货、批量运输和本地退换,出口海外仓成了跨境电商企业出口的重要通道和增长动能。

2023年7月19日,海外仓综合服务平台正式发布。该平台由上海市商务委会同税务、海关、外管等部门,指导上海跨境电子商务公共服务有限公司运用大数据、区块链等技术搭建,8家企业代表现场签约入驻平台。

上海跨境电子商务公共服务有限公司负责建设、运营上海跨境电子商务公共服务平台,2022年,处理交易规模超1800亿元、交易批次近2亿笔,服务企业超2.2万家。公司董事长黄卫军表示,这次全新搭建的海外仓综合服务平台,是加快推动外贸新业态高质量发展的一次探索和创新,相信平台将帮助解决企业出口退税、跨境结算、出口退运过程中面临的难题,促进海外仓贸易便利化。

海外仓综合服务平台运用区块链、大数据等技术集成海外仓货物出口通关、境外销售、国际物流等信息,构建海外仓境内外全流程数字化贸易闭环,打造可信任的企业电子信息台账,为跨境电商出口海外仓企业提供一站式的通关前置资质代办、技术对接、业务上线等服务,同时也为海关、外管、税务部门提供跨境电商出口海外仓模式下的辅助监管功能。

"搭建海外仓综合服务平台,旨在解决广大跨境电商企业在海外仓出口中面临的数据归集、出口退税、收结汇等痛点堵点,进一步释放跨境电商出口海外仓发展潜力。"上海市商务委副主任申卫华说。

上海是最早开展跨境电商试点的口岸城市之一。依托国家级跨境电商综合试验区，全市跨境电商、自建站快速发展，实现从百亿级到千亿级的规模跃升。全市企业累计建设海外仓超138个，建设面积达179万平方米。其间，上海先后出台了支持新业态新模式发展实施意见、加快外贸稳规模提质量等政策举措，提出加快培育本土海外仓企业，鼓励海外仓企业对接跨境电商公共服务平台、电商平台，匹配供需信息等政策举措。

资料来源：《光明日报》，2023年7月27日

第一节　跨境电商海外仓管理概述

一、海外仓的兴起

随着我国跨境电商的发展，消费者对购物体验的要求也越来越高，跨境物流存在的问题对跨境电商造成的制约越来越引起重视。而海外仓的本质就是将跨境贸易转变为在当地进行，提升当地消费者的购物体验，从而帮助跨境电商卖家更好地占据目标市场。对于跨境电商卖家来说，他们所面临的巨大挑战就是如何掌控难以控制的物流，确保货物能够及时完好送达，以及如何实现便捷的退换货流程并提供堪比实体零售的售后服务，使消费者获得最好的购物体验。国内卖家往往采用传统物流方式将货物运送至海外市场出售，这种方式的缺点是显而易见的：费用较高，物流周期长，退换货麻烦，还可能会出现海关查扣、快递拒收等难以预计的情况，因此严重影响用户体验，对卖家增加销售品类也会产生不利的影响。针对传统物流成本高、花费时间长等问题的有效解决方案，就是建立海外仓。卖家提前将货物运送并存储到当地的仓库，当海外客户有消费需求时，货物的分拣、包装和配送全都直接在当地仓库进行，这样可以有效缩短物流时间，从而提高客户购物体验满意度。2020年1月，海关总署公布的数据显示，我国海外仓数量已超过1 800个，是2019年的1.8倍，面积超过1 200万平方米。其中，分布在美国、英国、德国和澳大利亚的海外仓占比高达80%，并且仍然保持着较快的增长速度。截至2021年底，我国海外仓数量超过2 000个，总面积超过1 600万平方米。

> **资料拓展一**
>
> **跨境电子商务企业对企业出口监管试点**
>
> 2020年6月12日，为贯彻落实中共中央、国务院关于加快跨境电子商务新业态发展的部署要求，充分发挥跨境电商稳外贸、保就业的积极作用，进一步促进跨境电商健康快速发展，海关总署发布了《关于开展跨境电子商务企业对企业出口监管试点的公告》（海关总署公告〔2020〕75号），对跨境电子商务企业对企业出口（以下简称"跨境电子商务B2B出口"）试点作出了规定，明确了跨境电子商务B2B出口的适用范围：跨境电子商务B2B直接出口和

跨境电子商务出口海外仓。

跨境电子商务出口海外仓是指境内企业将出口货物通过跨境物流送达海外仓，并通过跨境电商平台实现交易后，将货物从海外仓送达客户。

（一）公告内容

该公告在原有三个跨境电商监管代码"9610""1210""1239"的基础上，增列两个新的跨境电商监管代码"9710"（适用于跨境电子商务B2B直接出口）和"9810"（适用于跨境电子商务出口海外仓）。

该公告还明确了企业注册登记、海外仓备案的要求；明确了数据申报方式和企业的责任；明确了跨境电子商务B2B出口货物监管要求；明确了跨境电商B2B出口货物可适用两种通关模式，即全国通关一体化模式和跨境电商模式进行转关。

（二）试点海关

跨境电子商务B2B出口监管前期试点的10个海关，包括北京海关、天津海关、南京海关、杭州海关、宁波海关、厦门海关、郑州海关、广州海关、深圳海关、黄埔海关。试点之后会根据情况及时在全国海关复制推广。

（三）关于支持海外仓建设的政策文件

2020年8月，《国务院办公厅关于进一步做好稳外贸稳外资工作的意见》（国办发〔2020〕28号）明确指出，"充分利用外经贸发展专项资金、服务贸易创新发展引导基金等现有渠道，支持跨境电商平台、跨境物流发展和海外仓建设等。鼓励进出口银行、中国出口信用保险公司等各类金融机构在风险可控前提下积极支持海外仓建设"。

《国务院办公厅关于加快发展外贸新业态新模式的意见》（国办发〔2021〕24号）也明确提出，要推进海外仓标准建设，到2025年，依托海外仓建立覆盖全球、协同发展的新型外贸物流网络；要培育一批优秀海外仓企业，鼓励传统外贸企业、跨境电商和物流企业等参与海外仓建设，提高海外仓数字化、智能化水平，促进中小微企业借船出海，带动国内品牌、双创产品拓展国际市场空间。

党的二十大报告明确提出，推进高水平对外开放，稳步扩大规则、规制、管理、标准等制度型开放，加快建设贸易强国。

随后，海关总署优化跨境电商出口监管措施，出台《关于进一步促进跨境电商发展的公告》（海关总署2024年第167号）。

资料来源：新华网，2024年11月27日查阅

资料拓展二

15项稳外贸稳外资政策措施进一步稳住产业链供应链

《国务院办公厅关于进一步做好稳外贸稳外资工作的意见》（国办发〔2020〕28号）提出了15项稳外贸稳外资政策措施，有利于稳住外贸主体，稳住产业链供应链。

这15项措施包括：更好发挥出口信用保险作用；支持有条件的地方复制或扩大"信保＋担保"的融资模式；以多种方式为外贸企业融资提供增信支持；进一步扩大对中小微外

贸企业出口信贷投放;支持贸易新业态发展;引导加工贸易梯度转移;加大对劳动密集型企业支持力度;助力大型骨干外贸企业破解难题;拓展对外贸易线上渠道;进一步提升通关便利化水平;提高外籍商务人员来华便利度;给予重点外资企业金融支持;加大重点外资项目支持服务力度;鼓励外资更多投向高新技术产业;降低外资研发中心享受优惠政策门槛。

资料来源:百度百科

> **课程思政**
>
> 海外仓是跨境物流体系中非常重要的组成部分,大力发展海外仓建设也是国家稳外贸稳外资、稳外贸主体、稳产业链供应链的重要措施之一。无论是物流企业还是其中的从业人员,都需要了解国际形势与产业发展趋势,顺应时代与市场的需求,并且不断更新自身的知识,培养相关的专业能力,将企业和个人的发展融入国家和产业发展中,并从中找到新的价值定位。

二、海外仓的定义

2021年6月,《关于在全国海关复制推广跨境电子商务企业对企业出口监管试点的公告》率先发布,提出在现有试点海关基础上,在全国海关复制推广跨境电商B2B出口监管试点。随后,《国务院办公厅关于加快发展外贸新业态新模式的意见》也明确提出,在全国适用跨境电商B2B直接出口、跨境电商出口海外仓监管模式。

(一)海外仓定义

海外仓又称"海外仓储",在跨境电子商务中,海外仓主要是指跨境电商卖家为提升订单交付能力,而在国外接近买家的地区设立的仓储物流节点。跨境电商企业可以按照一般贸易方式,将商品批量出口到境外,并存储在海外仓中,电商平台完成在线销售后,再将商品直接从海外仓库送至境外消费者手中。

海外仓是跨境电商重要的境外节点,是新型外贸基础设施,也是带动外贸高质量发展的重要平台。海外仓真正的价值是整合。这个整合是全方位的,在物流方面主要体现为供应链的整合,降低物流成本;在产品上,一方面是产品的多样性,另一方面是产品价值和售后服务的提升。同时,海外仓也可以促进产品的精准销售等。

(二)海外仓模式

目前,跨境电商B2B出口主要包括以下两种模式:

1. "9710"

跨境电商B2B直接出口,是指境内企业通过跨境电商平台与境外企业达成交易后,通过跨境物流将货物直接出口至境外企业。

2. "9810"

跨境电商出口海外仓,是指境内企业先将货物通过跨境物流出口海外仓,并通过跨境电商平台实现交易后,再从海外仓送达境外购买者。

三、海外仓的功能

(一)代收货款功能

跨境交易的风险较大,同时跨境交易的特殊性也会导致资金结算不便、不及时等问题的出现。因此,海外仓可以在合同规定的时限和佣金费率下,在收到货物的同时,提供代收货款的增值服务,从而有效规避跨境交易风险。

(二)拆包拼装功能

大部分跨境电商的订单数量都相对较少,订单金额也相对较低,订单频率较高,且普遍具有距离长、数量少、批次多的特点。因此,为了有效提高运输的效率、节省资源,海外仓可将这些较零散的货物拼装成整箱合并运输,货物到达之后,再将整箱货物进行拆分。同时,海外仓也可以根据客户的订单要求,为所在地域较集中的客户提供拼装服务,进行整箱运输或配送,从而提高运送效率,降低物流成本。

(三)保税功能

有些海外仓可以经海关批准成为保税仓库,这样,其功能和用途范围会更为广泛,如可以简化海关通关流程和相关手续。一些简单的加工、管理等增值服务在保税海外仓内也可以实现,这无疑可以大大丰富仓库功能,从而提升竞争力。

四、海外仓对跨境物流的影响

(一)简化商品跨境运送流程

通过海外仓,卖家可以将货物提前存储到海外市场的仓库,当海外消费者有需求时,直接从当地仓库进行货物分拣、包装以及配送等。这样一来,原本复杂的跨境运送流程就可以简化为分拣、配送两个环节,从而大幅缩短物流时间,提高物流效率。

(二)有效避开跨境物流高峰

以圣诞节、万圣节等国外节日为例,节日前后通常会有大量订单,从而出现节日前后集中大量发货的情况。这种超负荷的货量运转必然会影响国际物流商的发货速度,从而导致未发货货物的大量堆积,延长了正常的物流周期,极大地影响了跨境贸易的正常进行,甚至会影响消费者的购买欲望,导致海外客户流失。如果使用海外仓,卖家就可以根据往年同期销售情况来预估未来一段时间可能的销售量,提前在海外仓备好一定数量的货物,从而有效地规避跨境物流高峰造成的各种负面影响。

(三)降低物流成本

海外仓采用的整箱集中运送方式可以使单件商品的平均运费大大降低,特别是那些重量大于 400 克的商品,采用海外仓这一方式更具有优势,能够直接降低跨境运输成本。而且,卖家只需在收到订单后将发货信息发给当地仓库,有专业的仓库管理人员代替卖家完成接下来的物流配送工作。使用海外仓,得益于其专业的仓库管理服务,卖家可以节省大量人力,还能有效降低货物分拣发送环节的差错率,从而降低跨境物流管理成本。而且,由于货物已事先存储在海外仓,当有消费者下订单时,卖家就可以第一时间做出快速响应并通过当地仓库发货,在节省货物跨境运输时间的同时,因跨境运输中对货物进行了合理的拼装和拆分,还可以节省物流费用。海外仓的使用还能实现更便捷的退换货,使卖家不需为了跨境退换货付出额外的物流成本,也能大大降低运送中货物损坏和丢失的风险。除此之外,卖家可以利用海外仓提供一些增值服务,如维修、安装等。

(四)更注重专业性和服务性

随着物流行业的不断发展与成熟,当今物流行业的竞争主要是服务方面的竞争。消费者对物流服务质量的要求越来越高,同时,不仅是消费者,卖家对物流时效和服务也越来越看重,这对海外仓服务的专业性和服务性提出了更高的要求。而随着海外仓的不断发展,跨境电商可选的海外仓也越来越多,因此,一部分海外仓企业已经开始不只是注重单纯的价格战,而是专注于做出自己的品牌,提供更受欢迎的个性化服务,以迎合跨境电商的发展需求和当地消费者的消费习惯。

第二节 跨境电商海外仓选择

资料数据显示,截至 2021 年,海外仓数量位居前十的国家为美国、英国、德国、日本、澳大利亚、加拿大、俄罗斯、西班牙、法国、意大利。图 13-1 为汇总的 2019—2021 年海外仓数量前五名的国家,从整体趋势看,美国海外仓数量最多,原因是美国以亚马逊为首的跨境电商平台有着成熟且高效的海外仓运作经验,亚马逊公司总部所在的美国是海外仓库最多的,遍布美东、美西、美中各个州,便捷的物流网络能快速地把货物送到买家手里。

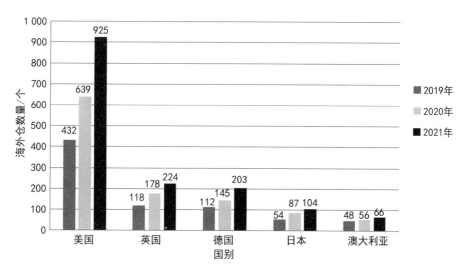

图 13-1 2019—2021 年海外仓数量前五名的国家
(数据来源:跨境眼观察)

一、海外仓模式选择

跨境电商海外仓的运作模式主要有以下三种。

(一) 自建模式

1. 卖家自建

卖家自建海外仓主要是指具有一定资金实力和客户基础的大卖家为了提升物流配送速度而在海外市场建立仓库。自建海外仓的优势是卖家可自己掌控仓库系统操作、通关、报税、物流配送等环节,物流时效稳定,客户体验好,但具有建仓成本高、建仓过程复杂、需要聘用海外员工等劣势。

卖家自建海外仓时比较注重的是选址问题,选址时要遵循靠近交通枢纽、靠近经济发达地区以及多仓布局等原则。在靠近交通枢纽与靠近经济发达地区建设海外仓,可以方便货物的转运与配送。多仓布局可以缩短物流时间和降低物流成本。

2. 跨境电商平台自建

跨境电商平台为了应对不断增加的业务量,改善平台上用户的购物和收货体验,选择在货物销售地所在国家(地区)自行建仓。这类海外仓比较了解跨境电商的情况和需求,对跨境电商的发展趋势也有较为准确的把握,因此,这类海外仓往往在市场营销方面做得比较出色。同时,因为它们自身也是电商平台,所以仓库不仅有其他电商客户的商品,也有它们自营的商品,如亚马逊平台的 FBA。

亚马逊的物流执行系统(FBA):出口企业把自己的产品放到亚马逊的跨境电商平台上销售,同时也将产品存储在亚马逊销售目的国(地区)当地的仓库中。当买家在亚马逊电商平台确认订单后,亚马逊的 FBA 系统会自动完成后续的发货、送货等具体物流操作。FBA 是目前中国跨境电商卖家需求最多的海外仓服务模式。

案例拓展

深圳一家专注于为跨境 B2B 企业提供跨境物流服务的平台型企业"跨境眼",在 2021 年对 150 家超亿级卖家进行的调查显示,2018 年,FBA 仓的需求占比最大,远超过第三方海外仓的需求。而 2021 年第三方海外仓的需求占比已经达到 80.82%,领先于 FBA 仓的需求量。具体如图 13-2 所示。

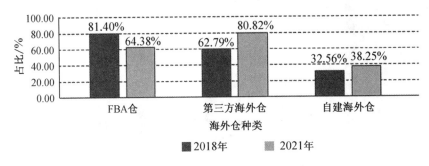

图 13-2 2018 年与 2021 年三种海外仓需求占比

这一现象和 2020 年到 2021 年受疫情影响,亚马逊 FBA 限制非生活必需品和医疗品入库的相关政策不无关系,而且随着亚马逊卖家越来越多,FBA 的仓位资源越来越紧张。在这种情况下,很多卖家同时使用第三方海外仓和 FBA 仓,将第三方海外仓作为 FBA 头程中转使用。被调查的卖家对FBA头程中转需求达到79.45%。同时,很多不符合FBA入库要求的产品,也只能通过第三方海外仓来发货。

(二)与第三方合作

与第三方合作是指跨境电商企业与第三方公司合作,由外部公司提供海外仓储服务的建设模式,这种模式能为跨境电商企业提供专业化的高效服务。这种类型的海外仓的设计水平通常比较高,并且能符合一些特殊商品高标准、专业化的运送要求。从事跨境电商的企业事先与提供海外仓储服务的外部公司联系,将货物以集中托运的方式运送至海外目标市场仓库。货物扫描入库后,海外仓的信息化系统会有所记录,并和跨境电商企业的销售系统相连接。当有消费者下单时,当地仓库就会迅速得到指令,从仓库调货并配送至消费者手中。这种类型的海外仓模式主要有以下两种。

1. 租用

跨境电商企业直接租用第三方公司现有的海外仓,利用第三方海外仓自有的信息系统和管理技术对仓储进行管理。跨境电商企业需要向第三方公司支付操作费用、物流费用和仓储费用。

2. 合作建设

合作建设指跨境电商企业与第三方公司合作建设海外仓,并自行投入设备、系统等。采用这种方式,跨境电商企业只需支付物流费用,但跨境电商企业和第三方公司需要共同对海外仓的管理和系统完善投入更多的精力。

(三)一站式配套服务模式

一站式配套服务模式是以海外仓为基础,为跨境电商企业提供跨境物流整体解决方案服务的模式。这种模式基于海外仓,但不局限于海外仓。其可以根据不同跨境电商企业的差异化需求,提供售前环节不同的头程解决方案,并提供集物流管理、供应链优化、贸易合规及金融管理服务于一体的、服务透明的、质量稳定的整体解决方案,从而帮助跨境电商企业解决物流、贸易、金融、推广等各方面的难题。跨境电商物流服务很难实现标准化,因为不同买方所在国家的法律政策都有所不同,而且不同国家的消费者在所需商品品类和消费习惯方面存在差异。部分跨境电商企业在实际运营中发现,对于物流服务的有效需求,海外仓不能完全实现。这表明,当前跨境物流的客户对于物流服务的个性化需求,已经对海外仓服务提供商提出了新的要求。于是,这种提供个性化服务的海外仓模式开始兴起。

综上所述,海外仓的三种运作模式各有优劣。处在不同阶段的卖家有不同的需求,需要经过调研和考察才能选择正确的海外仓运作模式。

知识拓展

国内海外仓三巨头

目前,国内海外仓三巨头主要是谷仓海外仓、递四方海外仓和万邑通海外仓。

谷仓海外仓:其隶属纵腾集团,覆盖全球30余个国家和地区,在美国、英国、德国、捷克、法国、意大利、西班牙、澳大利亚、日本、加拿大等贸易发达国家建成了100多个海外处理中心。目前,各仓海外仓面积超160万平方米,是中国首家跨越百万级的海外仓企业。

递四方海外仓:递四方在全球铺设海外仓50余个,面积近100万平方米,覆盖美国、加拿大、澳大利亚、日本、英国、德国、西班牙、捷克等20个国家。其已经建成43个国内分公司/分拨服务网点,在全国有50多万平方米办公/作业场地。

万邑通海外仓:截至2021年底,万邑通在澳大利亚、美国、英国、德国、比利时5个国家拥有14个总计31.56万平方米的海外仓储中心,在大中华地区拥有7个集货转运仓和31个直发包裹揽收操作中心。自2022年9月开始,万邑通与JOOM达成战略合作,正式成为JOOM平台的官方认证仓,成为JOOM首个在欧洲(除俄罗斯)的官方海外仓认证仓。万邑通德国仓、万邑通英国仓可以很好地支持JOOM在全欧洲的订单履约。

资料来源:https://www.zili.com/27435.html.零壹电商,2022年12月7日查阅

◎ **案例拓展**

易云仓的海外分销代发货

深圳较知名的D企业主营LED灯管批零销售,在行业内有近10年的销售经验。其LED灯管主要销往美国和欧洲国家,原先是通过传统贸易形式进行批发。为了满足市场需求,开展跨境电子商务业务,D企业将线上、线下销售模式相结合,并在亚马逊上开设了多家店铺。

在得知易云仓可以帮助其在境外分销代发货,并且能省去自己在海外建仓的一系列费用后,D企业决定使用第三方公共服务海外仓模式,以降低物流成本。D企业首先让易云仓的物流顾问根据货物尺寸规格结合头程的货量和主要销往地点制定定制化物流方案,再根据实际客户的需求选择时效短或价格低的快递服务,进而开拓了多种渠道,满足了各类消费者的需要。

资料来源:https://www.sohu.com/a/120808976_472018.海优购,2024年12月20日查阅

思考:请分析这种模式的优势和劣势。

二、海外仓的优缺点

(一)海外仓的优点

1. 大幅降低物流成本

以发货为例,企业批量从境内发货至海外仓,然后从海外仓采用当地快递将货物配送到客户手中,所费用远比一单单地从境内直接发货给客户少。一单单发货,如果碰到客户退换货物的问题,就会非常棘手,来回的费用多到难以想象。如果使用海外仓,就可以避免高昂的国际物流成本。

2. 有效避免物流高峰

以节日为例,大多数节假日会有大量货物待发,囤积的货物会严重影响国际物流商的运转操作,从而影响派送时效,进而影响客户的收件时间。如果使用海外仓,商家就可以预估

销售量,提前将货物发至海外仓,避开物流通道堵塞而造成的麻烦。

3. 清晰管理、清点货物

以订单为例,每笔订单的录入、录出,库存的清点和盘查,都是非常耗时、耗力、耗资的,这会增加成本,降低利润。如果使用海外仓,商家就可以省去相关支出。海外仓配有仓库管理人员,他们经验丰富,可做到实时监控;还配有专业高效的系统,操作简单,省时、省心、省力。

4. 提高商品的曝光率

如果商家在境外有自己的仓库,那么当地的客户在购物时,一般会优先选择当地发货,因为这样可以大幅缩短收货时间。使用海外仓也能够让商家打造自身的独特优势,从而提高商品的曝光率及店铺的销量。

5. 提高客户满意度

海外仓极大地增强了物流的时效性,不仅能够得到客户的青睐,提高客户满意度,也能为商家节省运输成本,减少损失。

> **知识拓展**
>
> ## 海外仓模式与传统进出口模式的区别(见表13-1)
>
> 表13-1 海外仓模式与传统进出口模式的对比
>
> | 对比点 | 海外仓模式 | 传统进出口模式 |
> | --- | --- | --- |
> | 跨境电商企业发货时间 | 提前批量进/出口 | 消费者下单后进/出口 |
> | 货运规模 | 批量 | 单件 |
> | 清关手续 | 货物抵达海外仓前提早完成 | 伴随跨境运输完成 |
> | 存储、分拣、包装 | 货物抵达海外仓后实施 | 进/出口国境内中间商仓库实施 |
> | 配送时长(以欧美为例) | 2~3天 | 10~20天 |
> | 单件运输成本 | 大幅度下降 | 较高 |
> | 自主定价权 | 较高 | 较低 |
> | 自主品牌推广权 | 较高 | 较低 |
> | 售前体验 | 线上浏览与线下体验店结合 | 跨境电商平台线上浏览 |
> | 售后服务 | 提供退换货 | 难以实现退换货 |
> | 跨境电商企业经营模式发展 | 向跨国经营拓展 | 仍维持单一进/出口销售模式 |

(二)海外仓的缺点

1. 必须支付海外仓仓储费

海外仓仓储费用因海外仓所在地不同而不同。商家在选择海外仓的时候,一定要计算成本,并将其与自己目前使用的发货方式所需要的成本进行对比。

2. 必须有一定的库存量

海外仓要求商家有一定的库存量,因此特别定制的少量商品不适合使用海外仓模式。

3. 库存压力大,资金周转不便

销量不理想或存货量预测不准会导致货物滞销。货物一直积压在海外仓中,就会持续产生仓储成本,除了导致库存压力增加外,还会使商家资金周转不便。

4. 海外仓服务商的本土化服务和团队管理是难题

商家要采用完全当地化的手段和思维来管理团队。

 案例拓展

中邮海外仓

中邮海外仓(China Postal Warehousing Service,CPWS)是中国邮政速递物流股份有限公司开设的境外仓配一体化服务项目,服务内容包括国内仓库接发操作、国际段运输、仓储目的国进口清关、仓储、配送以及个性化增值服务等。CPWS是整合国际邮政渠道资源、专业运营团队和信息系统而推出的安全、稳定、高效的海外仓产品,能为客户优化跨境电商物流提供解决方案。

仓库介绍

CPWS现已开办美国仓、德国仓、英国仓、澳大利亚仓和捷克仓等海外仓。美国仓包括美东新泽西仓和美西洛杉矶仓,仓库面积分别为35 000平方米和20 000平方米左右,峰值处理能力分别为35 000单/天和20 000单/天。德国法兰克福仓面积为2 000平方米左右,峰值处理能力为3 000单/天。英国伯明翰仓和澳大利亚墨尔本仓面积均为6 000平方米左右,峰值处理能力分别为5 000单/天和1 000单/天。捷克詹尼士仓面积为10 000平方米左右,峰值处理能力为6 000单/天。

操作流程

登录CPWS官网进行注册,填写Excel表、提供资料、签订合同、上报审批、激活账号。登录订单管理系统,在"产品管理"模块中维护商品的基本信息,系统支持单个商品信息维护或批量上传商品信息。

一旦商品的基本信息添加或维护完毕,用户就可以通过系统创建并提交入库单。入库单包括用户即将发送CPWS的商品种类以及数量。

入库单提交成功后,用户就可以通过系统打印指引来打印商品的SKU标签、箱位及装箱清单了。用户需要将商品的SKU标签贴在每个商品的外包装上,然后将装箱清单打印出来,置于该批次商品的包装箱内,最后再为箱子贴上箱唛。

CPWS接收到货物之后,会逐个清点数量进行入库。用户可在系统后台实时查看库存数量。用户在eBay、Amazon等平台的订单,就可以开始在系统的"订单管理"模块中创建并维护了。CPWS收到用户发送的订单指令后,会在24小时之内处理完毕并安排出库,交给用户指定的快递公司进行配送,系统会自动返回快递跟踪单号。

买家会在2~5日内收到CPWS发出的货物包裹。

资料来源:http://cpws.ems.com.cn/中邮海外仓官网,2024年12月20日查阅。

思考：

(1) CPWS 能提供哪些服务？

(2) 如何选择合适的海外仓？

三、海外仓模式选择的影响因素

通过分析各跨境电商企业选择海外仓模式的原因发现，影响其选择的主要因素如下。

（一）企业自身角度

从企业自身角度而言，选择海外仓模式需要考虑的有企业资金实力、发展战略和业务特性。企业根据自身的发展战略，充分发挥国内市场和国际市场两种资源，以现有资金为基础，以企业资产类型及业务特性为方向来选择海外仓的运营模式。

（二）商品特性

商品流通性好坏是影响海外仓模式选择的主要因素。海外仓运营模式不同，选择售卖的产品也有所区别。对于自建仓而言，尺寸较小、可长久储存的小重量商品相对更合适，例如饰品、文具等可以大量存放，降低补货频率，且保质期长。而体积较大、周转率较低的商品则可以选择 FBA 模式或第三方海外仓模式。

（三）目标市场特点

海外仓模式的选择与当地国家市场规模、消费者行为和物流体系都有直接关系。如果想进军发达国家，且企业本身拥有完善的物流系统和海外仓购物体系，则在发展战略上可考虑自建海外仓，提高客户服务水平，以占据市场。反之，企业可借用亚马逊平台或者选择租用第三方海外仓模式解决产品配送问题。

> **知识拓展**
>
> ### 虚拟海外仓
>
> 虚拟海外仓是一个介于国内直发货和海外仓发货的模式。其操作模式是，当平台产生订单后，在系统打印好后段的运输面单，贴好运输面单后，打包并通过各种渠道发到海外仓再拆箱分发。
>
> 1. 虚拟海外仓的定义
>
> 目前，主流跨境电商 B2C 的发货模式主要有 3 种：直邮模式、传统海外仓模式以及虚拟海外仓模式。虚拟海外仓就是海外仓的虚拟模式，虚拟海外仓相较于传统海外仓，少了仓储费用，且无须提前备货，灵活性较高，是很多中小型跨境电商企业的不二之选。不仅如此，中小型跨境电商企业，特别是一些刚刚起步的跨境电商企业，前期没有资金实力，不想投入这么多的成本，但是又苦于不知道怎么提高自己的市场竞争力，虚拟海外仓就是最佳选择。
>
> 2. 虚拟海外仓的优劣势
>
> （1）虚拟海外仓的优势
>
> ①虚拟海外仓可以按平台的时效要求，做好整个流程的时效控制，以此来控制合适的物流成本；

② 显示本地发货,提高消费者的购买信心,增加销量;
③ 提高产品的售价,可与当地的产品售价一致,增加产品利润;
④ 可以在海外仓退换货,解决恶意退件问题;
⑤ 无须囤货,无库存风险,无资金压力;
⑥ 符合多库存管理的 SKU 运营的模式;
⑦ 无仓储费用,方便随时应对国外政策变化,灵活性比较高;
⑧ 减少风险,如前期投入成本风险,海外滞销风险等。
(2) 虚拟海外仓的劣势
① 目前电商平台并不认可虚拟海外仓;
② 运输时效较慢,物流成本相对较高;
③ 缺乏市场竞争力。

资料来源:百度百科

第三节　跨境电商海外仓操作流程

一、海外仓选品

(一) 适合海外仓销售模式商品的特点

适合海外仓销售模式的商品具有以下特点。

1. 尺寸、重量大的产品

这类产品用小包、专线邮递规格会受到限制,使用国际快递费用又很昂贵,而使用海外仓,则会突破产品的规格限制和降低物流费用,从而增加销售利润。例如,那些重物流产品(比如五金类、家具类、户外类产品等)特别适合选择海外仓;如果产品为轻物流品类,而且产品 SKU 还很多,无法对热销产品作出预估,可能就不适合选择海外仓。

2. 单价和毛利润高的产品

由于高质量的海外仓服务商可将破损率、丢件率控制在很低的水平,为销售高价值商品的卖家降低风险,从而提高经营利润,所以单价和毛利润高的产品也适合使用海外仓。

3. 货物周转率高的产品

货物周转率高的产品也就是畅销品。对于畅销品来说,买家可以通过海外仓更快速地处理订单,回笼资金,而滞销品占用资金的同时还会产生相应的仓储费用。因此,相比之下,周转率高的商品比较适合使用海外仓。

4. 敏感类产品、有物流限制的产品

液体、膏状、粉末状等形态的美妆产品走直邮渠道限制多,但凭借海外仓能快速打开市场局面。

实践中,并不是所有商品都适合使用海外仓,跨境电商企业要对市场有一个预判,选择合适的商品进入海外仓。海外仓选品的具体定位如图 13-3 所示,高利润品类,比较适合进入海外仓;"高风险、高利润"的品类,最适合进入海外仓;低利润品类,不太适合进入海外仓,尤其是"低风险、低利润"的品类。

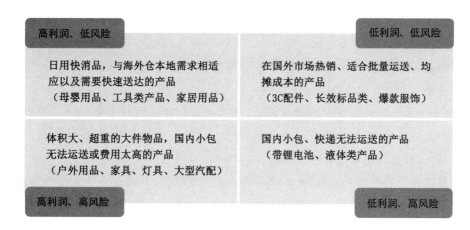

图 13-3　海外仓选品定位

> **课程思政**
>
> 　　中国制造在全球市场仍然具有很大的影响力,彰显出了中国经济在世界经济中的地位,这是值得中国企业及中国人民自豪的地方。但是,我们也需要知道,与发达国家相比,中国制造的品牌影响力和高附加值创造能力还有待提升。我们需要不断积累、创新,才能在国际竞争中取得优势地位。

(二)海外仓选品思路

本质上,海外仓的选品应该以当地买家的市场需求为基础。

1. 确定在哪个国家建立海外仓

卖家建仓时,要选择可以覆盖周围市场的地方,比如在美国建仓可以覆盖加拿大,又如在欧洲建仓,有英国、法国、德国、西班牙和意大利五个国家可以选择,且任选一个国家建立海外仓均能覆盖欧洲各地。如果想专攻某一个国家进行销售,则可以通过数据工具,如速卖通平台中的选品专家热销词来确定海外仓选址。

2. 了解当地买家市场需求

可以从当地电商平台进行了解和调查,结合实地走访调查。

3. 在国内寻找类似产品,开发海外仓产品

开发指标:产品的单个销量、单个到仓费用、单个毛利及毛利率、月毛利、成本收益率。以上这些指标,企业应根据自身来确定。

4. 运用数据工具选品

选产品主要参考数据纵横中选品专家的热销词、热搜词,搜索词分析中的飙升词。另外,还可以参考其他第三方工具用来打造爆款的主力词。

案例拓展

海外仓合理选品,规避滞销风险

子不语公司是一家专注于服装销售的公司。服装是一种季节性强、生命周期短的商品,一般是不适合作为海外仓选品的,但子不语公司对商品进行了合理的选择,规避了滞销风险,使得公司的海外仓销售额非常可观。

在进行海外仓选品时,只要商品在直发方面表现良好、转化率高(一般是公司的热销商品),子不语公司就会立即少量备货至海外仓进行测款,一般1~2周即可进入海外仓进行销售测试;对于一些主观判断选出的潜力新品,子不语公司也会进行少量测试。同时,该公司严格把控商品的质量(通过商品评分进行评估)。

在选品上,该公司通常是这样操作的:

- 尽量选择经典款和大众款,此类商品需求量大且稳定,更加适合进入海外仓。
- 对于季节性商品,公司已经有完善的历史数据支持,可以提前2~3个月布局对应商品的开发、上架、销售、入仓等。
- 不同国家和地区的服装风格有很大的差别,公司需要针对不同的市场做定向的商品开发及海外仓布局。服装的变体很多,在测试阶段先选择热销的变体进行测试,待效果较好时再逐步扩展到其他变体。

海外仓较为复杂的物流过程给商家带来了更大的备货、仓储压力。过量的海外仓仓储不仅会产生更多仓储费用,还会抬高滞销成本。因此,子不语公司采用少量多次的方式,在旺季通过空运的方式及时对热销商品进行补仓,避免过多的商品积压在海外仓中而导致滞销。

思考:请搜集资料,了解更多的海外仓选品案例。

二、海外仓的运作流程

卖家使用海外仓发货通常涉及头程——海外仓——尾程——售后/增值服务四个模块,具体操作流程如下。

海外仓的运作流程如图13-4所示。

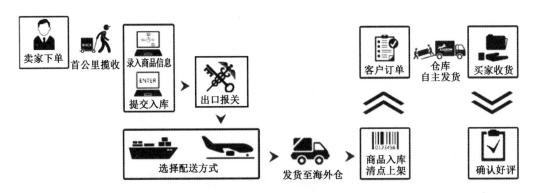

图13-4 海外仓运作流程图

（一）卖家下单

商家在海外仓服务商官网下单，与海外仓服务商进行对接。

（二）首公里揽收

对接完成后，海外仓服务商会到商家处揽收货物，并将货物运输至海外仓服务商集货仓。

（三）复查操作（录入商品信息、提交入库）

在海外仓模式下，海外仓服务商会对货物进行一系列复查工作（如重量复秤、体积复量、商品复查、商品分拣、商品贴标、货物打包等）。

（四）出口报关

完成复查工作后，工作人员会将货物装箱，进行出口报关，此时需要商家提供公司材料、商品相关证书等报关资料。

（五）选择配送方式

商家选择海运、空运或其他头程运输配送方式。

（六）发货至海外仓

货物顺利报关运输至目的港后，还需要进行进口清关，海外仓服务商会预先支付一部分税金并代理清关。若货物符合目的地的清关规定，则该货物会被放行离港，并由海外仓服务商运输至海外仓。

（七）海外仓操作（商品入库、清点上架）

货物抵达海外仓后，海外仓工作人员会进行一系列工作（如商品入库、清点上架、拆箱服务、仓储服务、贴标服务、平台预约等）。

（八）尾程物流（仓库自主发货）

一旦买家下单，则相关商品将由海外仓工作人员分拣给运输人员，并由当地的运输体系派送至买家手中。尾程物流需要商家自行选择，建议商家对当地的物流成本、配送距离和有效库存进行综合考虑，选择优质的配送服务。

三、海外仓服务

与海外仓相关的国际物流服务涉及头程运输、仓储管理和尾程运输（本地配送）三个阶段：一是头程运输，是指跨境电商卖家通过海运、空运、陆运等方式将商品运送至目的国的海外仓；二是仓储管理，是指卖家通过物流信息系统，远程操作海外仓储货物，实时管理库存；三是尾程运输（本地配送），是指海外仓储中心根据订单信息，通过当地邮政或快递将商品配送到客户手上。

（一）海外仓基本服务

海外仓基本服务主要是为跨境电商卖家在销售目的国进行清关、入库质检、存储、接受订单、商品分拣、包装、派送等提供的服务。

（二）海外仓增值服务

1. 代收货款服务

针对一些国家和地区存在跨境支付与结算不便和不及时的问题，在合同规定的时限和佣金费率下,海外仓可以为客户提供代收货款的增值业务。

2. 退换货、换标等服务

海外仓可以为客户提供海外销售商品的退换货、调拨、重打或代贴标签、分箱等服务。此外,跨境电商卖家难免遭遇账号被封、产品无法上架、贴错SKU标签等问题,那么海外仓就可以提供退换货、换标、重新打包、FBA代发货服务,让产品再次获得价值,最大程度地避免货物损失。

3. 保税功能

当海外仓经海关批准成为保税仓库时,其功能和用途范围会更为齐全和广泛,可简化海关通关流程和相关手续。同时,保税仓库可进行转口贸易,以海外仓所在地为第三国,连接不同国家的卖方和买方,有效规避贸易制裁。保税海外仓还可提供简单加工等相应增值服务,能有效丰富仓库功能,提升竞争力。

4. 亚马逊FBA中转

卖家在使用亚马逊FBA时,先将货物通过空运或海运等发到目的国海外仓,然后在库容允许的情况下,要求海外仓贴好FBA标签,用本地快递发到FBA仓,就近补货,以此来降低部分环节的延误风险。此外,除了FBA中转,一些海外仓还为卖家提供入库质检、货物上架、库存管理、订单接收、订单分拣、订单复核、多渠道发货等服务。

5. 运输资源整合

由于国际贸易B2C具有订单数量小、订单金额小、频率较高的特点,因此海外仓可以对其下游的客户资源进行整合,实现运输的规模效应,降低配送成本。

6. 拆包拼装

由于跨境B2C订单具有距离长、批量小、批次多的特点,因此为实现运输规模效应,海外仓可对零散货物实行整箱拼装运输。货物到达海外仓之后,仓库将整箱货物进行拆箱,同时根据客户订单要求,为所在地域集中的用户提供拼装业务,进行整车运输或配送。

除上述服务功能外,一些海外仓还可以为用户提供线下产品展示、海外分销、网店代运营、海外售后维修等服务。

第四节　跨境电商海外仓发展面临的问题及对策

一、海外仓业务发展存在的问题

(一)缺乏专业人才

海外仓对人员的综合素质要求比较高。海外仓有效衔接了库存管理系统、物流信息系统和在线支付系统,对工作人员信息技术水平的要求极高。但我国海外仓发展的时间较短,专业的供应链管理人才和信息技术人才相对缺乏,很大程度上影响了海外仓的运营能力和响应能力。

(二) 企业负担成本高

海外仓建设对企业有较高的资金要求。无论是自建式海外仓还是第三方海外仓,都要求企业具有雄厚的资金实力,能够负担建设海外仓的各项费用和支付租赁海外仓的租金。解决库存旺季时的爆仓和淡季时的库存闲置、合理安排物流服务并进行有效的成本管控等,都需要大量的人力物力。再加上在海外仓投入使用前期,电商企业由于缺乏管理经验,大都会出现入不敷出的情况。

(三) 库存积压

海外仓对商品的选择也有限制。大部分海外仓的利润源于商品的高速流转,如果一些销售速度慢的大型商品或处于淡季的商品增加了库存压力,导致爆仓,会使海外仓不能再存储当季热销商品,因而不能产生最大效益。如果此时再把那些销售速度慢的大型商品或处于淡季的商品运回国内,又会增加运输成本,甚至成本可能会超出商品自身价值,这就使得跨境电商企业陷入两难困境。此外,受所在国家和地区政策、文化等的影响,不同地区消费习惯不同,产品运输到海外仓后,可能会面临本地配送过程中的法律、税务、当地传统行业抵制等问题。

(四) 国外对海外仓的监管日益严格

中国跨境出口电商发展迅猛,对海外的一些商家造成了冲击。我国政府虽然已经出台了一些关于跨境电商的政策,但由于跨境电商海外仓发展时间短且各方面的发展不成熟,仍然面临很多法律方面的阻碍。此外,一些跨境电商平台经营的商品存在假冒伪劣的问题,受到海外消费者的诟病。同时,不法分子利用法律法规的漏洞偷税漏税等问题,也影响了我国跨境电商海外仓的国际形象。

近几年,国家对跨境电商和海外仓的发展出台了一系列的政策,以规范跨境电商海外仓的发展,具体见表 13-2。

表 13-2 跨境电商海外仓发展政策

发布时间	文件名称	发文单位	核心规定
2018 年 4 月	《关于规范跨境电子商务支付企业登记管理》	海关总署	进一步规范海关跨境电子商务监管工作
2018 年 7 月	《国务院关于同意在北京等 22 个城市设立跨境电子商务综合试验区的批复》	国务院	明确新设一批综试区,逐步完善促进其发展的监管制度、服务体系和政策框架,推动跨境电商在更大范围发展
2019 年 3 月	2019 年《政府工作报告》	国务院	将改革完善跨境电商等新业态扶持政策。推动服务贸易创新发展,引导加工贸易转型升级、向中西部转移,发挥好综合保税区作用。优化进口结构,积极扩大进口,加快提升通关便利化水平
2020 年 1 月	《关于扩大跨境电商零售进口试点的通知》	商务部等六部门	将进一步扩大跨境电商零售进口试点范围,本次扩大后,跨境电商零售进口试点范围将从 37 个城市扩大至海南全岛和其他 86 个城市(地区),覆盖 31 个省、自治区、直辖市

(续表)

发布时间	文件名称	发文单位	核心规定
2020年4月	《国务院关于同意在雄安新区等46个城市和地区设立跨境电子商务综合试验区的批复》	国务院	同意在雄安新区、大同市、满洲里市、营口市、盘锦市、吉林市、黑河市、常州市、连云港市等46个城市(地区)设立跨境电子商务综合试验区
2020年5月	《国家外汇管理局关于支持贸易新业态发展的通知》	国家外汇管理局	从事境外电子商务的企业可将出口货物在境外发生的仓储、物流、税收等费用与出口货款轧差结算。跨境电子商务企业出口至海外仓销售的货物,汇回的实际销售收入可与相应货物的出口报关金额不一致。跨境电子商务企业按现行货物贸易外汇管理规定报送外汇业务报告
2021年3月	《中华人民共和国国民经济和社会发展第十四个五年规划和2035年远景目标纲要》	国务院	加快发展跨境电商,鼓励建设海外仓,保障外贸产业链、供应链畅通运转
2021年7月	《国务院办公厅关于加快发展贸易新业态新模式的意见》	国务院办公厅	在全国适用跨境电商B2B直接出口、跨境电商出口海外仓监管模式,便利跨境电商进出口退换货管理,优化跨境电商零售进口商品清单;扩大跨境电商综试区试点范围,到2025年,力争培育100家左右的优秀海外仓企业,并依托海外仓建立覆盖全球、协同发展的新型外贸物流网络
2021年6月	《"十四五"商务发展规划》	商务部	推动外贸创新发展,开展跨境电商"十百千万"专项行动、规则和标准建设专项行动、海外仓高质量发展专项行动等,到2025年,使跨境电商等新业态的外贸占比提升10%
2021年9月	《"十四五"电子商务发展规划》	商务部等	倡导开放共赢,开拓国际合作新局面,支持跨境电商高水平发展
2021年11月	《国务院办公厅关于进一步加大对中小企业纾困帮扶的通知》	国务院办公厅	鼓励具备跨境金融服务能力的金融机构在依法合规、风险可控前提下,加大对传统外贸企业、跨境电商和物流企业等建设和使用海外仓的金融支持
2021年12月	《国务院办公厅关于做好跨周期调节进一步稳外贸的意见》	国务院办公厅	进一步发挥海外仓带动作用,积极利用服务贸易创新发展引导基金等,按照政策引导、市场运作的方式,促进海外仓高质量发展
2021年12月	《国务院办公厅关于促进内外贸一体化发展的意见》	国务院办公厅	引导外贸企业、跨境电商、物流企业加强业务协同和资源整合,加快布局海外仓、配送中心等物流基础设施网络,提高物流运作和资产利用效率

(续表)

发布时间	文件名称	发文单位	核心规定
2022年1月	《国务院关于同意在鄂尔多斯等27个城市和地区设点跨境电子商务综合试验区的批复》	国务院	同意在鄂尔多斯市、扬州市、镇江市、泰州市、金华市、舟山市、马鞍山市、宣城市、景德镇市、上饶市、淄博市、日照市、襄阳市、韶关市、汕尾市、河源市、阳江市、清远市、潮州市、揭阳市、云浮市、南充市、眉山市、红河哈尼族彝族自治州、宝鸡市、喀什地区、阿拉山口市等27个城市和地区设立跨境电子商务综合试验区
2022年3月	2022年《政府工作报告》	国务院	支持建设一批海外仓;扩大高水平对外开放,推动外贸外资平稳发展;充分利用两个市场两种资源,不断拓展对外经贸合作,以高水平开放促进深层次改革、推动高质量发展
2022年6月	《中国人民银行关于支持外贸新业态跨境人民币结算的通知》	中国人民银行	境内银行可为跨境电子商务、市场采购贸易、海外仓和外贸综合服务企业等外贸新业态经营者、购买商品或服务的消费者提供经常项下跨境人民币结算服务
2022年9月	《国务院办公厅关于进一步优化营商环境 降低市场主体制度性交易成本的意见》	国务院办公厅	着力优化跨境贸易服务,支持有关地区搭建跨境电商一站式服务平台,为企业提供优惠政策申报、物流信息跟踪、争端解决等服务
2022年9月	《支持外贸稳定发展若干政策措施》	商务部	进一步发挥跨境电商稳外贸的作用,研究通过进一步带动社会资本并统筹利用外经贸发展专项资金、加强出口信用保险,优化海关备案流程,以及加快出台便利跨境电商出口退换货的税收政策等一系列措施,加大加快对海外仓建设和运营的支持力度

二、海外仓业务拓展的措施

(一)完善本土化服务体系

跨境电商对海外消费者的服务依赖海外仓所提供的本土化运营体系,进而拓宽海外市场占有率。

1. 组建海外仓本土化运营团队,结合本地消费需求设置海外仓规模。
2. 开展本土语言、文化调查,建立覆盖目标市场的本土化电商服务网站。
3. 优化本土化第三方支付平台,满足本土化支付需求。
4. 以本地仓储商品进行发货,减少物流环节,提升服务时效性。

(二)寻求与当地代理运营公司和税务解决方案公司合作

国外本土代理运营公司和税务解决方案公司熟悉本国政策,拥有广泛的人脉资源,跨境电商企业及物流企业可以与它们合作互惠,以在清关、报税、海外仓的运营等方面获取便利。

(三) 发展非英语地区海外仓

欧美国家的海外仓租赁成本和人力成本较高,加强非英语地区的海外仓建设,不仅可以降低经营成本,还可以开发当地市场,进一步开拓海外市场。

(四) 引入现代信息管理系统

海外仓建设与管理的关键是通过大数据技术的开发与利用,构建完善的信息管理系统;在订单生成、追踪、录入及汇总管理上,要实现自动化、网络化;对海外仓库存信息进行高效协同管理,特别是引入数据分析与挖掘,对市场需求进行精准预测,提升海外仓备货、运货效率。

(五) 拓宽风险防范合作模式

在建仓前,跨境电商企业要从各类风险因素角度进行可行性分析,要建立风险防范体系,包括融资风险、商贸合作风险、法律风险、监管风险防范体系等,以降低建仓市场风险,提升海外仓效益。

(六) 重视海外仓专业管理人才的培养

有关部门可整合高等院校和社会资源,完善跨境电商专业人才培养方案。通过开设国际化课程,将工作人员派往国外知名跨境电商企业学习实践,培养拥有宽口径与重应用的高端综合型人才。

三、中国优秀海外仓企业实践经验总结

(一) 组建专业技术团队,建设信息管理系统

1. 组建专业技术团队

组建专业素质高、梯次全的专业技术团队,开展自主软件研发,对系统进行维护和完善。

2. 建设先进的信息管理系统

建设订单管理系统、仓储管理系统等先进的信息管理系统,实时对接客户、商品、仓储、配送等信息,实现海外仓物流、订单流、信息流、资金流"四流"合一。

(二) 提升智能化水平

1. 运用智能设备

积极装配智能机器人、自动化立体库堆垛机、自动轻型物件分拣机等智能设备,提升仓配效率,降低人工成本。

2. 打造自动化传输、分拣线

在仓内集成各类自动化设施,设计自动化仓管方案,实现全自动流水作业。有的海外仓智能分拣速度高达每小时 3 600 件。

3. 进行智能分仓

设计解决方案,为卖家评估最优分仓比例,测算全程物流成本,此举最多可降低 30% 的尾程派送成本。

（三）助力提升外贸企业数字化水平

1. 拓展在线营销

外贸企业上线后，可通过全球布局海外仓，让产品直达消费者，减少中间环节，实现销售渠道扁平化，有效提高利润率。

2. 建立柔性供应链

将产品款式、性能以及消费者满意度等第一手资料及时反馈给工厂，从而形成便利化、个性化、定制化生产，促进贸易与产业深度融合。

3. 协助推广品牌

根据当地市场特点，制定专属营销策略，协助开展品牌宣传、形象维护等活动，扩大品牌影响力。

（四）与跨境电商平台联动发展

1. 在当地自建电商平台

借助自建平台，将海外仓业务延伸至整个供应链，实现仓配、认证、推广、运营等相互协同，形成业务闭环。

2. 与当地电商平台合作

开设海外线上自主品牌集成店、代运营头部品牌线上旗舰店以及进行线下渠道拓展等，为卖家提供 B2B 与 B2C 相结合、线上线下联动的多场景营销推广。

（五）建立"门到门"物流体系

1. 自建头程专线物流

与国际主流航空公司等合作，开发价格低于国际快件巨头、效率高于传统海运的头程物流线路。

2. 优化尾程配送

与所在国主流快递公司签订战略合作协议，个别有条件的海外仓可以自建当地物流团队，实现尾程配送"次日达"或"两日达"。

（六）提供一站式通关服务

1. 获取所在国海关高级认证资质

组建专业关务团队，或与当地优质清关公司合作，提高清关效率。

2. 提供一站式通关服务

除报关报检外，提供缴税、提货、转运等全流程服务，并可代办产品质量认证等。

3. 提供保税服务

部分海外仓被所在国海关认定为电商保税仓，可提供保税仓储及转运服务。

（七）创新供应链金融服务

1. 提供第三方担保服务

根据掌握的货物、物流数据信息，以第三方身份为融资双方提供"担保品管理服务"，并以"团购"形式降低融资成本，减少坏账率。

2. 创新商业保理服务

以受让应收款方式，直接为卖家提供贸易融资、应收账款收付结算等商业保理服务，降低贸易风险，加快资金周转效率。

3. 创新信保产品

与大型电商平台、中国出口信用保险公司合作，为卖家提供信保融资授信等金融服务，开拓国际市场。

（八）提供合规咨询服务

1. 提供商品合规咨询

记录所在国进口商品所需合规性资料，并以信息化、平台化方式向客户开放，助力跨境电商企业商品合规入境。

2. 提供运营合规咨询

与所在国相关会计师事务所合作，梳理当地注册、运营企业所需合规性资料，为跨境电商企业提供推介、咨询等服务。

3. 提供法务合规咨询

打造境外法务、财务、税务团队，熟悉所在国法律法规，帮助跨境电商企业避免知识产权侵权等违规行为，规避各类税收风险。

（九）拓展数据资源效用

1. 开展运营分析

运用大数据技术，为跨境电商企业提供库存周转、库存账龄等方面的数据支持服务，帮助跨境电商企业降低经营成本，提升运营效率。

2. 助力生产提质升级

通过整合数据资源，梳理消费者反馈、产品故障率等重要数据，缩短生产端反应周期，提高生产效率，助力产品升级换代。

（十）提供高质量售后服务

1. 提供集货式退换货服务

依托信息化平台，收集不同消费者的退换货商品，汇总后以成本较低的海运方式发回国内，有效降低物流成本。

2. 优化售后维修服务

研发有关系统，检测分析商品故障，定制维修方案，开展当地维修，及时定向返回消费者。

3. 延伸售后服务

定期开展消费者回访，挖掘售后数据资源，实时向卖家反馈故障原因、零部件耗材使用等情况，助力商品质量提升。

（十一）定制个性化服务

1. 开展仓内加工

根据不同国家销售平台和卖家的订单需求，提供产品组货、包装等服务，以更好地满足卖家和消费者需求，提高产品复购率。

2. 划定仓中仓

设立单独的仓储区域并与客户实现信息化对接，实现无缝订单流转及仓储管理。为客户预留空间，方便客户派驻技术管理人员到海外仓进行现场操作。

3. 建设恒温仓

为满足化妆品、食品等特殊商品的长期存储需求，建设不同温度的恒温仓。

（十二）坚持本土化运营

1. 尊重不同国家人文风俗

如，在伊斯兰国家，提供礼拜场所等。

2. 提高当地员工占比

通过完善的培训体系和持续投入，加强对当地人才的培养，提高当地员工占比。有的海外仓当地员工比例已超70%。

3. 加强与所在国有关部门和机构合作

通过合资、签订战略合作协议等方式，与当地商业合作伙伴、商业协会保持良好关系。同时，加强与所在国相关政府部门的沟通，积极融入当地社会，履行企业社会责任。

复习思考题

一、思考题

1. 什么是跨境电商海外仓？
2. 简述跨境电商海外仓的优势。
3. 试分析跨境电商海外仓的运作流程。
4. 试举例说明我国跨境电商海外仓发展中存在的问题及解决思路。

二、案例分析题

（一）关于纵腾集团

福建纵腾网络有限公司（以下简称"纵腾集团"）成立于2009年，总部位于深圳，以"全球跨境电商物流基础设施服务商"为发展定位，为跨境电商商户提供海外仓储、专线物流、供应链等一体化物流解决方案，旗下拥有"谷仓海外仓""云途物流""沃德太客"等知名服务品牌。

自成立以来，纵腾集团不断加强自身基础能力建设，在全球拥有员工4 000余名，100余条自营国际专线，40余家分支机构，订单处理中心和集货中转中心总数超80个，全球海外仓总面积在业内率先突破120万平方米，是中国首家海外仓总面积跨越"百万级"的海外仓企业。目前已构建遍及全球的跨境电商物流网络，为全球超1.5万家跨境电商商户提供服务，年订单处理量超3亿单，业务覆盖200多个国家和地区。先后荣获"国家级电子商务示范企业"、商务部"首批优秀海外仓实践案例"、"中国服务业企业500强"等多项荣誉。

（二）纵腾集团海外仓服务与优势

纵腾集团以仓储服务为中心，构建从国内揽收中转、国际海运空运、海外仓储、末端B2C

配送一体化的物流服务。在宁波、东莞、广州设立头程运输中转仓,可为卖家提供国内揽收、海运空运快递头程送仓服务;整合优质海运资源,配套建设航空资源,提供稳定的头程服务;在海外21个国家建设有120万平方米海外仓,提供全球标准化仓储服务,承诺24小时内出库,最高可免仓租120天;整合海外主流尾程资源、区域优质尾程资源和卡车资源,提供不同时效和性价比的尾程配送服务,满足电商订单配送、批量转运第三方、线下门店配送等多场景服务。

纵腾集团海外仓服务,有以下六个方面的显著优势:

1. 提升买家购物体验

海外仓采取本土直接发货的方式,缩减了配送时间;此外,采取批量运输至海外仓再使用本土渠道配送的方式,可大大降低丢包率,确保货物安全。

2. 降低物流费用

相比国际快递、邮政小包等物流方式,海外仓模式下的物流服务降低了跨国运输成本,规模化海外仓运作价格优势明显。

3. 获得平台流量支持

通过与亚马逊、eBay等多家海外主流平台的商务合作,纵腾集团海外仓将给予产品更高排名权重,获得更多的流量。

4. 扩充产品品类

海外仓服务突破了传统物流对品类和产品重量的限制,周期长、高动销、高价值的产品凸显竞争优势。

5. 提供退换货服务

提供退货收件、质检再上架服务,免去了客户退回国内造成的高额费用或无法再次销售造成的弃货。

6. 打通仓储与平台的对接渠道

自主研发订单管理系统(OMS)、仓储管理系统(WMS),实现卖家、仓储、平台的互联互通,卖家库存订单管理更方便快捷。

(三)以数字技术驱动海外仓智慧仓储物流升级

1. 建立数字生态体系

为顺应跨境电商数字化发展形势,纵腾集团加快数据生态建设,通过近几年的探索与发展,已逐步构建了从底层数据采集(数据接入系统)、数据处理计算、数据治理到数据应用服务等从接入到输出的整条数据生产链条的工具体系。在建设数据工具体系的同时,根据共性需求,纵腾集团逐步形成数据产品体系。纵腾集团大数据平台以系统数据、运营数据、系统日志构建起三类业务的数据湖,并建设统一的数据库,对外提供统一数据服务。一方面,以一站式服务实现海外卖家供应链的线上化、场景化、智能化和数字化,为产业链上下游、供应链企业和银行等多主体提供以数据和科技为驱动力的服务方案和专业风险评估解决方案;另一方面,全面实现运营管理全景信息监控,提供包含库存、货值、订单等全景监控和多维度分析,通过用户隔离、细粒度数据权限、数据加密等安全技术手段保证数据隐私合规、可审计、可回溯,实现数据共享和应用。

2. 实现智慧仓储运营

为适应高速增长的业务,越来越多的仓储向自动化、智能化模式变革,纵腾集团通过大数据算法、视觉、机器人以及数字孪生打造智慧仓储。一是建立分类专业智能仓,按货型、业务场景分类建立标准化、场景化、自动化专业仓,助力仓储服务体验升级;二是基于现有仓库布局和作业流程,在关键环节采用自动化技术辅助及AMR(自主移动机器人)智能设备等,降低工作强度,提升2～3倍工作效率,保证准确率达99.99%;三是通过建立虚拟仓库模型、智能算法中心,实现虚拟生产和实际生产双轨运行(仓库数字孪生),预测生产瓶颈,提前调整订单生产计划和资源安排,实现智能排产、智能运营,保障订单以及现场作业高效平稳运行。通过智慧仓库的建设,纵腾集团实现了存储容器化、搬运自动化、作业无人化以及运营标准化。

3. 打造智慧物流服务体系

为提高企业核心竞争力,纵腾集团致力于智慧物流的建设,向国际三大快递企业看齐,制定"十四五"规划发展目标,打造自主可控的国际快递供应链体系,建设经济型国际快递网络。一方面,纵腾集团自主研发"业务＋数据"双中台,为企业提供"揽、干、关、仓、配"全链数字化服务体系。其借助旗下谷仓海外仓、云途物流90多条物流专线以及沃德太客专业跨境物流解决方案技术支撑,立足中国,辐射全球,物流服务覆盖全球220多个国家和地区,实现全球物流网络无缝对接,提高物流后端的服务范围和能力。另一方面,纵腾集团在深圳申请筹办货运航空公司,引入两架波音777宽体货机战略资源,在欧洲组建航空枢纽,同时开展当地"最后一公里"末端配送网络体系建设,保障物流配送时效。通过智慧物流建设,纵腾集团实现了服务流程的智能化、可视化与高效化,引领跨境电商物流行业进入智慧时代。

(四)纵腾集团海外仓服务案例

易佰科技有限公司(以下简称"易佰")是一家采用泛供应链、泛SKU模式,依托亚马逊、Wish、Lazada等第三方电子商务平台,将汽车摩托车配件、工业及商业用品、家居园艺、健康美容、户外运动等高性价比品类的中国制造商品销售给境外终端消费者的跨境电商行业标杆企业。易佰全球雇员超过2 000人,业务覆盖美国、德国、法国、意大利、西班牙、葡萄牙、英国、俄罗斯、日本、加拿大、东南亚国家等100多个国家和地区,构建了覆盖欧洲、北美洲、大洋洲、亚洲、南美洲、非洲等多个地区的全球性销售网络。

纵腾集团基于自身成熟的仓储物流服务体系,与易佰签订了"国际货物运输服务合同",为其提供优质高效的仓储物流服务解决方案。与纵腾集团合作前,易佰同时在多个电商平台销售商品,总运营成本高,不敢大量备货。与纵腾集团合作后,易佰开始在美国、英国、法国等几个主要发达国家进行全面备货。一方面,每批次货品可以免30～120天仓租费,成本大大减少;另一方面,获得平台流量支持,为买家提供退换货服务,服务质量大幅度提升,销量也越来越好。同时,应用纵腾集团自主研发的海外仓储管理系统和物流管理系统,借助全球海外仓体系及与中国邮政、USPS、UPS、DHL、FedEx、英国皇家邮政等全球主要快递公司长期稳定的合作,提高物流后端的服务能力,将易佰产品稳(交付稳定)、准(说到做到)、快

(快速响应)地送至终端消费者手中,使得易佰销售网络深入市场最终端。

双方不断加强深度合作,构建互利双赢、可持续发展的紧密型战略合作伙伴关系。通过双方战略合作,易佰快速拓展国际市场,赋能品牌扬帆出海,实现业绩飞速增长。

资料来源:中国仓储与配送协会,《2022年中国仓储配送行业发展报告》

请思考:

与纵腾集团合作后,易佰科技有限公司为什么敢全面备货?

第十四章 跨境电商相关法律法规、政策及规定

▶ 学习目标

了解我国跨境电商相关法律法规、政策及其他规定的现状;了解国外跨境电商相关法律法规体系。

▶ 引导案例

跨境电商侵权的案例分析

一家从事跨境电子商务的公司在出口过程中,其商品因涉嫌侵犯知识产权而被海关扣押,并被处以罚款。随后,知识产权的持有者对该公司发起了民事诉讼。面对诉讼,该跨境电商尝试以"报关单位"的身份来定位自己,试图规避侵权责任。案例的详情见图 14-1。

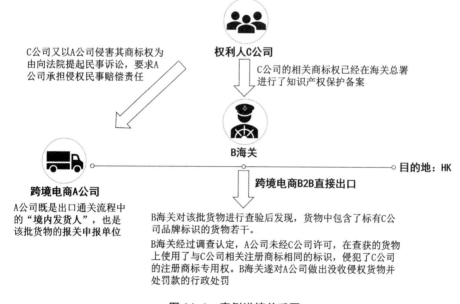

图 14-1 案例详情关系图

要特别指出,这批商品是通过跨境电商的形式向海关申报的出口货物,其海关监管的具体代码是 9710,这表明是跨境电商 B2B 的直接出口方式。在 9710 监管模式下,出口通关的流程是:国内企业在与国外企业通过跨境电商平台完成交易之后,会利用跨境物流服务将商品直接发送到国外的企业,并且向海关提交相关的电子数据信息。

A公司辩称："我们只是承担报关代理的角色，并非实际的销售方。我们没有参与任何侵权活动，也未有意协助他人侵犯商标权。因此，不应该负担因侵权行为产生的民事赔偿责任。"

而C公司，作为权利所有者，反驳道："作为这批商品的跨境电商运营商，A公司负责与海外买家达成交易，并处理报关、清关、收汇等相关手续。它实际上担任了涉嫌侵权商品的发货人角色，因此应该对侵权行为承担相应的赔偿责任。"

问题：试从海关法的视角及商标法视角分析该案例存在的违法问题。

（一）海关法的视角

依据《海关行政处罚实施条例》第二十五条的规定，对于那些进出口并侵犯了中华人民共和国法律和行政法规所保护的知识产权的商品，海关将会没收这些侵权商品，并处货物价值30%以下罚款；如果行为触犯了刑法，还将追究其刑事责任。根据这一规定，只要在客观上存在进出口侵权商品的行为，即便没有主观上的故意，也应当承担相应的行政责任。但问题来了，谁是进出口行为的主体呢？首先，我们需要明确境内发货人和申报单位的概念。

境内发货人，根据《海关进出口货物报关单填制规范》第三条的定义，指的是在海关备案的、在中国境内签订并执行进出口贸易合同的法人或其他组织。换句话说，对于这批货物而言，A公司就是境内发货人，它负责在海关进行企业备案，并与境外收货方签订贸易合同以及履行合同中的义务。

申报单位，根据《海关进出口货物报关单填制规范》第四十八条的明文规定，申报单位分为自理报关和代理报关两种类型。如果是自理报关，那么就应当在报关单上填写进出口企业的名称和编码；如果是委托代理报关，那么应当填写代理报关企业的名称和编码。

在本案件中，A公司不仅是这批货物的境内发货人，同时也承担了自理报关的角色。自理报关意味着A公司自行处理自己的报关和清关等相关手续。

海关依据《海关行政处罚实施条例》第二十五条对A公司进行了行政处罚。根据该规定，通常侵权责任的承担者是进出口货物的收发货人，即报关单据上所指的"境内收发货人"。具体到这个案例，就是指境内发货人。也就是说，海关对A公司的处罚是基于其作为境内发货人违反了海关对知识产权保护的相关规定，这与A公司在这批货物中担任的自理报关企业角色无关。

（二）从商标法角度看

A公司作为一家跨境电商，实际上也是所售商品的所有权持有者。因此，A公司作为商品所有权的持有者，需要对该批货物因违法违规而产生的法律责任负责，这包括但不限于侵犯他人知识产权的责任。

尽管法院支持了海关对A公司的行政处罚决定，并确认A公司侵犯了C公司注册商标的专用权，应当承担相应的侵权赔偿责任，但法院认为A公司承担责任的理由在于其在侵权商品流通过程中提供了协助，并且未能证明自己履行了合理的审查义务。这种说法似乎有些牵强，因为根据《商标法》第五十七条，帮助他人侵权的行为需要对是否存在主观故意进行查证。而A公司自行处理报关手续，本身就是出口货物的发货人和跨境电商，是侵权行为的直接实施者，并不存在需要查证是否履行了合理审查义务或是否为他人提供了便利、协助侵权的问题。

总之，无论是从商标法的角度还是从海关法的角度来看，A 公司出口侵权货物的行为都不能以报关企业的合理审查义务为由来规避责任，也不是为他人提供便利、协助侵权的情形，而是直接的侵权行为，因此 A 公司应当对此承担赔偿责任。

结论：在跨境电商的监管模式下，作为权益所有者，首先需要对商业模式有深入的了解，明确责任主体，究竟是境内发货人、申报主体，还是两者兼而有之。跨境电商的贸易链条涉及多个参与方，准确地识别侵权责任的承担者，对于权益所有者能否获得有效的损失赔偿至关重要。对于跨境电商平台而言，应当着重防范知识产权侵权的风险。

资料来源：出海帮 Shopsea　2024 年 3 月 27 日，广东

第一节　跨境电商相关法律法规的意义及主要内容

一、跨境电商相关法律法规的背景及意义

跨境电商是经济全球化背景下国际贸易发展的主流。从狭义上看，跨境电商实际上等同于跨境零售。从广义上看，跨境电商基本等同于外贸电商，是指分属不同关境的交易主体，通过电子商务的手段，将传统进出口贸易中的展示、洽谈和成交环节电子化，通过跨境物流将商品送达，并完成交易的一种国际商业活动。从更广泛的意义上看，跨境电商是指电子商务在进出口贸易中的应用，是传统国际贸易商务流程的电子化、数字化和网络化。

目前，跨境电商发展较快的国家（组织）依次是美国、欧盟和东盟。近年来，得益于互联网的迅速发展和壮大、国家政策的支持，以及民众日益增长的物质需要，国内的传统进出口企业、机构纷纷转变发展方式，在利用固有优势的同时，开始大规模进入线上跨境电商市场。洋码头、天猫国际等进出口跨境电商平台异军突起，引领外贸新业态。

据海关统计，2023 年，我国跨境电商进出口规模近 2.38 万亿元，同比增长 15.6%。截至 2022 年底，我国已与 17 个国家签署"数字丝绸之路"合作谅解备忘录，与 24 个国家建立"丝路电商"双边合作机制，中国—中东欧国家、中国—中亚五国电子商务合作对话机制建设取得积极进展，中国—东盟信息港、中阿"网上丝绸之路"建设成效日益显著。中国电商平台助力全球中小企业开拓中国市场，在非洲 20 多个国家实施"万村通"项目，共享数字经济发展红利。

然而，由于涉及不同国家的法律法规，跨境电商也面临着一系列问题。

（一）知识产权问题

在跨境电商活动中，知识产权问题是一个非常重要的法律问题。跨境电商平台上经常出现侵犯知识产权的情况，如销售假冒商品、盗版软件等。这不仅损害了知识产权权利人的利益，也损害了消费者的权益。因此，跨境电商平台应该加强对知识产权的保护，建立起有效的知识产权保护机制。

（二）消费者权益保护问题

跨境电商涉及不同国家的消费者，因此消费者权益保护是一个重要的法律问题。消费

者在跨境电商中可能面临商品质量问题、售后服务问题等。为了保护消费者的权益,各国应该建立起相应的消费者保护法律制度,并加强对跨境电商平台的监管。同时,消费者也应该提高自身的权益保护意识,选择信誉较好的跨境电商平台进行购物。

(三)合同法律适用问题

跨境电商涉及不同国家的合同关系,因此合同法律适用是一个重要的法律问题。在跨境电商交易中,买卖双方应该明确合同的适用法律,以避免合同纠纷的发生。同时,各国应该加强合同法律适用的协调,建立起相应的国际合同法律适用机制。

(四)税收问题

跨境电商涉及不同国家的税收,因此税收是一个重要的法律问题。在跨境电商交易中,买卖双方应该遵守各国的税收法律法规,履行相应的税收义务。同时,各国应该加强税收合作,建立起相应的跨境电商税收征管机制。

(五)数据保护问题

跨境电商交易涉及大量的个人数据,因此数据保护是一个重要的法律问题。在跨境电商交易中,买卖双方应该遵守各国的数据保护法律法规,保护个人数据的安全。同时,各国应该加强数据保护合作,建立起相应的跨境电商数据保护机制。

(六)争议解决问题

跨境电商中的争议解决是一个重要的法律问题。在跨境电商交易中,买卖双方可能会在合同、知识产权等方面产生争议。为了解决争议,各国应该加强争议解决方面的合作,建立起相应的跨境电商争议解决机制。

综上所述,跨境电商交易涉及多个国家的法律法规问题,需要各国加强合作,建立相应的法律制度和机制。同时,跨境电商平台和消费者也应该增强法律意识,遵守各国的法律法规,共同维护跨境电商的健康发展。只有在法律的保护下,跨境电商才能够更好地为消费者提供便利,推动经济的繁荣发展。

二、跨境电商相关法律法规及规则的主要内容

(一)跨境电商贸易、商务、运输相关法律法规及规则

一是规范对外贸易主体、贸易规范、贸易监管的一般性法律法规及规则;

二是贸易合同方面的法律法规及规则;

三是知识产权方面的法律法规及规则;

四是跨境运输方面的法律法规及规则;

五是产品质量和消费者权益方面的法律法规及规则。

(二)跨境电商监管(通关、商检、外汇、税收等)相关法律法规及规则

一是通关方面的法律法规及规则。跨境电子商务所涉及的货物/物品需要经过海关的查验。我国出台了《中华人民共和国海关法》,并通过《中华人民共和国海关企业分类管理办法》《中华人民共和国海关行政处罚实施条例》进一步细化。

二是商检方面的法律法规及规则。跨境电子商务所交易的大多数货物需要通过商检,检

验环节目前的依据主要是《中华人民共和国进出口商品检验法》,同时依据进出境邮寄物和快件的检验检疫规则,如《进出境邮寄物检疫管理办法》和《出入境快件检验检疫管理办法》等。

三是外汇管理相关的法律法规及规则。跨境电子商务主要涉及向外汇管理部门、金融机构结汇的问题。当前的规范主要有《中华人民共和国外汇管理条例》等。

四是税收方面的法律法规及规则。该方面的法律法规主要有《中华人民共和国进出口关税条例》,及涉及退税的各类规章制度。

(三)电子商务相关法律法规及规则

一是电子商务登记、准入、认定相关的法律法规及规则;

二是电子商务合同、签名、认证相关的法律法规及规则;

三是电子商务支付相关的法律法规及规则;

四是知识产权、安全隐私、消费者权益保护相关法律法规及规则。

跨境电商相关法律法规及规则内容框架可以概括为图14-2。

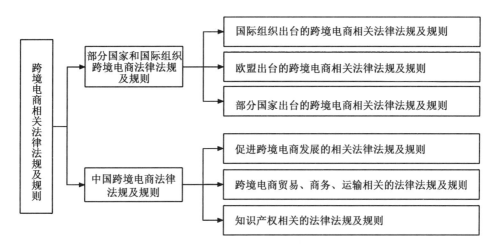

图14-2 跨境电商相关法律法规及规则内容框架

第二节 跨境电商相关法律法规及规则范围

一、跨境电商贸易、商务、运输相关法律法规及规则

(一)规范对外贸易主体、贸易规范、贸易监管的一般性法律法规及规则

很多跨境电子商务的参与者具有贸易主体地位,因而对跨境电子商务而言,其仍然适用于货物贸易的情形。在这方面,我国最重要的立法是《中华人民共和国对外贸易法》。修订后的《中华人民共和国对外贸易法》,对贸易参与者、货物进出口、贸易秩序、知识产权、法律责任等方面进行了规定。该法从根本上规定了从事货物进出口或者技术进出口的对外贸易经营者,应当向国务院对外贸易主管部门或者其委托的机构办理备案登记,以及对货物进出

口采取许可管理和监督、保护知识产权等措施。针对外贸经营者的备案登记,我国自2004年7月1日起开始施行《对外贸易经营者备案登记办法》,规范了登记需要递交的材料和审核细节。为了规范货物进出口管理,维护货物进出口秩序,促进对外贸易健康发展,我国还制定了《中华人民共和国货物进出口管理条例》(自2002年1月1日起施行),具体规定了对禁止进出口、限制进出口、自由进出口等的管理措施。

1. 跨境电子商务的市场准入

根据《服务贸易总协定》第八条,没有开放基础电信领域,但对互联网接入服务作出具体开放承诺的WTO成员,应确保处于垄断地位的电信服务提供商,不得对外国接入服务商实行歧视待遇。互联网服务提供商应当平等、不受歧视地享有使用或租用公共电信网络的权利。

2. 电子支付、网上交易

从事跨境电子商务的企业,可以在另一国境内购买或租用服务器,与所在国家的客户或其他国家的客户进行交易。

(二) 贸易合同方面的法律法规及规则

目前,我国电子商务合同主要参照《中华人民共和国民法典》合同编中的相关条文。电子商务合同中的多数内容可以在《中华人民共和国民法典》合同编中找到对应的条文,其他如点击合同、确认规则等问题应借鉴国际上相关电子商务法律所规定的关于电子商务合同的条文,如联合国《电子商务示范法》和美国《统一计算机信息交易法》等。我国已出台了《中华人民共和国电子签名法》(中华人民共和国第十届全国人民代表大会常务委员会第十一次会议于2004年8月28日通过,自2005年4月1日起施行,2019年4月23日,第十三届全国人民代表大会常务委员会第十次会议修正),对规范电子签名行为、确立电子签名的法律效力、维护有关各方的合法权益作出了详细规定。

跨境电商的合约除了具有电子合同的属性外,还具有贸易合同的性质。当前,国际上通行的公约是《联合国国际货物销售合同公约》,旨在规范国际商业中的合同,保障交易双方的权益,促进国际贸易健康发展。公约的主要内容包括:合同的订立,买方和卖方的权利义务,交付、检验、付款等方面的具体规则,买方和卖方违反合同时的补救办法,风险转移的几种情况,根本违反合同和预期违反合同的含义,以及当这种情况发生时当事人双方所应履行的义务等。《中华人民共和国民法典》合同编,不仅规范了销售合同,而且对商事代理方面的合同行为提出了专门的条款,对运输过程中的问题也有相应规定。

(三) 知识产权方面的法律法规及规则

1. 知识产权保护法

除遵守《中华人民共和国商标法》《中华人民共和国著作权法》《中华人民共和国专利法》等相关规定外,跨境电子商务活动中涉及的交易商品要遵守知识产权保护的法律规范及规则,主要涉及商品的专利、商标、著作权保护等问题。为了与国际接轨,我国于1985年加入《保护工业产权巴黎公约》,于1989年加入《商标国际注册马德里协定》,在2001年加入WTO后,也接受《与贸易有关的知识产权协定》的约束。这些规则详细规定了知识产权的性质、实施程序和争议解决机制。知识产权保护法律法规及规则的制定还需要参照一些关于域名管理、网络信息传播管理的有关规定。

2. 保护安全隐私类的法律

该类法律主要涉及《中华人民共和国宪法》《中华人民共和国刑法》《中华人民共和国民法典》等。我国宪法没有对隐私权作出明确直接的保护性规定,但间接地从其他方面对公民的隐私权不容侵犯给予了确认。《中华人民共和国刑法》主要是通过追究侵害隐私权行为的刑事责任,实现对隐私权的保护。《中华人民共和国民法典》人格权编对隐私权的保护主要体现在三个方面:一是对公民的民事权利尤其是人身权进行原则性规定,确立了公民隐私权不容侵犯的民法保护精神;二是通过确定侵害隐私权的民事责任,实现对隐私权的保护;三是通过法律解释,明确对隐私权的保护。《中华人民共和国民法典》侵权责任编,根据我国国情及国外有关资料,列出了可归入侵犯隐私权范畴的行为。

3. 消费者权益保护类法律

该类法律主要是《中华人民共和国消费者权益保护法》,主要保护消费者的合法权益、维护社会经济秩序、促进社会主义市场经济健康发展。该法调整的对象是为生活消费需要购买、使用商品或者接受服务的消费者,和为消费者提供生产、销售的商品或者提供服务的经营者之间的权利义务关系。

(四)跨境运输方面的法律法规及规则

跨境电商交易后期必然会涉及跨境物流运输问题,因而会涉及海洋运输、航空运输方面的法律法规,此类法律包括《中华人民共和国海商法》《中华人民共和国民用航空法》和《中华人民共和国国际货物运输代理业管理规定》。这些法律法规对承运人的责任、交货提货、保险等事项作了具体规定,同时也对国际贸易中的货物运输代理行为作了规范,厘清了代理人作为承运人的责任。这部分法律规范,同时还需要参照《中华人民共和国民法典》合同编的相关内容,解决代理合同当中委托人、代理人、第三人之间的责任划分问题。货运代理的代理人身份和独立经营人/合同当事人的双重身份,也需要参照《中华人民共和国民法典合同编》进行规范。

(五)产品质量和消费者权益方面的法律法规及规则

涉及电信基础设施、技术标准、普遍服务、劳工问题等方面。

二、跨境电商监管(通关、商检、外汇、税收等)相关法律法规

(一)通关方面的法律法规

跨境电子商务所涉及的物品需要经过海关的查验。我国于1987年出台了《中华人民共和国海关法》,此后历经六次修正或修改,并通过《中华人民共和国海关企业分类管理办法》《中华人民共和国海关行政处罚实施条例》进一步细化相关细节。《中华人民共和国海关法》涉及海关的监管职能,对进出境运输工具、进出境货物、进出境物品、关税、海关事务担保、执法监督、法律责任等方面都作出了具体规定。《中华人民共和国海关企业分类管理办法》于2008年4月1日起施行,该办法对海关管理企业实行分类管理,对信用较高的企业采用便利通关措施,对信用较低的企业采取更严密的监管措施。此外,在通关环节,我国加强了知识

产权的海关保护,出台了《中华人民共和国知识产权海关保护条例》及其实施办法。针对空运快件、个人物品邮件增加的情况,我国也出台了一些专门的管理办法,如《中华人民共和国海关对进出境快件监管办法》以及海关总署公告 2010 年第 43 号《关于调整进出境个人邮递物品管理措施有关事宜》等。对于跨境电商企业进出口业务的监管,海关主要根据海关总署公告 2018 年第 194 号《关于跨境电子商务零售进出口商品有关监管事宜的公告》、海关总署公告 2020 年第 44 号《关于全面推广跨境电子商务出口商品退货监管措施有关事宜的公告》、海关总署公告 2020 年第 75 号《关于开展跨境电子商务企业对企业出口监管试点的公告》等实施。

(二) 商检方面的法律法规

跨境电子商务交易的较多货物都需要通过商检的环节,目前依据的主要法律是《中华人民共和国进出口商品检验法》。该法于 1989 年 8 月 1 日开始施行,2021 年第五次修正。该法明确规定了商检机构监督管理的内容和范围。对法定检验范围内的出口商品,企业可派检验员参与监督出厂前的质量检验工作;对法定检验范围以外的进出口商品,企业可以抽查检验。出口商品经抽查检验不合格的不准出口。该法明确商检机构和其指定的检验机构,可以接受对外贸易关系人和外国检验机构的委托,办理进出口商品鉴定业务。《中华人民共和国进出口商品检验法》还规定了违反该法的法律责任。同时,我国依据《中华人民共和国进出口商品检验法》出台了《中华人民共和国进出口商品检验法实施条例》,对《中华人民共和国进出口商品检验法》的实施拟定了细则。此外,我国还出台了一些针对邮递和快件的检验检疫细则,如《进出境邮寄物检疫管理办法》和《出入境快件检验检疫管理办法》等。

(三) 外汇管理方面的法律法规

跨境电子商务主要涉及向外汇管理部门、金融机构结汇的问题,因此需遵守外汇管理相关法律法规,参照的主要法规是《中华人民共和国外汇管理条例》。该条例于 1996 年公布,2008 年 8 月 1 日国务院第 20 次常务会议修订通过,自 2008 年 8 月 5 日起施行。《中华人民共和国外汇管理条例》对经常项目外汇收入与支出、资本项目外汇收入保留或者售卖都作出了规定,这些都会直接影响跨境电子商务的支付问题。

(四) 税收方面的法律法规及规章

跨境电子商务在进出口和经营环节都面临着征税问题,该类法律法规主要有《中华人民共和国进出口关税条例》,以及涉及出口退税的各类规章制度。《中华人民共和国进出口关税条例》在《中华人民共和国海关法》和《中华人民共和国进出口税则》的基础上确定关税征收的具体细则,包括进出口货物关税税率的设置和适用、进出口货物完税价格的确定、进出口货物关税的征收、进境物品进口税的征收等。针对跨境电商企业的征税和退税问题,税务部门也出台了一些文件。2013 年 8 月 21 日,国家发布第一个关于跨境电商零售出口的退税政策,即国务院办公厅《关于实施支持跨境电子商务零售出口有关政策的意见》(国办发〔2013〕89 号),要求对符合条件的电商出口货物,实行增值税和消费税免税或退税政策。2015 年 6 月,国务院办公厅发布《关于促进跨境电子商务健康快速发展的指导意见》(国办发〔2015〕46 号)。在明确规范进出口税收政策方面,该意见提到将继续落实现行跨境电子商务零售出口税收政策,按照有利于拉动国内消费、公平竞争、促进发展和加强进口税收管理的原则,制定跨境电子商务零售进口税收政策。2018年9月28日,财政部、税务总局、商务部、海关总署发布了《关于跨境电子商务综合试验区零售出口货物税收政策的通知》(财税〔2018〕103号),标志着跨境电商零售出口的税收支持政策正式落地。该通知规定,自2018年10月1日起,对跨境电商企业出口未取得有效进货凭证的货物,试行增值税、消费税免税政策,即"无票免征"。2019年10月26日,国家税务总局发布《关于跨境电子商务综合试验区零售出口企业所得税核定征收有关问题的公告》(国家税务总局公告2019年第36号),宣布自2020年1月1日起,对符合条件的出口跨境电商企业,试行核定征收企业所得税办法。适用核定征收的跨境电商企业,应准确核算收入总额,并采用应税所得率方法核定征收企业所得税,应税所得率统一按照4%确定。此外,实行核定征收的跨境电商企业若符合小型微利企业优惠政策条件,可享受小型微利企业所得税优惠政策;其取得的收入若属于《中华人民共和国企业所得税法》第二十六条规定的免税收入,可享受免税收入优惠政策。

三、电子商务相关法律法规

(一)电子商务登记、准入、认定相关的法律制度

2019年1月1日起施行的《中华人民共和国电子商务法》明确规定:电子商务经营者应依法办理市场主体登记;电子商务经营者准入分为"一般市场经营者准入"和"特殊市场经营者准入",采取许可制和备案制。

(二)电子商务合同、签名、认证相关的法律法规

《中华人民共和国民法典》认可了电子合同的合法性,相关法律法规还有《中华人民共和国电子签名法》《中华人民共和国计算机信息系统安全保护条例》《中国互联网络域名注册实施细则》《互联网电子公告服务管理规定》《互联网域名管理办法》《非经营性互联网信息服务备案管理办法》《互联网IP地址备案管理办法》《电子认证服务管理办法》《公用电信网间通信及质量监督管理办法》《中华人民共和国计算机信息网络国际联网管理暂行规定》《中国公众多媒体通信管理办法》《互联网信息服务管理办法》《地震信息网络运行管理办法》等。

(三)电子商务支付相关的法律法规

电子商务支付主要参照的文件是《电子支付指引(第一号)》(中国人民银行公告〔2005〕第23号),该文件对规范电子支付业务、防范支付风险、保证资金安全、维护银行及其客户在电子支付活动中的合法权益、促进电子支付业务健康发展起到了积极作用。

(四)知识产权、安全隐私、消费者权益保护类相关法律法规及规则

1. 关于知识产权保护

WTO对电子商务知识产权的保护主要规定在1995年的《与贸易有关的知识产权协定》(TRIPs)之中。TRIPs主要是通过有效执行、监督和争端解决机制,加强知识产权保护。TRIPs的保护范围广泛,几乎涉及知识产权的所有领域。在很多方面,其保护程度超过现有

公约对知识产权的保护。TRIPs 规定：一种计算机程序，无论是源程序还是目标程序，必须与著作一样受到保护。数据库的应用也应该得到保护。

2. 关于在线纠纷的解决

2010 年，联合国国际贸易法委员会开始起草《跨境电子商务交易网上争议解决：程序规则》。

3. 关于跨境网络隐私权保护和数据安全

1980 年经济合作与发展组织（OECD）推出的《隐私保护与个人数据资料跨境流通指导原则》，2013 年 11 月 26 日联合国大会发布的《全球网络隐私保护宣言》，2016 年 4 月通过、2018 年 5 月 25 日正式生效的《通用数据保护条例》《个人数据保护指令》等，都详细规定了对个人网络隐私权的保护。美国、英国、德国等国家已经有了保护公民网络隐私权的法案。亚太经济合作组织（Asia-Pacific Economic Cooperation，APEC）的 APEC 电子商务指导组近几年专门开会讨论了跨境网络隐私权的保护，提出了《跨境隐私规则体系》（Cross-Border Privacy Rules，CBPR），号召"成员经济体应当尽力实施隐私框架，用最适合经济体的各种方法确保个人（信息）隐私保护，包括法律、行政、行业自律或者以上方法的集合"。

4. 其他相关法规

早在 1985 年，联合国国际贸易法委员会即十分关注计算机的商业应用所引发的法律问题。1992 年，联合国国际贸易法委员会制定了《国际资金支付示范法》，以促进跨国电子支付的应用。1996 年，联合国国际贸易法委员会制定的《电子商务示范法》对电子签名、认证机构及其相关的法律问题作了规定，规定了使用数据电文、电子手段传递信息的法律地位和法律效力，为电子商务提供了法律保障。

国际商会 1997 年 11 月颁发的《国际数字化安全商务应用指南》主要是为了解决通过互联网进行可靠的数字交易的相关问题。1999 年，欧盟公布了"关于统一市场电子商务的某些法律问题的建议"，包括一些市场准入和认证服务、电子证书及其责任等问题。

第三节　国外跨境电商相关法律法规体系

一、发达国家及组织跨境电商法律体系现状

（一）美国的跨境电商法律体系

在法律体系方面，1999 年 12 月 14 日，美国公布《互联网商务标准》；2000 年的《电子签名法》《网上电子支付安全标准》《统一商法典》和《统一计算机信息交易法》等电子商务相关法律，构成完善的法律体系。同时，美国通过以《全球电子商务纲要》，确立发展跨境电商的五大原则（互联网独特性质、企业主导、政府规避不恰当限制、政策可预测、全球视野），将《全球电子商务宣言》推广到世界贸易组织等举措来积极主导建立跨境电子商务的国际规则。

（二）欧盟的跨境电商相关法律法规

欧盟共同贸易政策是由欧盟成员国统一执行的对外贸易政策、海关税则和法律体系。其内容最初仅涉及改变关税税率、缔结关税和贸易协定等。1997年签署生效的《阿姆斯特丹条约》，将进出口政策覆盖范围从之前的货物贸易扩展到大部分服务贸易，2003年正式施行的《尼斯条约》，又将出口政策覆盖范围扩展到所有服务贸易以及与贸易相关的知识产权。2009年12月生效的《里斯本条约》，进一步扩大了欧盟在外商直接投资领域中贸易政策的权限。

与美国给予电商一定发展空间的主张不同，欧盟更倾向于减少对电商的限制。1997年4月，欧盟委员会提出《欧盟电子商务行动方案》，认为欧盟应宏观地在信息基础设施、管理框架和电子商务等方面为该行业打下基础。1997年7月，欧洲各国召开了欧洲电信部长级会议，通过了支持电子商务的部长宣言，明确指出尽量减少不必要的限制，帮助民间企业自主发展并促进互联网经济。2000年5月，欧洲议会通过了《电子商务指令》，全面规范了关于开放电子商务市场、电子交易、电子商务服务提供者的责任等方面的主要问题，保障电子商务的在线服务能够在共同体内被自由地提供。以上三个文件为欧盟的电子商务行业发展构建了一个较为完整的框架。

（三）俄罗斯跨境电商相关法律法规及政策文件

在电子商务方面，俄罗斯是世界上最早进行立法的国家之一，其颁布了一系列法律法规及政策文件，包括《俄罗斯联邦信息、信息化和信息保护法》《电子商务法》《电子合同法》《电子文件法》《俄联邦因特网商务领域主体活动组织的建议》《电子商务组织和法律标准》《提供电子金融服务法》《利用全球互联网实现银行系统的信息化法》《国际信息交流法》《俄联邦电子商务发展目标纲要》《国家支付系统法》《电子签名法》《电子一卡通法》及电子商务税收相关的法律等。

（四）巴西跨境电商相关法律法规

巴西外贸委员会是巴西总统府直属机构，是巴西对外贸易政策的最高决策机构。发展、工业和外贸部是对外贸易政策的执行部门、技术操作部门。巴西联邦税务总局是海关事务的主管部门，隶属于财政部，负责制定和执行海关政策、征收关税以及实施海关监管制度等。巴西中央银行是外汇兑换的管理部门。

巴西主要的海关程序都包含在2002年发布的第4543号法令中，其后的5138号法令对其进行了修改。关税管理的主要法律制度是1994年发布的第1343号法令，主要的进口措施编撰在2003年发布的《进口管理规定》中，出口措施都包括在2003年发布的《出口管理规定》中。

（五）韩国跨境电商相关法律法规

韩国于2002年颁布了《电子商业基本法》，对电子商务涉及的多方面法律问题进行了原则性的规范，包括电子信息、数字签名、电子认证、电子商务安全保证、消费者权益保护、行业促进政策制定等方面。对电子商务安全性的规定，包括对保护个人信息的规定和对电子交易者保证电子信息交易系统安全的规定；对保障消费者权益的规定，既规定了政府在保护电子交易消费者的合法权益方面的责任，还特别规定了电子交易者和网上商店经营者等成立损害赔偿机构的责任;对促进电子商务发展的规定,包括政府应制定促进电子商务发展的政策和方案。该法对方案的具体内容作出了规范,采取促进电子商务标准化的措施,加强多方面的信息技术开发,出台税收优惠和补贴政策。此外,该法还包括国际合作、机构成立及职责设置等方面的相关规定。

(六)日本跨境电商相关法律法规

日本在跨境电商方面的经验同样值得我们借鉴。根据自身岛国的国情,日本将发展跨境电商作为摆脱经济滞胀、促进经济活力的一项重要国策,在跨境贸易方面制定了一系列法律法规。1998年,日本秉持公平等原则公布了电子商务活动的基本指导方针:在税收方面,强调公平、税收中性及税制简化原则,避免双重征税和逃税。此外,日本推出《数字化日本之发端行动纲领》来促进电子商务的发展。

日本关于跨境电商的法律法规包括《外汇及对外贸易管理法》《进出口交易法》《贸易保险法》《日本贸易振兴会法》等。根据有关进出口的法律,日本政府还颁布了《输入贸易管理令》和《输出贸易管理令》,日本经济产业省则颁布了具体的《输入贸易管理规则》和《输出贸易管理规则》。

《外汇及对外贸易管理法》规定日本的对外贸易活动可自由进行,政府部门仅在必要时采取最低限度的管理和调控。《进出口交易法》允许日本的贸易商在价格、数量等贸易条件方面进行协同以及结成诸如进出口协会之类的贸易组织,必要时,政府可以通过行政命令对外贸进行调控。该法同时确立对外贸易的秩序,以实现对外贸易的健康发展。在此基础上,日本政府制定了《输入贸易管理令》和《输出贸易管理令》,对货物进行具体分类并加以管理。

(七)新加坡跨境电商相关法律法规

1998年,新加坡为了推动本国电子商务的发展,颁布了《电子交易法》。该法主要涉及电子签名、电子合同的效力、网络服务提供者的责任等三个与电子商务有关的核心法律问题,明确了电子签名的效力、规定了特定类型的安全电子签名技术及其法律意义、使用电子签名者的义务、电子签名安全认证机构的义务等重要问题;明确了电子合同的法律有效性,合同不能仅因采用电子形式效力就受影响;明确了网络服务提供者的责任,其无法控制的第三方电子形式的信息造成的问题,不应让网络服务提供者承担民事或刑事责任,即便第三方利用网络服务提供者的网络系统,传播了违法或侵权的信息。

新加坡于2000年8月31日发布了电子商务的税收原则,确认了有关电子商务所得税和货物劳务税的立场。

(八)印度跨境电商相关法律法规

为了促进电子商务的发展,印度于1998年制定了《电子商务支持法》,内容涉及电子商务具体的交易形式,以及证据、金融、刑事责任方面的内容,具有较强的操作性。该法在亚洲是制定得较早的电子商务法案,在体例上也具有明显独特性。它从法律上明确了针对传统交易方式制定的法律,不能因电子商务这一新型交易方式而受到影响,而且在证据、金融、刑事责任方面,该法也有具体的规定,有很强的操作性。

为了给电子商务中基于电子数据交换的交易行为提供法律支持,印度信息产业部于1999年以联合国《电子商务示范法》为蓝本,制定了《信息技术法》。该法明确了电子合同、电子签名的法律效力,规定了网络民事和刑事违法行为的法律责任,以保障电子商务的安全性和便捷性。2003年,印度政府又对《信息技术法》进行了修订,明确了电子票据的法律效力。2008年12月,印度政府对《信息技术法》再次进行修订,并通过《信息技术修订法案》,对不适应电子商务发展的规定进行了修正,如将"数字签名""数字认证"修订为"电子签名""电子认证"等,同时针对一些新出现的网络违法犯罪形式,增加了网络犯罪的种类。

二、主要国际组织和国际法有关跨境电商的规则

(一) WTO有关电子商务的规则

1. 关于电子商务关税

1997年3月26日,世界贸易组织成员签署了《信息技术协定》(Information Technology Agreement,简称ITA),要求自7月1日起各方将主要的信息技术产品关税降为零。

1998年5月20日,世界贸易组织在日内瓦达成一项协议,对在互联网上交付使用的软件和货物免征关税,但不涉及实物采购,即从网站订购产品,然后采用普通方式运输,通过有形边界交付使用的行为。

世界贸易组织于1998年5月29日通过了《全球电子商务宣言》,认为应该制订综合性的审查和与贸易有关的全球电子商务工作计划,并且要求"各成员方维持现有做法,不对电子交易征收关税"。

2001年多哈部长会议宣言、2005年香港宣言、2009年总理事会的决定都宣布不对电子传输征收关税。这些宣言通常被称为"世贸组织电子传输零关税延期宣言"(WTO Duty-free Moratorium on Electronic Transmissions)。

2. 关于电子商务的归属定性

部分国家和地区认为首先需要解决的关键问题是,电子商务的规则应该归在《关税与贸易总协定》(GATT)或《服务贸易总协定》(GATS)下,还是另立一个门类。在WTO的相关会议上,越来越多的国家和地区认为,物理运输的商品仍旧适用GATT,但是电子形式传输的商品应该适用GATS。

3. 关于电子商务市场准入

根据《服务贸易总协定》第八条,没有开放基础电信领域,但对互联网接入服务作出具体开放承诺的WTO成员,应确保处于垄断地位的电信服务提供商,不得对外国接入服务商实行歧视待遇。也就是说,互联网服务提供商应当平等、不受歧视地享有使用或租用公共电信网络的权利。

4. 关于知识产权保护

世界贸易组织对电子商务知识产权的保护主要规定在1995年的《与贸易有关的知识产权协定》(TRIPs)之中。TRIPs主要是通过有效执行、监督和争端解决机制,加强知识产权保护。TRIPs的保护范围广泛,几乎涉及知识产权的所有领域。在很多方面,其保护程度超

过现有公约对知识产权的保护。TRIPs规定：一种计算机程序，无论是源程序或目标程序，必须与著作一样受到保护。数据库的应用也应该得到保护。

在版权保护方面，TRIPS将计算机程序和有独创性的数据汇编列为版权保护的对象，对计算机程序和电影作品的出租权做出了规定。一些作品保护期的延长，加强了对表演者、录音制品（唱片）制作者和广播组织的保护。在商标注册方面，TRIPs所指的商标是广泛的，不仅包括商品商标，还包括服务商标，允许将"气味商标"和"音响商标"排除在注册保护之外。TRIPs加强了对驰名商标的保护，对驰名商标的保护可以延伸到服务商标。在专利保护方面，除了某些例外或条件，一切技术领域内具有新颖性和创造性，并能付诸工业应用的任何发明，不论是产品还是方法，均有可能获得专利。

（二）主要国际法中有关跨境电商的法律法规

1. 关于常设机构的认定

从事跨境电子商务的企业，可以在另一国境内购买或租用服务器，与所在国家的客户或其它国家的客户进行交易。如果企业自己没有独立建立服务器，也可以向网络服务供应商（ISP）租用网址，开展商务活动。跨境电子商务的发展引起了传统的常设机构认定规则的争议。如果根据传统的常设机构概念，许多交易因为在收入来源国没有常设机构，从而就不需要在收入来源国纳税。经济合作与发展组织（OECD）于2000年在国际税收协定《经济合作与发展组织对于所得和财产避免双重征税的协定范本》第五条注释中，增加了有关电子商务常设机构确定规则的内容。根据其精神，非居民如果在本国拥有服务器，且该服务器存放于特定的位置，存在的时间足够长，企业通过该服务器进行各种不具有准备性或辅助性特征的营业活动，那么该服务器就构成企业的常设机构。企业在另一国拥有网址则不列入常设机构。

2. 关于跨境电商税收问题的法律法规

WTO有关电子商务税收的法律规则详见前述。目前，电子商务的税收政策有两种倾向：一种是以美国为代表的免税派。1997年7月1日，克林顿政府出台了《全球电子商务纲要》。该纲要是美国政府发展电子商务的战略性政策框架，确定了税收中性原则、保持税收政策的透明度以及使电子商务税收政策与美国现行税制相协调三项基本原则。基本原则提出了划定免税区的政策建议，且从市场环境、制度环境及全球化方面对电子商务未来的发展进行了构想。

美国第一个正式出台的有关电子商务税收方面的法律规定，是美国国会于1998年10月通过的《互联网免税法案》，包括从1998年10月1日起，三年内避免对互联网课征新税，避免对电子商务多重课税或加以税收歧视。州和地方政府不能向非本地的销售商征收销售税或使用税等。2001年3月20日至2011年的1月28日，美国又先后两次分别通过了旨在延长互联网免税法案两年或更长时间的法案，以推进互联网贸易免税。

另一种是以欧盟为代表的征税派。欧盟成员国普遍实行增值税，增值税对这些国家非常重要。欧盟认为，电子商务不应承担额外的税收。但欧盟也不想免除现有的电子商务税收，认为电子商务必须履行其纳税义务，否则会导致不公平的竞争。

1997年11月，OECD在芬兰举行"撤除全球电子商务障碍"的圆桌会议，与会各国公认税收中性原则和运用既有税收原则，认为税收不应阻碍电子商务的正常发展，国际社会、各国政府和企业界应做出共同努力,以解决电子商务征税的问题。

2000年3月,OECD财政事务委员会发布了《常设机构概念在电子商务背景下的运用:对经济合作与发展组织(OECD)税收协定范本第五条的注释的建议性说明》(修订草案),该草案对于电子商务税收法律制度的确立,具有十分重要的意义,第一次从税法的角度对电子商务进行了比较全面的剖析,使电子商务税收法律问题的解决又向前迈进了一步。

联合国坚持对电子商务征收比特税。1999年,联合国开发计划署在其《人类发展报告书》中,坚持对电子商务征收"比特税"。具体办法是:对每发送100个大于1万位的电子邮件,征收美分税款,并将此项收入用于补贴发展中国家发展互联网贸易。对电子商务征收比特税的目的在于,促进世界各国电子商务的平衡发展,缩小发达国家与发展中国家的贫富差距。比特税最早是由加拿大税收专家阿瑟·科德尔提出的。荷兰经济学家卢克·苏特领导的一个欧盟指定的独立委员会于1997年4月提交的一份报告,也建议开征比特税,对网上信息按其流量征税。但是比特税就信息流量征税,然而信息流量的性质不易划分,从而也可能使征税失去公平。

虽然电子商务的税收问题有很多争论,但世界各国达成了一些共识。第一,税收中性是电子商务征税的基本指导方针,不是创造新税或附加税,而是对现行税种进行修改,使其适用于电子商务,确保电子商务的发展不会扭曲税收公平。第二,注重加强国际合作,制定有利于电子商务发展的政策,推动网络贸易发展。

3. 关于在线纠纷的解决

2010年,联合国国际贸易法委员会开始起草《跨境电子商务交易网上争议解决:程序规则》。两种观点激烈碰撞,一个是"双轨制",即对于买卖双方网上的交易纠纷,先用调解的方法,如果调解不成,买卖双方可以根据自己的情况,选择仲裁或诉讼以解决矛盾。另一种是网上交易纠纷无法调解时,应采取仲裁方式为终极裁决。而另外一部分国家认为,仲裁是不恰当的,应该以诉讼为终极裁决。虽然各成员方对此未能达成一致,但为进一步发展跨境电子商务奠定了实施的基础。

4. 关于跨境网络隐私权保护和数据安全

详见前述。

5. 其他

此外,联合国国际贸易法委员会制定了《国际资金支付示范法》《电子商务示范法》。国际商会颁发了《国际数字化安全商务应用指南》,欧盟公布了"关于统一市场电子商务的某些法律问题的建议"等,详见前述。

> **课程思政**
>
> 在全球化背景下,跨境电商已成为经济增长和贸易发展的重要推动力量。然而,在这一新兴领域中,法律法规的不完善和不统一给企业和消费者带来了很多不便和风险。因此,各个国家和地区应加强合作,制定更为完善的法律框架,以适应跨境电商的发展需求,并保护各方的合法权益。

第四节　中国跨境电商的相关政策

一、跨境电商行业管理体系

跨境电商行业行政管理部门主要包括商务部、工业和信息化部、国家市场监督管理总局、海关总署及相应的地方各级管理机构。其中,商务部负责拟订国内外贸易和国际经济合作的发展战略、政策,起草国内外贸易、外商投资、对外援助、对外投资和对外经济合作的法律法规草案及部门规章,提出我国经济贸易法规之间及其与国际经济贸易条约、协定之间的衔接意见,促进跨境电商行业规范健康发展,研究经济全球化、区域经济合作、现代流通方式的发展趋势和流通体制改革并提出建议。负责推进流通产业结构调整,指导流通企业改革、商贸服务业和社区商业发展等。工信部负责拟订实施行业规划、产业政策和标准,监测工业行业日常运行,推动重大技术装备发展和自主创新,管理通信业,指导推进信息化建设,协调维护国家信息安全等,负责电子商务行业管理,促进网络资源共建共享,拟定互联网数据安全管理相关政策并组织实施,指导跨境电商行业自律和相关行业组织发展并且对本行业发展进行宏观调控。国家市场监督管理总局负责市场综合监督管理,起草市场监督管理有关法律法规草案,制定有关规章、政策、标准,组织实施质量强国战略、食品安全战略和标准化战略,拟订并组织实施有关规划,规范和维护市场秩序,营造诚实守信、公平竞争的市场环境。依法监督管理市场交易、网络商品交易及有关服务的行为,组织指导查处价格收费违法违规、不正当竞争、违法直销、传销、侵犯商标专利知识产权和制售假冒伪劣产品行为,指导广告业发展,监督管理广告活动,指导查处无照生产经营和相关无证生产经营行为。指导中国消费者协会开展消费维权工作等。海关总署主要负责监督跨境贸易电子商务的进出口业务活动,负责全国海关工作,组织推动口岸"大通关"建设、海关监管工作,负责进出口关税及其他税费征收管理、出入境卫生检疫和出入境动植物及其产品检验检疫,负责进出口商品法定检验、海关风险管理、国家进出口货物贸易等海关统计、全国打击走私综合治理工作等。

二、跨境电商行业管理相关政策

中国跨境电商政策发展经历了四大阶段：政策起步期、政策发展期、政策爆发期、政策调整期。政策起步期为2004年至2007年,政策发展期为2008年至2012年,政策爆发期为2013年到2016年3月,政策调整期为2016年4月到现在。其中,《关于实施支持跨境电子商务零售出口有关政策的意见》的颁布实施,是国家第一次将跨境电商提高到国家政策扶持的高度;《关于支持外贸稳定增长的若干意见》,则首次明确出台跨境电子商务贸易便利化措施;《关于促进跨境电子商务健康快速发展的指导意见》也明确提出跨境电子商务对国家经济发展升级和打造经济新增长点具有积极的推动作用。

（一）国家层面的相关政策

从现有出台的政策看，各相关部门工作的主要目的是：大力支持跨境电商新兴业态的发展，以及积极引导跨境电商运营的规范化。目前，我国涉及跨境电商政策制定的部门包括：国务院、海关总署、商务部、国家发展改革委、财政部、国家税务总局、国家市场监督管理总局、中国人民银行和国家外汇管理局等部门。

1. 国务院发布的相关政策

国务院是跨境电商相关政策指导性意见的制定方。自2013年即我国跨境电商发展元年起，国务院相继出台政策文件批准设立跨境电商综合试验区，要求各部门落实跨境电商基础设施、监管设施建设，以及要求优化完善支付、税收、收结汇、检验、通关等程序。

2013年至2021年3月，国务院发布的涉及跨境电商行业的主要政策包括：《关于实施支持跨境电子商务零售出口有关政策的意见》《关于支持外贸稳定增长的若干意见》《关于大力发展电子商务 加快培育经济新动力的意见》《关于促进跨境电子商务健康快速发展的指导意见》《关于同意在天津等12个城市设立跨境电子商务综合试验区的批复》《关于促进外贸回稳向好的若干意见》《国务院关税税则委员会关于调整部分消费品进口关税的通知》《关于同意在雄安新区等46个城市和地区设立跨境电子商务综合试验区的批复》《国务院办公厅关于推进对外贸易创新发展的实施意见》《国务院关于落实〈政府工作报告〉重点工作分工的意见》等。

2. 海关总署发布的相关政策

海关总署是跨境电商流程特别是通关流程相关政策的重要制定方，具体负责提高通关效率、规范通关流程、打击非法进出口。近年来，海关通过出台多项举措来保证跨境电商的快速发展。如海关对跨境电子商务监管实行全年365天无休息日，货到海关监管场所24小时内办结海关手续。开展跨境电子商务监管业务的海关制定了联动工作作业机制、应急预案和全年无休日跨境电子商务通关总体工作方案等，以加大海关便捷措施的宣传力度，全面落实有关要求，确保电商企业充分享受通关便利。

海关总署发布的跨境电商相关政策包括：《关于跨境贸易电子商务进出境货物、物品有关监管事宜的公告》《关于增列海关监管方式代码的公告》《关于加强跨境电子商务网购保税进口监管工作的函》《关于天津市开展跨境贸易电子商务服务试点工作的报告》《关于跨境电子商务零售进出口商品有关监管事宜的公告》《关于跨境电子商务进口统一版信息化系统企业接入事宜的公告》《关于开展跨境电子商务企业对企业出口监管试点的公告》等。

3. 商务部发布的相关政策

2012年3月12日，商务部印发《关于利用电子商务平台开展对外贸易的若干意见》，成立专门工作团队，制定发展规划，明确开展对外贸易的主攻方向。2016年3月17日，《全国电子商务物流发展专项规划（2016—2020年）》出台，以促进跨境电商物流快速发展。2018年11月28日，《关于完善跨境电子商务零售进口监管有关工作的通知》出台，以做好跨境电子商务零售进口监管过渡期后的政策衔接工作，促进跨境电商零售进口健康发展。2020年2月18日，商务部印发《关于应对新冠肺炎疫情 做好稳外贸稳外资促消费工作的通知》,支持外贸新业态新模式发展,指导跨境电商综试区提供海外仓信息服务,帮助企业利用海外仓扩大出口。2021年10月9日,《"十四五"电子商务发展规划》出台,支持跨境电商高水平发展,鼓励电商平台企业全球化经营,完善仓储、物流、支付、数据等全球电子商务基础设施布局,支持跨境电子商务等贸易新业态使用人民币结算,积极发展"丝路电商",推动各国中小企业参与全球贸易,支持数字产业链全球布局,促进全球电子商务供应链一体化发展。

4. 国家其他部门发布的相关政策

跨境电商行业因涉及国家多个部门的业务范畴,除国务院、海关总署和商务部外,国家市场监督管理总局、外汇管理局等政府主管部门也纷纷出台相关跨境电商政策。跨境电商行业涉及的国家相关部门包括:国家发展改革委、财政部、工信部、农业农村部、国家税务总局、交通运输部、国家市场监督管理总局、国家邮政局、国家外汇管理局、中国人民银行、银保监会、中央网信办、国家濒管办(中华人民共和国濒危物种进出口管理办公室)、密码管理局等。各部门从自身业务角度出发,出台或参与出台扶持、监管跨境电商行业的相关政策措施。这些政策措施的出台,极大地促进了跨境电商行业的发展。

国家外汇管理局等出台的相关跨境电商政策包括:《支付机构跨境电子商务外汇支付业务试点指导意见》《关于进一步发挥检验检疫职能作用 促进跨境电子商务发展的意见》《关于加强跨境电子商务进出口消费品检验监管工作的指导意见》《五部门关于口岸进境免税店政策的公告》《关于跨境电子商务零售进口税收政策的通知》《十一部门关于公布跨境电子商务零售进口商品清单的公告》《质检总局关于跨境电商零售进口通关单政策的说明》《质检总局关于跨境电商零售进出口检验检疫信息化管理系统数据接入规范的公告》。表14-1列举了我国跨境电商行业管理法规及主要政策。

表14-1 我国跨境电商行业管理法规及主要政策

时间	发布单位	文件名称	主要内容
2013年8月	国务院转发商务部等	《关于实施支持跨境电子商务零售出口有关政策的意见》	发展跨境电子商务对于扩大国际市场份额、拓展外贸营销网络、转变外贸发展方式具有重要而深远的意义;加快我国跨境电子商务发展,支持跨境电子商务零售出口
2014年5月	国务院办公厅	《关于支持外贸稳定增长的若干意见》	支持拥有知识产权、品牌、营销网络、高技术含量、高附加值、高效益的产品出口;提升加工贸易,修订加工贸易禁止类和限制类商品目录;完善加工贸易政策,创新加工贸易模式
2014年7月	海关总署	《关于增列海关监管方式代码的公告》	增列海关监管代码"9610",全称"跨境贸易电子商务",适用于境内个人或电子商务企业通过电子商务交易平台实现交易,并采用"清单核放、汇总申报"模式办理通关手续的电子商务零售进出口商品

（续表）

时间	发布单位	文件名称	主要内容
2015年6月	国务院办公厅	《关于促进跨境电子商务健康快速发展的指导意见》	支持国内企业更好地利用电子商务开展对外贸易；加快建立适应跨境电子商务特点的政策体系和监管体系，提高贸易各环节便利化水平；鼓励企业间贸易尽快实现全程在线交易，不断扩大可交易商品范围
2016年5月	国务院	《国务院关于促进外贸回稳向好的若干意见》	开展并扩大跨境电子商务、市场采购贸易方式和外贸综合服务企业试点；加快建立与外贸综合服务企业发展相适应的管理模式；完善外贸综合服务企业退（免）税分类管理办法
2017年10月	商务部、国家发展改革委等	《商务部等14部门关于复制推广跨境电子商务综合试验区探索形成的成熟经验做法的函》	深化"放管服"改革，加强制度、管理和服务创新，积极探索新经验，推动跨境电商健康快速发展
2018年3月	商务部办公厅	《商务部办公厅关于做好电子商务统计工作的通知》	强化电子商务统计制度的执行，建立企业联系机制；优化样本结构，抓好重点企业；提高数据质量，确保工作时效
2018年8月	全国人民代表大会常务委员会	《中华人民共和国电子商务法》	我国电商领域首部综合性法律。其中新增的第二十六条"电子商务经营者从事跨境电子商务，应当遵守进出口监督管理的法律、行政法规和国家有关规定"，将跨境电子商务经营者纳入本法管辖范围，也规定了其受本法约束的同时，还应当遵守其他法律法规及规定
2018年9月	财政部、国家税务总局等	《关于跨境电子商务综合试验区零售出口货物税收政策的通知》	对综试区电子商务出口企业出口未取得有效进货凭证的货物，同时符合相关条件的，试行增值税、消费税免税政策。电子商务出口企业在综试区注册，并在注册地跨境电子商务线上综合服务平台登记出口日期、货物名称、计量单位、数量、单价、金额
2018年12月	海关总署	《关于跨境电子商务零售进出口商品有关监管事宜的公告》	规定了跨境电子商务企业管理、零售进出口商品通关管理等事项，为跨境电子商务零售出口监管工作提供了详细的法律依据，促进跨境电子商务的健康有序发展
2019年10月	国家税务总局	《关于跨境电子商务综合试验区零售出口企业所得税核定征收有关问题的公告》	从核定征收范围、条件、方式、程序、优惠政策等方面对综试区内跨境电商企业核定征收企业所得税相关事项进行了规定，旨在为综试区内跨境电商企业提供更为便利的操作办法

(续表)

时间	发布单位	文件名称	主要内容
2020年3月	海关总署	《关于全面推广跨境电子商务出口商品退货监管措施有关事宜的公告》	跨境电子商务出口企业、特殊区域[包括海关特殊监管区域和保税物流中心(B型)]内跨境电子商务相关企业或其委托的报关企业可向海关申请开展跨境电子商务零售出口、跨境电子商务特殊区域出口、跨境电子商务出口海外仓商品的退货业务
2020年4月	国务院	《国务院关于同意在雄安新区等46个城市和地区设立跨境电子商务综合试验区的批复》	在雄安新区、大同市、满洲里市、营口市等46个城市和地区设立跨境电子商务综合试验区
2020年5月	国家外汇管理局	《国家外汇管理局关于支持贸易新业态发展的通知》	促进外贸提质增效,加快跨境电子商务等贸易新业态发展,提高贸易外汇收支便利化水平
2020年6月	海关总署	《关于开展跨境电子商务企业对企业出口监管试点的公告》	增列海关监管方式代码"9710""9810"
2020年8月	国务院办公厅	《国务院办公厅关于进一步做好稳外贸稳外资工作的意见》	做好"六稳"工作,落实"六保"任务,进一步加强稳外贸稳外资工作,稳住外贸主体,稳住产业链供应链
2020年10月	国务院办公厅	《国务院办公厅关于推进对外贸易创新发展的实施意见》	促进跨境电商等新业态发展,积极推进跨境电商综合试验区建设,不断探索好经验好做法,研究建立综合试验区评估考核机制,支持建设一批海外仓
2021年3月	国务院	《国务院关于落实〈政府工作报告〉重点工作分工的意见》	实行高水平对外开放,促进外贸外资稳中提升,稳定加工贸易,发展跨境电商等新业态新模式,支持企业开拓多元化市场
2021年7月	国务院办公厅	《国务院办公厅关于加快发展外贸新业态新模式的意见》	以供给侧结构性改革为主线,深化外贸领域"放管服"改革,推动外贸领域制度创新、管理创新、服务创新、业态创新、模式创新,拓展外贸发展空间,提升外贸运行效率,保障产业链、供应链畅通运转,推动高质量发展
2022年1月	国家发展改革委	《"十四五"现代流通体系建设规划》	发展外贸新业态,促进跨境贸易多元化发展,引导企业优化海外仓布局,提高商品跨境流通效率
2022年5月	国务院办公厅	《国务院办公厅关于推动外贸保稳提质的意见》	推动跨境电商加快发展,提质增效。针对跨境电商出口海外仓监管模式,加大政策宣传力度,对实现销售的货物,指导企业用足用好现行出口退税政策,及时申报办理退税。尽快出台便利跨境电商出口退换货的政策,适时开展试点。针对跨境电商行业特点,加强政策指导,支持符合条件的跨境电商相关企业申报高新技术企业

(续表)

时间	发布单位	文件名称	主要内容
2022年11月	工业和信息化部、国家发展改革委、国务院国资委	《关于巩固回升向好趋势 加力振作工业经济的通知》	确保外贸产业链稳定,指导各地建立重点外贸企业服务保障制度;提升港口集疏运和境内运输效率,确保进出口货物快转快运;落实好稳外贸政策措施,进一步加大出口信用保险支持力度,抓实抓好外贸信贷投放;加快推动通过中欧班列运输新能源汽车和动力电池,支持跨境电商、海外仓等外贸新业态发展
2023年1月	财政部、海关总署、国家税务总局	《关于跨境电子商务出口退运商品税收政策的公告》	因滞销、退货原因,自出口之日起6个月内原状退运进境的商品(不含食品),免征进口关税和进口环节增值税、消费税;出口时已征收的出口关税准予退还,出口时已征收的增值税、消费税参照内销货物发生退货有关税收规定执行
2023年4月	国务院办公厅	《国务院办公厅关于推动外贸稳规模优结构的意见》	推动跨境电商健康持续创新发展;支持外贸企业通过跨境电商等新业态新模式拓展销售渠道、培育自主品牌;鼓励各地方结合产业和禀赋优势,创新建设跨境电商综合试验区,积极发展"跨境电商＋产业带"模式,带动跨境电商企业对企业出口;加快出台跨境电商知识产权保护指南,引导跨境电商企业防范知识产权风险;建设跨境电商综合试验区线上综合服务平台并发挥好其作用,指导企业用好跨境电商零售出口相关税收政策措施;持续完善跨境电商综合试验区考核评估机制,做好评估结果应用,充分发挥优秀试点示范引领作用
2023年12月	国务院办公厅	《关于加快内外贸一体化发展的若干措施》	推动商业科技创新中心建设,促进互联网、大数据、人工智能和内外贸相关产业深度融合;促进"跨境电商＋产业带"模式,带动更多传统产业组团出海
2024年11月	商务部	《关于印发促进外贸稳定增长若干政策措施的通知》	促进外贸稳定增长、扩大出口信用保障承保规模和覆盖面等

课程思政

随着贸易全球化的不断深入发展,跨境电商行业的发展势不可挡,而跨境电商政策和规范的建立以及开放程度的提升是跨境电商发展的重要基础。长期以来,国家出台了大量的利好政策扶持跨境电商行业的发展,全国各省市也都积极响应中央政府部门的号召,纷纷出台相关政策,支持跨境电商行业的发展。同时,为了促进跨境电商行业更好更快发展,行业监管必然也要加强,以引导行业在正确的道路上前进。一系列利好政策和有效行业监管措施的制定实施,为我国跨境电商的积极健康发展保驾护航。

(二)行业政策

跨境电商相关政策的制定,经历了从无到有、从被动到主动的转变。从近年来出台的政策来看,跨境电商政策分为规范性政策与提效性政策两种。跨境电商规范与推动并行,近些年来,规范性政策与提效性政策不断落地。2012年底以来,中央和地方层面密集出台支持跨境电商的各项政策,并在通关、税收、支付、海外仓建设等环节对不断完善配套措施进行支持。

1. 通关政策

通关方面,2014年7月,针对跨境电商企业产品种类多、价值低、零散、发货频次高等特点,海关总署发布了《关于增列海关监管方式代码的公告》,增列海关监管代码"9610",适用于以"清单核放、汇总申报"模式办理通关手续的电子商务零售进出口商品。2016年8月17日,国务院常务会议召开,指出要按照便利通关要求,规范和统一不同关区、口岸业务标准,简化查验手续,确保跨境电商充分享受通关便利。2020年3月,为使跨境电子商务商品出得去、退得回,推动跨境电子商务出口业务健康快速发展,海关总署发布《关于全面推广跨境电子商务出口商品退货监管措施有关事宜的公告》。2020年6月,为贯彻落实党中央国务院关于加快跨境电子商务新业态发展的部署要求,充分发挥跨境电商稳外贸保就业等积极作用,进一步促进跨境电商健康快速发展,海关总署发布《关于开展跨境电子商务企业对企业出口监管试点的公告》,增列海关监管代码"9710""9810",简化跨境电商B2B申报手续,降低通关成本,提高通关效率。

2. 税收政策

2013年,财政部、国家税务总局发布公告,规定符合条件的跨境电商零售出口,适用消费税、增值税退(免)税政策。2016年9月1日实施修订后的《出口退(免)税企业分类管理办法》,与旧管理办法相比,新修订办法区分不同外贸业态,并设定一类企业标准,提高一类企业占比,有效地提升跨境电商出口退税的成功率。

2018年11月,财政部、海关总署和国家税务总局发布《关于完善跨境电子商务零售进口税收政策的通知》,对税收进行三个方面的调整:一是将年度交易限值由每人每年2万元调整至2.6万元,将单次交易限值由每人每次2 000元调整至5 000元;二是明确完税价格超过单次交易限值但低于年度交易限值,且订单下仅一件商品时,可以通过跨境电商零售渠道进口,按照货物税率全额征收关税和进口环节增值税、消费税,交易额计入年度交易总额;三是明确已经购买的跨境电商进口商品不得进入国内市场再次销售。

2019年7月3日,国务院召开常务会议,部署完善跨境电商等新业态促进政策。会议指出,将再增加一批试点城市,落实对跨境电商零售出口的"无票免税"政策,出台更加便利企业的所得税核定征收办法;根据《关于跨境电子商务综合试验区零售出口货物税收政策的通知》(财税〔2018〕103号),对跨境电商综试区出口企业出口未取得有效进货凭证的货物,同时符合一定条件的,试行增值税、消费税免税政策(即"无票免税"政策)。简单来说,"无票免税"政策,就是从事跨境电子商务的企业在未取得增值税专用发票的情况下,只要同时满足通知(财税〔2018〕103号)规定的条件,即可享受免税政策。

2019年10月,税务总局制发《关于跨境电子商务综合试验区零售出口企业所得税核定征收有关问题的公告》,进一步明确跨境电商企业所得税核定征收有关问题,促进跨境电商企业更好地开展出口业务。为推动跨境电商贸易的便利化,国家不断完善跨境电商进口商品清单,对跨境电商综试区电商零售出口落实"无票免税"政策,推进出口企业所得税核定征收。

3. 支付政策

自2013年《中国人民银行关于简化跨境人民币业务流程和完善有关政策的通知》出台后,跨境支付牌照数量快速增长。截至2022年底,跨境支付牌照合计发放30张,交易金额较大的企业主要集中于上海、北京、广州、杭州等地。2021年,中国人民银行积极完善顶层设计,深入推进《跨境支付服务管理办法》制定工作,完善人民币跨境支付体系,优化跨境支付结算流程,提升跨境支付便利化水平,加快探索数字人民币在跨境支付领域的应用。近几年来,我国跨境支付产业主要发展政策见表14-2。

表14-2 我国跨境支付产业主要发展政策一览表

时间	文件名称	相关政策要点
2020年发布,2021年2月实施	《关于进一步优化跨境人民币政策 支持稳外贸稳外资的通知》	围绕实体经济需求推动更高水平贸易投资人民币结算便利化,进一步简化跨境人民币结算流程,优化跨境人民币投融资管理,便利个人经常项下人民币跨境收付,便利境外机构人民币银行结算账户使用。
2021年3月	《中华人民共和国国民经济和社会发展第十四个五年规划和2035年远景目标纲要》(十三届全国人大四次会议通过)	完善跨境资本流动管理框架,加强监管合作,提高开放条件下风险防控和应对能力。加强人民币跨境支付系统建设,推进金融业信息化核心技术安全可控,维护金融基础设施安全。
2021年3月	《关于金融支持海南全面深化改革开放的意见》	支持境内移动支付机构在境外开展业务,逐步扩大其通过人民币跨境支付系统在境外参与机构进行跨境移动支付的地区范围。
2021年7月	《国务院办公厅关于加快发展外贸新业态新模式的意见》	深化贸易外汇收支便利化试点,支持更多符合条件的银行和支付机构依法合规为外贸新业态新模式企业提供结算服务,鼓励研发安全便捷的跨境支付产品,支持非银行支付机构"走出去",鼓励外资机构参与中国支付服务市场的发展与竞争。
2021年7月	《中国数字人民币的研发进展白皮书》	数字人民币具备跨境使用的技术条件,但当前主要满足国内零售支付需要。
2021年10月	《"十四五"电子商务发展规划》	大力发展面向全球市场的电子商务营销、支付、物流及技术服务,形成国际化程度较高的国际电子商务服务业;鼓励金融机构与跨境电商配套服务企业开展合作,大力支持移动支付企业"走出去",并与跨境电商协同发展;稳妥推进数字货币研发,探索数字人民币在电子商务领域的支持作用。

(续表)

时间	文件名称	相关政策要点
2021年10月	《"十四五"服务贸易发展规划》	稳步发展金融服务贸易。支持国内金融机构建立健全境外分支机构和服务网络,加大对企业开拓国际市场的支持力度。鼓励金融机构创新适合服务贸易发展特点的金融产品和服务,拓宽轻资产的服务贸易企业贷款抵质押物范围。推动人民币跨境支付系统功能升级完善,促进跨境支付便利化。在依法合规、风险可控的前提下,利用新型信息技术提升金融服务水平,提升我国金融服务国际市场竞争力。
2022年6月	《中国人民银行关于支持外贸新业态跨境人民币结算的通知》	支持境内银行和支付机构提升服务能力,加大对外贸新业态跨境人民币结算业务的支持力度,丰富外贸新业态跨境人民币结算业务配套产品,降低市场交易主体业务办理成本。
2022年12月	《中共中央 国务院关于构建数据基础制度 更好发挥数据要素作用的意见》	针对跨境电商、跨境支付、供应链管理、服务外包等典型应用场景,探索安全规范的数据跨境流动方式。统筹数据开发利用和数据安全保护,探索建立跨境数据分类分级管理机制。对影响或者可能影响国家安全的数据处理、数据跨境传输、外资并购等活动依法依规进行国家安全审查。
2023年12月	《关于加快内外贸一体化发展的若干措施》	加大金融支持力度。充分利用全国一体化融资信用服务平台网络、国家产融合作平台,强化金融机构对内外贸企业的服务能力。在依法合规前提下,鼓励金融机构依托应收账款、存货、仓单、订单、保单等提供金融产品和服务,规范发展供应链金融。推广跨境融资便利化试点政策。扩大本外币合一银行结算账户体系试点范围。支持更多符合条件的支付机构和银行,为跨境电商等新业态提供外汇结算服务。

4. 仓储物流政策

商务部于2015年5月推出《"互联网+流通"行动计划》,明确提出两年内推动建设100个电子商务海外仓。2016年3月,在第十二届全国人民代表大会第四次会议的《政府工作报告》中,特别提出了要采取有效措施支持有实力的电商企业设立海外仓,进一步提高通关效率、降低物流成本、缩短营销环节、改善配送效率。国务院2020年8月颁布的《国务院办公厅关于进一步做好稳外贸稳外资工作的意见》(国办发〔2020〕28号)提出,充分利用外经贸发展专项资金、服务贸易创新发展引导基金等,支持跨境电商平台、跨境物流和海外仓建设等。国务院2021年7月颁布的《国务院办公厅关于加快发展外贸新业态新模式的意见》(国办发〔2021〕24号)提出,培育一批优秀海外仓企业,鼓励传统外贸企业、跨境电商和物流企业等参与海外仓建设,提高海外仓数字化、智能化水平,促进中小微企业借船出海,带动国内品牌、双创产品拓展国际市场空间;完善覆盖全球的海外仓网络,支持企业加快重点市场海外仓布局,完善全球服务网络,建立中国品牌的运输销售渠道。

5. 试点城市政策

我国采取先试点后推广的方式，减少试错成本。目前，跨境电商政策落实试点城市包括由海关总署牵头的"跨境电商试点城市"和由国务院牵头的"跨境电商综合试验区"。海关总署和国务院都是选择对外贸易发展较好的地区进行先试先行，在选择城市方面有重叠。但后者是前者的升级版，在具体工作落实上更为规范与成熟。海关总署牵头的跨境电商试点城市自2012年12月启动以来，极大地促进了我国跨境电商的发展。这些试点城市依托电子口岸建设机制和平台优势，实现跨境电商企业与口岸管理相关部门的业务协同与数据共享。一些重要的运营平台包括重庆的"e点即成"、上海的"跨境通"、宁波的"跨境购"、杭州的"一步达"、郑州的"E贸易"等。

从整体上来看，相比进口试点资格，拥有出口试点资格的城市更多，表明海关总署对于出口业务更为放开，对于进口业务较为谨慎。此外，海关总署2015年9月发布加急文件《关于加强跨境电子商务网购保税进口监管工作的函》，要求试点城市严格按照现有的规则执行，不得将政策扩大化，限定了跨境保税进口必须围绕跨境电商试点城市的海关特色监管区域或保税物流中心展开，打击了网购保税试点中的不规范行为。

跨境电商在快速增长的同时，对平台、物流、支付、通关等环节也提出了新的需求，"便利、快速、联动"成为关注的重点。跨境电商先试先行从上海、杭州、宁波、重庆、郑州、广州、深圳7城市展开，随着试点城市的全面铺开，海关陆续开展跨境电商贸易统计，而相关的配套政策也将更精准地服务于企业，为企业发展创造更好的政策环境。

> **知识链接**
>
> ## 中国跨境电子商务综合试验区
>
> 中国跨境电子商务综合试验区是中国设立的跨境电子商务综合性质的先行先试的城市区域，旨在跨境电子商务交易、支付、物流、通关、退税、结汇等环节的技术标准、业务流程、监管模式和信息化建设等方面先行先试，通过制度创新、管理创新、服务创新和协同发展，破解跨境电子商务发展中的深层次矛盾和体制性难题，打造跨境电子商务完整的产业链和生态链，逐步形成一套适应和引领全球跨境电子商务发展的管理制度和规则，为推动中国跨境电子商务健康发展提供可复制、可推广的经验。截至2022年度，国务院先后分七批设立165个跨境电子商务综合试验区。
>
> **一、发展历史**
>
> 第一批：2015年3月7日，国务院同意设立中国（杭州）跨境电子商务综合试验区。
>
> 第二批：2016年1月6日，国务院常务会议决定，在天津、上海、重庆、合肥、郑州、广州、成都、大连、宁波、青岛、深圳、苏州这12个城市设第二批跨境电子商务综合试验区。
>
> 第三批：2018年7月24日，国务院同意在北京市、呼和浩特市、沈阳市、长春市、哈尔滨市、南京市、南昌市等22个城市设立跨境电子商务综合试验区。
>
> 第四批：2019年12月15日，国务院同意在石家庄市、太原市、赤峰市、抚顺市、珲春市、绥芬河市、徐州市、南通市、温州市等24个城市设立跨境电子商务综合试验区。
>
> 第五批：2020年4月27日，国务院同意在雄安新区、大同市、满洲里市、营口市、黑河

市、常州市、德宏傣族景颇族自治州、延安市、乌鲁木齐市等46个城市和地区设立跨境电子商务综合试验区。

第六批：2022年1月22日，国务院同意在鄂尔多斯市、扬州市、镇江市、金华市、红河哈尼族彝族自治州、宝鸡市、喀什地区、阿拉山口市等27个城市和地区设立跨境电子商务综合试验区。

第七批：2022年11月14日，国务院同意在廊坊市、沧州市、运城市、延吉市、蚌埠市、南平市、大理白族自治州、拉萨市、伊犁哈萨克自治州等33个城市和地区设立跨境电子商务综合试验区。

二、优惠政策

商务部、海关总署、国家税务总局等部门出台了一系列支持跨境电商综合试验区发展的政策措施，最具含金量的主要有以下四个方面。

（一）无票免税

即对跨境电子商务综合试验区内的跨境电子商务零售出口企业未取得有效进货凭证的货物，凡符合规定条件的，免征增值税和消费税。

（二）所得税核定征收

综试区内符合一定条件的出口企业试行核定征收企业所得税办法，采用应税所得率方式核定征收企业所得税，应税所得率统一按照4%确定。符合小型微利企业优惠政策条件的，可享受小型微利企业所得税优惠政策；其取得的收入属于《中华人民共和国企业所得税法》第二十六条规定的免税收入的，可享受免税收入优惠政策。

（三）通关便利化

对于跨境电商综试区内符合条件的跨境电子商务零售商品出口，海关通过"清单核放，汇总申报"的便利措施进行监管验放，以提高企业通关效率，降低企业通关成本。

（四）放宽进口监管

跨境电商零售进口商品不执行首次进口许可批件、注册或备案要求，而是按个人自用进境物品监管。

课程思政

跨境电子商务是发展速度最快、潜力最大、带动作用最强的外贸新业态，目前仍处于高速发展期。跨境电子商务综合试验区是我国跨境电子商务先行先试的试验田。我国跨境电商综试区已实现由点到面、由沿海到内陆渐次展开，空间分布上更为均衡，充分体现出国家希望利用跨境电商等外贸新业态进一步扩大开放，促进国内国际双循环，全力稳住外贸外资基本盘，推进贸易高质量发展。

复习思考题

一、简答题

1. 我国跨境电商税收相关的法律法规主要有哪些类型？

2. 对跨境电商知识产权保护的法律法规有哪些？

3. 比较美国与欧盟跨境电商税收法律制度的差异。

二、案例分析题

跨境电商公司委托第三方收款未入账被税务稽查【常税稽一罚〔2022〕135号行政处罚决定书】

2022年11月8日,常州某跨境电商公司通过跨境电商平台eBay销售电机,通过第三方收款公司Payoneer进行美元收款(未入账,未申报销售金额),逃避税款缴纳义务。税务机关认定,该企业在账簿上不列、少列收入,实际造成不缴或少缴增值税及城市维护建设税,该行为是偷税。根据《中华人民共和国税收征收管理法》第六十三条规定,对所偷增值税、城市维护建设税处1倍的罚款。

请根据以上案例涉及的相关法律问题,分析跨境电商企业如何有效避免税务处罚的不利后果？

第十五章　跨境电商风险及管理

▶▶ 学习目标

掌握跨境电商风险的概念及类型;理解跨境电商风险的特点;理解跨境电商风险的影响因素;掌握跨境电商风险的防控和管理。

▶▶ 引导案例

英国脱欧对跨境电商的影响

当地时间2020年1月31日,英国正式脱离欧盟,直到2020年12月31日,英国都是处在一个"脱欧"的过渡期。在此期间,英国将继续在不参与欧盟决策的情况下执行欧盟规则。英国脱欧对跨国出口电商的影响如下:

1. 英镑和欧元汇率:英镑和欧元面临贬值的压力,一旦贬值,在销售价格保持不变的情况下,将造成中国电子商务出口商利润下降。

2. 清关方面:到2021年,零关税优惠政策将不能在欧盟任意国家清关再派送到英国,如在比利时、捷克、荷兰等欧盟国家清关,再派送到英国就会造成二次清关缴纳关税和VAT。除非英国和欧盟的自由贸易协定政策正式颁布。

3. 英国仓库电商备库:不得从英国海外仓库直接送往德国、法国、西班牙、意大利客户,这就导致了库存积压。

4. 在物流运输能力方面,英国航班/船期的需求增大,建立FBA基本上需要关闭英国当地的机场/港口,如果运输能力不增加物流成本就会上升。

5. 欧盟商标专利:脱欧的专利将不受保护,卖方需要实时关注当地的政策和规则,并避免专利损失

英国退出欧盟主要是想集中精力发展经济和维护政治独立。相信英国会对进口国出台优惠政策和便利通关政策,招商引资,以提升就业率。

资料来源:https://global.lianlianpay.com/article_foreign_trade/33-12288.html,2020/02/17

第一节　跨境电商风险概述

一、跨境电商风险的内涵

跨境电商风险是指在跨境贸易过程中，由于各种因素变化导致跨境贸易主体成本和收益不一致，从而造成跨境电商在经营过程中遭受物质损失风险的可能性。

与传统出口贸易相比，跨境电商具有业务环节复杂、交易主体差异化等特点，这使其风险更具有多发性、偶然性和复杂性。

随着经济全球化、新信息技术革命的加快，跨境电商行业在国内的发展如火如荼。国内开展跨境电商的企业迅速发展，跨境电商行业的竞争也越来越激烈，因此风险和机遇并存。跨境电商产品经营、支付方式、经营模式、销售对象和物流模式等全产业链各个环节的运行都与传统贸易方式不同，导致风险频发、信用缺失和服务空缺等问题。

二、跨境电商风险的类型

（一）政治风险

政治风险是指一国发生的政治事件或者一国与其他国家的政治关系对跨境电商造成不利影响的可能性。跨境电商是对外贸易转型升级的新业态，一国对外贸易政策直接影响着跨境电商的交易规模和数量。跨境电商政治风险包括政策变动风险、政治动荡风险、贸易壁垒风险以及主权违约风险等。

1. 政策变动风险

政策变动风险是常见的跨境电商政治风险之一。在市场经济条件下，跨境电商企业不可避免地在竞争机制下争夺市场资源，这种行为具有违反国家有关政策的风险。同时，跨境电商对打破渠道垄断、降低交易成本、促进产业结构升级的作用巨大。但不同国家对跨境电商的监管政策不同，跨境电商相关政策变动影响巨大。

2. 政治动荡风险

政治动荡风险包含战争、内乱、冲突、恐怖活动等暴力行为带来的风险，通常会直接导致跨境电商贸易正常经营活动的中断或终止，且由于暴力行为具有突发性和规模性，其造成的影响往往对跨境电商企业的实体资产而言具有更大的危险性和破坏性。但是，由于受局势动荡影响的地区往往有着较低的准入门槛和较弱的市场竞争，跨境电商在此可以获得相对更高的回报，因此也有相当数量的跨境电商企业，选择在存在政治动荡风险的区域开展经营活动。

政治动荡风险同样包含国家政局不稳、政权更迭等带来的风险。政权频繁更迭不仅会造成跨境电商贸易政策的方向改变，更会因政治制度缺陷带来主权债务危机、金融危机等多重风险，对跨境电商企业造成的间接伤害显而易见。

跨境电商企业应当正视政治动荡风险,切不可报以侥幸心理,以免对自身、市场、国家造成不可避免的损失。

3. 贸易壁垒风险

跨境电商面对的贸易壁垒风险,是指一国对外国跨境电商企业商品进口所设置的进入限制,即一国通过实行各种限制措施,干扰市场竞争机制和正常商品流通。贸易壁垒通常包含关税壁垒和非关税壁垒。关税壁垒是指国家对跨境电商企业征收高额进口税、各种进口附加税或其他起到同等效果的捐税,目的是限制和阻止外国跨境电商商品进口;非关税壁垒是指国家对商品流通实施数量限制,对跨境电商企业实行各种歧视和特殊对待措施,对本国企业给予补贴,利用许可证人为划分市场范围等。

关税壁垒包括关税减让、关税税则分类、关税高峰、关税配额等。非关税壁垒包括进口许可、出口许可、进口配额、进口禁令、技术性贸易壁垒、出口限制、政府补贴、自愿出口限制、当地含量要求、国家专控的进出口贸易、卫生与动植物检疫措施、反倾销、反补贴、保障措施、贸易救济措施等。

4. 主权违约风险

主权违约风险是指跨境电商在他国经营过程中,东道国政策法规变动、贸易保护主义抬头造成的对贸易协议条款的违反,具体体现为政策法规变动、协议项目适用范围变动、撤销许可证、没收或征用跨境电商企业资产等。主权国家违约的主要原因包括债务危机、货币危机、财政危机、经济危机、政治危机以及政府还债意愿不足等几个方面。

(二)法律风险

法律风险是指跨境电商企业在经营过程中,由于本国或外国法律环境变动、区域性或国际法律环境变动,而对跨境电商企业造成损失的可能性。法律风险在狭义上强调所签署的各类合同、承诺等法律文件的有效性和可执行能力,在广义上强调类似风险或密切相关的风险,包括外部合规风险和监管风险。跨境电商企业在关注法律风险的基础上,更要关注东道国对外法律风险,如以下法律的变动风险:外国公司经营法、营销和销售法、外汇法、环境法、互联网和电子商务法、合同法等。

1. 政府监管风险

政府监管风险是跨境电商法律风险的一种。通常,外国政府在国际贸易一般进出口业务中的监管对象是当地经销商和零售商,然而跨境电商业务的出现,打破了传统监管模式的流程。由于跨境电商企业在境外直接作为经销商和零售商,外国政府对跨境电商的监管不再通过境内企业加以传导,其监管结果直接影响企业的日常经营和现金流,且法律后果随处理周期加快而更为严重。

2018年11月28日,商务部、发展改革委、财政部、海关总署、税务总局、市场监管总局六部门联合发布《关于完善跨境电子商务零售进口监管有关工作的通知》,通知对跨境电商企业作出如下要求:

(1)跨境电商企业承担商品质量安全的主体责任。并按规定履行相关义务,应委托一家在境内办理工商登记的企业,由其在海关办理注册登记,承担如实申报责任,依法接受相关部门监管,并承担民事连带责任。

(2) 承担消费者权益保障责任。包括但不限于商品信息披露、提供商品退换货服务、建立不合格或缺陷商品召回制度、对商品质量侵害消费者权益的赔付责任等。当发现相关商品存在质量安全风险或发生质量安全问题时,应立即停止销售,召回已销售商品并妥善处理,防止其再次流入市场,并及时将召回和处理情况向海关等监管部门报告。

(3) 履行对消费者的提醒告知义务。会同跨境电商平台在商品订购网页或其他醒目位置向消费者提供风险告知书,消费者确认同意后方可下单购买。

(4) 建立商品质量安全风险防控机制。包括收发货质量管理、库内质量管控、供应商管理等。

(5) 建立健全网购保税进口商品质量追溯体系。追溯信息应至少涵盖国外启运地至国内消费者的完整物流轨迹,鼓励追溯海外发货人、商品生产商等上游信息。

(6) 向海关实时传输施加电子签名的跨境电商零售进口交易电子数据。可自行或委托代理人向海关申报清单,并承担相应责任。

2. 知识产权风险

知识产权风险是指跨境电商企业在生产经营过程中,有关知识产权事项的不确定性或者管理不当造成的负面影响,以及潜在的侵犯知识产权造成的损失。知识产权风险包括专利风险、商标风险、著作权风险及商业秘密风险等,既包含侵犯他人专利、商标、著作权的风险,也包含被侵害专利、商标、著作权的风险,以及商业秘密流失、被非法占有的风险。应当注意的是,知识产权的保护具有地域性,跨境电商企业极有可能遭遇其国内销售的具有合法知识产权的产品在国外并不能合法销售的情况,因此企业应当将知识产权风险防范,作为知识产权管理的重要内容,建立健全知识产权风险防控体系,有效规避各类知识产权风险,以保障企业可持续发展。

跨境电商企业主要通过第三方平台销售货品,平台对知识产权纠纷的处理有着很大程度的主导权。各主要跨境电商平台知识产权规则如下。

(1) 全球速卖通:若用户发布、销售涉嫌侵犯第三方知识产权的商品,则有可能被知识产权所有人或者买家投诉,平台也会随机对商品(包含下架商品)信息进行抽查,若涉嫌侵权,则信息会被退回或删除,并根据侵权类型执行处罚。商标权、著作权、专利权一般违规处理办法为:首次违规扣 0 分,其后每次重复违规扣 6 分,累计达 48 分者关闭账号。严重违规处理办法为:三次违规者关闭账号。此外,当用户侵权情节特别显著或极端时,全球速卖通有权直接关闭用户账号、冻结用户关联国际版支付宝账户资金及全球速卖通账户资金。

(2) 阿里巴巴国际站:用户不得利用网站服务作出侵犯他人知识产权的行为,包括一般侵权行为和严重侵权行为,处罚为:官方抽检发现侵权扣 2 分,店铺不当使用他人商标权、著作权等权利大于等于 2 次扣 6 分;严重侵权行为 1 次限权 7 天,2 次限权 7 天,3 次关闭账号;扣分达 60 分或售假 3 次,关闭账号;视情况给予账号限权、限制发布商品、屏蔽商品或店铺、关闭账号等处罚。

(3)亚马逊：用户如果发现侵权行为，可以通过亚马逊平台进行投诉。如果对收到的投诉有异议，被投诉者可以回复收到的投诉通知，提出申诉。若卖家销售或供应假货，亚马逊将会立即暂停或终止其亚马逊销售账户（以及任何相关账户），并销毁其在亚马逊运营中心存储的所有假货库存。

(4)eBay：发现侵权行为后，权利人可通过 eBay 的保护知识产权所有人（Verified Rights Owner，VeRO）计划举报，随后平台给商家发送邮件，说明侵权原因以及如何与被侵权人取得联系。若举报成功，eBay 将下架侵权产品、没收侵权者 eBay 费用、取消"超级卖家"资格、限制或冻结卖家账户；侵权行为严重的卖家，需参加知识产权考试，且评分达标才可以正常发布商品。

3. 海关事务风险

海关事务风险是指跨境电商企业在进出口申报缴纳关税时，所面临的各类法律风险。海关是跨境电商企业最主要的监管机构。根据中华人民共和国法律法规规定，准许进出口的货物、进境物品，除法律、行政法规另有规定外，由海关依法征收进出口关税。

海关事务风险包含欠缴关税风险、税率政策调整风险、商品归类风险、价格申报风险、原产地申报风险、未如实申报缴纳关税风险、海关稽查税款的补征与追征风险、海关退税风险、走私偷逃应缴税款风险等。其中，特别应当注意的是欠缴关税风险。《中华人民共和国海关法》第六十条明确规定："进出口货物的纳税义务人，应当自海关填发税款缴款书之日起十五日内缴纳税款；逾期缴纳的，由海关征收滞纳金。纳税义务人、担保人超过三个月仍未缴纳的，经直属海关关长或者其授权的隶属海关关长批准，海关可以采取下列强制措施：(1)书面通知其开户银行或者其他金融机构从其存款中扣缴税款；(2)将应税货物依法变卖，以变卖所得抵缴税款；(3)扣留并依法变卖其价值相当于应纳税款的货物或者其他财产，以变卖所得抵缴税款。海关采取强制措施时，对前款所列纳税义务人、担保人未缴纳的滞纳金同时强制执行。进出境物品的纳税义务人，应当在物品放行前缴纳税款。"

关税滞纳金是指纳税义务人，不按法定期限缴纳关税情况下，由海关采取的课以金钱给付义务的措施。根据《中华人民共和国进出口关税条例》第三十七条，"纳税义务人应当自海关填发税款缴款书之日起 15 日内，向指定银行缴纳税款。纳税义务人未按期缴纳税款的，从滞纳税款之日起，按日加收滞纳税款万分之五的滞纳金"。

4. 刑事风险

跨境电商企业所面临的刑事风险主要为与走私相关的法律风险，其本质上是由海关事务风险衍生的。与境内网店类似，跨境电商同样也存在"刷单"的情况，但是该"刷单"行为因违反海关法规、逃避海关监管而被判定为涉嫌走私普通货物、物品罪并被定罪量刑，其风险远高于境内电商"刷单"的补税风险。因此，跨境电商企业应严格防范构成走私或者走私犯罪的法律风险。自营模式下，跨境电商企业应做好供应链管理，同时保证所合作或控制的物流企业的关税合规。在第三方商家入驻的模式下，跨境电商平台应对入驻商家的资质进行合理审查，保证交易的真实性和可追溯性，必要时对失信商家实行惩戒措施，发现入驻商家的走私行为及时向海关部门披露并配合调查等，避免被认定为走私共犯。

5. 税务风险

税务风险是指跨境电商企业的纳税行为不符合税收法律法规的规定,应纳税而未纳税、少纳税,从而面临补税、罚款、加收滞纳金、刑罚处罚以及声誉损害等风险,或企业经营行为适用税法不准确,没有用足有关优惠政策,多缴纳了税款,承担了不必要的税收负担。跨境电商出口企业主要面临的税务风险涉及增值税、企业所得税和个人所得税。跨境电商企业应注意避免缺少增值税进项发票导致无法正常出口收汇、通过结汇到个人账户规避企业所得税、个人所得税未合规申报纳税等情况。

缺少增值税进项发票导致无法正常出口收汇:按照有关规定,出口环节如没有增值税进项发票,不仅不能退税,反而需缴纳13%的增值税。许多跨境电商企业采购的无票货物无法正常报关出口和收汇,只能采用"0110"买单出口或者"1039"市场采购等方式解决出口通关问题。

通过结汇到个人账户规避企业所得税:居民企业应当就其来源于中国境内、境外的所得缴纳企业所得税,税率为25%。目前,部分跨境电商企业为了逃避高额税负,通过第三方支付机构收汇到境内个人账户。规避企业所得税是典型的偷税行为,将会面临很大的税务风险。

个人所得税未合规申报纳税:居民个人从中国境内和境外的所得,都需要缴纳个人所得税。工资薪金等综合所得税率为3%~45%,经营所得税率为5%~35%,其他所得税率为20%。目前,很多跨境电商企业直接将收入汇入个人账户,但是个人收入未按规定申报纳税。

拓展案例

跨境电商出口退税

2020年6月,为适应跨境电商国际贸易新模式,海关总署发布了《关于开展跨境电子商务企业对企业出口监管试点的公告》,增列"9710"(跨境电商B2B直接出口)和"9810"(跨境电商出口海外仓)两种监管方式代码。企业可通过跨境物流将货物运送至海外仓,再通过跨境电商平台完成交易,可采用跨境电商出口海外仓"9810"模式报关出口、申报退税。

(三)交易风险

交易风险是指参与跨境电商贸易的企业,由于跨境线上支付平台、跨境物流系统的不确定性而遭受损失的可能性。

1. 跨境电商支付风险

跨境电商支付风险是指跨境电商支付参与方未能遵守相关支付契约(违约),导致收款方未能及时、全额、顺利和无新增成本收回交易款项,进而导致利益损失的可能性,收款方自身因素导致的收款风险除外。

支付参与方包括付款方、中介方和清算方。相关支付契约损失包括跨境电商交易契约中的支付条款、中介服务协议、清算服务协议及支付参与方各国法律、行业规范和惯例利益损失,包括收款方经济利益损失和精神利益损失。其中,经济利益损失包括直接的应收款项损失、新增成本损失和间接的经营机会成本损失、商务延时责任成本损失等。

2. 跨境电商物流风险

跨境电商物流风险是指跨境电商在进行商品转运、交接、存储过程中,潜在的实物资产蒙受损失的可能性。目前,跨境电商物流包括传统跨国物流、邮政小包、专线物流、海外仓等模式。影响物流网络协同效应的主要因素包括物流成本、物流效率、物流损耗和物流信息等。跨境电商物流运输时间长、距离远,增加了通关商检、退税结汇、海外仓储等环节。同时,各国国情有所差异,物流设施有明显区别,这些因素都在极大程度上提高了跨境电商物流风险产生的可能性,这也对跨境电商物流服务质量及效率提出了更高要求。

(四)市场风险

市场风险是指跨境电商企业在市场交易过程中,面临价格波动或汇率变化而造成损失的可能性。

1. 价格波动风险

在跨境电商进出口贸易中,交易双方按照确定的价格和交割时间签订买卖合同之后,货物价格的变化会给参加跨境电商交易的某一方造成一定的经济损失,由此造成的风险被称为价格波动风险。在市场机制的作用下,跨境电商企业之间、跨境电商企业与境外企业间的市场竞争易造成价格波动,影响产品价格。投资的产品所需的材料价格、运输价格和快递价格等,可能都会因为不同国家经济水平的不同而有所改变。而这些变化也直接影响盈利,甚至使企业陷入得不偿失的价格战,跨境电商企业因此蒙受损失。

2. 汇率风险

汇率风险是指在一定时期的跨境电商交易中,以外币计价的资产或负债由于汇率波动而引起价值涨跌的可能性。影响一国汇率波动的因素包括国际收支及外汇储备、利率、通货膨胀和政治局势等。当本币兑外币汇率降低时,外币对本国商品购买力增加,有利于跨境电商出口,不利于进口;当本币兑外币汇率升高时,外币对本国商品购买力下降,有利于跨境电商进口,不利于出口。

跨境电商交易过程的各阶段时效是影响汇率风险的重要因素。跨境电商支付流程为:跨境电商卖家展示商品及价格,用户下单购买商品,跨境电商卖家向支付机构请求支付,支付机构向银行请求支付,得到支付结果后再返回给卖家,卖家将商品支付结果返回给用户。跨境电商卖家例行结算流程为:跨境电商企业向支付机构请求结算,随后支付机构向外汇合作银行购汇,外汇合作银行向支付机构返回购汇结果,支付机构再向跨境电商卖家付汇。在上述支付、结算流程中,每一次返回结果所需的时间不等,如用户下单、商家发货到用户收货的物流时间通常为3~15天;用户收到商品后确认收货时间,因用户操作习惯而异,平台自动确认收货通常为5~7天。在此期间,一旦汇率发生大幅波动,跨境电商就有蒙受损失的可能。

近年来,东南亚市场发展较快,中国对东盟出口延续着增长态势。东南亚市场货币价值波动较为明显,如印度尼西亚盾、泰铢等货币汇率年波动率经常达到20%~30%。汇率波动对跨境电商经营成果的影响越来越大,因此,管理好汇率风险对跨境电商十分重要。

(五)运营风险

运营风险是指企业在运营过程中,由于内外部环境的复杂性和变动性以及主体对环境的认知能力和适应能力的有限性,而遭受运营失败或使运营活动达不到预期目标的可能性及损失。

1. "刷单"风险

"刷单"风险是指不法分子通过"刷空单"的方式,帮助某些跨境电商卖家完成多笔虚假交易,从而使商家信誉迅速达到预期目标,造成跨境电商卖家受到法律制裁的潜在可能性。"刷单"产业链中,商家和"刷手"都要在"刷单"平台上注册信息,商家在平台注册充值后,即可发布任务,会有"刷手"前来领取,佣金取决于商品价格和数量。除"刷单"之外,快递公司会在"刷单"所需要的空包中装入橡皮筋或纸张,向网站提供从快递公司获取的邮寄空包和快递的真实单号,以帮助商家维持高销售额、高好评率。

近年来,国家不断提出和要求建立电子商务信用保障体系,为电子商务健康快速发展保驾护航。2015年,《国务院关于大力发展电子商务 加快培育经济新动力的意见》提出:"发展电子商务可信交易保障公共服务,完善电子商务信用服务保障制度,推动信用调查、信用评估、信用担保等第三方信用服务和产品在电子商务中的推广应用。"2016年,国家发展改革委、中央网信办、商务部等部门召开会议审议通过的《促进电子商务发展三年行动实施方案(2016—2018年)》要求"推进电子商务信用体系、追溯体系及统计监测体系建设"。对于日益猖獗的"刷单"行为,此次会议明确将完善包容审慎监管,严厉打击制售假冒伪劣商品行为,依法保护商家和消费者权益,引导相关电商平台加强知识产权维权服务。

拓展案例

亚马逊大规模封禁中国卖家账号

2021年4—9月,亚马逊开启大规模平台集中治理,关停大批中国跨境电商卖家账号并下架产品。此次封号事件涉及约1 000家企业、5万多个账号,预估损失超过千亿元,其中电商收款账户被冻结金额为数千万美元至数亿美元不等。其中,有约600个中国品牌销售权限被关闭,涉及这些品牌的卖家账号约3 000个,涉及商品品类包括消费电子产品、日用品、家居运动产品等。亚马逊提供的封号理由主要是商家违规操作,包括操纵评论和违规账号关联等。2021年9月17日,亚马逊回应说,此次封号事件"非针对中国,申诉成功机会不大"。

2020年,由于中国率先控制住疫情,跨境电商逆势增长。然而亚马逊的大规模封罚远远超出以往的力度:一是对品牌彻底封禁;二是申诉极为困难;三是扣押账户和库存商品,不予退回或直接没收。中国亚马逊卖家大多采用FBA,即卖家需要将货物先发送到亚马逊仓库,销售资金在一段时间内存留在亚马逊账户,因此跨境电商卖家普遍现金流压力较大,业务开展受到压制。

资料来源:央视财经,2021年9月19日

2. 促销税务处置风险

促销税务处置风险是指跨境电商进口企业促销时提供优惠券,开展打折、满减等优惠促销活动,其价格优惠部分因不计入完税价格而计征进口关税和进口环节税形成的风险。《关于明确跨境电商进口商品完税价格有关问题的通知》(税管函〔2016〕73 号)规定:对直接打折、满减等优惠促销价格的认定,应遵守公平、公开原则,即优惠促销应是适用于所有消费者,而非仅针对特定对象或特定人群的,海关以订单价格为基础确定完税价格。在订单支付中使用电商代金券、优惠券、积分等虚拟货币形式支付的"优惠减免金额",不应在完税价格中扣除,应以订单价格为基础确定完税价格。

此外,在采用"包税"成交方式下,无论采用直接约定包税价格还是发放包税券的形式,所报税款都不应从完税价格中扣除。如果跨境电商进口企业为降低所包税款而低报价格,则构成违规或走私。但需注意的是,在会计处理方面,跨境电商进口企业应参照商业折扣的方式进行处理,即以实际收取的款项确认销售收入。因此,跨境电商进口企业应如实、详细区分优惠促销的具体形式,准确申报完税价格和代征代缴税费。如果跨境电商进口企业自查发现批量订单有少缴税款情形,应尽快向所在地海关主动披露并后续补税,否则少缴税款累积到一定数额或次数时,将受到海关行政处罚,甚至构成走私。

3. 营销风险

跨境电商企业通过分销模式、返利模式等,使消费者以提供销售渠道、推荐客户等方式获得购物优惠或返利。该营销模式若没有建立在真实商品交易的基础上,则有可能被认定为传销活动。现实中,跨境电商经常采用佣金推广模式,即平台注册用户可将平台上销售的商品推荐给不特定的终端消费者,平台向终端消费者配送所需产品并提供售后服务,而用户可获取一定的推广佣金。由于此种推广模式以实际商品交易为支撑背景,消费者获取此种佣金并不违法。但需注意的是,如果跨境电商经营者利用佣金推广模式,开展没有真实商品交易背景的虚假销售,从而导致经营者与消费者之间只存在资金流通关系而不存在商品交易关系,则很可能会被认定为《禁止传销条例》所界定的传销行为:组织者或经营者发展人员,通过对被发展人员以其直接或间接发展的人员数量或者销售业绩为依据计算和给付报酬,或者要求被发展人员以交纳一定费用为条件取得加入资格等方式,牟取非法利益,扰乱经济秩序,影响社会稳定的行为。因此,建议跨境电商经营者注意审核交易的真实性,以防止营销模式被认定为传销活动或成为资金非法出入境的渠道。

课程思政

做任何事情都是有一定风险的,跨境电商也不例外,一旦没调整过来,就会面临大量的金钱损失和时间损失。我们无法完全避开风险,只能通过自己的努力,及时认清风险并合理地规避,将风险降到最低。

第二节　跨境电商的汇率风险

一、跨境电商汇率风险的含义

跨境电商汇率风险是指跨境电商在经营过程中,因汇率变动遭受的风险。一般来说,跨境电商交易包括交易、支付结算、物流配送等配套服务环节以及监管部门监管等。从接收订单到采购、发货再到支付资金都有一段时间,不可避免会出现汇率变动,给跨境电商企业经营带来风险。

二、跨境电商在外汇管理层面需要界定的问题

正是基于与传统贸易的差异,跨境电商在外汇管理政策层面存在三个突出问题需要予以明确界定。

（一）跨境电商交易贸易性质的归属管理问题

从电子商务交易形式上看,跨境电商交易在本质上属于服务贸易范畴,国际社会普遍认可将其归入 GATS 规则,按服务贸易分类进行统计和管理。而仅仅通过电子商务方式完成订购、签约、交易,但要通过传统的运输方式将货物运送至购买人的交易,则将被归入货物贸易范畴,属于 GATT 规则的管理范畴。我国尚未出台服务贸易外汇管理办法及跨境电商外汇管理法规,导致有关方面对跨境电商所涉及的外汇交易归属管理范畴的把握模糊。

（二）跨境电商支付机构相关外汇业务资格问题

跨境电商及其支付业务,借助电子信息技术突破时空限制,将商务交易延伸到世界的各个角落,使交易资讯和资金链条汇集成大数据平台。交易主体一旦缺乏足够的支付能力或出现信用危机、违规经营、信息泄露等问题,则会引发交易主体外汇资金风险。因此,对跨境电子商务及其支付机构进行外汇市场准入管理十分重要与迫切。

（三）跨境电商支付机构外汇管理与监管职责问题

如何对第三方支付机构所提供的跨境外汇收支服务进行有效的管理与准确的职能定位,亟需外汇管理部门在法规中加以明确,从而使其在制度框架下规范运行。

三、跨境电商支付发展给外汇管理带来的挑战

随着跨境电子商务的快速发展,针对传统国际贸易的业务特点而设计的现行贸易外汇管理政策,已经难以适应电子商务在交易形态和支付方式方面对外汇管理提出的新要求及给外汇管理带来的新挑战。

（一）交易的虚拟性和无纸化带来单证审核困难

在跨境电子商务中,双方的交易信息和契约要素均以电子形式记录和传递,而电子单证很容易被修改而不留任何线索和痕迹,导致传统的单证审核方式难以跟上新的形势变化。而虚拟特性更为突出的虚拟游戏物品等交易产品,其交易的真实性和可测性则更难

以把握。目前，除了货物贸易，利用跨境电子商务平台进行服务贸易的情况也日益频繁。按照现行外汇管理规定，电子通信、信息服务、无形资产等服务贸易项下的售付汇业务，需要提供主管部门的批件或资质证明。如果按照传统服务贸易那样向外汇指定银行提交贸易纸质单证，则效率低下，无法体现出跨境电子商务的优势，即信息流、物流、资金流的高效性和便捷性。

（二）跨境电商支付国际收支申报存在困难

一方面，通过电子支付平台，境内外电商的银行账户并不直接发生跨境资金流动，且支付平台实质交易资金清算常需要7~10天，因此由交易主体办理对外收付款申报的规定较难实施。另一方面，不同的交易方式对国际收支申报主体也产生不同的影响。如，购汇支付方式下，实际购汇人为交易主体，应由交易主体进行国际收支申报，但实施起来较为困难；线下统一购汇支付方式下，实际购汇人为第三方支付机构，可以第三方支付机构为主体进行国际收支申报，但此种申报方式难以体现每笔交易资金的实质，增加了外汇审查和监管难度。货物贸易外汇改革后，外汇管理部门通过贸易外汇监测系统，全面采集企业货物进出口和贸易外汇收支逐笔数据，定期比对、评估货物流与资金流总体匹配情况。与传统货物贸易相比，跨境电子商务的物流方式以快递为主，难以取得海关报关单据等合法凭证，同时也难以获得与资金流相匹配的货物流数据，进而增加了外汇监管工作的复杂性和工作量。

（三）银行直接对跨境电商交易进行真实性审核困难

跨境电子商务的无纸化、虚拟性，导致外汇管理部门难以对跨境电子商务交易的真实性、支付资金的合法性进行审核，增大了跨境资金异常流动和反洗钱监管的难度。特别是第三方支付机构的介入，使原本银行了如指掌的交易流程，被割裂为难以看出关联的繁杂交易流程。由于缺乏对交易双方信息的了解，外汇指定银行无法直接进行贸易真实性审核。如在境外收单业务中，客户的支付指令由支付机构掌握，银行按照支付机构的指令，将资金由客户账户划入人民币备付金账户，通过银行购汇入外汇备付金账户，再将资金由外汇备付金账户汇入目标账户。即便发生在同系统，银行也很难确定各项电子交易的因果关系。

（四）跨境电商支付外汇备付金账户管理困难

随着跨境电子商务及支付机构的发展，机构外汇备付金管理问题日益突显。而我国当前对外汇备付金管理没有明确的规定，如没有明确外汇备付金是归属经常项目范畴还是资本项目范畴，没有明确外汇备付金账户开立、收支范围、收支数据如何报送，同一机构本外币备付金是否可以轧差结算等无统一管理标准，易使外汇备付金游离于外汇监管体系外，这些都需要通过出台相关规定予以解决。

四、适应跨境电商发展，改进外汇管理政策

（一）坚持便利化和防风险相结合，完善跨境电商支付机构外汇管理政策

跨境电商与支付机构不但为进出口贸易企业提供了网上交易及支付的便利途径，而且通过第三方支付机构的信用中介功能，降低了国内企业进入国际新兴市场的信用风险，有利于加快推进我国贸易便利化进程。但是，在我国对外汇资金跨境流动实行较严格监管的背

景下,跨境第三方支付从多个方面突破了现有的监管体系,产生资金流动的新风险。因此应积极应对,努力平衡严控风险与促进发展的双重需求,在充分肯定跨境第三方支付发展的积极意义的同时,出台支持政策和鼓励措施,保障跨境电子商务和支付机构平稳有序发展。同时,还要加强前沿研究,找准风险点,制定具有针对性、可行性、可操作性的监管措施,有效防范跨境电子商务给国家经济安全管理带来的风险。

(二)坚持先试点后推广的原则,鼓励和支持跨境第三方支付行业加快制定政策措施

鼓励和支持跨境电商支付机构加快发展,由其对具有真实贸易背景的跨境电商交易提供结售汇或收结汇服务。积极做好对第三方支付机构的辅导工作,指导第三方支付机构在外汇监管框架内建立健全各项内控制度,并根据第三方支付机构业务开展情况不断进行优化调整,完善规章制度和操作流程,为跨境电子支付行业全面推广打好基础。坚持以业务监管为基本原则,加强对跨境电商第三方支付机构的监管。根据业务类型所涉及的资金跨境流动方式,实行有针对性的差异化监管,第三方支付业务范围由小额货物贸易和部分交易价格明确的服务贸易,逐步扩大到大额或价格波动较大的货物和服务贸易。

(三)制定第三方支付业务管理规范,将跨境电商外汇收支纳入经常项目

跨境电子商务将传统的国际贸易流程电子化,改变的仅仅是实现手段而不是内容实质,其交易的主要内容仍为商品和服务。因此,应坚持传统国际贸易管理原则,按照真实性、便利性和均衡管理原则对其进行管理,确保交易合法合规。应研究制定具体外汇业务管理规定,明确跨境电子商务支付机构业务办理资格和范围,以及与合作银行之间的职责分工。一是明确对第三方支付机构的监管要求。明确其应对跨境电子商务交易的真实性负责,建立客户身份识别制度、交易记录保存制度、风险控制制度和内部监督制度。二是明确对合作银行的监管要求。跨境电子商务合作银行应对第三方支付机构代收付环节进行审核,代交易主体应对跨境电子支付交易进行逐笔申报。三是加强对银行和支付机构的非现场核查及现场检查。参照货物贸易和服务贸易外汇管理模式,全面采集第三方支付机构订单、物流数据和国际收支申报逐笔数据,按照交易项目将其分别纳入货物贸易与服务贸易外汇监测系统进行管理,进而在此基础上实施总量核查和非现场监管。

第三节 跨境电商的物流风险

一、跨境电商物流风险的定义及特点

(一)跨境电商物流风险的定义

跨境电商物流风险是指跨境电商物流项目所处的外部环境和条件本身的不确定性,或其他相关利益者内部在主观上不能准确预见或控制的影响因素,使得物流结果与初始期望相背离,从而带来损失的可能性。跨境电商物流涉及国际货运、海关清关、仓储和配送等环节,这个复杂的过程中存在着一些风险。

(二)跨境电商物流风险的特点

现在,物流行业已经逐渐成熟。在国内,物流公司基本三天可以将货物送达,而国外基本一个星期左右可以送达。跨境电商需要在不同的国家进行物流配送,物流环节可能存在很多不确定性。物流成本占总成本的15%~30%,物流运费高是企业需要承受的最大的环境风险。特别是对于中小卖家来讲,物流成本更高。如跨境电商出口企业可能会面临包裹丢失、货品损坏、物流线性差、物流服务态度差等问题,不仅降低了消费者回购的欲望,还将给卖家的货物交付带来巨大风险。

二、跨境电商物流风险类型

(一)与跨境电商物流到达国的政治相关的风险

跨境电商物流可能存在一定的潜在政治风险。涉外物流往往受国际贸易体制和政治体制的影响,甚至可能遭遇暴力事件和引发地区冲突,从而降低物流的效率。在法律风险方面,不同地区的政治环境不同,甚至存在较大差异,导致不同地区的法律制度不同。在不同的法律制度下,跨境电商物流可能会遇到业务冲突,影响物流业务的顺利进行。此外,对于跨境电商物流,配送国家和地区与跨境电商企业所在国家和地区之间存在较大的文化差异,其市场需求和宏观经济环境发生变化以及贸易保护主义政策的影响,都可能导致跨境电商企业在库存、仓储、运输等方面出现问题,进而影响跨境电商企业的经营管理。

(二)跨境电商物流自身存在的风险

跨境电商物流过程是指在跨境电商平台中,由国外卖方将货物交付给买方,或由国内代购机构将货物交付给买方所涉及的一种物流过程。物流过程有三个环节,即海外物流公司的运输、中间转运公司的运输、国内物流公司的运输。商品的交易过程是在两国之间完成的,受时间、距离等因素影响,跨境电商物流运输的时间也会相应增加。跨境电商物流过程中多主体的存在增加了物流的时间、成本和损耗,也会再次增加物流的风险。此外,跨境电商物流自身也存在风险。首先,产生损失导致赔偿的风险,例如货物在运输过中可能会损坏、丢失,从而造成卖方的赔偿。其次,跨境物流效率下降的风险,导致运输延迟。由于各种原因,如天气恶劣、交通拥堵、船舶或飞机故障等,货物可能会发生运输延迟,从而导致订单不能按时到达客户手中,影响用户体验和企业声誉。最后,还有商品流通错误或丢失的风险。

(三)与跨境电商物流交易相关的风险

不同的跨境电商平台都有特定的支付渠道,然而,支付过程中可能存在支付平台具有风险隐患、物流企业信用不良以及跨境支付信息不对称等问题。由此可见,跨境电商物流交易的相关风险涉及三个方面:跨境支付风险、信用风险和信息风险。在跨境支付风险方面,第三方金融机构已成为买卖双方的资金支付平台,而支付平台本身存在一定的风险隐患。此外,若汇率发生变化,物流服务成本也将发生变化。在信用风险方面,跨境电商在参与跨境物流交易时,可能会遇到物流企业信用不良的问题。在信息风险方面,跨境电商企业在物流交易过程中,由于支付信息不对称,可能会出现信息泄露等问题,从而导致物流信息的丢失。

（四）与跨境电商物流合作方相关的风险

跨境电商企业开展物流业务的过程，本质上是跨境电商企业与物流企业之间的合作过程。入驻平台的跨境电商企业将物流业务外包给物流企业，双方的合作关系若不可靠，会给跨境电商企业带来一定的经营风险。考虑到跨境电商企业物流过程的复杂性和长期性，物流风险几乎是不可避免的。因此，选择合适的第三方物流合作伙伴是在一定程度上规避物流风险的重要方法之一。

（五）与跨境电商物流海关通关相关的风险

由于跨境电商企业经营的商品均为跨境商品，不同国家和地区的法律法规和海关要求存在差异，海关需要按当地的法律规定对商品进行查验和申报。因所需时间较长，相关工作流程也较为复杂，跨境物流在海关清关环节可能会面临挑战，易面临通关风险。海关对商品的查验效率，受物流目的国商品查验的电子化水平、商品本身的特性、报关的及时性和买方信息等因素的影响。即使很多跨境电商企业选择物流预通关的方式，但在通关过程中也难免会出现通关时效低、货物被扣留等问题，最终导致无法及时发货、延误或要求办理额外的清关手续，例如申报文件、税费支付等。此外，通关过程中可能存在跨境商品商标侵犯知识产权的问题，纠纷或违规行为可能会导致罚款或其他法律后果，使得跨境商品无法通过物流过境，从而影响通关的时效性。

（六）信息不透明等问题

跨境物流涉及多个环节和多个参与方，信息的流通和可追溯性可能会受到限制。这可能导致货物运输状态难以及时获取、库存信息难以同步更新等问题，给供应链管理带来一定困难。

另外，由于跨境物流的复杂性，退货和售后服务可能面临更高的风险。例如，客户可能需承担退货运费、清关手续费、订单取消费用等额外负担，这可能会影响客户对电商平台的满意度和忠诚度。

三、跨境电商物流风险的应对措施

（一）加强目标市场调研评估与预警预测

为进一步防范外部环境风险，跨境电商企业必须提前做好物流风险预警和防控工作。对此，跨境电商的物流管理人员，可以通过借鉴其他企业的物流管理经验，加强对目标市场外部环境包括政治、法律和自然环境风险的评估，做好防控预案。在遇到阻碍物流推进的事件时，跨境电商企业应提前通知买家，以最大限度地减少客户的投诉。此外，跨境电商企业可以通过相应的数据分析，构建完善的目标市场法律、政策分析体系，同时结合以往经验，提前分析可能出现的风险，做好风险的预警预测及防范措施。

（二）完善跨境物流信息系统

在物流业务发展过程中，跨境电商企业可能面临物流跟踪信息滞后、不能及时反馈物流信息的风险。因此，进一步加强跨境物流信息系统的安全性和稳定性尤为重要。跨境电商企业管理者应建设跨境物流信息系统，不断优化基础设施，提高网络硬件的安全性，明确跨境电商物流的应用范围,开发专门针对跨境物流的配套软件。在软硬件结合的情况下,对物流运输数据进行实时监控,以避免物流货物的丢失,提高物流数据和信息的安全性。

(三)建立适宜的海外仓储体系

针对物流业务中的物流风险,跨境电商企业有必要加强自身跨境物流体系的建设,建设适宜的跨境仓储体系。海外仓是本国出口企业通过海运、陆运、空运的方式将货物批量发送至国外仓库,实现本地销售、本地配送的跨国物流形式。跨境电商企业应通过相关数据分析,判断是否建立海外仓,或是否租用、共享海外仓。若建立海外仓,跨境电商企业则应选择合理的海外仓位置,或选择合适的海外仓使用方式,如租赁、共享等。针对物流过程中可能出现的损失,与买方协商通过海外仓将货物交付给买方,可以大大降低物流风险。

2022年,我国首个跨境电商海外仓标准《跨境电子商务海外仓运营与管理服务规范》实施,该标准是全国首个跨境电商海外仓标准,由中国服务贸易协会、浙江省电子商务促进中心、广州市商务局、宁波市商务局、宁波跨境电商综试区及海外仓相关企业等共同起草编制。该标准首次规定了跨境电商海外仓企业的运营与服务管理范围、服务管理要求及服务管理规范等内容,对海外仓的关键概念、海外仓关键作业流程及规范等进行了界定与明确,为企业海外仓建设提供了统一规范。

(四)签订物流合同,积极投保

为了防范跨境电商物流中可能出现的不确定性,跨境电商企业应采取法律手段保证自己的合法利益。在审慎选择具有良好信誉的物流公司合作伙伴、确保能提供可靠的运输和清关服务的同时,跨境电商企业还应该在进行每一笔物流业务时都反复论证其在法律上的可行性,选取有经验的法律人士参与合同的签订,确保合同的合法合规性,明确划分双方责任。跨境电商物流本身存在着诸多不可避免的潜在风险,跨境电商企业应积极通过投保的方式转移风险,在考虑自身业务情况和经济实力的基础上,选择合适的保险产品如货物运输保险等,并签订保险合同。

(五)加强信息共享和沟通

与物流供应商、海关以及其他参与方建立紧密的沟通合作机制,确保信息畅通和问题及时得到解决,减少不确定性。

(六)使用合适的包装和标识

使用合适的包装材料和标识,保护货物免受损坏,并确保产品信息清晰可辨,以减少错误操作和海关审核的风险。此外,了解并遵守国际贸易和海关法规要求,降低违规风险。

(七)提供良好的售后服务

建立完善的退货和售后服务政策,提高用户的满意度,增强用户对品牌的信任。

通过有效管理和应对风险,跨境电商企业可以确保物流运作的顺畅,提供优质的服务,从而获得更大的发展机遇。

 知识链接

跨境电商物流服务商是指专门提供跨境电商物流解决方案和服务的公司或组织。随着全球贸易的发展和互联网的普及,跨境电商行业蓬勃发展,而物流服务则成为这一领域中至关重要的一环,包括国际运输、海关清关、仓储管理、配送服务等。跨境电商物流服务商致力于为跨境电商卖家和买家提供可靠、高效、安全的货物运输和交付服务,帮助客户克服跨境贸易中的物流难题。

第四节　跨境电商风险的影响因素及管理

一、外部影响因素

(一)监管政策、贸易规则与法律法规

跨境电商企业需要与来自各国的消费者打交道并与多国政策制度交锋,应对形形色色的法律法规体系,面临国际贸易规则、主要贸易国之间的贸易规则、各国内部的贸易规则以及各平台之间的贸易规则差异等多层次的约束。

在出现跨国纠纷时,司法管辖权往往认定困难。同时,检查产品是否符合标准、检验检疫等关卡是国际商品进出口必不可少的环节。各国相关标准宽严不一、时有变动,跨境电商企业与平台也可能因为这些标准之间的差异及变动遭受损失。

此外,国际立法差异较大。据估计,60%的欧洲电子商务企业因担心跨境法律纠纷和跨境经营风险,未在欧盟以外的其他国家开展业务。再以支付规则为例,2010年9月,美国向WTO争端解决机构指控,中国与电子支付服务有关措施违反WTO相关规则。在"中美电子支付争端案"中,WTO相关规则的适用是争端的焦点。在跨境电商对国际支付规则提出新要求的情况下,相关国际支付规则的适用和变动带来的风险短期内难以消弭。

从进口国层面来看,制度环境和商业环境的不断变化,也会给企业带来较大的经营风险。跨境电商企业与平台遵守出口国溯源法律的同时,也有必要遵循进口国的溯源法律。未能遵守本土法规的出口电商更易卷入国际商事纠纷和国际仲裁,尤其在售后、追责环节。国际商事纠纷不利于跨境电商的正常经营和风险防控。

当目标市场国际贸易责任追溯主体相关规范加速整饬,或与跨境电商企业所在国规定存在矛盾时,跨境电商出口企业将难以实现责任主体的快速确定和精准究责。追责机制这一短板,也将影响跨境电商经营收益的实现和服务质量的保障。

就目前来看,配套的法律法规体系还没有完全成型,相关立法在知识产权保护等议题上还存在大量分歧。同时,政策红利也不会长久保持,更新变化中的政策环境会对商检、税务、知识产权、外汇、海关等环节产生不确定影响。

(二)缺少对跨境电商平台制度规则的把握与了解

在不了解规则体系或难以适应不同国家、平台的规则的情况下,风险事件更加容易发生,导致经营成本上升。

(三)物流基础设施不完善

在物流渠道欠发达的国家和地区,跨境电子商务在经营过程中容易暴露在较高的物流

风险下。选择开拓这些市场的跨境电商企业不仅需要承担高昂的物流费用,也会遭遇时效性与安全性方面的困扰。

(四)贸易壁垒

贸易壁垒看似是一个很宏观的问题,其实也会影响跨境电商的每一单交易。贸易壁垒主要有两种,一种是传统的贸易壁垒,一种是新型的贸易壁垒。传统的贸易壁垒指人为地设置关税等来限制贸易,而新型的贸易壁垒主要是利用卫生环境、政府监管、检验检疫技术等人为地制造贸易限制。

以区域知识产权壁垒为例,不同国家和地区存在着不同的知识产权现状和规章制度,这给商品的跨国流动造成了困难。同时,各大电子商务平台上也存在抢注专利的问题。例如,抢注者利用中国卖家对美国专利制度认知的缺失,将卖家自主打造的热销商品品类的全部或部分细节进行专利抢注,之后随即向各大销售平台(如亚马逊)进行卖家侵权投诉。由于事发突然,平台与卖家并不清楚投诉的来龙去脉,致使被投诉的卖家只能按照平台侵权的操作流程予以调整,下架并删除商品。

(五)文化差异

跨境电子商务制造商与消费者之间往往存在文化差异。不同国家和地区的文化背景不同,消费者的购买习惯、价值观和审美标准也存在差异,这给企业的营销策略带来了挑战。如果企业无法了解和尊重消费者的文化背景,可能会使产品定位、包装设计和营销手段出现偏差,从而影响产品在跨境市场的销售效果。

为解决文化差异问题,企业应深入了解目标市场的文化背景和消费者的购买习惯。首先,企业可以通过市场调研和数据分析,了解不同国家和地区消费者的需求和喜好。其次,企业可以根据消费者的文化背景,对产品进行合理的定位和包装设计,以适应当地市场的需求。最后,企业还可以通过与当地企业合作或雇佣当地人员,了解并利用当地的营销方式和策略,提高自己在当地市场的竞争力。

(六)不可控事件

重大自然灾害难以预测,破坏性大。当这种灾害波及商品质量时,跨境电商企业也将面临销售困境。

例如日本"3·11"大地震以及并发的福岛核电站核危机,使得日产的食材、乳制品乃至汽车、化妆品等在华销售均受到影响。时至今日,从日本进口的商品仍旧需要放射性物质检测合格证明。由于无法证明原产地,卡乐比、三得利、立喜乐、乐天等品牌的食品和保健品在跨境电商平台旗舰店中均遭遇了下架。

除了重大自然灾害外,政治与舆情风波也会带来商品销量的波动,从而给跨境电子商务企业与平台造成损失。例如,因为"萨德"事件,韩国乐天百货遭到了抵制。在多家实体门店关闭的同时,于2015年9月成为乐天网购中国唯一战略合作伙伴的京东,也关闭了韩国乐天旗舰店。天猫国际、1号店、网易考拉、聚美优品等跨境电商平台均下架了韩国乐天的全部商品。

二、内部自身的影响因素

(一) 内部信息不对称

跨境电商企业内部的各个平台团队之间如果信息不对称,容易导致产品质量把控不一致、财务管控不及时等问题,降低企业整体效率,增加管理经营成本。错误的平台入驻决策,可能会造成企业内部人力资源缺乏、资金流转不畅以及团队管理混乱等情况,对企业内部的平衡造成巨大破坏。

(二) 产品质量问题

大部分卖家是向工厂购买产品,赚取差价。由于产品是待销售的,产品质量风险无法转移给生产商,跨境卖家只能自己兜底,这个风险对于跨境卖家来说也是非常沉重的。

(三) 财务核算问题

跨境电商企业在实际经营当中,必须将所有财务信息进行整合。消除信息孤岛才能实现信息的透明和共享,以便更好地把握每一个环节,做到事前规避风险。

(四) 企业战略管理问题

战略管理本质上考验的是企业的战略定力,这非常考验企业管理者的智慧。战略定力决定企业是否能够聚焦,是否能够持续投入,从而集中优势资源、优势兵力向战略机会点进攻。

(五) 维护自身权利应诉能力不足

跨境电商企业在维护自身权利方面通常存在困难。部分企业缺少对国外法律的了解,在出现侵权问题时往往无力承担高昂的跨国诉讼费用,难以维护自身权利。特别是跨境电商中小企业资金少,组织结构也不够完善,通常没有能力成立自己的法务部门,或难以负担获取优质法务资源的高昂成本。在应对法律诉讼等问题时,往往缺乏法律支持和线下应对机制,可能导致在多个平台上同时遭遇危机。

(六) 市场分析能力不足

当前,大多数中国厂商在产品开发与市场分析方面能力不强,习惯于仿款抄款,普遍缺乏创新意识与对蓝海空间的敏锐感知,很少有企业能够根据目标市场的具体消费需求针对性地配置研发与选品资源,进而导致目标市场上的中国商品出现较为严重的同质化竞争,跨境电商出口企业常常无法如期完成销售目标而导致囤货滞销与资金链断裂。出口厂商在销售环节生成囤货滞销风险的主要原因是选品阶段对目标市场需求的分析能力不足,进而导致了不匹配的产品开发与同质化严重的海外仓囤货。

(七) 经营平台选择不当

跨境电商企业必然面临着入驻平台的选择问题。各平台主要面向的国家和地区各不相同,甚至主营的产品品类也不相同。除了平台之间的地域分布不同,平台也出现了细分市场的趋势,诸多专营平台开始占有市场。平台选择不当有可能导致企业入驻平台后,面临着平台转型风险、信息安全风险、滞销风险等不同的风险,最终使得企业蒙受损失。

(八) 运营人员实务能力欠缺或操作不慎

跨境电商企业遭遇风险事件,例如结算环节的汇率风险等突发事件,有一定比例就是运营人员实务能力欠缺或操作不慎引起的。现在跨境电商企业主要的人工成本是在选品和运营客服两方面,订单操作失误很容易给中小企业带来不必要的损失。

(九) 供应链协调失衡

在跨境电商平台经营尤其是多平台经营情境下,企业所面临的是复杂环境下的平台模型。企业在协调各平台之间的物流以及库存过程中容易发生失衡,会导致物流速度慢、某一平台爆单、资金流转不灵甚至资金链断裂等不利情况的出现。

(十) 产品责任风险

产品质量是产品合规的根本。跨境电商企业作为产品提供方,需要承担产品合格的责任,不能只关注产品是不是爆款,产品质量合格才是硬道理。国外买家对产品的质量要求很高,如果对产品不满意,选择退货或者索赔,卖家也会遭受损失。

(十一) 支付安全性问题

支付环节是贸易活动非常关键的环节,如何安全、按时收到款项,是跨境电商企业应该重点关注的问题。

(十二) 品牌代理关系地位不平等

跨境品牌代理商因为合同中的不公平条款,在遭遇中途换马、利益严重受损时往往无法有效维护自身权益。如果被代理品牌不能够提供较完善的支持,如品牌完整的产品风格定位、产品线、产品系列化的支持,公司经营团队及经营理念的支持,品牌管理方面的支持等,跨境品牌代理电商在经营上将会面临较大的风险,导致营销定位失误、产品种类过少、功能过于单一、经营理念偏差等。

(十三) 市场认同度

在中国企业家的不断努力下,"中国制造"的口碑是有所改进的,但"中国制造"产品在海外市场的地位还是不及原产地产品。国外买家还是更认可原产地产品,海外市场对产品的差异化认知也是跨境卖家面临的一个外部风险。

三、跨境电商风险控制的措施

(一) 进行市场调研和规划

在涉足跨境电商前,商家应进行充分的市场调研和规划,了解、把握目标市场的消费习惯、文化背景、政策法规等情况,明确市场潜力和竞争状况,有针对性地制定经营策略和风险控制方案。

(二) 合规运营和进行税务规划

商家要遵守目标市场的相关政策法规,确保经营合规。同时,进行税务规划,了解目标市场的税收政策,合理规划企业结构和交易方式,降低税务风险。

(三) 建立多元化的供应链体系

建立多元化的供应链体系,减少单一供应商或生产地导致的风险。商家可以考虑寻找不同地区的供应商,确保货源稳定和货物清关风险被分散。

（四）购买保险和明确合同约定

商家可以购买适当的跨境电商相关保险，减少货物丢失、损坏等风险带来的损失。此外，商家与供应商、物流公司等相关合作方可以签订明确的合同，明确责任和风险分担，以在风险事件发生时提供有效的维权途径。

（五）网络安全建设和数据保护合规

加强跨境电商平台的网络安全建设，采取多层次的网络防护措施，保护用户和企业的信息安全。同时，合规使用和处理用户的个人信息，确保数据保护合规。

复习思考题

一、单选题

1. 跨境电商政治风险不包含（　　）。
   A. 政策变动风险　　B. 贸易壁垒风险　　C. 海关事务风险　　D. 政治动荡风险

2. 下列属于贸易壁垒中的关税壁垒的是（　　）。
   A. 进口许可　　B. 出口许可　　C. 进口配额　　D. 关税减征

3. 造成他国主权违约风险的深层次原因是（　　）。
   A. 财政危机　　B. 货币危机　　C. 违约成本不高　　D. 经济危机

4. 阿里巴巴全球速卖通对特别显著的侵权行为的处罚不包括（　　）。
   A. 商标权侵权扣6分
   B. 关闭用户账号
   C. 冻结用户关联国际版支付宝账户资金
   D. 冻结用户关联全球速卖通账户资金

5. 居民个人从中国境内和境外取得工资薪金等综合所得，税率为（　　）。
   A. 3%~45%　　B. 5%~35%　　C. 3%~35%　　D. 5%~45%

6. 影响一国汇率波动的因素不包含（　　）。
   A. 外汇储备　　B. 利率　　C. GDP同比增速　　D. 通货膨胀率

7. "刷单"指的是（　　）。
   A. 通过建立电子商务信用保障体系促进电子商务健康快速发展
   B. 通过"刷空单"完成多笔虚假交易
   C. 通过提高关税来保护本国产业
   D. 通过提供销售渠道得到跨境电商返利

8. 跨境电商营销模式不包括（　　）。
   A. 返利模式　　B. 分销模式　　C. 佣金推广模式　　D. 逆算佣金模式

9. 出口产品到欧盟要（　　）认证。
   A. UL　　B. CE　　C. PSE　　D. SASO

二、简答题

1. 跨境电商的风险可分为哪几种类型？分别是什么原因造成的？
2. 跨境电商知识产权侵权的主要类型都有哪些？
3. 跨境电商面对的物流风险有哪些？如何防范跨境电商物流风险？
4. 跨境电商风险防控的措施有哪些？

参 考 文 献

[1] 阿布都艾尼,艾山江,谢莹.跨境电商发展视角下我国对外贸易转型升级研究[J].价格月刊,2020(9):78-83.

[2] 阿里研究院.贸易的未来:跨境电商连接世界:2016中国跨境电商发展报告[R].2016.

[3] 艾瑞咨询.2022年中国跨境电商服务行业趋势报告[R].2022.

[4] 白海潇.共享经济下跨境电商消费者重复购买行为的研究[J].今日财富·中国知识产权,2023(8):5-7.

[5] 柏海燕,许万润.跨境电商企业在线营销绩效的影响因素测度分析[J].商业经济研究,2021(5):90-93.

[6] 薄晓东.跨境电子商务驱动中国外贸创新发展研究[J].现代管理科学,2018(1):51-53.

[7] 柴利,张晨,何若然.跨境电商发展环境评价与优化研究[J].价格理论与实践,2019(10):120-123.

[8] 常艳丽,高雪艳.消费者在进口跨境电商平台间转移行为意向研究[J].时代经贸,2020(28):27-29.

[9] 陈倩.数字经济背景下的政府支持、产业集聚与跨境电商发展[J].商业经济研究,2020(24):68-71.

[10] 陈帅男.数字经济、全球价值链嵌入与跨境电商创新发展[J].商业经济研究,2023(12):140-143.

[11] 陈婷,陈岳.跨境电商选品多重影响因素分析[J].合作经济与科技,2020(18):94-95.

[12] 陈颖,连波.消费经济与消费者行为研究[M].长春:吉林人民出版社,2021.

[13] 陈宇红,梁恒,杨书琴.跨境电子商务风险及防范研究[J].社科纵横,2018,33(3):22-26.

[14] 陈玉珠,郑艳萍.新零售下消费者多渠道选择行为的影响因素研究[J].内蒙古财经大学学报,2020,18(1):39-43.

[15] 陈岳,杭俊,陈婷.东南亚地区跨境电商选品策略[J].合作经济与科技,2020(17):80-82.

[16] 崔宏静,王天新.消费者行为策略选择的研究综述:基于自我认同威胁情境[J].华东经济管理,2017,31(9):171-179.

[17] 邓志超.基于大数据的跨境电商平台选品分析策略[J].特区经济,2019(6):135-137.

[18] 邓志新.跨境电商:理论、操作与实务[M].2版.北京:人民邮电出版社,2023.

[19] 丁锋,陈军,陈超,等.基于差异化战略的跨境电商竞争策略研究[J].运筹与管理,2019,28(6):33-40.

[20] 杜芳芳.跨境电商企业多渠道交互、消费者融入行为与价值共创的互动关系[J].商业经济研究,2022(4):96-99.

[21] 宫婷婷,梁滢.中国跨境电商向数字贸易跨越的障碍及推进对策[J].中国经贸导刊(中),2021(5):25-27.

[22] 郭海玲,马红雨,朱嘉琪.跨境电商信息服务生态系统构成要素与概念模型研究[J].商业经济研究,2021(19):92-95.

[23] 郭海玲.跨境电商平台信息服务协同模式构建研究[J].贵州社会科学,2021(7):139-147.

[24] 郭韧,黄淑蓉,程小刚.基于动态聚类的跨境电子商务物流信息匹配研究[J].图书馆学研究,2018(1):89-94.

[25] 郭闪闪,赵博.国内跨境电商发展现状及未来展望[J].互联网天地,2022(1):46-51.

[26] 韩文.基于消费者行为特点角度下企业市场营销的选择策略[J].营销界,2019(28):30-31.

[27] 韩小蕊,樊鹏.跨境电子商务[M].北京:机械工业出版社,2018.

[28] 胡治芳.出口跨境电商成功出海的策略探析:以"独角兽"浙江执御的成功经验及启示为例[J].对外经贸实务,2018(10):37-40.

[29] 黄河.扩大开放视域下我国跨境电商发展对居民消费的影响效应分析[J].商业经济研究,2022(1):55-59.

[30] 黄蓝青.东南亚和非洲市场跨境电商平台商家选品策略研究[D].广州:华南理工大学,2020.

[31] 黄晓儒.行为经济学视角下消费者选择探讨[J].现代营销(信息版),2019(9):227-228.

[32] 黄忆静.跨境电商新卖家选品策略研究[J].商讯,2019(17):125,127.

[33] 贾孝魁.跨境电商综合试验区建设对我国出口贸易水平和方式的影响[J].商业经济研究,2023(23):140-145.

[34] 贾孝魁.跨境电商综试区"郑州模式"的创新经验总结及启示[J].对外经贸实务,2020(10):21-24.

[35] 江芬芬,梅姝娥,仲伟俊.基于消费者分享行为的拼团销售模式选择和定价策略研究[J].管理工程学报,2022,36(5):236-246.

[36] 江义火,袁晓建,吴昌钱.中小零售企业B2C跨境电商平台选择策略[J].商业经济研究,2019(19):78-81.

[37] 蒋柳红.跨境电子商务出口贸易中选品的思路及技巧[J].商场现代化,2019(12):58-59.

[38] 焦媛媛,李智慧,付轼辉.我国跨境电商商业模式创新路径分析[J].商业经济研究,2018(20):63-66.

[39] 介文凝.跨境电商中消费者物流产品选择行为决策机制研究[J].湖北农业科学,2019,58(11):159-162.

[40] 金泉,苏庆新.跨境电商平台赋能中小企业国际化的机制研究[J].国际贸易,2022(10):68-76.

[41] 金微微.跨境电商对我国国际贸易的影响:基于交易成本的实证分析[J].商业经济研究,2023(5):140-144.

[42] 柯丽敏,王怀周.跨境电商基础、策略与实战[M].北京:电子工业出版社,2016.

[43] 来有为,王开前.中国跨境电子商务发展形态、障碍性因素及其下一步[J].改革,2014(5):68-74.

[44] 老魏.亚马逊跨境电商运营宝典[M].北京:电子工业出版社,2018.

[45] 乐俊杰.目的国进口偏好、贸易便利度与跨境电商发展:兼论中国跨境电商出口贸易策略的制定[J].商业经济研究,2023(20):128-132.

[46] 李爱雄.跨境电商O2O体验店消费者满意度提升策略[J].对外经贸实务,2018(10):33-36.

[47] 李辉.跨文化视角下我国跨境电商营销策略研究[J].商业经济研究,2020(12):71-73.

[48] 李家华,徐婷.传统企业向跨境电商转型的模式及运营机理[J].商业经济研究,2018(12):84-86.

[49] 李菁菁,王明辉.我国B2C跨境电子商务物流模式分析[J].商业经济研究,2018(3):119-121.

[50] 李倩.跨境电子商务[M].北京:中国财富出版社,2020.

[51] 李荣春.X公司跨境电商供应链PCC管理研究[D].上海:东华大学,2017.

[52] 李如秒.中国跨境电商发展评估与提升策略[J].浙江学刊,2020(3):151-156.

[53] 李湘棱.我国跨境电商企业"走出去"策略探讨[J].商业经济研究,2018(24):125-127.

[54] 李志远,刘丹.跨境电商统计监测体系建设难点与解决思路[J].国际经济评论,2022(2):160-176,8.

[55] 廖颖川,吕庆华.消费者全渠道零售选择行为研究综述与展望[J].中国流通经济,2019,33(8):118-128.

[56] 林芷莹.基于直面消费者模式的跨境电商独立站品牌建设实践探究:以S公司为例[J].投资与创业,2023,34(14):34-37.

[57] 刘春生.跨境电商实务[M].北京:中国人民大学出版社,2022.

[58] 刘春霞,何保霞.关于跨境电商选品原则与方法的探究[J].商场现代化,2020(13):24-26.

[59] 刘建岑.福建自贸区跨境电子商务发展策略分析[J].北方经贸,2018(1):23-25.

[60] 刘侃,赵冬梅.跨境电子商务物流企业竞争力实证研究[J].商业经济研究,2018(1):93-96.

[61] 刘露蔓.社交型跨境电商平台中创作内容对顾客消费意向的作用机制:消费者与营销者的双重视角[J].商业经济研究,2023(8):143-146.

[62] 刘婷,卜正学,王赣华.基于消费者心理因素与行为模式的品牌选择模型研究[J].企业经济,2015,34(7):35-39.

[63] 刘宪立.跨境电商供应链弹性形成机理及动态仿真研究[D].昆明:云南财经大学,2021.

[64] 刘晓.跨境电子商务对我国中小企业国际贸易的影响及思考[J].商场现代化,2018(1):60-61.

[65] 刘新民,蔺康康,王垒.基于策略消费者行为的动态定价与降价时机选择[J].中国管理科学,2024:1-12.

[66] 刘兴隆.时唛特电器有限公司的跨境电商营销策略优化研究[D].兰州:兰州大学,2021.

[67] 刘亚丹,李正雄,杨萍.B2C网站消费者选择行为偏好实证研究[J].中国市场,2016(5):10-12,19.

[68] 刘晏君.跨境电子商务物流模式创新与发展趋势[J].现代交际,2018(3):255-256.

[69] 刘媛媛.浅议大数据下跨境电商平台选品策略[J].商讯,2020(20):154,156.

[70] 卢萍,林开标,吴石珑.基于消费者体验的跨境电商模式选择[J].厦门理工学院学报,2015,23(4):39-44.

[71] 陆兴凤,梁富山.促进跨境电商综合试验区规范化发展的税收决策优化研究[J].西南金融,2021(8):15-26.

[72] 吕希,戴小红,张洪胜.跨境电子商务与消费品质量升级关系研究:兼析跨境电商综试区设立降低贸易成本效应[J].价格理论与实践,2023(7):178-182,212.

[73] 吕映秀,郭丽芳,马家齐,等.农业跨境电子商务采纳影响因素研究[J].北方园艺,2018(5):188-193.

[74] 罗芳,陈鹏.电商狂欢节消费者网购行为选择及其满意度分析[J].山东财经大学学报,2018,30(6):77-88.

[75] 马慧敏,吴赟骅.中国跨境电商经营模式的比较与选择[J].区域经济评论,2018(2):91-96.

[76] 孟涛,王春娟,范鹏辉.数字经济视域下跨境电商高质量发展对策研究[J].国际贸易,2022(10):60-67.

[77] 米岩.我国跨境电商发展模式优化机制研究:基于供应链视角[J].商业经济研究,2022(9):136-140.

[78] 潘辉.中国进口跨境电商业务的商品品类管理策略研究[D].深圳:深圳大学,2019.

[79] 潘娅.基于行为经济学视角的消费者选择分析[J].企业改革与管理,2017(14):19.

[80] 戚海峰,吴少华,费鸿萍.消费者品牌选择行为的新视角:社会/个体权力[J].华东理工大学学报(社会科学版),2016,31(4):50-57.

[81] 乔丽婷,潘莹."跨境电商"背景下职业本科国贸专业人才培养路径探究[J].理论观察,2022(10):168-172.

[82] 秦高峰.跨境电商平台服务质量对消费者重购意愿的影响机制[J].全国流通经济,2021(19):6-9.

[83] 任杰,滕曦.商业模式画布重塑跨境电商商业模式:跨境电商的创新与发展[J].科技促进发展,2021,

17(8):1533-1541.

[84] 邵一丹.网络经济形态下消费者选择行为分析[J].商业经济研究,2017(18):24-26.

[85] 石洪景.感知风险对消费者跨境电商平台行为意愿的影响研究[J].大连海事大学学报(社会科学版),2023,22(5):63-73.

[86] 史本叶,齐瑞卿.跨境电商能否增强企业出口稳定性[J].财经科学,2023(9):103-117.

[87] 宋爱晶.驱动消费者通过跨境电商购物的影响因素[J].中国商论,2022(20):27-30.

[88] 宋克迪,简雯雯,刘清华,等.我国跨境电子商务发展的障碍性因素及对策研究[J].电子商务,2018(3):23-25.

[89] 宋龙虎.网络经济形态下团购电商平台消费者选择行为浅析[J].现代营销(经营版),2020(10):156-157.

[90] 宋泽楠,夏国恩.面向跨境电子商务的商务英语人才培养:基于64家企业招聘广告的分析[J].高等财经教育研究,2018,21(1):61-67.

[91] 苏凤杰.浅析"一带一路"背景下广西跨境电子商务发展[J].北方经贸,2018(1):28-30.

[92] 孙红梅.O2O模式下消费者双渠道购物选择行为的实证研究[J].商业经济研究,2018(9):88-90.

[93] 孙琪.我国跨境电商发展现状与前景分析[J].商业经济研究,2020(1):113-115.

[94] 孙韬.跨境电商与国际物流:机遇、模式及运作[M].北京:北京电子工业出版社,2017.

[95] 孙永波,李霞,孙娇娇.消费者购物渠道选择行为述评[J].首都经济贸易大学学报,2017,19(6):95-100.

[96] 唐红涛,谭颖.跨境电子商务理论与实务[M].北京:对外经济贸易大学出版社,2019.

[97] 唐惠钦,陈鼎庄.亚马逊平台产品责任转变对我国跨境电商行业发展的影响及对策[J].商业经济研究,2022(12):108-110.

[98] 唐艳,谭瑜.基于跨境电商选品需求的市场调研策略[J].现代商业,2020(11):72-73.

[99] 涂静文.出口跨境电商平台商家选品策略研究:以速卖通为例[D].广州:华南理工大学,2019.

[100] 汪怡.跨境电子商务理论与实务[M].合肥:安徽大学出版社,2022.

[101] 王冰.跨境电子商务基础[M].重庆:重庆大学出版社,2020.

[102] 王海云.A公司跨境电商营销策略优化研究[D].上海:上海外国语大学,2019.

[103] 王佳.跨境电商平台消费者购买意愿的影响因素研究[J].对外经贸,2021(6):21-23.

[104] 王佳玲,宋聪.跨境电子商务环境下物流模式选择:以优耐特公司为例[J].现代商贸工业,2018,39(7):56-58.

[105] 王建丰,王玉林.数字经济下我国跨境电商规则升级新路径[J].宏观经济管理,2020(7):66-71.

[106] 王金良,侯瑞瑞.中国跨境电商对俄出口的现状、风险及对策[J].对外经贸实务,2020(4):35-38.

[107] 王津津,任保平.跨境电商赋能中国式现代化的逻辑与路径研究[J].河南社会科学,2023,31(11):63-73.

[108] 王静,吴丹丹,钟慧芸.我国跨境电商企业未来发展路径:基于欧洲Z世代消费者网购体验视角[J].商业经济研究,2019(23):143-145.

[109] 王启东.跨境电商平台商家选品策略研究[J].对外经贸,2022(11):13-16.

[110] 王汝琴.中小企业出口跨境电商选品策略研究[J].营销界,2021(S2):58-60.

[111] 王淑翠,王丹丹.跨境电商背景下跨境出口零售规则的完善[J].国际商务研究,2022,13(1):37-45.

[112] 王滔.基于消费者行为定价下制造商的网络渠道构建策略选择研究[J].运筹学学报,2024(2):

30-46.

[113] 王宇楠. 供应链稳定视角下跨境电商与物流融合发展路径研究[J]. 商业经济研究,2022(6):107-110.

[114] 王自清. 消费者特性与消费者行为选择研究综述[J]. 赤峰学院学报(自然科学版),2016,32(12):156-157.

[115] 魏浩,涂悦. 中国跨境电商零售进口:发展特点、存在问题与政策建议[J]. 国际贸易,2023(4):31-39.

[116] 魏利平,邢文祥. 跨境电商出口对我国品牌国际化的影响研究[J]. 国际贸易,2019(12):19-26.

[117] 吴娉娉. 浅析跨境电商企业出口选品策略[J]. 时代金融,2016(30):235-236.

[118] 吴强,谢思. 我国跨境电商的主要模式、存在的问题及创新路径[J]. 商业经济研究,2018(24):87-90.

[119] 谢蓉. 宁波保税区做大做强跨境电子商务的对策研究[J]. 宁波经济(三江论坛),2018(1):26-29.

[120] 辛雪玲,郭承龙. 疫情情境下的消费者跨境电商平台购物意向研究[J]. 中国林业经济,2022(5):75-81.

[121] 邢孝兵,董桂才. 跨境电商理论与实务[M]. 北京:中国人民大学出版社,2023.

[122] 熊玮. Z跨境电商公司供应链管理优化研究[D]. 重庆:重庆工商大学,2021.

[123] 徐锦波,曹晶晶. 跨境电商发展的影响因素和提升路径:基于DANP方法的实证分析[J]. 商业经济研究,2021(21):153-157.

[124] 徐阳,韦隆玲,杨宏波. 新形势下消费者行为及跨境电商企业战略探究[J]. 产业创新研究,2022(16):25-27.

[125] 徐振领. 跨境电子商务教程[M]. 北京:旅游教育出版社,2020.

[126] 许定洁. 我国出口企业跨境电商业务模式研究[J]. 商业经济研究,2019(14):139-142.

[127] 许永继. "一带一路"倡议下中俄跨境电商发展面临的风险及路径选择[J]. 学术交流,2020(2):132-141.

[128] 闫毅宣,包先雨,赵书良. 跨境电子商务检验检疫监管模型与方法研究[J]. 合肥工业大学学报(自然科学版),2018,41(1):29-34.

[129] 杨单,刘启川. 基于大数据的跨境电商平台个性化推荐策略优化[J]. 对外经贸实务,2020(11):33-36.

[130] 杨军安. 外贸新常态下跨境电子商务的发展研究[J]. 商业经济,2018(1):107-108.

[131] 杨子,朱鹏颐,王盛. 跨境电子商务物流运输的影响因素及对策创新[J]. 科技和产业,2018,18(2):32-37.

[132] 姚建宇,邓少灵. 消费者渠道选择行为研究[J]. 对外经贸,2015(6):131-136.

[133] 姚兴聪. 跨境电商平台选品的影响因素:以敦煌网为例[J]. 北方经贸,2019(3):57-59.

[134] 叶慧. 基于双渠道整合的消费者渠道选择行为研究[J]. 武汉商学院学报,2018,32(3):21-25.

[135] 义梅练. 跨境电子商务选品研究综述[J]. 商场现代化,2021(6):51-54.

[136] 殷秀梅,彭奇. 跨境电商实务[M]. 重庆:重庆大学出版社,2022.

[137] 郁菊萍. 国际经贸新形势下我国跨境电商发展困境与对策[J]. 商业经济研究,2022(9):153-156.

[138] 郁宇. 谈我国跨境电商的模式与创新路径[J]. 商业经济研究,2018(22):130-133.

[139] 喻凤. 东南亚跨境电商市场选品分析[J]. 安徽职业技术学院学报,2021,20(2):42-46.

[140] 苑希港,张晓青. 考虑不同消费者选择行为和以旧换新补贴的产品动态定价策略研究[J]. 工业工程与管理,2022,27(3):95-105.

[141] 曾婧.东南亚跨境电商平台卖家选品策略分析:基于对Shopee商品数据的研究[D].天津:天津商业大学,2022.

[142] 张兵兵,陈羽佳,朱晶,等.跨境电商综合试验区与区域协调发展:窗口辐射还是虹吸效应[J].财经研究,2023,49(7):34-47.

[143] 张洪胜,张小龙.跨境电商平台促进全球普惠贸易:理论机制、典型事实和政策建议[J].国际商务研究,2021,42(4):74-86.

[144] 张稼,陆兴华.跨境电子商务交易量的估计模型仿真[J].计算机仿真,2018,35(2):446-449.

[145] 张梅,李慧敏,夏志红.数字经济背景下跨境电商的信用风险及其防范[J].征信,2023,41(1):86-92.

[146] 张敏.消费者对网络商店选择意向和行为的影响因素研究[J].兰州商学院学报,2015,31(1):58-67.

[147] 张其林,汪旭晖.跨境电商平台交易纠纷的治理模式研究:基于治理需求和治理供给匹配的视角[J].中国工业经济,2021(12):166-184.

[148] 张顺,费威,佟烁.数字经济平台的有效治理机制:以跨境电商平台监管为例[J].商业研究,2020(4):49-55.

[149] 张夏恒,马天山.中国跨境电商物流困境及对策建议[J].当代经济管理,2015,37(5):51-54.

[150] 张夏恒.跨境电商产品页面价值特性对消费者购买意愿的影响[J].中国西部,2024(1):65-84.

[151] 张夏恒.跨境电子商务生态系统研究[M].北京:经济科学出版社,2017.

[152] 张小燕.跨境电商对我国进出口贸易发展水平影响的门槛效应研究[J].商业经济研究 2023(16):123-126.

[153] 张晓东,何攀.跨境电商消费者品牌偏好影响机理研究[J].消费经济,2018,34(4):82-89,25.

[154] 张衍斌.以区块链技术构建中欧跨境电子商务生态圈[J].中国流通经济,2018,32(2):66-72.

[155] 赵浩兴,郑之依.国内外消费者渠道选择行为研究文献综述[J].商业经济研究,2018(8):57-59.

[156] 赵雪松,张天阳.云南省跨境电子商务发展问题及对策探析[J].电子商务,2018(3):19-20,25.

[157] 赵颖霞,陈绿燕,邹志雄.垂直跨境电商演进的策略分析:以宁波新百川包装制品有限公司为例[J].对外经贸实务,2019(2):33-35.

[158] 郑小莹,耿庆峰.品牌出海,货通全球:跨境电商选品分析[J].内蒙古财经大学学报,2019,17(5):60-63.

[159] 郑远芳,李路平.贸易便利化下自贸区跨境电子商务:一个文献综述[J].经济研究导刊,2018(3):176-177,180.

[160] 周宝玉.消费者对进口跨境电商平台的选择及其影响因素分析[J].河南工程学院学报(社会科学版),2021,36(3):30-34.

[161] 周叮波,覃庆华.差异化战略对跨境电商绩效的影响研究:基于企业能力理论视角[J].技术经济与管理研究,2020(3):59-63.

[162] 周坚男,朱海鹏,杨坚争.上海市跨境电子商务发展情况分析[J].中国林业经济,2018(1):24-27.

[163] 周科选,韩永辉,余林徽.跨境电商产业政策对中国进口产品质量的影响研究[J].兰州学刊,2023(2):41-58.

[164] 周倩茹,高莹.转型升级背景下跨境电商发展问题及对策研究[J].经济研究导刊,2022(1):34-36.

[165] 周羿,朱元甲.亚太地区跨境电商发展及挑战[J].中国金融,2023(14):82-84.

[166] 朱博晨.基于博弈论的跨境电子商务监管问题探究[J].现代商业,2018(2):61-63.

[167] 朱君然,王保鲁.基于BP神经网络的跨境电商买手平台选品模型构建[J].毛纺科技,2021,49

(6):80-83.

[168] 朱鹏羽.双循环视角下我国跨境电商发展的影响因素分析:兼论进口与出口的差异性[J].商业经济研究,2022(3):153-157.

[169] 朱伟.贸易便利化对我国跨境电商发展的影响研究[J].商业经济研究,2022(23):150-153.

[170] 朱俞洁,葛晓鸣.消费者跨境电商信息偏好的影响因素研究[J].商场现代化,2021(13):19-21.

[171] 邹琴红.速卖通平台跨境电商选品策略研究:以DM公司为例[D].长春:吉林财经大学,2021.

[172] 邹若琦.DM公司跨境电商运营的选品策略研究[D].上海:华东理工大学,2018.